UTB **1911**

Eine Arbeitsgemeinschaft der Verlage

Böhlau Verlag · Köln · Weimar · Wien
Verlag Barbara Budrich · Opladen · Farmington Hills
facultas.wuv · Wien
Wilhelm Fink · München
A. Francke Verlag · Tübingen und Basel
Haupt Verlag · Bern · Stuttgart · Wien
Julius Klinkhardt Verlagsbuchhandlung · Bad Heilbrunn
Lucius & Lucius Verlagsgesellschaft · Stuttgart
Mohr Siebeck · Tübingen
C. F. Müller Verlag · Heidelberg
Orell Füssli Verlag · Zürich
Verlag Recht und Wirtschaft · Frankfurt am Main
Ernst Reinhardt Verlag · München · Basel
Ferdinand Schöningh · Paderborn · München · Wien · Zürich
Eugen Ulmer Verlag · Stuttgart
UVK Verlagsgesellschaft · Konstanz
Vandenhoeck & Ruprecht · Göttingen
vdf Hochschulverlag AG an der ETH Zürich

Benno Werlen

Sozialgeographie

Eine Einführung

3., überarbeitete und erweiterte Auflage

Haupt Verlag
Bern · Stuttgart · Wien

Benno Werlen ist Professor für Sozialgeographie
an der Friedrich-Schiller-Universität Jena.

1. Auflage: 2000
2. Auflage: 2004
3. Auflage: 2008

Bibliografische Information der *Deutschen Nationalbibliothek*

Die Deutsche Bibliothek verzeichnet diese Publikation in der Deutschen Nationalbibliografie; detaillierte bibliografische Angaben sind im Internet über http://dnb.d-nb.de abrufbar.

ISBN 978-3-8252-1911-6 (UTB)

Alle Rechte vorbehalten
Copyright © 2008 by Haupt Berne
Jede Art der Vervielfältigung ohne Genehmigung des Verlages ist unzulässig.
Leider konnten nicht alle Copyright-Inhaber ausfindig gemacht werden.
Bei Unstimmigkeiten wenden Sie sich bitte an den Verlag.

Printed in Germany

www.haupt.ch

Inhalt

	Vorwort	7
1	Kernidee der Sozialgeographie	11
2	Alltag und Wissenschaft	21
3	Sozialgeographie: Ausdruck der Moderne	37
4	Entwicklungslinien sozialgeographischen Denkens	55
5	Disziplinhistorischer Kontext	83
6	Landschaftsforschung	103
7	Geographische Gesellschaftsforschung	129
8	Bedürfnisse und Raum	151
9	Raumgesetze der Gesellschaft	183
10	Gesellschaft – ein räumliches Mosaik	215
11	Umweltwahrnehmung	239
12	Gesellschaft, Handlung und Raum	275
	Literatur	323
	Glossar	345
	Namenverzeichnis	381
	Stichwortverzeichnis	387
	Abbildungs- und Biographienverzeichnis	399

Vorwort zur 3. Auflage

SEIT dem Erscheinen der ersten Auflage ist die dramatische Umgestaltung der gesellschaftlichen Raumbezüge an zahlreichen alltagsweltlichen Erlebnissen noch deutlicher als bisher ablesbar geworden. So ist es für die allermeisten Personen nun selbstverständlich, von beinahe jedem beliebigen Standort der Erdoberfläche mit Personen der eigenen Wahl – und ohne nennenswerte zeitliche Verzögerung – über große Distanzen kommunizieren zu können. Dies ist nur eines von zahlreichen Beispielen, in denen sich die rasante Umgestaltung der gesellschaftlichen Raumverhältnisse zeigt. Welche Implikationen mit dieser Umgestaltung auf politischer Ebene verbunden sein können, trat mit den Ereignissen vom 11. September 2001 auf schmerzhafte Weise zu Tage. Es wurde auch erkennbar, dass die herkömmliche territoriale Ordnung gesellschaftlicher Wirklichkeiten nur noch beschränkt greift und damit auch nicht (mehr) als allumfassendes Interpretationsschema dienen kann. Was als Angriff auf die USA gesehen wurde, war – wenn man die Herkunft der Opfer zur Kenntnis nimmt – eigentlich nicht als solcher darstellbar. Noch klarer werden die Grenzen territorialer Sichtweisen in dem zur »Gegenmaßnahme« erklärten Irakkrieg. Bei allen drei Beispielen äußert sich die historische Wandelbarkeit der gesellschaftlichen Raumbezüge. Gleichzeitig wird in ihnen die grundlegende Bedeutung der zum Tragen gebrachten Raumkonzeption für einen angemessenen Zugang zu sich stetig ändernden gesellschaftlichen Wirklichkeiten angedeutet. Jede wissenschaftliche Erforschung dieser Zusammenhänge hat diesen Veränderungen Rechnung zu tragen, wenn sie Anspruch auf angemessenes und gültiges Verstehen gesellschaftlicher Prozesse erheben sowie für die Beratung zu deren Steuerung ihre Kompetenz begründbar erhalten will.

Dieses Buch bietet eine Bilanzierung der bisherigen Antworten auf die wissenschaftlich relevanten Schlüsselfragen zum Verhältnis von Gesellschaft und Raum in überarbeiteter Form an. Es zeichnet die Entwicklungen der Sozialgeographie von ihren historischen Ausgangspunkten als soziale Raumforschung bis hin zu einem geographischen Selbstverständnis nach, in dem es um die Rekonstruktion der Herstellungsprozesse geographischer Wirklichkeiten geht. Mit der dritten Auflage verbindet sich die Hoffnung, eine neue Generation von Studierenden für diese Forschungsfrage sensibilisieren zu können und zu einem zeitgemäßen geographischen Bewusstsein beizutragen.

Erfahrungen mit dem Buch als Lehrmittel haben mich zur Durchführung von (sanften) Renovationen und nutzerfreundlichen Verbesserungen veranlasst. So kann die Ergänzung durch ein Namen- und Stichwortverzeichnis nun die Orientierung im Text erleichtern und die wesentliche Erweiterung des Glossars will dazu beitragen, den Umgang mit Schlüsselbegriffen der geographischen Gesellschaftsforschung besser handhabbar zu machen. Die Aktualisierung des Literaturverzeichnisses indes soll den Zugang zum aktuellen Forschungsstand erschließen.

Für die äußerst kompetente Beratung bei der neuen graphischen Gestaltung sowie der Erstellung des Namen- und Stichwortverzeichnisses und der Durchführung der entsprechenden Arbeiten möchte ich mich zuerst und ganz besonders bei ANDREAS GRIMM herzlich bedanken. Ohne seine kompetente wie zuverlässige Betreuung und technische Leitung des Projektes wäre die Aktualisierung dieser Einführung in die Sozialgeographie weder weitgehend preisneutral, noch in der vorliegenden Form und fristgerecht fertig geworden. FRIEDERIKE ENKE, TILO FELGENHAUER und KARSTEN GÄBLER waren bei der Erstellung des Namen- und Stichwortverzeichnisses sowie bei der Überarbeitung des Literaturverzeichnisses eine große Hilfe. Auch ihnen gilt mein ganz besonderer Dank.

Benno Werlen   Jena, im Juli 2008

Vorwort

DIE Kernthematik der Sozialgeographie, die Beziehung von »Gesellschaft« und »Raum«, ist in jüngster Zeit im Rahmen des europäischen Einigungsprozesses und der Globalisierungsdebatte in den gesellschaftspolitischen Brennpunkt gerückt. Themenschwerpunkte und Schlüsselbegriffe der Sozialgeographie haben damit – auch im Zuge der ökologischen Diskussion – in den letzten Jahren immer größere Beachtung erfahren und erwecken gleichzeitig zunehmend das Interesse der Sozialwissenschaften. So kommt sozialgeographischer Theoriebildung und Forschung heute eine besondere politische, gesellschaftliche und sozialwissenschaftliche Bedeutung zu. Diese Einführung bietet einen Einstieg in die Entwicklungsgeschichte und den aktuellen Forschungsstand der Sozialgeographie.

Das vorliegende Buch ist auf der Basis einer langjährigen Unterrichtspraxis entstanden. Die Fragen und zum Teil ausführlichen Kommentare der Studierenden der Geographie an den Universitäten Zürich, Salzburg und Jena waren für die Akzentsetzung bei der Darstellung verschiedener Themenbereiche eine wichtige Hilfe. Die Durchsicht verschiedener Manuskriptteile haben FRANZ SCHAFFER, CHRISTIAN SCHMID, HANS-DIETRICH SCHULTZ & PETER WEICHHART zur kritischen Kommentierung übernommen. TILMAN RHODE-JÜCHTERN hat »Merkpunkte« und »Glossar« auf ihre didaktische Eignung hin geprüft. Äußerst wichtige Beiträge haben auch meine Mitarbeiterinnen und Mitarbeiter geleistet, denen ich zu ganz besonderem Dank verpflichtet bin. MANDY KOCH besorgte die Literatur für die Erstellung der Biographien. MARCO PRONK und ANTJE SCHLOTTMANN haben eine frühere Fassung des Manuskriptes mit viel Engagement konstruktiv kommentiert und mich auf manche unbeabsichtigte (problematische)

Handlungsfolge aufmerksam gemacht. ROLAND LIPPUNER hat den Text in stilistischer Hinsicht gewissenhaft und gründlich durchgesehen. Er war für die Besprechung der vorgenommenen Bearbeitungen (wie immer) ein geduldiger Gesprächspartner.

Allen ein ganz herzliches »Merci!«

Benno Werlen   Jena, im Juli 1999

1 Kernidee der Sozialgeographie

WAS kann unter »Sozialgeographie« verstanden werden? Diese Frage wurde, seit die Sozialgeographie als wissenschaftliche Disziplin existiert, immer wieder unterschiedlich beantwortet. Doch alle Antworten weisen einen gemeinsamen Kern auf: die Untersuchung des Verhältnisses von Gesellschaft und Erdraum. Wie sind Gesellschaften in räumlicher Hinsicht organisiert? Welche Rolle spielt der Raum für das gesellschaftliche Zusammenleben? – Das sind die zwei zentralen Fragen, die damit zusammenhängen. Die verschiedenen Auffassungen von »Sozialgeographie« sind nichts anderes als unterschiedliche Antworten auf diese Fragen.

Die Kernidee

FÜHRT man sich die Veränderungen der Staatenordnung und die sozialen Umgestaltungen in Mittel- und Osteuropa seit dem Ende der 1980er-Jahre vor Augen, kann man erahnen, welch tiefgreifende politische Bedeutung die Beziehung von Gesellschaft und Raum aufweist. Einerseits entstehen zahlreiche neue Staaten aufgrund des zerfallenden sowjetischen Imperiums und neuer nationalistischer oder regionalistischer Bewegungen. Andererseits schreitet der Einigungsprozess voran; die wirtschaftliche Kooperation, als Vorstufe politischer Zusammenschlüsse zwischen Staaten, wird intensiviert. Diese Tendenzen sind auch in anderen Erdteilen beobachtbar und verweisen darauf, dass die Sozialgeographie mit ihrer Fragerichtung und den entsprechenden Erkenntnisinteressen eine politische Dimension aufweist.

Das Verhältnis von Raum und Gesellschaft ist jedoch nicht nur für die »große« Politik relevant. Es ist für die alltägliche Praxis aller Subjekte bedeutsam. Man kann ganz allgemein davon ausgehen, dass Räumliches und Gesellschaftliches für die meisten Tätigkeiten zusammenhängen. Das äußert sich einerseits darin, dass das landschaftliche Erscheinungsbild bis zu einem gewissen Maße Ausdruck der Lebensweise der Menschen ist. Andererseits sind die Möglichkeiten, wie die Subjekte an einem bestimmten Ort ihre Tätigkeiten verwirklichen können, häufig auch an die räumlichen Bedingungen gebunden. Wenn räumliche Bedingungen und Lebensweise nicht ausreichend aufeinander abgestimmt sind, können weit reichende gesellschaftliche Probleme entstehen. Die Abstimmung von Alltagspraxis und räumlichen Bedingungen steckt ein weiteres Themenfeld der Sozialgeographie ab.

Im Zusammenhang mit der Globalisierungsdiskussion wird heute die These vertreten, dass mit den neuen Kommunikationsmedien die räumliche Dimension für die menschliche Existenz zunehmend an Bedeutung verliert. Man spricht vom »Verschwinden der Distanz« (CAIRNCROSS, 1996, 42) oder gar vom »Ende der Geographie« (FLUSSER, 1992, 31). Doch die Implikationen dieser Veränderungen sind viel komplexer, als es diese Ausdrücke fassen können. Was geschieht beispielsweise, wenn die Internet-Surfer den Computer ausknipsen? Können sie dann in Kukulau der gleichen urbanen Lebensform nachgehen, wie dies ihren »Chat-Partnern« in London oder New York möglich ist? – Wie noch zu zeigen sein wird, gestalten die neuen Kommunikationsmedien unsere räumlichen Lebensbedingungen radikal um. So radikal diese Umgestaltung auch ist: Sie betrifft erstens nicht alle Lebensaspekte in gleichem Maße und zweitens wird sie wohl weniger das Ende der Geographie herbeiführen, als vielmehr eine Neugestaltung des Gesellschaft-Raum-Verhältnisses. Daraus kann man ableiten, dass im Zeitalter der Globalisierung der Sozialgeographie deshalb eine besondere praktische und wissenschaftliche Relevanz zukommt, weil sie aus der Frage nach der Art des Gesellschaft-Raum-Verhältnisses hervorgegangen ist.

Die Kernidee

Mit ihrem Kerninteresse, das Verständnis für das Verhältnis von »Raum« und »Gesellschaft« zu vertiefen, ist die Sozialgeographie an der Schnittstelle der klassischen Erkenntnisinteressen von Geographie und Soziologie angesiedelt. Geographinnen und Geographen befassen sich im Allgemeinen mit der Beschreibung und Erklärung erdoberflächlicher Erscheinungsformen. Soziologinnen und Soziologen setzen sich – ebenfalls im allgemeinen Sinne – die Analyse der gesellschaftlichen Dimension menschlicher Lebensformen zum Ziel. »Geographie« wird damit zur wissenschaftlichen Disziplin der Erforschung des Räumlichen, »Soziologie« zum Wissenschaftsbereich der Gesellschaftsforschung. Die Sozialgeographie bildet den disziplinären Ort des Zusammentreffens beider Fragehorizonte. Gleichzeitig wird sie damit zur interdisziplinären Verbindung zwischen den beiden prominenten Forschungstraditionen.

Die Besonderheit der Sozialgeographie im Kontext der Geographie besteht in der Zentrierung des Interesses auf die Bedeutung der räumlichen Dimension für das gesellschaftliche Zusammenleben. Steht für die Anthropogeographie der Mensch »als solcher« im Zentrum, richtet sich der sozialgeographische Blick auf die menschliche Gestaltungskraft der gesellschaftlichen Wirklichkeit und die Sozialisation der Subjekte. Der »Mensch« wird als sozialer Akteur thematisiert. Dementsprechend wird auch auf die Bedeutung der sozialen Komponente bei der Transformation der Natur aufmerksam gemacht. Man fragt nach der Bedeutung der sozialen Voraussetzungen für die Umgestaltung der natürlichen Bedingungen und nach der Bedeutung der erdräumlichen Bedingungen für das gesellschaftliche Zusammenleben.

Im Vergleich zur Soziologie zeichnet sich die Sozialgeographie dadurch aus, dass sie bei der Erforschung menschlicher Tätigkeiten die erdräumlichen und natürlichen Bedingungen immer in die Untersuchung miteinbezogen hat. Subjekte werden in sozialgeographischer Betrachtung als »Wesen« thematisiert, die mittels ihrer Körperlichkeit in Beziehung zur und im »Austausch« mit der Natur leben. Wie zu zeigen sein wird, sind im Verlauf der Fachgeschichte die natürlichen Bedingungen nicht nur berücksichtigt worden, sondern man hat ihnen sogar determinierende Eigenschaften zugewiesen.

In der Soziologie hingegen sind im Verlaufe der Fachgeschichte die physisch-materiellen Lebensgrundlagen insgesamt zunehmend in den Hintergrund getreten. Sie wurden schließlich zu bloßen »Daten, mit denen zu rechnen ist« (WEBER, 1980, 3). Während in der Geschichte der allgemeinen Geographie eine zunehmende »Überbetonung« der natürlichen Bedingungen feststellbar ist, kann die soziologische Theorieentwicklung demgegenüber durch eine zunehmende Konzentration auf die »sozialen Verhältnisse« charakterisiert werden, bei der physisch-materielle Bedingungen weitgehend ausgeklammert werden.

Das besondere Merkmal der sozialgeographischen Forschungsgeschichte ist somit darin zu sehen, die Lücke zwischen der »Raumversessenheit« der allgemeinen Geographie und der »Raumvergessenheit« der Soziologie zu füllen. Damit erlangen die Fragestellungen der Sozialgeographie eine eigenständige Bedeutung. Denn die sozialgeographische Betrachtungsweise lässt soziale *und* räumliche Lebensaspekte in einer Art ins Zentrum rücken, wie dies weder in der soziologischen noch in der allgemein geographischen Tradition der Fall ist. In ihr vereinen sich der geographische und soziologische Tatsachenblick zu einem eigenständigen Erfahrungsstil, der vielfältige Facetten und Differenzierungen aufweist.

Vielfalt der Perspektiven

FORSCHUNGSANSÄTZE kann man mit Brillen vergleichen, durch die man die Wirklichkeit – oder zumindest das, was wir dafür halten – unterschiedlich sieht. Jede Forschungsperspektive hat, je nach Zuständigkeitsbereich, spezifische Sehschärfen, aber auch tote Winkel. *Die* Sozialgeographie gibt es ebenso wenig wie *den* Forschungsansatz für alle Fragestellungen und Problembereiche. Die Untersuchungsformen des Verhältnisses von Gesellschaft und

Erdraum sind so zahlreich wie die Auffassungen von »Sozialgeographie«. So wie es bei genauerer Betrachtung nicht *die* Philosophie, *die* Ökonomie oder *die* Geschichte gibt, gibt es auch unterschiedliche Formen, die Disziplin Sozialgeographie zu betreiben. Die Ansprüche der Problembewältigung verschiedener wissenschaftlicher Disziplinen – so einheitlich sie gegenüber einer breiteren Öffentlichkeit auftreten mögen und von dieser wahrgenommen werden – weisen intern erhebliche Differenzierungen und Relativierungen auf.

Diese Differenzierungen und Relativierungen des Anspruchs brauchen aber nicht als Schwäche der wissenschaftlichen Wirklichkeitsanalyse gesehen zu werden. Auch wenn es für Studierende eines Faches am Anfang aus verständlichen Gründen irritierend ist, mit einer Vielfalt von Positionen konfrontiert zu sein, ist es wenig sinnvoll, diese zugunsten *einer* Auffassung zu ignorieren. Denn diese Situation ist nichts anderes als der Ausdruck eines entscheidenden Merkmals der Wissenschaft, dass es keine »letzte« Gewissheit und kein definitiv gesichertes Wissen gibt. Alles Wissen ist letztlich Vermutungswissen. Darauf sind sowohl die externen als auch die internen Ansprüche an die Wissenschaft abzustimmen.

Akzeptiert man den Vermutungscharakter wissenschaftlichen Wissens, wird erkennbar, dass die Vielfalt der Perspektiven notwendig und hilfreich ist. Denn so fordern sich die Vertreter der unterschiedlichen Vermutungen erstens gegenseitig heraus, was der Schärfung der Argumentation und der Strenge der Überprüfung nur förderlich sein kann. Zweitens ist die Vielfalt fachtheoretischer Perspektiven einer besseren Durchdringung eines Problemfeldes ebenso förderlich, wie die Einnahme verschiedener Blickwinkel beim Kennenlernen eines Gegenstandes.

Will man sich in ein disziplinäres Wissensgebiet einarbeiten, so ist es sicher von besonderer Bedeutung, nicht nur die unterschiedlichen Ansätze kennen zu lernen, sondern auch die jeweiligen historischen Entstehungsbedingungen und Ansprüche zu erschließen. Die Ideengeschichte einer Disziplin verweist sowohl auf einen außerwissenschaftlichen als auch auf einen innerdisziplinären

Kontext. Jede wissenschaftliche Fragestellung ist immer auch in eine alltagsweltliche Konstellation eingebettet. Das heißt, dass das wissenschaftliche Geschehen in aller Regel nicht unabhängig von den alltäglichen Verhältnissen begriffen werden kann.

Welchen Themen sich Forscher auf theoretischer und empirischer Ebene zuwenden, hängt aber immer auch mit den Ergebnissen der bisherigen Auseinandersetzung der Forschergemeinschaft mit ihrer fachkonstitutiven Fragestellung und dem Stand der verfügbaren Antworten zusammen. Wer sich heute für die Sozialgeographie interessiert, der wird notwendigerweise mit einer wesentlich anderen Situation konfrontiert, als dies noch vor zehn oder zwanzig Jahren der Fall gewesen wäre. Um den Werdegang einer wissenschaftlichen Disziplin und die vielfältigen Interpretationen verstehbar zu machen, ist es konsequenterweise sinnvoll und notwendig, sich mit ihrem außer- und innerdisziplinären Entstehungskontext zu beschäftigen.

Anforderungen

ALLE Relativierungen wissenschaftlicher und disziplinärer Ansprüche geben jedoch keinen Freipass für methodische Beliebigkeit ab. Dafür gibt es zwei wichtige Gründe. Der *erste Grund* besteht darin, dass die Wahl der Mittel immer davon abhängt, womit man sich beschäftigt und über welche Aspekte der Wirklichkeit man genauere Auskunft erreichen möchte. Akzeptiert man dies, wird deutlich, dass man sich zur Klärung einer bestimmten Frage nicht nur an verschiedene Disziplinen wendet, sondern auch Antworten von verschiedenen theoretischen Standpunkten einer Disziplin einfordern kann.

Zur Beantwortung der gestellten Fragen sind jedoch immer bestimmte wissenschaftliche Regeln einzuhalten, wenn die Resultate nachvollziehbar und kontrollierbar sein sollen. Damit ist der *zweite Grund* der Begrenzung gegeben. So wie von Mitspielern die Kenntnis und Einhaltung der Spielregeln (Fußball, Volleyball,

Schachspiel usw.) erwartet werden kann, genauso sind innerhalb einer bestimmten Disziplin und eines bestimmten Forschungsansatzes jeweils bestimmte Standards zu berücksichtigen. Die Postulierung einer Perspektivenvielfalt ist folglich nicht mit der Annahme der Beliebigkeit der Forschungsweisen zu verwechseln. Im Gegenteil: Vielfalt kann nur dann sinnvoll sein, wenn innerhalb der verschiedenen Ansätze eine möglichst große Methodenstrenge praktiziert wird. Die Forderung nach der »Einheit der Methode« kann sich nicht auf alle Disziplinen und Perspektiven beziehen. Vielmehr kann jedoch die »Reinheit der Methode« für die Vertreter einer bestimmten Richtung in dem Sinne verlangt werden, dass sie im Hinblick auf den verfolgten Zweck widerspruchsfrei konzipiert ist.

Offenheit gegenüber den verschiedenen Interpretationen der Kernidee einer wissenschaftlichen Disziplin ist sowohl für das Studium von Nutzen, als auch Grundbestand einer wissenschaftlichen Haltung. Doch so, wie jede wissenschaftliche Disziplin mit dem Anspruch auf Kritik des Alltagsverstandes entstanden ist, so ist jeder aktuell praktizierte Forschungsansatz mit der Frage nach seiner (aktuellen) Leistungsfähigkeit zu konfrontieren. Die verschiedenen Auslegungen des sozialgeographischen Interessenkerns können durchaus nach ihrem Aufklärungspotential unter aktuellen Lebensbedingungen beurteilt werden. Diesbezüglich müssen zwei Anforderungen ins Auge gefasst werden.

Die *erste* Anforderung an die verschiedenen Betrachtungsweisen besteht darin, ein angemessenes Weltbild zu fördern. Bereits IMMANUEL KANT (1802, 15) hat auf die Bedeutung der Geographie für die Ermöglichung einer aufgeklärten Weltsicht hingewiesen. Sie liefert einen wesentlichen Beitrag zur Kenntnis der Verhältnisse auf unserem Planeten. So sind geographisches und sozialgeographisches Wissen wichtig, um die eigenen Lebensumstände in einem weiteren Kontext einordnen zu können. Da sich sowohl wissenschaftliches Wissen als auch alltägliche Handlungsbedingungen ständig verändern, stellt sich das Abstimmungsproblem immer wieder neu. Dementsprechend muss wiederholt beurteilt werden, inwieweit ein Forschungsansatz unter aktuellen Lebensverhältnissen noch leistungsfähig ist.

Die *zweite* Anforderung betrifft die Abstimmung der Forschungsmethode auf den Forschungsgegenstand. Da man sich in der Sozialgeographie nicht mit materiellen Gegebenheiten per se, sondern mit deren Relevanz für soziale Akteure, mit Tätigkeiten und Tätigkeitsergebnissen (Artefakten) befasst, ist sie an einer sozial- und nicht an der naturwissenschaftlichen Forschungsmethodologie zu orientieren. Die sozialgeographischen Wirklichkeiten sind von jener Seite zu betrachten, von der sie hergestellt werden. Man muss sich mit den Sinnzusammenhängen und den Sinnzuordnungen, durch die materielle Gegebenheiten ihre Bedeutung erlangen, auseinandersetzen. Da diese sozialen Bedeutungen im Zentrum stehen und nicht die Materialität im naturwissenschaftlichen Sinne, sind Forschungsmethoden erforderlich, welche die Sinnzusammenhänge erfassen können. So wäre es etwa wenig sinnvoll, bei der Erforschung sozialer Lebensaspekte ISAAC NEWTON nacheifern zu wollen. Die Unterschiede zwischen einem fallenden Apfel und einer Anstandsregel oder einer subjektiven Überzeugung sind viel zu groß, als dass man sie ein und derselben Wirklichkeit zuordnen und auf dieselbe Weise erforschen könnte.

So wie sich die Gesellschaftstheorien von den Theorien der Naturwissenschaften ihren Gegenständen entsprechend unterscheiden, können auch Sozialgeographie und Physische Geographie sich nicht auf dieselben Darstellungsverfahren und Forschungsmethoden beziehen. Wer in den Sozialwissenschaften auf die Entwicklung einer räumlich und zeitlich unbegrenzten, universal gültigen Gesellschaftstheorie wartet, der wartet nicht nur auf einen Zug, der nicht ankommt, sondern ist auch auf dem falschen Bahnhof, wie es ANTHONY GIDDENS (1984, 14) ausdrückt. Was für die Erforschung der Natur eine sinnvolle und erfolgreiche Vorgehensweise ist, braucht für die Erforschung von Gesellschaften, Kulturen oder dem mentalen Bereich nicht automatisch gleich fruchtbar zu sein. Natur-weltliche Zusammenhänge und Prozesse können als Ausdruck von kausal wirksamen Kräften begriffen werden; sozialweltliche Wirklichkeiten hingegen sind auch Interpretation und Ausdruck menschlicher Handlungsfähigkeit.

Mit welchen Konsequenzen die Nicht-Berücksichtigung dieses Leitsatzes verbunden ist, wird deutlich, wenn man eine sozialwissenschaftliche »Logik« der Wirklichkeitsdarstellung auf den natürlichen Bereich anwendet. Die Absurdität von Aussagen, wie: »Der Apfel beabsichtigt, von der richtigen Person gegessen zu werden« oder »Das Muttergestein legt die Konfessionszugehörigkeit der Bewohner einer Erdgegend fest« ist leicht erkennbar.

Weniger offensichtlich ist die Unhaltbarkeit des Anspruchs, Kausalgesetze für sozial-kulturelle Wirklichkeitsbereiche zu formulieren. Diese Zielsetzung ist jedoch nicht haltbarer als der Versuch, natürlichen Gegebenheiten Handlungsfähigkeit zu unterstellen. Was Menschen tun und wie sie es tun, ist zumindest nicht im gleichen Sinne determiniert wie physikalische Ereignisse. Deshalb können in ihrem Bereich auch keine allgemein gültigen Kausalgesetze aufgedeckt werden. Menschliche Tätigkeiten sind immer auch Ausdruck bestimmter Kenntnisse und Fähigkeiten der Subjekte. Da diese variabel sind, wird eine Variabilität tätigkeitsgebundener »Ereignisse« beobachtbar.

Diese Unterschiede sind bei sozialgeographischen Wirklichkeitsanalysen zu beachten. Repräsentiert die Physische Geographie die naturwissenschaftliche Geographie, so ist die Sozialgeographie als die sozialwissenschaftliche Geographie zu verstehen.

Merkpunkte

1

Ziel der Sozialgeographie ist die Erforschung des Gesellschaft-Raum-Verhältnisses.

2

Die Sozialgeographie bildet die Schnittstelle der Erkenntnisinteressen von Soziologie und Geographie.

3

Vielfalt an Perspektiven und methodische Strenge schließen sich nicht aus, sondern sind zwei Ebenen der wissenschaftlichen Tätigkeit.

4

Die Sozialgeographie ist als sozialwissenschaftlicher Teilbereich der Geographie zu verstehen.

Weiterführende Literatur

ARNREITER, G. & P. WEICHHART (1998): Rivalisierende Paradigmen im Fach Geographie. In: SCHURZ, G. & P. WEINGARTNER (Hrsg.): Koexistenz rivalisierender Paradigmen. Opladen, 53 – 86

HARD, G. (2008): Der Spatial Turn, von der Geographie her beobachtet. In: DÖRING, J. & T. THIELMANN (Hrsg.): Spatial Turn. Das Raumparadigma in den Kultur- und Sozialwissenschaften. Bielefeld, 263 – 316

HARD, G. (1973b): Methodologie und die »eigentliche« Arbeit. In: Die Erde, 104. Jg., Heft 2, 104 – 131

HEINRITZ, G. & I. HELBRECHT (Hrsg.) (1998): Sozialgeographie und Soziologie. Dialog der Disziplinen. Münchner Geographische Hefte, Nr. 78

KRAMER, C. (2003): Soziologie und Sozialgeographie: Auf dem Weg zur Transdisziplinarität? Eine Analyse der Selbst- und Fremdbilder der beiden Nachbardisziplinen. In: Soziologie, 3, 31 – 59

2 Alltag und Wissenschaft

JEDE wissenschaftliche Disziplin hat ihre Methoden und Begriffe auf ihren Forschungsgegenstand abzustimmen. Diese Einsicht hat sich in den letzten Jahrzehnten allgemein durchgesetzt. Zuvor dominierte die Sichtweise, dass wahre Wissenschaft dem Modell der Naturwissenschaften entsprechen solle, unabhängig davon, ob sie natürliche oder sozial-kulturelle Sachverhalte zum Gegenstand hat. Heute geht man jedoch davon aus, dass Disziplinen, die sich mit sozial-kulturellen Gegebenheiten beschäftigen, nicht gleich den Naturwissenschaften verfahren können. Für die Geographie bedeutet dies, dass die Sozialgeographie nicht gleich verfahren kann wie die Physische Geographie. Die Sozialgeographie bedarf besonderer Methoden der empirischen Forschung und auch einer Begrifflichkeit, die ihrem »Gegenstand« gerecht werden kann.

Neben den allgemeinen Unterschieden zwischen sozial- und naturwissenschaftlichen Forschungsgegenständen hat die sozialgeographische Forschung auch den sich verändernden Verhältnissen der Gesellschaft-Raum-Beziehung Rechnung zu tragen. Die Forschungsweisen sind immer wieder neu darauf abzustimmen.

Dieses Erfordernis erlangt mit der Globalisierung der Lebensbedingungen zentrale Bedeutung. Um die entsprechenden methodischen Anforderungen verdeutlichen zu können, sollen zuerst die dafür wichtigen Aspekte aktueller Verhältnisse skizziert werden.

Wandelbarkeit räumlicher Bezüge

WIE sehr das Gesellschaft-Raum-Verhältnis sozial bestimmt ist und welche Bedeutung die räumliche Dimension für das gesellschaftliche Zusammenleben aufweist, kann anhand aktueller Ereignisse besonders gut beobachtet werden. So erschüttern beispielsweise Regionalismen und Nationalismen die bisherige nationalstaatliche Ordnung. Politische Karten müssen immer wieder neu gezeichnet werden. Dies ist einerseits Ausdruck der turbulenten Phase, in welche die alltäglichen Beziehungsverhältnisse von »Gesellschaft« und »Erdraum« getreten sind. Andererseits wird damit klar, wie wichtig die wissenschaftliche Abklärung dieses Verhältnisses geworden ist.

Das Gesellschaft-Raum-Verhältnis ist aber nicht nur in einer tiefgreifenden politischen Transformationsphase, sondern auch in einer ökologischen und kulturellen. Zwar sind auch frühere Generationen vielfältigen Bedrohungen ausgeliefert gewesen. Doch das Bedrohungspotential hat sich gewandelt. Waren vor der Industrialisierung vor allem Naturkatastrophen dominierend, so ist in modernen Gesellschaften der Anteil der von den Menschen selbst gemachten Bedrohungen stark gestiegen. Deren Reichweiten sind im Vergleich zu den Naturkatastrophen viel größer. Das Bestreben, die Natur zu kontrollieren und zu beherrschen, hat zu der paradoxen Konsequenz geführt, dass die Kontrollmittel selbst zu Bedrohungen geworden sind. Moderne Gesellschaften sind in einem neuen, »selbst gemachten« Sinne zur »Risikogesellschaft« (BECK, 1986) geworden.

Die aktuellen Bedingungen eröffnen jedoch auch ein breiteres Feld von Möglichkeiten der Lebensgestaltung, als je zuvor. Beide Aspekte, selbst gemachte Bedrohung im Rahmen der Risikogesellschaft und zunehmende Wahlmöglichkeiten, können als Bedingung und Ausdruck desselben Phänomens gedeutet werden: der Globalisierung der Lebenskontexte der meisten Menschen. Obwohl die meisten Menschen ihr Alltagsleben ausschließlich in einem lokalen Kontext verbringen, sind heute die meisten alltäglichen Lebensbedingungen in globale Prozesse eingebettet. Lokales und Globales sind ineinander verwoben. Globale Prozesse äußern sich im Lokalen und sind gleichzeitig Ausdruck des Lokalen.

Die Ausdehnung der Reichweiten menschlichen Wirkens ist eine Folge technischer Innovationen im Transport- und Kommunikationsbereich. Mit der Vergrößerung des räumlichen Wirkungsbereichs geht eine Erhöhung der Geschwindigkeit bzw. eine Verkürzung der Zeit der Distanzüberwindung einher. Beide zusammen führen zu einer raumzeitlichen Implosion, zu einem raumzeitlichen »Schrumpfungsprozess« der geographischen Lebensbezüge. Was zuvor zeitlich weit entfernt lag, kann damit in unmittelbare Nähe rücken (vgl. Abbildung 1).

Der raumzeitliche »Schrumpfungsprozess« hat wichtige Konsequenzen für das gesellschaftliche Zusammenleben. Einerseits wandeln sich die potentiellen und tatsächlichen Aktionsreichweiten; anderseits erweitert sich das Netz der Waren- und Informationsströme und deren Zugänglichkeit an einem gegebenen Standort. Aus der ersten Veränderung resultiert die Ausdehnung des Bereichs der unmittelbaren Erfahrung und die Möglichkeit der Kontaktnahme mit fernen Interaktionspartnern. Wie sehr sich der potentielle biographische Erfahrungshorizont der Menschen in erdräumlicher Hinsicht in den letzten vier Generationen verändert hat, zeigt Abbildung 2.

Zweitens verändern die neuen Reichweiten der Waren- und Informationsströme auch die Lebensbedingungen am gegebenen Ort. Damit steigt sowohl die Verfügbarkeit an Gütern als auch das Gestaltungspotenzial der eigenen Lebensweise. Unsere Essgewohnheiten geben ein adäquates Beispiel: Fast alles, was heute an einem bestimmten Ort an Nahrungsmitteln zur Verfügung steht, ist nicht mehr Ausdruck der lokalen agraren Produktionsbedingungen, sondern von globalen Austauschprozessen. Selbst die vertrautesten Lebensmittel sind in ihrer Zusammensetzung weit komplexer geworden, als man spontan vermuten würde.

An einem Joghurt auf unserem Frühstückstisch können wir lernen, wie komplex die Warenströme der Produktion geworden

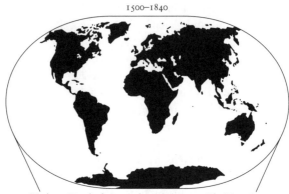

1500–1840

Die beste Durchschnittsgeschwindigkeit von Pferdekutschen und Segelschiffen betrug 15 km/h

1850–1930

Dampflokomotiven erzielten einen Durchschnitt von 100 km/h, Dampfschiffe einen solchen von 60 km/h

1950

Propellerflugzeuge
500–600 km/h

1960

Düsenflugzeuge
800–1100 km/h

Abbildung 1   *Raumzeitlicher »Schrumpfungsprozess« der Welt*
(nach DICKEN, Global Shift, London 1992, 104)

Wandelbarkeit räumlicher Bezüge 25

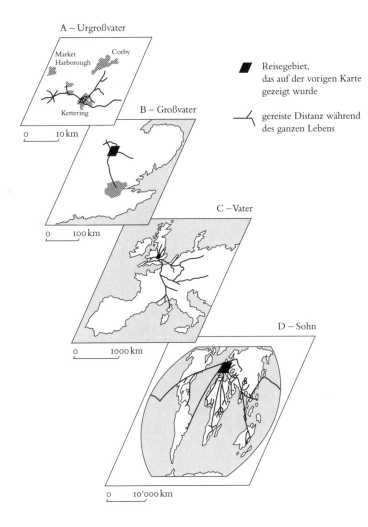

Abbildung 2 *Veränderung der Aktionsreichweiten*
(nach THRIFT, 1996, 42)

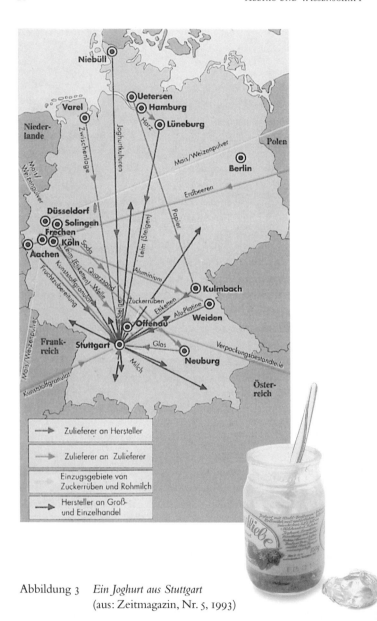

Abbildung 3   *Ein Joghurt aus Stuttgart*
(aus: Zeitmagazin, Nr. 5, 1993)

sind. Wir können aber auch erkennen, in welche Kontexte unsere Lebensweisen unbemerkt eingebettet sind. Unsere Lebensweise ist – wie Abbildung 3 zeigt – bereits über die Konsumation einer Ware an einem Ort in weitreichende interregionale und globale Zusammenhänge eingebettet, ohne dass unsere eigene körperliche Alltagspraxis in diesem Moment über die Ortsgrenze hinauszureichen braucht. STEPHANIE BÖGES (1992) Zusammenstellung der Herkunft der verschiedenen Bestandteile eines in Stuttgart produzierten Joghurts verdeutlicht, welche umfassenden Warenströme die Herstellung und Verpackung selbst des relativ einfachen Produktes »Erdbeerjoghurt« implizieren. Freilich verhält es sich nicht mit jedem Produkt, das wir in unsere Tätigkeitsabläufe einbeziehen, gleich komplex. Doch trifft es bereits für die meisten Produkte, die wir lokal nutzen, zu, dass sie weder an diesem Ort, noch in dieser Gegend hergestellt wurden.

Aber aus dem weiträumigen Warentausch resultiert nicht nur eine Zunahme der verfügbaren Vielfalt an Produkten an einem gegebenen Ort, sondern es eröffnet sich ebenso die Möglichkeit und Notwendigkeit der Auswahl. So sind – um bei diesem Beispiel zu bleiben – die Ernährungsweisen nicht mehr lediglich Ausdruck der lokalen Produktionsbedingungen, sondern sie werden vielmehr zum Ausdruck persönlicher Entscheidungen des Geschmacks und des Lebensstils im Rahmen der ökonomischen Möglichkeiten. Die Informationen, auf denen solche Entscheidungen aufbauen, sind wiederum häufig an medial vermittelte Wissensbestände gebunden. Die Ernährungsart ist damit weniger durch den Lebensort bestimmt als durch die lebensstilspezifischen »Diäten«.

Die Feststellung der veränderten räumlichen Bedingungen unserer Tätigkeiten ist in mancherlei Hinsicht trivial. Die damit verbundenen Konsequenzen sind dennoch weit reichend. Die sozialen wie die erdräumlichen Wirklichkeiten des Alltagslebens werden neu konstituiert. Die entsprechende Neugestaltung des Gesellschaft-Raum-Verhältnisses erfordert einen geographischen Tatsachenblick, der seiner sozial-kulturellen Bestimmtheit Rechnung trägt.

Das Besondere an einem wissenschaftlichen Zugang zur Wirklichkeitsdeutung beruht also nicht so sehr auf der Entdeckung neuer Fakten, als vielmehr in der Neuinterpretation vertrauter Gegebenheiten. Auf die Geographie bezogen könnte man in Anlehnung an MARCEL PROUST sagen, dass die wahre Forschungsreise nicht im Entdecken neuer Gegenden besteht, sondern darin, vertraute Gegenden mit neuen Augen zu sehen. Nicht NEWTONS Feststellung, dass Äpfel auf den Boden fallen, macht seine besondere wissenschaftliche Leistung aus, sondern vielmehr die Folgerungen, die er daraus abgeleitet hat. Er war in der Lage, ein vertrautes Ereignis in einen neuen Zusammenhang einzubetten.

Wissenschaftliche Sozialgeographie

ALLTAG und Wissenschaft sind auch im historischen Sinne aufeinander bezogen. Demzufolge ist jede geistes- und sozialwissenschaftliche Disziplingeschichte *auch* als Abstimmungsvorgang auf die alltagsweltlichen Veränderungen zu sehen. Daneben ist natürlich nicht aus den Augen zu verlieren, dass der Wandel der Alltagswelten in modernen Gesellschaften immer auch von wissenschaftlichen Entwicklungen mitbestimmt ist. Sozialwissenschaften und gesellschaftliche Wirklichkeit stehen in einem sich gegenseitig beeinflussenden Verhältnis: Das wissenschaftliche Wissen wird zum Bestandteil des Alltagswissens und die Neugestaltung der alltäglichen Lebensformen kann – und sollte – auch zur Neuabstimmung der wissenschaftlichen Forschungsweise führen.

Die Abstimmung der Begrifflichkeit auf die sozial-kulturelle Wirklichkeit ist auch für andere Bereiche erforderlich. In sozialgeographischer Hinsicht ist sie v. a. in Bezug auf die Methodologie der Erforschung des Gesellschaft-Raum-Verhältnisses notwendig. Mit diesem Problemfeld werden wir hier immer wieder konfrontiert sein. Deshalb sollen nun in knapper Form zuerst die Implikationen der Abstimmung der sozialgeographischen Begrifflichkeit ausgearbeitet werden. Anschließend werden sie anhand der Gegenüberstellung von traditionellen und spätmodernen Gesellschaft-Raum-Verhältnissen illustriert.

Die Frage, in welchen Begriffen das Gesellschaft-Raum-Verhältnis erforscht werden solle, durchzieht die Geschichte der Sozialgeographie wie ein roter Faden. Freilich wird sie nicht immer offen vorgetragen, sondern äußert sich oft lediglich in versteckter Form. Das Kernproblem kann in der Frage zusammengefasst werden, ob man in räumlichen Kategorien und Begriffen über gesellschaftliche Wirklichkeiten sprechen kann. Es ist bemerkenswert, dass diese Frage für sehr lange Zeit von allen Fachvertretern eindeutig bejaht wurde. Die Aufgabe der Sozialgeographie wurde darin gesehen, eine Geographie des Sozialen zu betreiben, das heißt, die sozialen Verhältnisse kartographisch oder in räumlichen Kategorien darzustellen. Doch spätestens im Zeitalter der Globalisierung ist die darin enthaltene Postulierung der Einheit von Gesellschaft und Raum fragwürdig geworden.

Dass die räumliche Darstellung des Gesellschaftlichen zu früheren Zeitpunkten offensichtlich zu weniger Fragen Anlass gab als heute, hat damit zu tun, dass sich das Verhältnis von »Gesellschaft« und »Raum« stark verändert hat. Um dies zu verdeutlichen, sollen die zwei Idealtypen »traditioneller« und »spätmoderner« Lebensformen und die für sie jeweils typischen Beziehungen zwischen Gesellschaftlichem und Räumlichem entworfen werden. Dadurch soll abschätzbar werden, unter welchen Bedingungen welche Aspekte sozial-kultureller Wirklichkeiten räumlich darstellbar sind und für welche Zusammenhänge eine andere Betrachtungsweise Vorteile aufweist.

Die Kernidee jeder Konstruktion eines Idealtypus besteht in der Darstellung eines bestimmten Sachverhalts unter einem bestimmten, wissenschaftlich oder praktisch relevanten Gesichtspunkt. Damit sollen die wichtigsten Eigenschaften und Merkmale eines Sachverhaltes modellhaft zur Darstellung gelangen. Zugunsten der Herausarbeitung typischer Merkmale, möglichst großer Einfachheit und Überschaubarkeit wird dabei auf die Berücksichtigung von Ausnahmen und Abweichungen verzichtet.

Der *homo oeconomicus* beispielsweise ist der Ökonomie auch dann ein hilfreiches Mittel, um ökonomische Zusammenhänge und Problemsituationen durchzudenken, wenn kein einziges wirtschaftendes Subjekt ihm vollumfänglich entspricht. Ebenso verhält es sich mit anderen Idealtypen. Sie sind gedankliche Hilfsmittel einer Repräsentation der Wirklichkeit, die uns helfen sollen, auf bisher unerkannte Zusammenhänge, auf Abweichungen und Weiterentwicklungen in der Alltagspraxis aufmerksam zu werden.

In sozialgeographischer Perspektive sind *traditionelle Lebensformen* idealtypischerweise dadurch zu charakterisieren, dass sie in zeitlicher und räumlicher Hinsicht in hohem Maße stabil, das heißt räumlich und zeitlich *verankert* sind. Die *Stabilität über Zeit* bzw. die Verankerung in zeitlicher Hinsicht ist in der Dominanz der Traditionen begründet. Sie verknüpfen Vergangenheit und Gegenwart und geben sowohl den Rahmen der Orientierung als auch die Basis für Begründung und Rechtfertigung der Alltagspraxis ab. Nicht nur: wie man die Dinge tut, ist an den Traditionen orientiert, sondern auch: was man tut und tun darf, ist durch sie weitgehend festgeschrieben. So setzen sie individuellen Entscheidungen einen engen Rahmen. Soziale Beziehungen sind vorwiegend durch Verwandtschafts-, Stammes- oder Standesverhältnisse geregelt. Je nach Herkunft, Alter und Geschlecht werden den einzelnen Personen im räumlichen und gesellschaftlichen Kontext klare Positionen zugewiesen.

Die räumliche Abgegrenztheit bzw. die Verankerung in räumlicher Hinsicht ist im niedrigen technischen Stand der verfügbaren Fortbewegungs- und Kommunikationsmittel begründet. Die Vorherrschaft des Fußmarsches und die geringe Verbreitung der Schrift führen zur Beschränkung der kulturellen und sozialen Ausdrucksformen auf den lokalen und regionalen Maßstab. Face-to-Face-Interaktionen sind die dominierende Kommunikationsform. Zudem ist man aufgrund des technischen Standes der Arbeitsgeräte meistens gezwungen, sich den natürlichen Bedingungen anzupassen. Die Wirtschaftsformen sind eine Folge der Anpassung an die natürlichen Bedingungen.

Zeit	1	Traditionen verknüpfen Vergangenheit und Zukunft
	2	Verwandtschafts-, Stammes- und Standesverhältnisse organisieren und stabilisieren soziale Beziehungen in zeitlicher Hinsicht
	3	Herkunft, Alter und Geschlecht bestimmen soziale Positionen
Raum	4	Face-to-Face-Situationen prägen die Kommunikation
	5	Geringe interregionale Kommunikation
	6	Die lokale Dorfgemeinschaft bildet den vertrauten Lebenskontext

Abbildung 4   *Zeitliche und räumliche Aspekte traditioneller Lebensformen*

In der Alltagspraxis sind zudem räumliche, zeitliche sowie sozialkulturelle Komponenten auf engste Weise verknüpft. Traditionellen Mustern zufolge ist es nicht nur bedeutsam, gewisse Tätigkeiten zu einer bestimmten Zeit zu verrichten, sondern auch an einem bestimmten *Ort* und gelegentlich mit einer festgelegten räumlichen *Ausrichtung*. Derart werden soziale Regelungen und Orientierungsmuster in ausgeprägtem Maße über raum-zeitliche Festlegungen reproduziert und durchgesetzt. Diese Einheit wird meist auf der Basis von Reifikation, das heißt der Vergegenständlichung der Bedeutungen wirksam. Im Reifikationsprozess wird die Unterscheidung zwischen Bezeichnendem und Bezeichnetem aufgehoben. Im Rahmen einer solchen Konstruktion wird beispielsweise »Kult*stätte*« mit »Kult« identifiziert und man sagt, wer diese Stelle unerlaubterweise betrete, der entweihe *den Ort*. Dies kann aber nur dann als eine sinnvolle Redeweise erscheinen, wenn man nicht zwischen Bedeutung und Ort, zwischen Bezeichnendem und Bezeichnetem unterscheidet. »Raum« und »Zeit« sind im Rahmen dieser Reifikationen mit fixen sozial-kulturellen Bedeutungen aufgefüllt. Diese Bedeutungen scheinen den Dingen eingeschrieben, im Territorium verankert zu sein.

Für den Idealtypus »spätmoderne Lebensform« sind hingegen Traditionen nicht mehr die zentralen Orientierungsinstanzen. Die sozialen Orientierungsinstanzen müssen vielmehr diskursiver Begründung und Legitimation standhalten. Die räumliche Kammerung wird durch globalisierte Lebenszusammenhänge und die Reifikation durch rationale Konstruktionen ersetzt. In diesem Sinne sind spätmoderne Kultur- und Gesellschaftsbereiche in räumlicher und zeitlicher Hinsicht *entankert*. Die wichtigsten Entankerungsmedien sind Schrift, Geld und technische Artefakte.

Eine Stabilität in *zeitlicher Hinsicht* ist aufgrund des Bedeutungsverlustes der Traditionen nicht gegeben. An die Stelle der Traditionen treten alltägliche Routinen. Diese weisen zwar auch Regelmäßigkeit über eine gewisse Zeit auf, können aber – im Gegensatz zu Traditionen – auf der Grundlage subjektiver Entscheidungen prinzipiell immer wieder neu geordnet werden. Spätmoderne Praktiken sind nicht durch lokale Traditionen fixiert, sondern an global auftretenden Lebensmustern orientiert. Individuellen Entscheidungen steht ein weiter Spielraum offen. Soziale Beziehungen sind nicht über Verwandtschaftssysteme geregelt, sondern können von den Subjekten in hohem Maße gestaltet werden. Die heutzutage global auftretenden Generationenkulturen mit ihren spezifischen Lebensformen und -stilen sind Ausdruck dieser Gestaltbarkeit. Soziale Positionen können erlangt bzw. erworben werden und sind weder strikt an das Alter noch an das Geschlecht gebunden.

In *räumlicher Hinsicht* sind die engen Kammerungen in vielen Bereichen aufgehoben. Fortbewegungsmittel ermöglichen ein Höchstmaß an Mobilität. Individuelle Fortbewegungs- und weiträumige Niederlassungsfreiheit implizieren eine Durchmischung verschiedenster – ehemals lokaler – Kulturen auf engem Raum. Diese Durchmischung koexistiert mit globalen Kommunikationsmöglichkeiten. Sie ermöglichen eine Informationsverbreitung und -verlagerung, die nicht an räumliche Anwesenheit gebunden ist.

Zeit	1	Alltägliche Routinen erhalten die Seinsgewissheit
	2	Global auftretende Generationskulturen, Lebensformen und Stile
	3	Soziale Positionen sind erwerbbar
Raum	4	Abstrakte Systeme (wie [Plastik-]Geld, Schrift- und Expertensysteme) ermöglichen mediatisierte Beziehungen über große Distanzen hinweg
	5	Weltweite Kommunikationssyteme
	6	Die globale Stadt bildet den weitgehend anonymen Erfahrenskontext

Abbildung 5   *Zeitliche und räumliche Aspekte spätmoderner Lebensformen*

Face-to-Face-Interaktionen bleiben für bestimmte Arten sozialer Beziehungen relevant, doch große Teile der Kommunikation werden technisch vermittelt.

Räumliche und zeitliche Dimensionen sind nicht mit fixen Bedeutungen verknüpft. Sie werden in einzelnen Handlungen von den Subjekten immer wieder neu kombiniert und subjektiv mit spezifischen Bedeutungen verbunden. Das »Wann« und »Wo« sozialer Aktivitäten ist Gegenstand von Absprachen, ist konventionsbedürftig, häufig institutionell geregelt und diskursiv begründet. Räumliche wie zeitliche Dimensionen sind nicht inhaltsbestimmende, sondern nur mehr formale Aspekte menschlicher Tätigkeiten. Ihre Formalisierung ermöglicht die standardisierte Metrisier- und Kalkulierbarkeit materieller Gegebenheiten und die Abfolge von Ereignissen. Zusammen mit dem Erkennen der Differenz zwischen Begriff und bezeichnetem Gegenstand bildet dies den Kern des entzauberten Naturverständnisses und der Rationalisierung moderner Lebenswelten.

Aufgrund dieser Bedingungen lässt sich sagen, dass spätmoderne Kulturen und Gesellschaften nicht im selben Maße räumlich und zeitlich verankert sind, wie traditionelle Kulturen und Gesellschaften. Sie sind in mehrfacher Hinsicht *entankert*. Sozial-kulturelle Gegebenheiten, räumliche Bedingungen und zeitliche Abläufe sind weitgehend entkoppelt. Sie werden über einzelne Handlungen auf jeweils spezifische Weise neu kombiniert und verknüpft. Räumliche Gegebenheiten können fortwährend neue und vielfältige Bedeutungen annehmen. Tägliche Routinen können plötzlich unterbrochen und neu gestaltet werden.

Durch diese und ähnliche Erkenntnisse sind Kritiker der Geographie zur Ansicht gelangt, dass Geographie früher einmal eine wichtige Disziplin war, heute aber nicht mehr von Bedeutung sei. Denn räumliche Bedingungen wären in einem Zeitalter, das von Massenkommunikation, Satellitenfernsehen, höchster Mobilität, transnationalen Unternehmern usw. geprägt ist, für gesellschaftliche Differenzierungen kaum mehr relevant: Alles sei überall und überall sei alles!

Wie bereits angedeutet, kann man aber auch zu einem anderen Schluss gelangen. Die Tatsache, dass noch nie so viele Menschen gegenseitig voneinander abhängig waren wie heute und wir ständig von Entscheidungen und Ereignissen betroffen sind, die zum Teil weit von uns entfernt getroffen werden bzw. stattgefunden haben, macht geographisches Wissen heute wichtiger denn je. Die Welt ist zur globalen Stadt geworden. Und wenn man über seinen Wohnort Bescheid wissen will, muss man, unter den heutigen Bedingungen, globale Zusammenhänge kennen.

Kann für die Darstellung und Analyse des Gesellschaft-Raum-Verhältnisses im Sinne des Idealtypus »traditionelle Lebensform« eine räumliche Betrachtungsweise des Gesellschaftlichen vertretbar sein, hat man sich für Verhältnisse, die sich dem Idealtypus »spätmoderne Lebensform« annähern, notwendigerweise auf eine andere sozialgeographische Betrachtungsweise einzulassen. Sie ist gemäß den dort postulierten Grundprinzipien von der Frage geleitet, welche Bedeutung räumliche Aspekte bei der Planung, Organisation und Verwirklichung verschiedenster alltäglicher Tätigkeiten erlangen. Der Beantwortung dieser Frage liegen zwei Prämissen zugrunde: Erstens, dass »Raum – Raumverteilung, Raumzuweisung – [...] unter allen Umständen kulturell definiert« ist (MUSCHG, 1996, 50) und zweitens, dass wir die subjektive »Perspektivierung dieser Alltagswelten« (HARD, 1985, 197) immer zu berücksichtigen haben.

Merkpunkte

1

Jede wissenschaftliche Disziplin hat ihre Methoden und Begriffe auch auf ihren Forschungsgegenstand abzustimmen.

2

Wissenschaftliche Aussagen können nur dann einen Anspruch auf »Wahrheit« erheben, wenn sie der Seinsweise ihres Gegenstandes angemessen Rechnung tragen. Der wichtigste Unterschied zwischen natürlichen und sozial-kulturellen Gegebenheiten besteht darin, dass erstere im Vergleich zu den letzteren von »sich aus« keine Bedeutungen aufweisen.

3

Die historische Wandelbarkeit des Verhältnisses von Gesellschaft und Raum auf der alltäglichen Ebene wird vom Wandel der wissenschaftlichen Forschung begleitet. Um angemessene Aussagen über aktuelle Gesellschaften machen zu können, soll die sozialgeographische Forschung den Grundprinzipien des aktuellen Gesellschaft-Raum-Verhältnisses Rechnung tragen.

4

Sozialwissenschaften und gesellschaftliche Wirklichkeit stehen in einem sich gegenseitig beeinflussenden Verhältnis: Das wissenschaftliche Wissen wird zum Bestandteil des Alltagswissens und die Neugestaltung der alltäglichen Lebensformen kann – und muss gelegentlich – auch zur Neuabstimmung der wissenschaftlichen Forschungsweise führen.

5

»Idealtypen« stellen gedankliche Hilfsmittel zur Repräsentation der Wirklichkeit dar, die uns helfen sollen, auf Zusammenhänge aufmerksam zu werden. Bei der Erforschung des Gesellschaft-Raum-Verhältnisses kommt diese Funktion den modellhaften Repräsentationen der zeitlich-räumlichen Aspekte traditioneller und spätmoderner Lebensformen zu.

Weiterführende Literatur

BECK, U. (1986): Die Risikogesellschaft. Auf dem Weg in eine andere Moderne. Frankfurt a. M.

COSGROVE, D. (2003): Apollo's Eye: A Cartographic Genealogy of the Western Imagination. Baltimore

GIDDENS, A. (1995): Konsequenzen der Moderne. Frankfurt a. M.

HARVEY, D. (1989): The Condition of Postmodernity. An Enquiry into the Origins of Cultural Change. Oxford

ROSA, H. (2005): Beschleunigung. Die Veränderung der Zeitstrukturen in der Moderne. Frankfurt a. M.

WERLEN, B. (2008): Geographie/Sozialgeographie. In GÜNZEL, S. (Hrsg.): Raumwissenschaften. Frankfurt a. M. (im Druck)

WERLEN, B. (1997/²2007): Sozialgeographie alltäglicher Regionalisierungen. Bd. 2: Globalisierung, Region und Regionalisierung. Erdkundliches Wissen, Heft 119, Stuttgart

WERLEN, B. (1995/²1999): Sozialgeographie alltäglicher Regionalisierungen. Bd. 1: Zur Ontologie von Gesellschaft und Raum. Erdkundliches Wissen, Heft 116, Stuttgart

3 Sozialgeographie: Ausdruck der Moderne

MICHEL FOUCAULT, einer der bedeutendsten Geisteswissenschaftler und Philosophen des 20. Jahrhunderts, hat darauf hingewiesen, dass das erstmalige Auftreten eines Begriffs anzeigt, wann das mit ihm bezeichnete Faktum oder Problem zur Kenntnis genommen wurde. Das Auftauchen einer neuen Disziplinbezeichnung kann uns somit auch einen Hinweis auf das Erkennen jener Phänomene und Probleme geben, die sie zu untersuchen und zu lösen beansprucht. Dabei ist jedoch das erste Auftreten einer Disziplinbezeichnung klar von ihrer institutionellen Etablierung an der Universität zu unterscheiden. Beim Ersten steht die Problemidentifikation im Vordergrund, beim Zweiten die bildungs- und forschungspolitische Durchsetzung.

In Bezug auf die Sozialgeographie ist zu klären, aufgrund von welchen gesellschaftlichen Veränderungen Wissenschaftlerinnen und Wissenschaftler die Idee »Sozialgeographie« entwickelt haben. Oder anders ausgedrückt: Es soll die Frage geklärt werden, *wann* und *aufgrund welcher Ereignisse* die Entwicklung der Sozialgeographie als notwendig erachtet wurde.

Kleine Begriffsgeschichte

ELISÉE RECLUS (1830-1905) gilt gemeinhin als der »Erfinder« des Ausdrucks »géographie sociale«. RECLUS, der in Deutschland Geographie studiert hatte, hat mit der zwischen 1875 und 1894 publizierten 19-bändigen »Nouvelle géographie universelle: La terre et les hommes« eines der umfassendsten Werke der Geographie geschaffen und gilt als einer ihrer umstrittensten, aber auch originellsten Vertreter. Elisée RECLUS war – wie das im Nachruf der »Neuen Zürcher Zeitung« (6. Juli 1905) zum Ausdruck kommt – einer der bedeutendsten Geographen seiner Zeit: »Als Schwärmer für utopische Ideen hat er wohl in den Köpfen mancher Jünglinge Verwirrung angerichtet. Man darf aber nicht vergessen, dass er einen hervorragenden Rang in der Gelehrtenwelt einnahm und dass wir an der Bahre des grössten Geographen und Ethnologen stehen«.

Dass RECLUS diesen Begriff geschaffen hat, ist jedoch nicht ganz zutreffend. Sein Werk war vielmehr der Anlass dafür. Denn der Begriff »géographie sociale« wurde, in der heutigen Bedeutung, 1884 vom Soziologen PAUL DE ROUSIERS (1857-1934) im Rahmen seiner Besprechung des ersten Bandes von RECLUS' Monumentalwerk verwendet. Man könnte sagen, das Phänomen, auf das sich die Sozialgeographie bezieht, war offensichtlich von RECLUS entdeckt und beschrieben, jedoch von DE ROUSIERS benannt worden.

In einer wissenschaftlichen Publikation wurde der Ausdruck erst 1896 wieder verwendet. EDMOND DEMOLINS veröffentlichte in diesem Jahr in der soziologischen Zeitschrift »La Science Sociale« einen Artikel mit der Überschrift »Géographie sociale de la France«. Als Buchtitel verwendete er diesen Ausdruck im Jahre 1900: »Les grandes routes des peuples. Essai de géographie sociale«. Seine »géographie sociale«, die den Einfluss der Wanderwege auf Rassen und Völker und daraus entstandene Völkertypen untersucht, wurde aber vom deutschen Geographen FRIEDRICH RATZEL (1844-1904) – eine der Hauptfiguren der Geographiegeschichte – heftig kritisiert und blieb in der Folge wenig beachtet.

Als erste Zwischenbilanz kann man festhalten, dass der Begriff »Sozialgeographie« im französischen Sprachraum geschaffen wurde, und zwar in den letzten 20 Jahren des 19. Jahrhunderts. Zudem kann man sagen, dass bei der Bildung dieses Begriffs sowohl Geographen wie Soziologen beteiligt waren und er in wissenschaftlichen Publikationen in beiden Disziplinen aufgegriffen wurde. Die Sozialgeographie war damit von Beginn an die Schnittstelle dieser beiden Disziplinen und ihrer traditionellen Interessenfelder: gesellschaftliche Prozesse und räumliche Verbreitungsformen.

Alltagsweltliche Konsequenzen der Aufklärung

DOCH welche sozialen Veränderungen fanden in diesem Zeitraum statt, welche Phänomene waren es, die Wissenschaftler zur Bildung einer neuen Disziplin veranlassten? Welche sozialen Ereignisse machten die Entstehung der Sozialgeographie möglich?

In Kontinentaleuropa setzten sich in der zweiten Hälfte des 19. Jahrhunderts – wie zuvor bereits in Großbritannien – wesentliche Veränderungen durch: die Industrialisierung gepaart mit dem Kapitalismus, das Aufkommen und die Durchsetzung des Industriekapitalismus. Diese Kombination der sozialen Veränderungen hatte sozialgeographisch betrachtet zwei wichtige Konsequenzen: *erstens* einen Konzentrationsprozess sowohl in räumlicher als auch sozialer Hinsicht und *zweitens* eine rasante Zunahme sozialer Differenzierung.

War im Rahmen der traditionellen Landwirtschaft eine vergleichsweise beachtliche Fläche notwendig, um eine Familie zu ernähren, konnte nun durch die industrielle Produktionstechnologie auf derselben Fläche eine ansehnliche Fabrikhalle aufgebaut werden, in der Hunderte von Menschen arbeiten und – wenn auch mehr schlecht als recht – verdienen konnten. Mit dem geringeren Flächenanspruch der industriellen Produktionsweise im Vergleich zur landwirtschaftlichen, ging *in räumlicher Hinsicht* eine viel höhere Konzentration der Bevölkerung einher. Diese Bevölkerungskonzentration findet in der Intensivierung des Verstädterungsprozesses in ganz Europa ihren Ausdruck.

Gleichzeitig verdrängten die industriell gefertigten Produkte auch die handwerkliche Produktion, sodass immer mehr Leute gezwungen waren, sich in den industriellen Produktionsprozess zu integrieren. Die Produktionsmittel wurden von weniger Personen kontrolliert, als dies bei früheren Produktionsformen der Fall war.

Elisée Reclus (1830-1904)

ELISÉE RECLUS wurde am 15. März 1830 in Sainte-Foy-la-Grande (Frankreich) als Sohn eines calvinistischen Pastors geboren, begann 1848 an der Universität Montauban eine Pastorenausbildung, die er aufgrund unerlaubten Fernbleibens vom Vorlesungsbetrieb vorzeitig beenden musste. Nach seiner Tätigkeit als Französischlehrer in Neuwied ging er 1851 für theologische Studien nach Berlin und traf dort CARL RITTER, den Mitbegründer der deutschen Universitätsgeographie. Aufgrund seiner republikanischen Gesinnung flüchtete er 1852 von Deutschland nach England und siedelte 1853 nach New Orleans über, wo er seine ersten Publikationen veröffentlichte. Ein Jahr später ging er nach Paris und nahm dort eine journalistische Tätigkeit für das Pariser Verlagshaus Hachett auf. Politische Gründe veranlassten ihn, Paris zu verlassen, und führten ihn 1856 in die Schweiz. Dort begann er in den folgenden Jahren mit der Arbeit an seiner monumentalen »Nouvelle Géographie Universelle«. 1890 zeichnete ihn die Pariser »Société de Géographie« für dieses Werk aus. Im gleichen Jahr erhielt er von der Freien Universität Brüssel einen Lehrauftrag für Vergleichende Geographie, den er jedoch ablehnte und an dessen Stelle einen Ruf der neu gegründeten Brüsseler »Université Nouvelle de Bruxelles« annahm. Dort lehrte er bis zu seinem Tode am 4. Juli 1904.

Abbildung aus: BECK, 1983, 122

Auswahlbibliographie

La Terre, Description des phénomènes de globe. 2 Bde. Paris 1867/68

Histoire d'une montagne. Paris 1874

Nouvelle Géographie Universelle. 19 Bde. Paris 1876-1894

L'Homme et la Terre. 2 Bde. Paris 1905/06

Dies entspricht dem Konzentrationsprozess *in sozialer Hinsicht*. Charakteristisch für den industriellen Herstellungsprozess ist die Aufteilung der Produktion in zahlreiche Einzelschritte sowie die Trennung von Produktion und Verwaltung. Beide Merkmale zusammen führten schließlich zu einer massiven Vervielfältigung von möglich gewordenen sozialen Positionen. Dies ist die *zweite Konsequenz* des sozialen Wandels: Ausdifferenzierung der sozialen Positionen. Soziale Konzentration der Produktionsmittel und soziale Differenzierung zusammen führten schließlich zu einer Verschärfung des Ausmaßes sozialer Ungleichheit.

Diese Prozesse – gemeinsam mit der Entstehung des Bodenmarktes und der entsprechenden Umwandlung des Bodens in eine Tauschware – führten zu einer stärkeren räumlichen Konzentration von Personen mit vergleichbaren sozialen Positionen und Einkommen, als dies noch in traditionellen Gesellschaften der Fall war. Erstmals kam es zu einer von Marktmechanismen geleiteten sozialen Entmischung der Wohnstandorte der Bevölkerung.

Das Auftreten der Sozialgeographie ist eng an diesen gesellschaftlichen und räumlichen Neuordnungsprozess gebunden. In ihm wurden die räumlichen Aspekte der sozialen Differenzierung sichtbar, nicht zuletzt weil sie im Wandel deutlicher zutage traten als zuvor. *Soziale Unterschiede erlangten mit der Industrialisierung ein neues und vielleicht auch schärferes räumliches Profil.*

Gleichzeitig etablierten sich die seit dem 17. Jahrhundert entstehenden National-Staaten in ganz Europa und ihre Institutionen wurden in dieser Zeit – vom nationalistischen Zeitgeist getragen – großzügig ausgebaut. Der Nationalstaat ist zuerst als eine historisch gewachsene Form der politischen Organisation zu verstehen. Die besonderen Merkmale dieser neuartigen Organisationsform des gesellschaftlichen Lebens bestanden darin, dass ein Kollektiv (das »Volk«), ein Territorium sowie ein Verwaltungsapparat (der »Staat«) rational miteinander in Beziehung gesetzt wurden. Dabei wurde der Staatsapparat darauf ausgerichtet, die Mitglieder dieses Kollektivs innerhalb des Staatsterritoriums zu kontrollieren und ihre Tätigkeiten zu koordinieren.

Die staatliche Administration bildet das Bindeglied zwischen dem Kollektiv »Volk« bzw. »Nation« und dem sozial definierten Raum »Staats-Territorium«. Beide wurden administrativ aneinander »gebunden«, zur Einheit gemacht. Darin gründet das bis heute vorherrschende Territorialprinzip des Nationalstaates. Staatliche Administration, Kontrolle und Koordination gelten innerhalb räumlich klar festgelegter Grenzen. Zur Sicherung und Verteidigung der *internen* Kontrolle behalten sich die nationalstaatlichen Einrichtungen das Monopol der Verfügungsmacht über die Mittel der Gewaltanwendung oder -androhung ebenso vor, wie für die Verteidigung gegen Angriffe von außen.

Ende des 19. Jahrhunderts wurde das territoriale Prinzip politischer Kontrolle verfeinert, differenziert und immer konsequenter durchgesetzt. Der zu dieser Zeit europaweit beobachtbare umfassende Ausbau nationaler Polizeiapparate, nationaler Armeen, nationalstaatlicher Verwaltungs- und Bildungseinrichtungen ist Ausdruck davon. Der Überwachungs- und Kontrollapparat der Polizei ist auf die interne Durchsetzung und Respektierung nationalen Rechts ausgerichtet, die Armeen auf die Verteidigung der Grenzen gegen außen bzw. deren Ausdehnung.

Wissenschaftliche Voraussetzungen

UNTER diesen Bedingungen wurde die Idee der Sozialgeographie, parallel zum Entstehen der Soziologie, erstmals denkbar. Man kann nun natürlich zu Recht die Frage stellen, weshalb dieser Begriff im französischen Sprachraum geschaffen wurde und nicht anderswo. Schließlich ist weder der Industriekapitalismus noch der Nationalismus auf den französischen Sprachraum beschränkt. Welche besonderen Bedingungen förderten also die Schöpfung des Ausdrucks »Sozialgeographie«?

Die zuvor erwähnten Soziologen DE ROUSIERS und DEMOLINS waren Mitglieder der katholisch-konservativen *Le Play*-Schule. Die erwähnten Geographen, insbesondere RECLUS, gehörten der anarchistischen Bewegung an oder standen ihr zumindest nahe. Beide, die *Le Play-Schule* und das sozialphilosophische Umfeld von RECLUS, befassten sich jedoch – trotz ihrer ideologisch unterschiedlichen Ausrichtung – mit den Konsequenzen der Industrialisierung und der Entwicklung der Nationalstaaten. Damit beschäftigten sich aber auch andere Wissenschaftler, ohne dass dies bei ihnen zur Entwicklung der Sozialgeographie geführt hätte. Beide mussten sich offenbar mit besonderen Aspekten dieser sozialen Prozesse beschäftigen, um zur »Sozialgeographie« zu gelangen. Welche Ereignisse sind für die Anliegen der Sozialgeographen konstitutiv?

Erinnern wir uns kurz an die eingangs aufgestellte erste These, nach der das Auftauchen eines neuen Begriffs auf das Entstehen eines neuen Phänomens verweist oder auf das Entdecken eines neuen Aspektes einer bestimmten Gegebenheit. Als wichtigste Veränderungen im 19. Jahrhundert wurden die räumliche und soziale Konzentration sowie die Differenzierung der gesellschaftlichen Lebensbedingungen (als Konsequenz des Industriekapitalismus) einerseits und das Entstehen der Nationalstaaten andererseits identifiziert. In ökonomischer Hinsicht sind die Änderungen der Produktionsweise zentral, im politischen Bereich die Verstärkung der territorialen Kontrolle und Überwachung.

Darauf bezieht sich schließlich die zweite These: Wer den Begriff »Sozialgeographie« schaffen konnte, musste bereits über eine Sensibilität für diese Veränderungen verfügen. Der Soziologe FRÉDÉRIC LE PLAY (1806-1882) machte sich 1830, also bereits vor dem Einsetzen der Industrialisierung auf dem Kontinent, an die Erforschung der Lebensbedingungen von Familien verschiedener Berufsstände in Europa. Bei diesen Untersuchungen konzentrierte er sich auf seine drei Schlüsselbegriffe: »lieu«, »travail«, »famille« (Ort, Arbeit und Familie). Da die Familienbudgets Ausdruck der Arbeit sind, und die Arbeit in traditionellen Agrargesellschaften unmittelbar auf die natürlichen Lebensbedingungen gerichtet ist, wurden bei diesen Untersuchungen konsequenterweise immer auch die geographischen Verhältnisse in die Analyse einbezogen.

Dafür brachte LE PLAY die von AUGUSTE COMTE (1798 - 1857), dem Begründer der Soziologie, erarbeitete *survey*-Methode auf eine neue Stufe und versuchte, sie als Verfahren regionaler Sozialforschung zu etablieren. Regionalanalyse, Arbeitswelt- und Familienstrukturforschung wurden so zu einer Einheit zusammengefügt. Der Berufstätigkeit bzw. den »modes de travail«, den »Arbeitsweisen«, den Konsumgewohnheiten, der materiellen Kultur und eben dem Familienbudget wurden bei diesen Untersuchungen besondere Aufmerksamkeit zuteil. Mit diesen Kategorien wollte LE PLAY die sozialen Verhältnisse verschiedener Regionen Europas erfassen und er veröffentlichte als erstes und vorerst wichtigstes Ergebnis 1855 in Paris das für die Sozialpolitik höchst einflussreiche Werk »Les Ouvriers Européens«. Mit seinem Interesse für die »modes de travail« entwickelte er ein Analyseraster, das von seinen Schülern DE ROUSIERS und DEMOLINS übernommen wurde. Mit diesem Raster waren sie in der Lage, jene mächtigen Veränderungen systematisch zu beobachten, die in Zusammenhang mit der industriellen Revolution in wirtschaftlicher und sozialer Hinsicht das Alltagsleben dramatisch umgestalteten.

Die *anarchistische Denkrichtung*, der sich nach 1871 unter dem Einfluss von PIERRE JOSEPH PROUDHON auch ELISÉE RECLUS anschloss, befasste sich ebenfalls sehr früh mit den räumlichen Auswirkungen des Industriekapitalismus. Zu diesen politisch engagierten Geographen zählte vor allem PETER KROPOTKIN (1842 - 1921), mit dem RECLUS in regem wissenschaftlichem Austausch stand. KROPOTKIN vertrat grundsätzlich CHARLES DARWINS Evolutionstheorie. Er wandte sich aber gegen dessen These, wonach die Menschheitsgeschichte nichts anderes sei als der Ausdruck des Kampfes aller gegen alle. Diese Behauptung wurde von ihm durch die Idee der gegenseitigen Hilfe ersetzt, nach welcher zwar auch ein Kampf zwischen den Arten bestehen kann, innerhalb der Arten muss jedoch das Solidaritäts- und nicht das Feindschaftsprinzip vorherrschen, falls die Art überleben will. Daraus leitete er die Folgerung ab, dass die Geselligkeit und das Leben in Kopräsenz die fundamentalen Grunderfordernisse der menschlichen Art seien.

Konsequenterweise forderte PETER KROPOTKIN kleine autonome Gemeinschaften (Arbeitergruppierungen, Genossenschaften usw.), die auf dem Prinzip der gegenseitigen Hilfe und nicht der Konkurrenz beruhen sollten. Die Verwirklichung dieser Idee – so kann man folgern – verlangt auch nach einer neuen Geographie des Sozialen. Menschliche Gemeinschaften können nicht leben, »ohne das lokale unabhängige Leben in kleinsten Einheiten zu schaffen, in Straße, Haus, Viertel und Gemeinde« (KROPOTKIN, 1896, 19).

Diese Vorstellung schloss für KROPOTKIN drei Arten gesellschaftlicher Differenzierungen ein:

»1. territorial bestimmte Gebilde (Ortsgemeinden)
2. Gruppierungen aufgrund sozio-ökonomischer Funktionen (Werkgemeinden)
3. durch persönliche Affinität gebildete Einheiten (Wahlgemeinden)«

(HUG, 1989, 61)

Erreicht werden sollte diese Gliederung über eine zweifache Dezentralisierung, nämlich eine *territoriale* und eine *funktionale*. Föderalistische und dezentrale soziale Formen mit je spezifischen Aufgaben wurden als die Grundeinheiten menschlicher Gesellschaften betrachtet. Industriedörfer, nicht urbane Agglomerationen, sollten die territoriale Struktur dieser Gesellschaften bilden. Diese Vision ging davon aus, dass die »richtige« Gesellschaftsform auf regionaler Unabhängigkeit und Autonomie beruht, die das gemeinschaftliche Zusammenleben erst ermöglichen.

Dieser Idealvorstellung fehlten mit der Durchsetzung des Industriekapitalismus jedoch zunehmend die notwendigen Voraussetzungen. Die soziale und räumliche Konzentration der Produktionsmittel – zusammen mit der neuen Transport- und Verkehrstechnologie – wiesen in die andere Richtung. KROPOTKINS Vorstellung blieb folglich utopisch. Sie verschaffte jedoch RECLUS die notwendige Sensibilität für das frühe Erkennen der tiefgreifenden sozialen Veränderungen dieser Zeit. In der ökologischen Diskussion gewinnt sie heute in abgeschwächter Form zwar wieder zunehmend an Relevanz und unter Einbezug aktueller (telematischer) Produktions- und Kommunikationsbedingungen erlebt sie sogar in jüngeren Raumordnungsszenarien eine Renaissance. Dabei ist jedoch zu bedenken, dass solche Forderungen der Grundlogik des Industriekapitalismus offensichtlich widersprechen. Jedenfalls ist in der Siedlungsentwicklung keine Umkehr der im Industrialisierungsprozess eingeleiteten Tendenz der Bevölkerungskonzentration feststellbar.

Zusammenfassend kann man festhalten, dass die Entstehung des Begriffs »Sozialgeographie« in die Frühphase der Industrialisierung Kontinentaleuropas fällt. Sie entstand im Prozess der Ablösung der traditionellen Gesellschaften durch moderne Industriegesellschaften – unter der Bedingung einer entsprechenden kategoriellen Sensibilität und entsprechender sozialphilosophischer Voraussetzungen. In dieser Konstellation gewann das Interesse für die gesellschaftliche Prägung des bebauten und bewirtschafteten Erdraumes in sozialgeographischer Perspektive an Plausibilität. Der Ausdifferenzierung der Gesellschaften folgte auf wissenschaftlicher Ebene die Entstehung der Sozialwissenschaften und die Differenzierung der geographischen Betrachtungsweise durch die sozialgeographische Perspektive.

Moderne, Gesellschaft und Raum

Bevor die sozialgeographischen Aspekte moderner, nationalstaatlich organisierter Gesellschaften zu erörtern sind, ist auf die damalige sozialphilosophische Situation einzugehen, aus der heraus die wissenschaftliche Thematisierung des Gesellschaft-Raum-Verhältnisses besser verstehbar wird. Für das Verständnis der damaligen sozialphilosophischen und sozialwissenschaftlichen Diskussion ist es wichtig zu sehen, dass die Auseinandersetzung mit der Moderne in eine zentrale Debatte eingebunden war, welche durch die

Thesen in DARWINs Evolutionstheorie ausgelöst worden war. DARWINs Interpretation der Entwicklungsgeschichte der Lebewesen als Überlebensgeschichte jener Arten, die eine bessere Anpassung an ihre Umwelt erreicht haben, bildete auch den Kontext für die Frage, inwiefern die Menschheitsgeschichte und die verschiedenen Kulturen durch ihre Umwelt bzw. die Natur determiniert sind.

Für die Bestätigung dieser naturdeterministischen These haben – wie wir später noch ausführlicher sehen werden – zahlreiche *Geographen* empirisches Material und wichtige Argumente beigesteuert. Damit gehörten die originären Fragestellungen der klassischen Geographie zum Kernbereich der damaligen intellektuellen Debatte, und die Hauptvertreter dieser Disziplin nahmen in ihr auch eine zentrale Stelle ein.

Demgegenüber waren die entstehenden *Sozialwissenschaften* auf die Widerlegung des Naturdeterminismus angelegt. Ihre Hauptvertreter waren bestrebt, Belege für die determinierende Bedeutung von Wirtschaft und Gesellschaft zu erbringen oder betonten die Indeterminiertheit der Menschheitsgeschichte. In diese Debatte war auch die strittige Frage nach dem Verhältnis zwischen Menschheit bzw. Gesellschaft und Individuum eingebettet. Sozialdeterministen wie KARL MARX (1818-1883) und EMILE DURKHEIM (1858-1917) betonten die bestimmende Kraft der ökonomischen oder sozialen Verhältnisse, während MAX WEBER (1864-1920) die handelnden Subjekte ins Zentrum stellte. Die sozialwissenschaftliche Auseinandersetzung mit der radikalen Umgestaltung der Alltagswirklichkeiten im 19. Jahrhundert sind schließlich *auch* in diesem Lichte zu sehen. Als die zentralen Dimensionen dieser Umgestaltung sind nach GIDDENS (1971) zu betrachten:

– Transformation der Produktions- und Tauschverhältnisse (Kapitalismus)
– Entwicklung neuer Produktionstechnologien (Industrialismus)
– Entstehung von mächtigen Verwaltungsapparaten (Bürokrati-

sierung) zur Koordination und Kontrolle menschlicher Handlungen über zunehmend große räumliche und zeitliche Distanzen hinweg

Es ist bemerkenswert, dass sich die drei bedeutendsten Gesellschaftswissenschaftler des 19. und frühen 20. Jahrhunderts auf je eine dieser Dimensionen der sozialen Transformation konzentrierten. KARL MARX befasste sich in evolutionistisch-ökonomistischer Manier mit der Kritik der produktionsspezifischen, wirtschaftlichen Implikationen des Projektes der Moderne: mit der Radikalisierung des Kapitalismus und der entsprechenden Revolutionierung der Produktionsverhältnisse. EMILE DURKHEIM interessierte sich – im Rahmen einer evolutionistisch-sozialdeterministischen Forschungsperspektive – für den technischen Bereich und die sozialen Implikationen der fortschreitenden Arbeitsteilung im Rahmen des Industrialisierungsprozesses. MAX WEBER schließlich begriff – in subjekt- und handlungszentrierten Kategorien – die gesellschaftlichen Konsequenzen der Aufklärung, also die soziale Umsetzung des entzauberten Weltverständnisses, als fortschreitenden Prozess der Rationalisierung. Darin zeichnet sich für ihn ein Spannungsverhältnis zwischen (staatlicher) Bürokratisierung und der Entfaltung des kapitalistischen Unternehmers ab.

Ebenso bemerkenswert ist jedoch die Tatsache, dass die drei Klassiker die räumlichen Aspekte und Implikationen der genannten Hauptdimensionen der Modernisierung nicht systematisch in ihre Gesellschaftstheorien einbezogen haben. Dies ist letztlich eine unmittelbare Konsequenz der Ablehnung der geographisch-naturdeterministischen Argumentationslinie. Die Ausklammerung des räumlichen Kontextes aus dem soziologischen Blickfeld führte jedoch *erstens* dazu, dass keiner dieser Soziologen den Nationalstaat systematisch in seine jeweilige Theorie der Gesellschaft zu integrieren vermochte. *Zweitens* entstand damit jene Lücke in der Analyse der Transformation gesellschaftlicher Wirklichkeiten, welche die Pioniere der Sozialgeographie zu füllen beanspruchten.

Welche räumlichen Aspekte und Implikationen der genannten drei Hauptdimensionen der Entstehung moderner Gesellschaften sind nun aus sozialgeographischer Sicht identifizierbar? Oder anders gefragt: Wodurch wurden die Beziehungen zwischen sozialen und räumlichen Bedingungen des menschlichen Lebens neu gestaltet?

Im *ökonomischen Bereich* ist die räumliche Ausdehnung von Territorien mit einheitlicher Währung eine erste wichtige Entwicklung in Richtung der Ausbildung der Nationalökonomien. Das Territorialprinzip wird hier über die Medien des Tausches etabliert. Zudem ist das nationalstaatliche Territorialprinzip der nationalen Ökonomien (Volkswirtschaften) an die Erhebung von Zöllen zum Schutz der eigenen Produktion gekoppelt.

In *sozialgeographischer Perspektive* ist zudem zu betonen, dass die Ausbildung des Territorialprinzips auch im wirtschaftlichen Bereich an Formalisierung und Metrisierung des Raumbegriffs gebunden ist. Die Entleerung des Raumes von mythologischen oder religiösen Bedeutungen, welche das Raumverhältnis in traditionellen Lebensformen dominieren, war die zentrale Voraussetzung dafür. Erst dann konnte über ein einheitliches Maß der Metrisierung im Rahmen internationaler Konvention verhandelt und dieses schließlich auch durchgesetzt werden. Die Formalisierung der Tauschmittel durch einheitliche Währungen und die Formalisierung des Raumbegriffs mittels internationaler Konventionen erleichterte auch die rechnerische Kombination der beiden. Flächenausschnitte konnten einheitlich und klar begrenzt und deren Preise entsprechend berechnet werden. Beide Operationen zusammen bildeten die Voraussetzung für die Entstehung des Bodenmarktes.

In enger Beziehung zur Ökonomie stehen die technischen Erneuerungen und Erfindungen im Rahmen der Industrialisierung und der parallel dazu verlaufende Prozess der Arbeitsteilung. Hat DURKHEIM den soziologischen Blick vor allem auf die sozialen Implikationen gerichtet, so sind in sozialgeographischer Hinsicht zusätzlich die Entwicklungen der Entankerungsmedien im Kommunikationsbereich bzw. die neuen Möglichkeiten der Dis-

	Transformation räumlicher/zeitlicher Bedingungen
Kapitalismus	– Einführung einheitlicher Währungen – Territorialprinzip der Medien des Tausches – Entstehung des Bodenmarktes – Erhebung nationaler Schutzzölle
Industrialismus	– Ausdifferenzierung der Arbeitsteilung – Zunahme sozialer und regionaler Disparitäten – Räumliche Ausdehnung der Produktionsorganisation – Räumliche Ausdehnung der Kommunikationsreichweite
Bürokratisierung	– Steigerung der räumlichen/zeitlichen Koordinationskapazität – Territoriale Überwachung – Territorialisierung von Politik und Recht – Durchsetzung einer nationalen (Hoch-)Sprache

Abbildung 6   *Hauptdimensionen der Modernisierung*

tanzüberwindung im Austausch von Wissen und Information von zentralem Interesse.

Die von DURKHEIM analysierte Arbeitsteilung impliziert eine Spezialisierung in Produktionsprozessen. Das ermöglicht unter anderem eine Steigerung der Produktivität, nicht nur durch Nutzung individueller Sonderkenntnisse, sondern auch durch die Ausschöpfung regionaler Produktionsvorteile. Diese Spezialisierungen führen aber auch zu erhöhtem Koordinationsbedarf menschlicher Aktivitäten innerhalb eines Betriebes, zwischen Betrieben und Produktionsbereichen sowie innerhalb der staatlichen Kontrolle. Die Voraussetzung für die räumliche Ausdehnung der Produktionsorganisation wird durch die Entwicklung neuer Kommunikationsmedien – vom Morser über das Telefon bis hin zur Entwicklung der Massenmedien – geschaffen, die gleichzeitig die zunehmende staatliche Kontrolle ermöglichen.

MAX WEBERS Analyse des Modernisierungsprozesses der europäischen Gesellschaften fokussierte den wachsenden *Verwaltungsbereich* und sah diesen als die entscheidende Begrenzungsinstanz für die Entfaltungsmöglichkeiten des kapitalistischen Unternehmers und die Ausschöpfung seines Produktivitätspotentials. Zieht man jedoch die bisher genannten Implikationen des nationalstaatlichen Territorialitätsprinzips in Betracht, dann war diese Entwicklung ohne wachsende Bürokratie kaum möglich. Denn das nationalstaatliche Territorialitätsprinzip ist nicht nur auf Kontrolle und Überwachung angelegt, sondern verlangt auch nach gesteigerter Koordinationskapazität über räumliche und zeitliche Distanzen hinweg. Die Verwaltung ist deshalb als eine unumgängliche Notwendigkeit der Neuordnung des Verhältnisses von Gesellschaft und Raum zu sehen.

Neben »Wirtschaft« und »Gesellschaft« werden auch »Politik«, »Recht« und »Kultur« von dieser Neuordnung erfasst. Die Modernisierung des *politischen Bereichs* äußert sich im Demokratisierungsprozess, mit dem die Bürger und später auch die Bürgerinnen umfassende Wahl- und Stimmrechte erlangen. Die Etablierung gleichmäßiger Wahl- und Stimmrechte der Subjekte verlangt nach einer territorialen Organisation des politischen Lebens. Denn die Festlegung, wer unabhängig von Stand und Herkunft unter denselben Rechtskodex fällt, kann nur mehr territorial entschieden werden. Demokratische Rechte sind konsequenterweise ebenso mit dem Territorialprinzip verknüpft wie deren Überwachung und Kontrolle durch den Polizeiapparat, Gerichtshöfe, Wahlkontrollen sowie lokale, regionale und nationale Parlamente.

Ebenso ist der *kulturelle Bereich* in den rationalen Territorialisierungsprozess einbezogen. Dabei spielte die Ausbildung nationaler (Hoch-)Sprachen eine zentrale Rolle. Die weitgehende Verdrängung regionaler Dialekte und Minderheitssprachen war in den meisten Nationalstaaten die Konsequenz. Begleitet wurde dies von der territorialen Organisation des staatlichen Bildungswesens sowie später der Ausbildung nationaler Rundfunk- und Fernsehanstalten. Dies ermöglichte und förderte die Vereinheitlichung der Wissens- und Informationsvermittlung sowie deren systematische Kontrolle und Überwachung in territorialen Kategorien.

Die Entstehung moderner Gesellschaften ist zu einem wichtigen Teil an die Territorialisierung des gesellschaftlichen Lebens gebunden. Die räumlich-zeitliche Entankerung des traditionellen Lebens führt zur Ausdehnung der gesellschaftlichen Einheiten und fördert neue Formen der Kontrolle. Die religiös-mythischen Verankerungen traditioneller Lebensformen und Gesellschaften werden durch rationale Formen der Wiederverankerung ersetzt. Der Nationalstaat ist der prominenteste Ausdruck davon.

Merkpunkte

1

Der Begriff »Sozialgeographie« entstand am Ende des 19. Jahrhunderts in Frankreich.

2

Die Soziologen um LE PLAY und die Geographen um RECLUS verfügten aufgrund empirischer Untersuchungen und theoretischer Überlegungen über die begrifflichen und methodischen Voraussetzungen, die Analyse der sich abzeichnenden Veränderungen des Gesellschaft-Raum-Verhältnisses in Angriff zu nehmen. Diese Veränderungen hängen mit dem aufkommenden Industriekapitalismus und der Nationalstaatenbildung zusammen.

3

Die besonderen Veränderungen betreffen soziale und räumliche Konzentrationsprozesse, eine Zunahme der sozialen Differenzierung sowie eine verstärkte territoriale Kontrolle und Überwachung der Gesellschaft.

4

Die Hauptachsen der Transformation der räumlichen Bedingungen sozialen Zusammenlebens sind »Kapitalismus«, »Industrialismus« und »Bürokratisierung«.

5
Die moderne Neuordnung des Gesellschaft-Raum-Verhältnisses äußert sich in der Territorialisierung der Organisation von Wirtschaft, Gesellschaft, Politik und nationaler (Hoch-)Kultur.

Weiterführende Literatur

FRÉMONT, A., J. CHEVALIER, R. HÉRIN & J. RENARD (eds.) (1984): Géographie sociale. Paris

GIDDENS, A. (1971): Capitalism and Modern Social Theory: An Analysis of the Writings of Marx, Durkheim and Max Weber. Cambridge

JUD, P. (1987): Elisée Reclus und Charles Perron. Schöpfer der »Nouvelle Géographie Universelle«. Ein Beitrag zur geographischen Wissenschaftshistorie. Konstanz

4 Entwicklungslinien sozialgeographischen Denkens

NACH dem frühen Auftreten des Begriffs »Sozialgeographie« könnte erwartet werden, dass sich dieser neue Bereich der Geographie auch auf universitärer Ebene durchgesetzt hätte. Ob dem tatsächlich so war, soll anhand der Darstellung der Anfänge der Sozialgeographie und ihrer Ausdifferenzierung in den verschiedenen Sprachgemeinschaften nachgegangen werden. Dabei bleibt jeweils der interdisziplinäre Kontext der Kernidee im Blickfeld.

Französische Entwicklungslinien

TROTZ seines beeindruckenden Werkes und seiner internationalen Bedeutung konnte sich ELISÉE RECLUS' »géographie sociale« gegen die »géographie humaine« von PAUL HENRI VIDAL DE LA BLACHE (1845-1918) nicht durchsetzen. RECLUS, Mitglied der Pariser Kommune und später – wie bereits erwähnt – Mitglied der anarchistischen Bewegung, wurde 1871 des Landes verwiesen. Er lebte zunächst in der Schweiz im Exil. Hinzu kam die Tatsache, dass er aufgrund seiner politischen Orientierung an keiner Universität des In- und Auslandes eine Professur erlangen konnte. Das schwächte nicht nur seine institutionelle Wirkung in erheblichem Maße, sondern auch die Möglichkeit der Verankerung der Sozialgeographie im Kanon der geographischen Forschungsrichtungen.

VIDAL DE LA BLACHE ging in seinen Studien wie RECLUS von der Frage aus, in welcher Form und mit welchen Mitteln die Menschen die Natur umgestalten. RECLUS war insbesondere von

GEORGE PERKINS MARSHS »Man and Nature – Physical Geography as Modified by Human Action« (1864) beeinflusst. PAUL HENRI VIDAL DE LA BLACHE interessierte sich – als Begründer des so genannten Possibilismus – stärker für die Wahlmöglichkeiten der Menschen innerhalb vergleichbarer physischer Bedingungen und für die Vielfalt menschlicher Lebensformen (»genres de vie«). Er betonte die Interpretations- und Entscheidungsmöglichkeiten der Menschen innerhalb bestimmter physischer und sozialer Begrenzungen.

Die Possibilisten wehrten sich nicht nur gegen den Naturdeterminismus, sondern auch gegen die Argumentation der Sozialdeterministen, welche insbesondere im Rahmen der Durkheim-Schule die Auffassung vertraten, menschliche Tätigkeiten wären gesellschaftlich determiniert. Beiden deterministischen Positionen hielten die Possibilisten einen Kulturrelativismus entgegen, demnach die Kultur nicht naturbestimmt, sondern vielmehr selbst für die Interpretation der Natur maßgebend sei.

Jede einzelne Regionalkultur wird in diesem Kontext als eine besondere Adaptationsform der Menschen an die jeweiligen natürlichen Bedingungen gewürdigt. Sie können sich von Ort zu Ort, von Region zu Region in erheblichem Maße unterscheiden, selbst dann, wenn die physischen Bedingungen große Gemeinsamkeiten aufweisen. Kulturelle Vielfalt ist dann nicht mehr als Ausdruck der natürlichen Vielfalt zu sehen, sondern vielmehr als Ausdruck lokal differenzierter Lösungen der menschlichen Existenzprobleme: »comme solutions locales du problème de l'existence« (VIDAL DE LA BLACHE, 1922, 8). Damit wurde der Mensch, der eine Interpretation der natürlichen Bedingungen in Bezug auf seinen historischen Kontext vornimmt, als Gestalter seiner Lebensbedingungen erkannt. Die Vidal-Schule blieb jedoch – ohne eine ausreichende theoretische Sensibilität für die soziale Komponente zu entwickeln – in der Auseinandersetzung um das Mensch-Natur-Verhältnis gefangen. Zur Betonung der Einheit und Besonderheit der Geographie definierte sie VIDAL DE LA BLACHE nicht, wie man erwarten könnte, als Humanwissenschaft, sondern als Wissenschaft der »Orte«: »La géographie est la science des lieux et non des hommes« (VIDAL DE LA BLACHE, 1913, 297).

Damit wurde der geographische Blick für die Neugestaltung des Gesellschaft-Raumverhältnisses wiederum getrübt. Denn die Analyse der Lebensformen war nicht auf die Erforschung von Kultur und Gesellschaft ausgerichtet, sondern auf die historisierende Typisierung von Landschaften, Regionen oder Ländern. Ziel humangeographischer Forschung sollte die Rekonstruktion der Muster räumlich geschlossener Gesellschaften und Kulturen, der räumlichen Kammerung der Gesellschaft sein. VIDAL DE LA BLACHE legte diesbezüglich mit »Tableau de la Géographie de la France« (1903) eine wegweisende Studie vor.

Eine sozialgeographische Spezialisierung der Forschung innerhalb der Humangeographie wird durch diese Orientierung eher behindert. VIDAL DE LA BLACHE selbst entwickelte keine differenzierte (sozial-)wissenschaftliche Begrifflichkeit, die seiner Argumentation schärfere Konturen hätte verleihen können. Hingegen wurde sein Werk zu einer wichtigen Grundlage der so genannten *Ecole des Annales*, einer der bis heute wichtigsten Schulen historischer Forschung. Diese wurde insbesondere von LUCIEN FEBVRE mit »La terre et l'évolution humaine« (1922), MARC BLOCH mit »Les caractères originaux de l'histoire rurale française« (1931) und vor allem von FERNAND BRAUDEL mit »Méditerrannée« (1949), »*dem* Meisterwerk der ›neuen‹ Geschichte schlechthin« (HONEGGER, 1977, 21), geprägt.

FERNAND BRAUDEL (1902 - 1985), der wegweisende Theoretiker dieser Forschungsrichtung, bezeichnet VIDAL DE LA BLACHE als jene wissenschaftliche Leitfigur, die ihn in seiner Entwicklung am stärksten geprägt habe. Interessanterweise führte dieser Einfluss zur Entwicklung einer strukturellen Theorie der Geschichte: Historische Erklärungen sollen sich nicht allein auf die Leistungen der Subjekte beziehen. Vielmehr sind gesellschaftliche Strukturen als handlungsleitende Instanzen zu berücksichtigen.

Als zentrale Bestandteile der Struktur gelten »regionale Mentalitäten« und natürliche Lebensbedingungen. Der soziale Wandel

Paul Henri Vidal de la Blache (1845-1918)

Am 22. Januar 1845 als Sohn eines Professors in Pezenas (Ardèche) geboren, beginnt VIDAL DE LA BLACHE 1863 die Ecole Normale Supérieure im Lycée Charlemagne in Paris und absolviert 1866 das Staatsexamen für das Höhere Lehramt in Geschichte. Nach einem Trimester am Lycée de Carcassonne verlässt er Frankreich für eine Lehrerstelle an der französischen Schule in Athen, wo er verschiedene Schriften ALEXANDER VON HUMBOLDTs und CARL RITTERs liest. 1870 kehrt VIDAL nach Paris zurück und schließt 1872 seine Doktorarbeit über das altphilologische Thema »Herode Atticus, étude critique sur sa vie« in Paris ab. Anschließend unterrichtet er an der Universität von Nancy Geschichte und Geographie. Von November 1877 an lehrt VIDAL an Frankreichs Eliteuniversität »Ecole Normale Supérieure« in Paris, bis er 1898 den Lehrstuhl für Geographie an der Sorbonne übernimmt. In seiner Antrittsvorlesung beschreibt er die Notwendigkeit, das geographische Forschungsinteresse auf die menschlichen Beziehungen im Kontext ihrer engeren Umgebung (milieux) zu richten und dafür kleine homogene Regionen (pays) zum Forschungsgegenstand zu machen. 1909 verlässt er die Sorbonne, um an seinem Hauptwerk, »Géographie Humaine«, zu arbeiten, das aber bei seinem Tod im Jahre 1918 in Tamaris-sur-Mer unvollendet bleibt und erst 1922 von seinem Schwiegersohn EMMANUEL DE MARTONNE postum veröffentlicht wird.

Abbildung aus: BECK, 1983, 188

Auswahlbibliographie

Atlas: Histoire et Géographie. Atlas général. Paris 1892

Tableau de la géographie de la France. Paris 1903

Les genres de via dans la géographie humaine. In: Annales de la géographie, vol. 20, 1911, S. 193-212 und 289-304

La France de l'est. Paris 1916

Géographie Humaine. Paris 1922

wird als Ausdruck eines Zusammenspiels von »Handeln« und »Struktur« begriffen, bei dem drei Typen historischer Zeithorizonte unterschieden werden.

Erstens die *Ereignisse*, der Zeithorizont der täglichen Verrichtungen, die sich schnell wandelnden Umstände im Rahmen der Mikro-Geschichte. Hier hat das Handeln der Subjekte Übergewicht.

Zweitens die *Konjunktur*, der Zeithorizont der Veränderungen von Wirtschaftslagen, politischen Institutionen usw. im Rhythmus von Jahrzehnten.

Und drittens die *»longue durée«*, der Zeitraum der biologischen Evolution der Menschen, der naturräumlichen und klimatischen Wandlungen im Rhythmus von Jahrhunderten und länger. Hier erlangt gemäß BRAUDEL die Struktur den dominanten Einfluss. Bei ihm setzt sich schließlich die Sichtweise durch, dass die Geschichte eine Gefangene der »longue durée« ist und damit solle – ironischerweise in striktem Gegensatz zum vidalschen Ausgangspunkt – bei der Erklärung längerfristiger Entwicklungen die natur- bzw. geodeterministische Argumentation die Oberhand gewinnen.

Neben der *Ecole des Annales* gewann in der Soziologie eine Weiterführung von DURKHEIMS Werk, die »morphologie sociale«, an Bedeutung. EMILE DURKHEIM (1980) unterschied in »Die Regeln der soziologischen Methode« zwei Hauptbereiche der Gesellschaftsforschung: den Bereich des Handelns und den Bereich des Kollektivs, der Gesellschaft an sich. Beim zweiten soll die Beschreibung »von soziologischen Tatbeständen […] morphologischer Ordnung, die das Substrat des Kollektivlebens betreffen« (DURKHEIM, 1980, 112), eine wichtige Position einnehmen. Unter »Substrat« verstand DURKHEIM (1899, 522) vor allem die Zahl und (räumliche) Ordnung der Bevölkerung sowie ihre Siedlungsform. Diese Zusammenhänge erlangten in der Theorie von DURKHEIM keine systematische Bedeutung und wurden von ihm empirisch auch nicht bearbeitet. Dieser Aufgabe nahmen sich erst MARCEL MAUSS (1872-1950) und MAURICE HALBWACHS (1877-1945) an.

Marcel Mauss, der die »morphologie sociale« als Verbindungsglied zwischen Soziologie und einer »géographie des sociétés« (1927, 112f.) sah, konzentrierte sich auf quantifizierbare und kartographisch darstellbare Merkmale der Bevölkerung. Maurice Halbwachs (1938) war stärker an den qualitativen Aspekten interessiert. Er rekonstruierte die Bedeutung der zeitlichen und räumlichen Dimensionen für das »kollektive Gedächtnis«. In der Erforschung nationaler und regionaler Identitäten gilt er heute immer noch als einer der wegweisenden Pioniere.

Innerhalb der Geographie wurde eine »géographie sociale« im engeren Sinne institutionell erst von Albert Demangeon (1947) – einem Schüler von Vidal de la Blache – etabliert. Die Aufgabe der aus der possibilistischen »géographie humaine« heraus entwickelten »géographie sociale« umschrieb er damit, dass nicht das Individuum im Zentrum der Analyse zu stehen habe, sondern die Gruppen in ihrer Beziehung zur natürlichen Umwelt: »Nous devons partir pour nos recherches, non pas de l'individu, mais du groupe. La géographie humaine est l'étude des groupements humains dans leurs rapports avec le milieu géographique« (Demangeon, 1947, 28). Demangeon schlägt damit eine Fachkonzeption vor, die im deutschen Sprachraum von Hans Bobek (1948) aufgegriffen wurde.

Pierre George und Maximilien Sorre haben nach dem Zweiten Weltkrieg – auf der Basis von Demangeons Vorgabe – die systematische Konzeptualisierung und Ordnung der französischsprachigen Sozialgeographie in Angriff genommen und sie auf dieser Grundlage zu einer wichtigen Forschungsrichtung ausgebaut. Für Pierre George (1946) ist die Gesellschaft von den wirtschaftlichen Verhältnissen geprägt. Folglich analysierte er das Gesellschaft-Raum-Verhältnis in Bezug auf die wirtschaftlichen Einflüsse. So wurde die Aufdeckung der räumlichen Anordnungsmuster sozialer Klassen im marxistischen Sinne zu einem wichtigen Forschungsbereich – ein Thema, das in der angelsächsischen Geographie in den 1980er-Jahren viel Beachtung fand.

MAXIMILIEN SORRE (1943-1953, 1948, 1957) hingegen begriff die Gesellschaft als ein System von Technik, Familien- und Verwandtschaftsordnung, Lebensform, Sprache und Religion. Jede Kombination dieser Elemente führt gemäß seinen Forschungsergebnissen zu einer je besonderen räumlichen Organisation des menschlichen Zusammenlebens. Er deutete auch an, dass jeder Bestandteil des Systems »Gesellschaft« von einer sozialgeographischen Subdisziplin zu erforschen wäre.

PAUL CLAVAL (1973) hat als führender Fachvertreter in den 1960er- und 1970er-Jahren SORRES Entwurf der Sozialgeographie zunächst konzeptionell weiterentwickelt und dann im Lichte der sozialwissenschaftlichen Theorieentwicklung dieser Zeit reinterpretiert. Dabei betrachtete er für die Erforschung des Gesellschaft-Raum-Verhältnisses im Gegensatz zu DEMANGEON nicht mehr die *soziale Gruppe* als zentrale Analyseeinheit, sondern die *soziale Rolle* der gesellschaftlichen Akteure und die damit verbundenen Wertesysteme. Seine These, dass die gesamte »géographie humaine« seit ihrer Begründung durch VIDAL DE LA BLACHE eigentlich immer als Sozialwissenschaft und demzufolge vor allem als »géographie sociale« zu begreifen wäre, fand jedoch keinen breiten Zuspruch.

Die neuere Entwicklung wird vor allem von YVES LACOSTE – einem Schüler von PIERRE GEORGE – dominiert. Mit dem Buch »La géographie, ça sert, tout d'abord, à faire la guerre« (1976) belebte er die Geopolitik-Debatte und die Interpretation politischer Verhältnisse aus »Perspektive einer neuen Geopolitik« (LACOSTE, 1990, 1). Besonders öffentlichkeitswirksam ist die von seinen Schülern gestaltete Sendung »Mit offenen Karten« beim Fernsehkanal »Arte«. Gleichzeitig hat ROGER BRUNETS Studie der sowjetischen Arbeitslager – die »Géographie du goulag« (1981) – der sozialgeographischen Forschung in den 1980er-Jahren wichtige Impulse verliehen. In ihr wendete er den von WOLFGANG HARTKE – einem der Mitbegründer der deutschsprachigen Sozialgeographie – entwickelten »indikatorischen Ansatz« auf eine politisch brisante Tatsache an. Die Kernidee dieses Ansatzes besteht darin, von räumlich beobachtbaren Manifestationen, auf die dahinter stehenden sozialen Prozesse zu schließen. Als Herausgeber der »Géographie universelle« – die mit zehn Doppelbänden ähnlich umfangreich ausgefallen ist wie ELISÉE RECLUS' Monumentalwerk – hat BRUNET (1990) die umfassendste sozialgeographische Darstellung der regionalen Lebensbedingungen und Lebensformen des 20. Jahrhunderts verfügbar gemacht.

Die aktuellen Debatten und Forschungsorientierungen werden hauptsächlich von drei an Westschweizer Universitäten lehrenden Sozialgeographen geprägt. ANTOINE BAILLYs Arbeiten sind – unter Einbezug der »Phänomenologie der Wahrnehmung« (MERLEAU-PONTY, 1966) – auf Fragen der Raumwahrnehmung und der räumlichen Repräsentation konzentriert. Damit ermöglichte er der französischsprachigen Geographie den Anschluss an die angelsächsische verhaltenstheoretische Sozialgeographie. Das Werk von JEAN BERNARD RACINE ist auf die Erforschung des Einflusses von Sprache und Religion auf das Gesellschaft-Raum-Verhältnis, auf die räumliche Repräsentation und die Konstitution symbolischer Räume ausgerichtet. Er führt damit die von SORRE begründete Forschungstradition thematisch fort. CLAUDE RAFFESTIN entwickelte die Theorie der »Territorialität«, bei welcher der Bedeutung der Sprache im Prozess der sozialen Aneignung des Raumes besondere Aufmerksamkeit geschenkt wird. Da diese Thematik für politische Abspaltungsbewegungen, etwa derjenigen Quebecs von Kanada, häufig eine entscheidende Rolle spielt, wird auch verständlich, weshalb RAFFESTIN seine Theorie – neben der Raumplanung – für die Reinterpretation der Geopolitik fruchtbar macht.

Es ist jedoch auffallend, dass in der französischsprachigen Geographie – im Gegensatz zur angelsächsischen – die Arbeiten von französischen Sozialphilosophen und Soziologen relativ wenig Beachtung finden. Die Sozialphilosophen HENRI LEFEBVRE (1901-1991) und MICHEL FOUCAULT (1926-1984) sind für die marxistische Theorie und für die global geführte Debatte um die so genannte »Postmoderne« die wichtigsten Referenzautoren in der Sozialgeographie. HENRI LEFEBVRES Werk übt seit der Übersetzung von »La production de l'espace« (1974) und »Le droit à la ville« (1968) ins Englische einen erheblichen Einfluss auf die angelsächsische Sozialgeographie aus. Eine der dort vertretenen Kernthesen lautet, dass eine soziale Realität, die nicht zur räumlichen Wirklichkeit geworden ist, historisch keinen Bestand haben kann. Den Untergang des sowjetischen Imperiums sah Lefebvre bereits in den 1970er-Jahren voraus; als den wichtigsten Grund dafür identifizierte er die mangelnde »réalité spatial« bzw. räumliche Wirklichkeit.

Foucaults Werk ist zu einem wichtigen Teil auf die Frage nach der Bedeutung der räumlichen Komponente für die Konstitution sozialer Verhältnisse ausgerichtet. Der Frage nach der Relevanz des Räumlichen bei der Ordnung des Wissens geht er in seinen Werken »Die Archäologie des Wissens« (1973) und »Die Ordnung der Dinge« (1974) nach. Vor allem in »Mikrophysik der Macht« (1976) und in »Überwachen und Strafen« (1976) erläutert er die Rolle des Räumlichen bei der Organisation und Ausübung von Macht. Diese Themen werden von der neuen britischen Sozialgeographie, insbesondere von Chris Philo (1989), zu einem Schlüsselthema empirischer Forschung gemacht.

In der aktuellen internationalen sozialgeographischen Theoriediskussion kommt aus der französischen Soziologie vor allem Pierre Bourdieu eine wichtige Position zu. In seinem »Entwurf einer Theorie der Praxis« (1979) geht es – ähnlich wie bereits bei Braudel – um eine integrierte Betrachtung von »Struktur« und »Handeln«. Die Bedeutung der räumlichen Aspekte bei der Gesellschaftsanalyse erörtert er vor allem in »Sozialer Raum und Klassen« (1985) und »Physischer, sozialer und angeeigneter Raum« (1991). In »Die feinen Unterschiede« (1987) analysiert er die Statusrepräsentation im sozialen Raum. Die Ergebnisse dieser Studien werden insbesondere im Rahmen der »Sozialgeographie der Konsumtion« rezipiert, auf die in Kapitel 12 eingegangen wird.

Angelsächsische Entwicklungsgeschichte

In der angelsächsischen Welt wurde die sozialgeographische Betrachtungsweise, wie sie in der zweiten Hälfte des 19. Jahrhunderts in Frankreich entwickelt wurde, zuerst durch den britischen Sozialphilosophen und Städteplaner Sir Patrick Geddes (1854 - 1932) verbreitet. Ursprünglich war er 1878 für einen Krankheitsurlaub nach Paris gefahren, wo er auch seine evolutionistischen Studien in Meeresbiologie fortführen wollte. Die Begegnung mit Demolins und die Lektüre von Le Plays Hauptwerk »Les Ouvriers Européens«, das zu dieser Zeit gerade in zweiter Auflage erschien, begeisterten ihn für die Gesellschaft-Raum-Thematik. Wie Helen Meller (1990, 40f.) betont, machte er diese Studie – durch die Umformulierung von Le Plays analytischem Konzept »lieu-travail-famille« zu »place-work-folk« – in seinen Arbeiten zur Stadtentwicklung fruchtbar. Er interessierte sich vor allem für die Bedeutung des Sozialen in der allgemeinen Entwicklungsgeschichte und für dessen Rolle in der Stadt-Land-Differenzierung.

Obwohl für Geddes (1905) die Geographie im Katalog der Sozialwissenschaften einen prominenten Platz einnahm, war es George Wilson Hoke aus Ohio, der 1906 in seinem Vortrag auf der Tagung der »British Association of Geographers« den Ausdruck »social geography« erstmals verwendete. Die schriftliche Fassung wurde 1907 im »Geographical Journal« unter dem Titel »The Study of Social Geography« abgedruckt. Nach Hoke sollte die Hauptaufgabe der Sozialgeographie die Darstellung der regionalen Verbreitung sozialer Phänomene sein. Unter sozialen Phänomenen verstand er Städte, Verkehrsinfrastuktur und andere materielle Artefakte. Zudem sollten sozialgeographische Forschungen die Identifikation jener Faktoren ermöglichen, welche die Standortmuster materieller Artefakte hervorbringen. Ziel war der Nachweis des determinierenden Einflusses der Natur auf die Kultur in den verschiedenen Regionen der Erde. Diese Forschungsausrichtung empfahl Hoke, obwohl er erkannt hatte, dass auch der soziale Einfluss bedeutsam sein kann: »The influence of the environment is (often) profoundly modified by the social status of the population« (HOKE, 1907, 65).

Die von HOKE als »Lehre von der räumlichen Verteilung sozialer Phänomene« definierte Sozialgeographie prägte das Fachverständnis bis in die 1960er-Jahre. So sieht RAYMOND EDWARD PAHL (1965, 82) deren Aufgabe immer noch in der räumlichen Lokalisierung sozialer Gruppen und der Beschreibung sozialer Charakteristiken städtischer Gebiete. Abgesehen von HARLAN BARROWS' »human ecology« (1923) – die auf GEORGE PERKINS MARSHS Arbeit aufbaute – wurden in dieser Zeit keine weiteren konzeptionellen Vorschläge entwickelt; die Sozialgeographie blieb insgesamt eine marginale Disziplin. Dies dürfte wesentlich damit zu tun gehabt haben, dass die Erforschung der räumlichen Verbreitung sozialer Phänomene um die Jahrhundertwende bereits von den namhaftesten amerikanischen Soziologen aufgegriffen und im Rahmen der Sozialökologie der *Chicago School of Sociology* behandelt wurde.

Die Sozialökologie, die in Kapitel 9 ausführlicher vorgestellt wird, ist von der Frage geleitet, wie die räumliche Ordnung sozialer Welten zustande kommt und von welchen Kräften deren Entstehung geleitet ist. ROBERT EZRA PARK (1864-1944) etwa, der in Berlin bei GEORG SIMMEL Soziologie studiert hatte, kombinierte in seiner Forschungskonzeption den Ökologie-Begriff des Jenaer Biologen ERNST HAECKEL, die Pflanzensoziologie JOHANNES E. WARMINGS und SIMMELS Gesellschaftstheorie. Diese Kombination diente ihm zur Analyse der Stadtentwicklungen und der dort beobachtbaren räumlichen Sozial- und Nutzungsmuster. Die entsprechenden theoretischen Errungenschaften und empirischen Studien wurden – erst ein halbes Jahrhundert, nachdem ihr Hauptvertreter ROBERT E. PARK 1914 auf den Lehrstuhl für Soziologie der Universität Chicago berufen worden war – auch in der Sozialgeographie rezipiert.

Ende der 1960er, Anfang der 1970er-Jahre formierte sich eine sozialgeographische Kritik an der damals dominanten Anthropogeographie. Die Forderungen der so genannten »humanistic geography«, der »radical geography« und der »critical human geography« waren darauf angelegt, geographische Forschung auf eine sozialtheoretische Grundlage zu stellen. Damit wurde implizit der Anspruch erhoben, die gesamte Anthropogeographie sozialgeographisch zu reinterpretieren. »Human geography« wurde für viele Fachvertreterinnen und -vertreter zum Synonym für Sozialgeographie.

Die *erste Richtung*, die »humanistic geography«, wurde vor allem von ANNE BUTTIMERs Arbeiten geprägt, die auf der französischen Tradition der Vidal-Schule, vor allem aber auf der phänomenologischen Sozialtheorie von ALFRED SCHÜTZ und der Philosophie von MARTIN HEIDEGGER aufbauen. BUTTIMER (1968; 1969; 1974) förderte damit das Interesse an der Sozialgeographie im gesamten englischen Sprachbereich und sie forderte eine Abkehr vom damals dominanten »spatial approach«: Anstatt sich bloß mit der Darstellung der räumlichen Ordnungen mit statistischen Methoden und der Suche nach räumlichen Erklärungen zu beschäftigen, sollten die Geographen viel mehr an den Menschen und den *Bedeutungen*, die *diese* den räumlichen Gegebenheiten beimessen, interessiert sein. BUTTIMER sieht ihre Forderung, geographische Forschung in der »Insider-Perspektive« bzw. als Innensicht zu betreiben, in der französischen Tradition der Vidal-Schule bisher am besten verwirklicht. Sie begreift ihre »humanistic geography« als phänomenologisch orientierte Weiterentwicklung der Analyse von regionalen Lebensweisen.

Die *zweite Richtung*, die so genannte »radical geography«, ist hauptsächlich geprägt von DAVID HARVEYs Publikationen »Social Justice and the City« (1973) und »The Limits to Capital« (1982), sowie von RICHARD PEETs Sammelband »Radical Geography« (1977). Diese Arbeiten bauen unmittelbar auf der marxistischen Gesellschaftstheorie auf. HARVEY ist bestrebt, die allgemeine marxistische Theorie durch die Berücksichtigung der räumlichen Komponente zu ergänzen. Insgesamt läuft dies auf die Erforschung der Bedeutung »gebauter Umwelt« für die Reproduktion der gesellschaftlichen Wirklichkeit hinaus. Im Vergleich zum »spatial approach«

verlangt HARVEY insbesondere, dass die geographischen Wirklichkeitsdarstellungen die in den räumlichen Strukturen aufgehobene Machtkomponente stärker berücksichtigen sollen. Die ebenfalls marxistisch und stadtgeographisch orientierte Forschungsrichtung von EDWARD SOJA (1989; 1996) bezieht sich dagegen auf die Sozialphilosophie von HENRI LEFEBVRE und trägt zusätzlich auch den symbolischen Aspekten der Repräsentation der Macht Rechnung. DOREEN MASSEY (1991) wiederum verknüpft die Position der »radical geography« mit der feministischen Perspektive der angelsächsischen »gender studies«.

Auf diesen Vorarbeiten der Integration von Sozialtheorie und geographischer Analyse kann Anfang der 1980er-Jahre dann schließlich die *dritte Richtung* anknüpfen, die von ihren Begründern – DEREK GREGORY (1981; 1982; 1989), ALLAN PRED (1985; 1986) und NIGEL THRIFT (1983; 1985) – als »critical human geography« apostrophiert wird. Sie bezieht sich vornehmlich auf das Werk einer der einflussreichsten Gesellschaftstheoretiker der Gegenwart, auf jenes des Soziologen ANTHONY GIDDENS. Durch »Central Problems in Social Theory« (1979) und »The Constitution of Society« (1984) ist im angelsächsischen Sprachbereich die umfangreichste interdisziplinäre Gesellschaft-Raum-Debatte seit dem 19. Jahrhundert zustande gekommen. In seiner Strukturationstheorie (bzw. Theorie der Strukturierung) wird die räumliche Dimension erstmals zum zentralen Element einer umfassenden Gesellschaftstheorie gemacht. Dies führte international zu einer Renaissance sozialgeographischer Themen in den Sozialwissenschaften und der Sozialgeographie als Forschungsdisziplin. Die erste Etappe dieser Entwicklung wird in dem von DEREK GREGORY und JOHN URRY herausgegebenen Buch »Social Relations and Spatial Structures« (1985) dokumentiert, die zweite in CHRIS PHILOS Sammelband »New Words, New Worlds. Reconceptualising Social and Cultural Geography« (1991). Hier werden die Konturen der aktuell dominanten Forschungsthemen der angelsächsischen Sozialgeographie entworfen: soziale Konstruktion von Orten und Landschaften, Globalität und Territorium, soziale Dimensionen ökologischer Probleme, feministische Sozialgeographie und die Sozialgeographie der Postmoderne. Diese Themen werden im Zusammenhang mit der handlungstheoretischen Forschungsperspektive in Kapitel 12 angesprochen.

Holländische Tradition

Die holländische Tradition der Sozialgeographie – welche für die deutschsprachige Entwicklung besondere Bedeutung erlangte – ist in hohem Maße von der so genannten Soziographie geprägt. Diese wurde von Sebald Rudolf Steinmetz (1862-1940) unter Zusammenführung von Soziologie und Geographie als neue Disziplin mit spezifischen Aufgaben entwickelt. Die konstitutive Aufgabe dieser neuen Disziplin besteht für ihn in der Überwindung der mangelnden Realitätsbezogenheit der allgemeinen Soziologie. Die Soziologie behandle zwar die »Beziehungen der Menschen und die hieraus entstehenden Gebilde in ihrer abstrakten Allgemeinheit«, nicht aber die »Völker und ihre Teile in ihrer konkreten Eigenheit« (1927, 222). Als Professor für Politische Geographie 1912 an die Universität von Amsterdam berufen, war er mit den damals einflussreichen Werken »Anthropo-Geographie« (1882) und »Politische Geographie« (1897) von Friedrich Ratzel sowie mit Alfred Hettners »Die Geographie des Menschen« (1907) vertraut. So fällt seine Kritik an der Geographie zurückhaltender aus. Der Kontakt zur deutschsprachigen Geographie schloss insbesondere eine intensive Zusammenarbeit mit dem Berliner Wirtschaftsgeographen Alfred Rühl ein, dessen »Einführung in die allgemeine Wirtschaftsgeographie« Steinmetz 1938 in Amsterdam herausgab.

Ziel und Aufgabe seiner Soziographie war es, sich unvoreingenommen mit der objektiven Wirklichkeit zu befassen. Und diese »konkrete, komplizierte Realität« – wie sich Steinmetz (1927, 218) ausdrückte – bildet »das Volk und seine Teile (Weltstadt, Großstadt, Kleinstadt, Dorf, Provinz usw.) in ihrer konkreten Wirklichkeit als Rußland, Mexiko, Berlin oder New York (bzw.) als dieses oder jenes Dorf, von denen auch im selben Lande doch jedes seine eigene Individualität besitzt«. Im Rahmen dieser Definition sollen die entsprechenden Forschungen, nicht zuletzt im Dienste des Kolonialismus, dazu führen, dass wir eines Tages die soziale und kulturelle Umwelt ebenso gut kennen wie die physische Umwelt. Zudem solle die Soziographie die theoretischen Sozialwissenschaften mit Tatsachenmaterial versorgen, sodass empirisch gültige Verallgemeinerungen formuliert werden können. Die spätere Entwicklung der Soziographie richtete sich, wie dies Hans Dirk de Vries Reilingh beschreibt, auf die Erforschung der Industrieländer aus und wurde von ihm als »geographische[r] Querschnitt durch die gesamten Sozialwissenschaften [bzw. als] soziale Raumforschung« (1974, 143) konzipiert.

Die Soziographie gab – wie noch gezeigt wird – für die Gründerväter der deutschen Sozialgeographie, Hans Bobek und Wolfgang Hartke, ein wichtiges Vorbild ab. Neben der Soziographie prägte vor allem die so genannte *Utrechter Schule* der »social-geografie« die holländische Tradition der Sozialgeographie. Sie entwickelte sich seit den frühen 1930er-Jahren um Louis van Vuuren und pflegte, gemäß Eckhard Thomale (1972, 110), immer ein distanziertes Verhältnis zu Steinmetz und seinen Schülern. Für die Entwicklung der deutschen Sozialgeographie ist die Utrechter-Schule jedoch insofern interessant, als sie wie diese einen Zusammenhang zwischen Gruppen- und Landschaftsforschung herstellt.

Der prominenteste Vertreter dieser Perspektive – Christiaan van Paassen (1917-1996) – wechselte später an die Universität Amsterdam und trug so wesentlich zur Versöhnung der beiden Schulen bei. Ausgehend von der vidalschen Tradition der Regionalforschung, forderte er für die Regionalforschung eine stärkere sozialwissenschaftliche Orientierung. In seiner Abschiedsvorlesung stufte Paassen (1982, 40) das Anliegen der Regionalforschung – die Darstellung des territorialen Zusammenlebens in einem spezifischen natürlichen Kontext – zwar als wichtige sozialgeographische Aufgabe ein. Doch weil »Region« und »Raum« keine sozialen, sondern rein abstrakte Begriffe – und somit für die Darstellung sozialer Gegebenheiten völlig unbrauchbar seien – müsse die Umsetzung ihres Anliegens als »milieugeografie« neu entworfen werden. Dann könne diese sozialgeographische »Milieuforschung« den »tragischen Irrtum der gegenwärtigen Geographie« (PAASSEN, 1982, 37), »Städte« und »Staaten« nicht als soziale, sondern als räumliche Kategorien zu betrachten, überwinden. Im Rahmen dieser Neuorientierung interpretierte er die territorialen Lebensgemeinschaften als in Raum *und* Zeit situierten ökologischen Komplex, als »im Raum lokalisierte und räumlich organisierte Lebens-Ganzheit« (PAASSEN, 1970; zit. nach BUURSINK, 1998, 48). Damit öffnete er einerseits die Sozialgeographie für ökologische Forschungen und formulierte andererseits gewissermaßen einen der Kerngedanken der kurz danach entstehenden »Zeitgeographie« der skandinavischen *Lund-Schule* um TORSTEN HÄGERSTRAND, die international breit rezipiert wurde.

Skandinavische Sozialgeographie

ALS Begründer der skandinavischen Tradition der Sozialgeographie gilt der baltische Geograph EDGAR KANT (1902-1978), der 1944 vor den sowjetischen Besatzern von Estland nach Schweden flüchtete. Als Mitarbeiter an den »Lund Studies in Geography« beeinflusste er TORSTEN HÄGERSTRAND in der Entwicklung seines Ansatzes.

EDGAR KANTs Fachverständnis steht in deutscher geographischer und holländischer soziographischer Tradition, geht aber in der konzeptionellen Entwicklung einen wichtigen Schritt weiter. Zwar betont er wie der Berliner Geograph ALFRED RÜHL, dass die beobachtbare Landschaft nicht allein durch beobachtbare Gegebenheiten erklärt werden kann. Vielmehr seien auch die der Sinneswahrnehmung nicht zugänglichen Aspekte des menschlichen Lebens zu berücksichtigen. Doch er bezieht sich in der Erweiterung des Blickes nicht auf Rühls Konzept des »Wirtschaftsgeistes«, sondern er fordert eine konsequente Berücksichtigung der Bedeutung der sozialen Komponente bei der Transformation der Natur. Die entsprechenden Untersuchungen weist Edgar Kant (1935) der von ihm begründeten »Anthropoökologie« zu, die nach Thomale (1972, 97) am besten als Zusammenfügung von »Anthropogeographie« und »Sozialökologie« zu verstehen ist. Ihre Kernidee besteht in der organischen Betrachtung von Gesellschaft und natürlichem Milieu, welche für die von Hägerstrand entwickelte Sozialgeographie ebenfalls zentral ist.

Torsten Hägerstrand hatte maßgeblichen Einfluss auf die Entwicklung der Sozialgeographie von den 1950er- bis in die 1980er-Jahre, und dies weit über die Grenzen Skandinaviens hinaus. In den 1950er- und 1960er-Jahren entwickelte er die sozialgeographische Diffusionstheorie. Diese baut auf der These auf, dass die Verbreitung von Innovationen räumlich nicht gleichmäßig verläuft, sondern in ihrer Geschwindigkeit und Reichweite im Wesentlichen an die Hierarchie des Siedlungsnetzes gebunden ist. Ausbreitungsgeschwindigkeit und Reichweite einer Neuerung sind gering, wenn sie von einem peripheren Ort (von einem Ort am Ende der Hierarchie) ausgehen und hoch, sobald sie sich in einem zentralen Ort höchster Hierarchiestufe durchgesetzt haben.

In den frühen 1970er-Jahren stellte Hägerstrand in der Publikation »What about people in regional science?« (1970) die Frage nach den Grenzen der mathematischen Modellierbarkeit regionalwirtschaftlicher Zusammenhänge. Er plädierte für ein zeitgeographisches Verständnis menschlicher Existenzbedingungen. Die Zeitgeographie ist am besten als eine geographische Beschreibung menschlicher Tätigkeiten zu verstehen, die auf der körperlichen Unteilbarkeit des Menschen aufbaut. Da wir uns zu einem bestimmten Zeitpunkt körperlich immer nur an einem Ort befinden können, entstehen, so Hägerstrand, raum-zeitliche Zwänge. Weil jede Art der Raumüberwindung immer auch eine bestimmte Dauer aufweist, sind unsere Tätigkeiten nicht nur räumlich, sondern immer auch zeitlich begrenzt. Wir bewegen uns im Sinne der Zeitgeographie sowohl »im Raum« als auch »in der Zeit«. »Raum« und »Zeit« werden dabei als die Gitterstäbe der körperlichen Gefangenheit des Menschen dargestellt, denen wir bei den meisten Tätigkeiten nicht entrinnen können.

Die zeitgeographische Darstellung menschlicher Tätigkeiten kann sichtbar machen, wie sehr räumliche und zeitliche Dimensionen des Handelns aneinander gebunden sind. Sie kann die Zwänge veranschaulichen, mit denen körpervermittelte Tätigkeiten in beiderlei Hinsicht konfrontiert sind. Die entsprechende Gesellschaftsplanung soll diesen Zwängen im lokalen und regionalen Kontext Rechnung tragen. ANTHONY GIDDENS (1979, 1984a) hat die Zeitgeographie in seine allgemeine Gesellschaftstheorie integriert und ihr dadurch zu großer internationaler und interdisziplinärer Beachtung verholfen.

Umgekehrt hat der finnische Geograph ANSSI PAASI (1986) GIDDENS' Theorie der Strukturierung für seine praxiszentrierte Theorie der Konstitution politischer Regionen fruchtbar gemacht. PAASI begreift »Region« nicht mehr primär als räumliche Wirklichkeit, sondern als soziale oder genauer: als institutionelle Wirklichkeit. In diesem Sinne wird »Region« zu einem wichtigen Teilaspekt der politischen Praxis und die Grenzziehung wird als soziale Praxis erkennbar. Sie ist insbesondere für die Ausbildung nationalstaatlicher Identitäten und die Organisation der staatlichen Institutionen ein konstitutives Element. Darauf wird in Kapitel 12 ausführlicher eingegangen.

GUNNAR OLSSON stellt in »Birds in Egg/Eggs in Bird« (1980) die Frage nach dem Verhältnis von »Bedeutung und Materie« und dessen Implikationen für die sozialgeographische Gesellschaftsforschung. In seiner jüngsten Buchpublikation »Lines of Power – Limits of Language« stellt OLSSON (1991) diese Frage in den Kontext des Verhältnisses von Sprache, Territorium und Macht.

Deutschsprachige Rezeption
sozialgeographischen Denkens: Ein erster Überblick

IM deutschsprachigen Kontext brachte erstmals FRIEDRICH RATZEL (1882) die Bedeutung sozialer Aspekte in die Diskussion ein, ohne damit allerdings – wie dies von ERNST WINKLER (1956, 437) behauptet wird – den entscheidenden Anstoß zu sozialgeographischer Forschung gegeben zu haben. RATZEL ging es vielmehr darum – ähnlich wie es bei GEORG WILHEM FRIEDRICH HEGEL in der 1834 publizierten »Philosophie der Geschichte« der Fall ist – die »Geographische[n] Grundlagen der Weltgeschichte« (HEGEL, 1961, 36) zu identifizieren.

In seiner Verbreitungs- und Bewegungslehre schenkt RATZEL sozialen Faktoren zwar Beachtung, doch führt die Konzentration auf »Mensch«, »Bevölkerung« und »Volk« eher dazu, den differenzierten Zugang zum Gesellschaftlichen zu versperren als zu fördern. Er legte den Akzent vielmehr auf die Entwicklung einer deterministisch orientierten Anthropogeographie und erlangte damit eine hervorragende Position in der gesamteuropäischen und interdisziplinären Diskussion um die Naturbestimmtheit menschlicher Gesellschaften und Kulturen. Besonders offensichtlich wird das deterministische Grundmuster in seiner Untersuchung der räumlichen Begrenzungsbestrebungen von Ethnien, Rassen und politischen Organisationsformen der Menschen. Die Ursachen dieser Begrenzungsbestrebungen – und konsequenterweise auch die Begrenzungskriterien – suchte er immer im physischen und nicht im sozial-kulturellen Bereich. »Lage«, »Raum« und »Grenze« werden in dieser Konstruktion zu Wirkfaktoren, zu Gestaltern der Menschheitsgeschichte.

Ebenfalls hemmend auf die Entwicklung einer sozialwissenschaftlichen Geographie wirkte – trotz weitgehender Ablehnung von RATZELS Anthropogeographie – OTTO SCHLÜTERS »Geographie des Menschen«. Seine Forderung, die geographische Forschung auf die »Spuren, welche die menschliche Tätigkeit in der Landschaft hinterläßt« (SCHLÜTER, 1906, 28) zu konzentrieren, mündete noch nicht in eine tätigkeitszentrierte Sozialgeographie. Der Hauptgrund dafür ist, dass SCHLÜTER bei der Festlegung des geographischen Forschungsgegenstandes fordert, alles »rein Geistige« (1906, 29) aus dem geographischen Erklärungsanspruch auszuschließen. Damit führt sein Forschungsprogramm, dem wissenschaftlichen Zeitgeist besser entsprechend, direkt in eine gegenstandsverliebte, physiognomische »Morphologie der Kulturlandschaft« (SCHLÜTER, 1906, 28), in eine Kulturlandschaftsgeographie der materiellen Artefakte.

Der von ihm angeregte Bezug auf die kulturlandschaftlichen Spuren menschlicher Tätigkeiten wurde erst rund 40 Jahre später zum Ausgangspunkt der deutschen Sozialgeographie gemacht. Dabei blieben – wie wir sehen werden – zwei wichtige Punkte aus SCHLÜTERs Wegleitung erhalten. Der erste Aspekt ist der Landschaftsbezug der Sozialgeographie und der zweite die methodologische Festlegung, dass Gesellschaften – analog zu den Kulturlandschaftsmorphologien – »als regionale Erscheinung« (BOBEK, 1948, 55) zu begreifen und zu analysieren seien.

Der bereits in Zusammenhang mit SEBALD R. STEINMETZ und EDGAR KANT erwähnte ALFRED RÜHL (1882 - 1935) fordert eine umfassendere Berücksichtigung sozialer Zusammenhänge im Rahmen seiner Neuorientierung wirtschaftsgeographischer Forschung. Er geht davon aus, dass die Kenntnis des sozial-kulturellen Kontextes unabdingbar ist, um das Wirtschaftsgeschehen einer bestimmten Region begreifen zu können. Der regionale »Wirtschaftsgeist« bzw. der »Wirtschaftsgeist der Völker« erlangt in seiner Argumentationskette eine zentrale Position. Er betrachtet ihn als Kernelement des Motivationszusammenhanges der verschiedenen wirtschaftenden Gruppierungen. Dabei nimmt er die zu seiner Zeit kaum beachtete Neuzentrierung des geographischen Blicks vor, auf die sich später WOLFGANG HARTKE bei der systematischen Grundlegung der deutschsprachigen Sozialgeographie – mit den Schlüsselbegriffen »Motivation« und »Bewertungsprozess« – beziehen kann: Der wirtschaftende Mensch habe im Zentrum zu stehen. Weil »seine Ziele und Kräfte die Gestaltung des Wirtschaftslebens bestimmen, [...] können nur die wirtschaftlichen Erscheinungen selbst Untersuchungsobjekt der Wirtschaftsgeographie sein« (RÜHL, 1938, 56). Daraus schließt er, dass die Wirtschaftsgeographie auch dahin gehen müsse, »wo sie hingehört, nämlich zu den Sozialwissenschaften, wohin sie durch ihr Erfahrungsobjekt hingezogen wird« (RÜHL, 1938, 61) und er spricht in diesem Zusammenhang auch von der »sozialen Geographie« (RÜHL, 1938, 34f.). Diese Wende hat er mit seinen eigenen Arbeiten, die häufig in pauschalisierenden regionalistischen oder nationalistischen Stereotypen stecken bleiben, im engeren Sinne nicht vollzogen. Der Ansatz war nun aber vorhanden und konnte später zur Weiterführung aufgegriffen werden.

Es ist bemerkenswert, dass sich prominente deutsche Geographen in jener Zeit einer sozialgeographischen Betrachtungsweise annäherten, konzeptionell dann aber Wege beschritten, die für die Entstehung einer entsprechenden Forschungstradition eher hinderlich als förderlich waren. So dauerte es bis in die frühen 1930er-Jahre, bis die Begriffe »Sozialgeographie« und »sozialgeographisch« im deutschsprachigen Bereich Fuß fassen konnten, und zwar in zwei noch von RÜHL angeregten Dissertationen: »Die Kakaokultur an der Goldküste und ihre sozialgeographischen Wirkungen« von ERWIN MAI (1933) und »Nordkalabrien: Eine sozialgeographische Studie« von PAUL SCHMIDT (1937). Im gleichen Jahr erschien von HUBERT NOLDEN »Die Sozialgeographie des Aachener Regierungsbezirkes«.

Wichtiger ist jedoch, dass RICHARD BUSCH-ZANTNER gleichzeitig die erste konzeptionelle Argumentation für die Notwendigkeit einer stärkeren Beachtung der sozialen Komponente im Hinblick auf eine differenziertere geographische Analyse veröffentlichte. Ausgangspunkt dazu war die Einsicht, dass zur Analyse eines »anthropogenen Kräftefeldes [...] die Bezogenheit auf ›den Menschen‹« (1937, 138) nicht genügt. Denn »alle Äußerungen des Menschen im Raum und in der Landschaft sind ja niemals Äußerungen eines Individuums, sondern stets Äußerungen der *Wirksamkeit einer Gruppe* im soziologischen Sinne. [... Die] Gesellschaft erscheint deshalb als der eigentliche *Träger der anthropogenen Kräfte«* (BUSCH-ZANTNER, 1937, 139. Hervorhebungen B. W.). Damit öffnete BUSCH-ZANTNER den Weg zur Entstehung einer wissenschaftlichen Sozialgeographie im deutschsprachigen Bereich. Die systematische Entwicklung einer sozialgeographischen Betrachtungsweise wurde jedoch erst nach dem Zweiten Weltkrieg von BOBEK und HARTKE geleistet.

Ein wichtiger Grund, weshalb diese konzeptionelle Vorarbeit vorerst nicht weitergeführt werden konnte, war sicher die vollkommene Dominanz der Gesellschaft-Raum-Thematik durch die nationalsozialistische Geopolitik mit ihrer Kopplung von »Blut-und-Boden-Ideologie« und aggressiver Expansionspolitik. Es dauerte bis zum Kieler Geographentag im Jahre 1969, bis die Voraussetzungen geschaffen waren, die Verstrickungen der Geographie mit der nationalsozialistischen Geopolitik genauer abklären zu können. Wie die in der Folge entstandenen wissenschaftskritischen und fachhistorischen Analysen von HANS D. SCHULTZ (1980, 1998), ULRICH EISEL (1980), DOMINIK SIEGRIST (1989), Klaus KOST (1986), MECHTHILD RÖSSLER (1990), MICHAEL FAHLBUSCH (1994), UTE WARDENGA & INGRID HÖNSCH (1995) und anderen zeigen, war die theoretische Konstruktion dieser Geopolitik (– natürlich nicht ihre politische Interpretation –) mit jener der traditionellen Geographie kompatibel. Der gemeinsame Kern ist letztlich im naturdeterministischen Denken zu finden, auf das im nächsten Kapitel ausführlicher eingegangen wird.

Diese Art des Denkens und der Weltbetrachtung ist eine Konsequenz der sozialdarwinistischen Debatte des späten 19. Jahrhunderts, in der die Geographen zwar eine prominente Position einnahmen, an der aber die gesamte damalige intellektuelle Welt beteiligt war. Folglich war das naturdeterministische Denken auch außerhalb der Geographie weit verbreitet, wenn auch nicht im selben Maße forschungskonzeptionell umgesetzt. Welche Form dieses Denkmuster in der *soziologischen und historischen* Betrachtung des Gesellschaft-Raum-Verhältnisses jener Zeit angenommen hat, zeigen WERNER SOMBART (1863-1941) – »Vom Menschen«

(1938) – und das Werk des einflussreichen politischen Denkers und Historikers CARL SCHMITT (1888-1985), insbesondere »Land und Meer. Eine weltgeschichtliche Betrachtung« (1942) und »Der Nomos der Erde« (1950).

MARTIN HEIDEGGER (1889-1976) widmet in seinem *philosophischen* Hauptwerk »Sein und Zeit« (1927) der Bedeutung von »Raum« für die menschliche Existenz große Aufmerksamkeit. »Raum« weist für ihn eine Existenz und Bedeutungen an sich auf. »Raum« ist für ihn das Ergebnis vom »Räumen« und bleibt als freigegebener Ort bestehen. Orte können für HEIDEGGER als »Heimat« eine heilvolle, als Heimatlosigkeit eine unheilvolle Bedeutung erlangen oder – im für HEIDEGGER schlimmsten Falle – keines von beidem. In der Bedeutung der Orte äußert sich »das Schicksal der wohnenden Menschen«, wie sich HEIDEGGER ausdrückt. – In anthropologischer Hinsicht weitergeführt wurden HEIDEGGERS Grundlagen von OTTO FRIEDRICH BOLLNOW (1980) in »Mensch und Raum«.

HEIDEGGERS Raumkonzeption ist in der »humanistic geography« von ANNE BUTTIMER (1976), vor allem aber von JOHN PICKLES (1985) zur Basis sozialgeographischer Forschung gemacht worden. PICKLES' Kernthese lautet, dass die »Räumlichkeit des menschlichen Daseins« das zentrale Forschungsobjekt bilden solle. Das sozialgeographische Interesse soll sich konsequenterweise auf die Bedeutung der Orte und deren Relevanz für das Alltagsleben konzentrieren. Die These, dass die Räumlichkeit den zentralen Topos geographischer Forschung bilden solle, wurde dann schließlich vom bereits erwähnten EDWARD SOJA wie auch von THEODORE R. SCHATZKI aufgegriffen.

Ohne einen sozialdarwinistischen Bezug thematisierte ALFRED SCHÜTZ (1899-1959) zusammen mit dem Soziologen THOMAS LUCKMANN in »Strukturen der Lebenswelt« (1979) die räumliche Aufschichtung der Alltagswelt. Sie gehen davon aus, dass der Körper jedes Handelnden den Koordinatennullpunkt seiner Weltorientierung bildet. Davon ausgehend teilen sie die Welt in Zonen »aktueller« und »potentieller Reichweite« ein. Bei letzterer wird weiter unterschieden zwischen »wiederherstellbarer« und »erlangbarer« Reichweite. Die Welt in aktueller Reichweite ist jene im Bereich der unmittelbaren Erlebbarkeit in Greif-, Hör- und Sehreichweite. Die Welt in wiederherstellbarer Reichweite weist eine erinnerungsmäßige Vertrautheit auf, und die tatsächliche Erreichbarkeit der Welt in erlangbarer Reichweite hängt von den verfügbaren technischen Möglichkeiten der Distanzüberwindung ab.

SCHÜTZ und LUCKMANN fragen nach der Bedeutung der räumlichen Dimension der Alltagswelt für die Konstitution der gesellschaftlichen Wirklichkeit. Eine ihrer zentralen Thesen lautet, dass die räumlichen Dimensionen des Erlebens einen bemerkenswerten Einfluss auf die Art der unmittelbaren Erfahrung und damit auf die Ausbildung des biographischen Wissensvorrates einer Person haben. Den vertrauten Kernbereich des alltäglichen Lebens bildet die Welt in aktueller und wiederherstellbarer Reichweite, den ungewissen und unvertrauten Bereich die Welt in erlangbarer Reichweite. Von dort aus analysieren sie schließlich den Zusammenhang von räumlicher und sozialer Nähe bzw. Distanz.

Ebenfalls frei von sozialdarwinistischem Denken hat sich der Soziologe GEORG SIMMEL (1858-1920) mit dem Gesellschaft-Raum-Verhältnis auseinandergesetzt. Durch die Tatsache, dass der Begründer der Chicagoer Sozialökologie ROBERT E. PARK in Berlin zu SIMMELS Studenten zählte, gehört seine »Soziologie des Raumes« (1903) theoretisch zu den bisher wohl folgenreichsten Konzepten des deutschsprachigen Bereichs. Dabei identifiziert SIMMEL drei sozial bedeutsame Grundaspekte der räumlichen Dimension: 1. die Ausschließlichkeit des Erdraums 2. die Mobilität/Immobilität von Objekten und Artefakten 3. die räumliche Nähe/Distanz zwischen Personen.

Mit »Ausschließlichkeit des Raums« weist SIMMEL darauf hin, dass ein Objekt im Hinblick auf seine Lokalisierung auf der Erdoberfläche und bei Vernachlässigung all seiner weiteren Merkmalsdimensionen immer eine Einmaligkeit darstellt, das heißt, zu einem bestimmten Zeitpunkt kann nur ein Objekt eine bestimmte Position belegen. »Dadurch, daß jedes [Objekt] einen anderen

Raumteil einnimmt, sind es eben mehrere, obgleich ihre Beschaffenheit eine absolut einheitliche ist« (SIMMEL, 1903, 29). Die Einmaligkeit des Standorts zu einem gegebenen Zeitpunkt betrifft auch den Körper des Handelnden. Umgekehrt können die Körper von zwei Handelnden nicht gleichzeitig genau dieselbe Position einnehmen.

Die Tatsache des einzigartigen Standorts eines Sachverhalts oder eines Handelnden zu einem gegebenen Zeitpunkt schließt gleichzeitig die Möglichkeit eindeutiger Fixierung in räumlicher Hinsicht mit ein. Dabei sind nun aber die Sachverhalte im Hinblick auf ihre räumliche »*Mobilität bzw. Immobilität*« weiter zu unterscheiden. Grundsätzlich ist davon auszugehen, dass der Handelnde – wenn auch nicht auf beliebige Weise – seine Position verändern kann. Unter den Objekten, die für sein Handeln relevant werden können, ist zwischen immobilen und mobilen zu unterscheiden. SIMMEL geht in Bezug auf die soziale Bedeutsamkeit davon aus, dass dieser Unterschied einen entscheidenden Einfluss auf die räumliche Struktur der Tätigkeitsabläufe ausübt. Immobilität führt zu bestimmten »Beziehungsformen, die sich um diesen Gegenstand gruppieren« (SIMMEL, 1903, 40). Die Handelnden müssen sich zum immobilen Objekt hin begeben, wenn sie dieses als Mittel zur Erreichung eines Ziels in ihre Handlung integrieren wollen. Es wird damit für alle Handelnden, die dieses immobile materielle Objekt in ihre Handlungen integrieren, zum sozial bedeutsamen »Drehpunkt für die Beziehung und den sozialen Zusammenhang« (SIMMEL, 1903, 41). Diese »Drehpunkte« können symbolischen Gehalt erlangen, indem sie, wie beim Beispiel »Kirche«, Kräfte ausstrahlen, die bei Handelnden, »deren religiöse Bedürfnisse in ihrer Vereinzelung seit langem geschlafen haben, wieder das Bewusstsein der Dazugehörigkeit erwecken« (SIMMEL, 1903, 41). In dieser symbolisch aufgeladenen Form können sie für die soziale Orientierung der Handelnden hohe Bedeutung erlangen.

Der dritte Grundaspekt räumlicher Dimension bezieht sich auf »die sinnliche *Nähe oder Distanz* zwischen den Personen, die in irgendwelchen Beziehungen zueinander stehen« (SIMMEL, 1903, 46). Die soziale Bedeutung von räumlicher Distanz/Nähe zwischen den Körpern von Personen ist als eine Ableitung aus dem »Axiom« der Ausschließlichkeit des Raums zu betrachten. SIMMEL geht dabei von der Hypothese aus, dass soziale Beziehungen »ihren Charakter danach ändern werden, ob ihre Teilnehmer sich ›räumlich‹ berühren oder voneinander getrennt sind« (SIMMEL, 1903, 46), und zwar in dem Sinne, dass die Tatsache der Notwendigkeit der Distanzüberwindung zu einem »beziehungsdifferenzierenden« Faktor wird. Für SIMMEL können nur zwei extreme Formen sozialer Beziehungen eine Ausnahme bilden: »die rein sachlich-unpersönlichen Beziehungen und die ganz auf die Intensität des Gemütes gestellten« (1903, 47). Als Beispiele des ersten Typus nennt er »wirtschaftliche oder wissenschaftliche Transaktionen«, weil deren Inhalte in logischen und schriftlichen Formen restlos ausdrückbar sind und deshalb nicht der Nähe der Körperstandorte bedürfen. Als Beispiele des zweiten Typus gibt er religiöse Beziehungen und Liebesbeziehungen an, denen es gelänge, mittels Phantasie und Hingegebenheit des Gefühls die räumlichen Bedingungen zu überwinden. Je stärker eine Beziehung von diesen beiden extremen Typen abweicht, desto mehr werde die Art der sozialen Beziehungen durch den räumlichen Distanzfaktor abgewandelt und desto mehr bedürfen die Interaktionspartner der räumlichen Nähe, wenn sie ihre soziale Beziehung aufrechterhalten wollen. SIMMEL schlägt schließlich vor, alle Abstufungen zwischen den eben genannten Extremen in eine Skala einzuordnen, und zwar unter dem Gesichtspunkt, »welches Maß ›räumlicher‹ Nähe oder ›räumlicher‹ Entfernung eine Vergesellschaftung von gegebenen Formen und Inhalten entweder fordert oder verträgt« (1903, 47). Diese Hypothesen sind zur Grundlage der empirischen Arbeiten der Chicagoer Sozialökologie geworden.

Durch DEREK GREGORYS »Geographical Imaginations« (1994) hat das Werk WALTER BENJAMINS (1892–1940) im sozialgeographischen Kontext Beachtung gefunden. BENJAMIN betrachtet das Gesellschaft-Raum-Verhältnis in Bezug auf die Äußerungsformen der Moderne. Er analysiert dieses Verhältnis im urbanen Kontext vor allem in seinem »Passagen-Werk« (1983). Die Ende des 19. Jahrhunderts in Paris entstandenen Geschäftspassagen sind für ihn »Landschaft aus lauter Leben gebaut« (1983, 134). Sie werden als Ausdruck des aufsteigenden modernen Subjektgefühls interpretiert und der damit verbundenen Öffnung der Erfahrungs- und Erlebnisperspektive im privaten wie im öffentlichen Bereich. Damit wendet er sich bei seiner Analyse des Gesellschaft-Raum-Verhältnisses der Subjektseite zu und erforscht damit in gewissem Sinne die Alltagsgeographien der Moderne.

Merkpunkte

1

Der von PAUL VIDAL DE LA BLACHE vertretene Possibilismus betont die Wahlmöglichkeiten der Menschen innerhalb vergleichbarer physischer Bedingungen und damit die Vielfalt menschlicher Lebensformen (»genres de vie«). Die Darstellung der Interpretations- und Entscheidungsmöglichkeiten der Menschen innerhalb bestimmter physischer und sozialer Begrenzungen stellt die Hauptaufgabe des possibilistischen Ansatzes dar.

2

Die Mitglieder der Ecole des Annales und die Vertreter der »morphologie sociale« erforschen das Gesellschaft-Raum-Verhältnis – als Historiker und Soziologen – außerhalb der institutionellen französischen Geographie.

3

Trotz der einflussreichen Arbeiten von PATRICK GEDDES konnte die Sozialgeographie im angelsächsischen Kontext erst relativ spät Fuß fassen. Die Gesellschaft-Raum-Thematik wurde vor allem von der »Chicago School of Sociology« erforscht. Heute wird diese Forschung mit großem Erfolg interdisziplinär betrieben.

4

Die holländische Soziographie (Gruppen- und Landschaftsforschung) wird sowohl für die deutsche wie für die skandinavische Entwicklung der Sozialgeographie zu einer wichtigen Grundlage.

5

TORSTEN HÄGERSTRANDS »Zeitgeographie« mit ihrer Darstellung der räumlichen und zeitlichen Begrenztheit menschlicher Tätigkeiten erfährt in den angelsächsischen Sozialwissenschaften große Beachtung.

6

Die Entwicklung der deutschsprachigen Sozialgeographie wird durch die politischen Verstrickungen der Geographie in die Geopolitik vorerst behindert.

Weiterführende Literatur

CLAVAL, P. (1973): Principes de géographie sociale. Paris

EYLES, J. (ed.) (1986): Social Geography: An International Perspective. London

LIPPUNER, R. (2005): Raum – Systeme – Praktiken. Stuttgart

MELLER, H. (1990): Patrick Geddes. Social Evolutionist and City Planner. London

RACINE, J. B. & C. RAFFESTIN (1983): L'espace et la societé dans la géographie sociale francophone. Pour une approche critique du quotidien. In: PAELINK, J. H. P. & A. SALEZ (eds.): Espace et localisation. La redécouverte de l'espace dans la pensée scientifique de langue française. Paris, 304-330

REDEPENNING M. (2006): Wozu Raum? Systemtheorie und raumbezogene Semantiken. Leipzig

SCHMID, C. (2005): Stadt, Raum und Gesellschaft. Stuttgart

THOMALE, E. (1972): Sozialgeographie. Eine disziplingeschichtliche Untersuchung zur Entwicklung der Anthropogeographie. Marburger Geographische Schriften, Heft 53, Marburg/Lahn

WEICHHART, P. (2008): Entwicklungslinien der Sozialgeographie. Von Hans Bobek bis Benno Werlen. Stuttgart

5 Disziplinhistorischer Kontext

DIE konzeptionelle Begründung sozialgeographischer Forschung ist gerade im deutschsprachigen Bereich am ausführlichsten diskutiert worden. Die entsprechenden Auseinandersetzungen mit der sozialgeographischen Forschungssystematik waren jahrzehntelang vom Spannungsverhältnis zwischen den Forderungen der klassischen Anthropogeographie und den sich verändernden sozial-kulturellen Verhältnissen geprägt. Allerdings nehmen die Bestrebungen, der Modernisierung der Gesellschaft forschungslogisch Rechnung zu tragen erst nach dem Ende des Zweiten Weltkrieges klarere Konturen an. Sie sind mit dem Anspruch verbunden, mit dem geopolitischen sowie dem geodeterministischen Erbe der Disziplin zu brechen.

Ebenso offensichtlich wie das Bestreben mit der Vergangenheit zu brechen, ist jedoch der Widerspruch zwischen gesellschaftlicher Modernisierung und postulierten Forschungskonzeptionen. Obwohl es die Begründer der deutschen Sozialgeographie sind, welche die wachsende Bedeutung der sozialen Lebensbedingungen für die modernen Lebensweisen und Lebensformen erkennen, bleibt man dennoch so sehr den Denk- und Beobachtungskategorien der traditionellen Geographie verpflichtet, dass es forschungslogisch nicht möglich ist, den radikalen Veränderungen des Gesellschaft-Raum-Verhältnisses Rechnung zu tragen.

Zur Verdeutlichung der Probleme, mit denen die Entwicklung einer möglichst widerspruchsfreien sozialgeographischen Forschungskonzeption verbunden ist, soll in diesem Kapitel zunächst ein knapper Überblick über die Geschichte der Interpretationen von »Geographie« bis in die Mitte des 20. Jahrhunderts vorgestellt werden.

Traditionelle Geographie

DAS Bild des Geographen als eines reisenden Berichterstatters und der Geographie als Disziplin zur Sammlung und Darstellung des Wissens über andere Erdgegenden war bis ins 19. Jahrhundert vorherrschend. Es entspricht damit weitgehend jener Bedeutung, die bereits der Grieche HERODOT (ca. 484-425 v. Chr.) mit »Geographie« verbunden hatte: Erdbeschreibung, Erdzeichnung. »Geo« bedeutet somit »Erde«; »graphie« »Beschreibung«, »Zeichnen«. Unter Erdzeichnung wurde ursprünglich die Kartographie verstanden. Erdbeschreibungen dienten lange Zeit vorwiegend dem Erstellen von Karten und der mit ihnen ermöglichten Orientierung auf der Erdoberfläche.

Auch IMMANUEL KANT, der in Königsberg neben Philosophie auch Geographie unterrichtete, teilte dieses Geographieverständnis und wies ihr für den Prozess der Aufklärung eine prominente Stellung zu: »Nichts (ist) fähiger, den gesunden Menschenverstand mehr aufzuhellen, als gerade die Geographie« (KANT, 1802, 15). »Der Nutzen dieses Studiums« – so fährt KANT (1802, 20) fort – »ist sehr ausgedehnt. Er dient zur zweckmäßigen Anordnung unserer Erkenntnisse, zu unserem eigenen Vergnügen, und gewährt reichen Stoff zu gesellschaftlichen Unterhaltungen.« Der Hinweis, dass die Geographie der Ordnung der Erkenntnisse dienen solle, betont jedoch bereits einen neuen Aspekt, nämlich jenen der zweckgebundenen *Systematik* zur Ordnung der Kenntnisse über die Erdgegenden. Genau die damit verbundene Konstruktion eines subjektzentrierten Weltbildes macht den Modernitätsgehalt geographischer Wissensrepräsentation aus.

Mit den Forschungsarbeiten von ALEXANDER VON HUMBOLDT (1769-1859) und CARL RITTER (1779-1859) wird dieses Verständnis bei der Entwicklung der wissenschaftlichen Geographie konzeptionell umgesetzt, sodass die Institutionalisierung der Universitätsgeographie erfolgreich verwirklicht werden konnte. FRIEDRICH RATZEL (1844-1904) und ALFRED HETTNER (1859-1941) waren dann maßgeblich an der Ausformulierung der wissenschaftlichen

Zielsetzungen und der Systematik der wissenschaftlichen Geographie beteiligt.

Die Systematik dieser Geographie als Wissenschaft der Erdbeschreibung umfasst Ende des 19. Jahrhunderts zwei Hauptbereiche: die »Allgemeine Geographie«, welche sich auf die thematisch differenzierte Erforschung der Erdoberfläche in ihrem Gesamtzusammenhang bezieht und die Regionale Geographie, die spezielle Ausschnitte davon betrachtet.

Die Allgemeine Geographie weist ihrerseits zwei Hauptbereiche auf: die Physische Geographie und die Anthropogeographie.

In der Physischen Geographie sollen die natürlichen Grundlagen, ihre Erscheinungs- und Verbreitungsformen auf der Erdoberfläche erforscht werden. Hier befasst man sich – im Sinne der so genannten Geofaktorenlehre – mit der Atmosphäre im Rahmen der Klimatologie, der Hydrosphäre in der Hydrogeographie (Gewässernetze, Niederschlagsmengen usw.), der Litho- und Pedosphäre in der Geomorphologie (Oberflächenformen, Erosionsprozesse usw.) bzw. mit der Bodenkunde und der Biosphäre im Rahmen der Biogeographie.

Neben der Kartierung und Beschreibung der relevanten Phänomene ging es auch – wenngleich in untergeordnetem Sinne – um die *Erklärung* der Auftretensformen und Konsequenzen des jeweiligen Zusammenwirkens der einzelnen Geofaktoren.

Die Anthropogeographie wurde – als besonderer Bereich der Allgemeinen Geographie – vor allem von FRIEDRICH RATZEL begründet und gefördert. RATZEL machte die intensive Beschäftigung mit der so genannten Anthroposphäre zum Programm. Im Vordergrund steht hier die Beschäftigung mit der Bevölkerungsverteilung auf der Erdoberfläche (Bevölkerungsgeographie und Migrationslehre), differenziert nach den verschiedenen Religionen und Rassen (Kulturgeographie). Im Zusammenhang mit Kolonialismus und Industrialismus erreicht die so genannte »Ressourcenlehre« – Beschreibung der Rohstoffe und kartographische Darstellung der Vorkommen – hohe Bedeutung. Diese wird im Rahmen der Wirtschaftsgeographie abgehandelt. Bis etwa nach

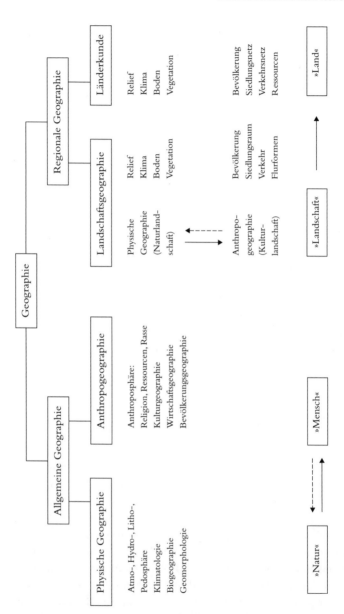

Abbildung 7 *Das System der traditionellen Geographie* (nach WERLEN, 1993a, 244)

dem Zweiten Weltkrieg bilden die Verbreitung der Erdbevölkerung nach Gesichtspunkten der Religion und Rasse sowie die Verbreitung der Rohstoffe auf der Erdoberfläche die Hauptinteressen der Allgemeinen Anthropogeographie.

Das Hauptinteresse RATZELS allerdings galt – ganz im Sinne der so genannten »Environmentalismus-Debatte« der Intellektuellen in der zweiten Hälfte des 19. Jahrhunderts – einem »Mensch-Natur-Verhältnis«, das er entlang des sozialdarwinistischen Denkmusters und des Naturdeterminismus thematisierte. Die Frage nach den Wirkungen der Natur »auf die Handlungen oder auf die Betätigungen des Menschen« (RATZEL, 1909, 65) beantwortete er schließlich zugunsten der Natur. RATZEL sieht die Geschichte der Menschheit und der Staaten als Erfüllungsauftrag der in der Natur vorgezeichneten Programme, der »Gebote seines Bodens« (RATZEL, 1909, 48). Die Natur wird – wie SCHULTZ (1998) zeigt – nicht bloß zur einfachen Determinante menschlichen Handelns, sondern zur normativen Instanz für das gemacht, was ein »Volk« tun soll.

Die geographische Tradition ökologischer Forschung besteht somit tatsächlich seit über einem Jahrhundert. Denn Natur und Mensch wurden im Rahmen der Allgemeinen Geographie immer im Zusammenspiel betrachtet. Doch darf man nicht darüber hinwegsehen, dass diese Anfänge ökologischer Betrachtung, der damals vorherrschenden Weltsicht entsprechend, vorwiegend naturdeterministisch-normativ konzipiert waren. Dies stützte auch ein Argumentationsmuster, dessen problematische Implikationen vor allem in der nationalsozialistischen Geopolitik und in der völkischen Affinität der Landschaftsgeographie offenkundig wurden.

Doch es ist die *Regionale Geographie* mit ihren Teilbereichen Landschafts- und Länderkunde, welche ab den frühen 1920er-Jahren bis Ende der 1960er-Jahre zum Kernbereich geographischer Forschung wird. »Landschaften« und »Länder« galten als die wahren Forschungsobjekte der Geographie. Ihre Einmaligkeit sollte herausgearbeitet und im Schulunterricht vermittelt werden.

Friedrich Ratzel (1844-1904)

Am 30. August 1844 in Karlsruhe als Sohn des persönlichen Kammerdieners und einer Bediensteten des Großherzogs von Baden geboren. Nach einer vierjährigen Apothekerlehre und anschließender Betätigung in diesem Arbeitsfeld begann er 1866 ein Studium der Naturwissenschaften mit dem Schwerpunkt im Bereich der Zoologie in Karlsruhe. Spätere Studienaufenthalte führten ihn nach Heidelberg, Jena und Berlin. Zwei Jahre später promovierte er in Heidelberg mit einer Arbeit zum Thema »Beiträge zur anatomischen und systematischen Kenntnis der Oligochäten«. Im Jahre 1873 folgt die Habilitation an der Technischen Hochschule zu München, mit einer Arbeit über chinesische Auswanderer. Anschließend nahm er dort eine Tätigkeit als Privatdozent am Geographischen Institut der Technischen Hochschule München auf. 1874 erfolgte die Ernennung zum außerordentlichen Professor der Geographie. Als Nachfolger von FERDINAND VON RICHTHOFEN wurde RATZEL 1886 nach Leipzig berufen. Dort wirkte er bis zu seinem plötzlichen Tode 1904.

Abbildung aus: BECK, 1983, 165

Auswahlbibliographie

Antrophogeographie oder Grundzüge der Anwendung der Erdkunde auf die Geschichte. Bd. 1, Stuttgart 1882

Völkerkunde in drei Bänden. Leipzig 1885-90

Anthropogeographie – Die geographische Verbreitung der Menschen. Bd. 2, Stuttgart 1891

Politische Geographie oder die Geographie der Staaten, des Verkehrs und des Krieges. Berlin 1897

Das Meer als Quelle der Völkergröße. München 1900

Der Lebensraum. Tübingen 1901

Die Erde und das Leben. 2 Bde. Leipzig 1901/02

Alfred Hettner (1858-1941)

Am 6. August 1858 als Sohn des Literaturhistorikers und Direktors der königlichen Antikensammlung zu Dresden, Prof. HERMANN HETTNER (1821-1882), und der Tochter des Dresdner Malers und Kunsthändlers Grahl in Dresden geboren. 1877 beginnt er in Halle das Geographiestudium, wechselt nach zwei Semestern nach Bonn, wo er sich auf die Anthropologie konzentriert. 1881 promoviert er in Straßburg mit einer Dissertation über das Klima Chiles. Ab 1884 setzt er in Leipzig sein Studium bei RICHTHOFEN und schließlich auch bei RATZEL fort und habilitiert mit »Morphologie der sächsischen Schweiz« (1887). 1894 wird er schließlich zum außerordentlichen Professor der Universität Leipzig ernannt und nimmt 1899 den Ruf auf eine Professur der Universität Heidelberg an, wo er 1906 zum ordentlichen Professor ernannt wird. Aufgrund seiner jüdischen Abstammung wird ihm 1940, während der nationalsozialistischen Diktatur, die Mitgliedschaft an der Akademie Heidelberg aufgekündigt. Ein Jahr danach verstirbt er im Alter von 82 Jahren in Heidelberg.

Abbildung aus: PFEIFFER, 1960, 3

Auswahlbibliographie

Grundzüge der Länderkunde, Bd. 1. Berlin/Leipzig 1907

Der Gang der Kulturen über die Erde. Berlin/Leipzig 1923

Grundzüge der Länderkunde, Bd. 2. Berlin/Leipzig 1924

Die Geographie. Ihre Geschichte, ihr Wesen und ihre Methoden. Berlin/Leipzig 1927

Die Klimate der Erde. Berlin/Leipzig 1930

Die vergleichende Landeskunde in 4 Bänden. Berlin/Leipzig 1933-35

Landschaftsgeographie

»LANDSCHAFT« bezeichnet – wie es HANS BOBEK & JOSEF SCHMITHÜSEN (1949, 115) auf den Punkt bringen – einen beobachtbaren, individuellen »Gesamtinhalt eines Teilstücks der Erdoberfläche«. Man ging davon aus, dass Landschaften als einmalige Kombinationen der Geofaktoren zu begreifen sind. Weil Landschaften einmalig wären, so folgerte man, sei die Geographie als beschreibende, nicht aber als erklärende Wissenschaft zu definieren. Der individuelle Charakter jeder Landschaft ist somit beschreibend zu erfassen und mit geographischen Methoden darzustellen. Gemäß der Grundlogik der Allgemeinen Geographie wird postuliert, dass das Erscheinungsbild einer Landschaft im Wesentlichen von den natürlichen Grundlagen bestimmt ist. Folglich wird der anthropogen geschaffene Teil der Landschaft, die Kulturlandschaft, als menschlich vermittelte Wirkung der natürlichen Geofaktoren erkannt. Jede Landschaft ist als einmalige Erdgegend eine besondere *Auftretensform des Zusammenwirkens der einzelnen Geofaktoren.*

Die Idee der Landschaft als Totalcharakteristik einer Erdgegend beruht ebenso auf der Vorstellung, dass alles, was die Wirklichkeit ausmacht, mit einem Blick anschaulich erfassbar wäre. Folglich müsse die Landschaft jenen Forschungsgegenstand bilden, auf dem die Länderkunde aufbauen kann. Hier stößt man allerdings auf das Problem der objektiven Begrenzung einer Landschaft, welches sich in den jahrzehntelangen Fachdiskussionen um das richtige Begrenzungsverfahren niederschlug. Dass dieses Problem nicht lösbar ist, hat wesentlich mit dem Paradoxon der Landschaftsgeographie zu tun. Es besteht darin, dass der subjektiv konstituierte Wirklichkeitsausschnitt »Landschaft« als wahrnehmungsunabhängig vorliegender Forschungsgegenstand der Disziplin objektiviert werden sollte.

Der so konstruierte landschaftsgeographische Ansatz geht in seinen Analysen ferner von der Unterscheidung zwischen einem strukturellen und einem funktionalen Aspekt aus. Hinsichtlich der Struktur der Landschaft werden die drei Ebenen »abiotische« und

»biotische« Naturlandschaft sowie »anthropogene« Kulturlandschaft unterschieden.

Unter dem funktionalen Aspekt werden alle aktuellen wechselseitigen Wirkungszusammenhänge zwischen den drei »Ebenen« der Landschaft in *vertikaler Hinsicht* untersucht. Es geht also um die Klärung der allgemeinen deterministischen Frage in einer kleineren Raumeinheit: Welche kausalen Wirkungszusammenhänge bestehen zwischen den natürlichen Bedingungen und der vom Menschen geschaffenen Kulturlandschaft? Umgekehrt wird die Bedeutung der gesellschafts- und kulturspezifischen Interpretationen der natürlichen Grundlagen nicht berücksichtigt.

Wie sehr die Logik der Landschaftsgeographie von der deterministischen Allgemeinen Geographie geprägt ist, kommt im Werk von EMIL EGLI (1905-1993) besonders gut zum Ausdruck. Wie bei RATZEL – und in großen Teilen der traditionellen Geographie insgesamt – bilden auch hier »Determinismus« und »normativer Gehalt« der Natur die Leitlinien der beschreibend darstellenden Wirklichkeitsinterpretation. Das Resultat ist letztlich eine traditionalistische Kritik der Modernisierung. Zur Veranschaulichung soll dazu ein Textausschnitt aus dem Jahre 1963 wiedergegeben werden.

Mensch und Landschaft:
Natur, Kultur und Technik im Wallis
EMIL EGLI (1963)

»Die große Walliser Lebenskammer bot dem Menschen vielfach Gelegenheit, seine Siedlungen günstig in die Landschaft einzunisten. Zwar ergab noch 1911 eine Untersuchung, dass nur 16 Prozent der Bewohner auf dem flachen Talboden siedelten. Die Hochwassergefahr war einst zu groß gewesen. Aber da gab es in der ganzen Tallänge beidseitig am Talrand zahlreiche erhöhte Schwemmkegel von Seitenbächen. Dort und auf die oft breit ausladenden Regale der Hangterrassen setzte der Mensch seine großen und kleinen Dörfer hin.

Der Mensch und sein Werk sind im Wallis in beispielhafter Weise der Landschaft verbunden. Eine stark profilierte Landschaft führte zu einer markanten, ortsgemäßen Kultur. Auch die Pässe rings, diese Tore im Gebirge, steuerten ihre kulturbildenden Einflüsse bei. Da sind die kleinen und großen Paläste weitblickender Kaufherren. Die zwölftausendbändige Bibliothek auf dem Großen Sankt Bernhard dürfte die höchstgelegene Europas sein. Schrifttafel und Kloster Saint-Maurice erinnern an den erstaunlich frühen Einzug des Christentums. [...]

Niemand mißgönnt es den Bergbauern, dass sie reicher werden. Aber wir müssen uns von zahlreichen volkskundlichen, anthropogeographischen Originalerscheinungen, welche der schweizerischen Literatur Akzente gaben, verabschieden. Die Wasserzinse verwandeln das Wallis. Sie ermöglichen zum Beispiel Güterzusammenlegungen. Kraftwerke und Güterzusammenlegungen bauen Straßen und Sträßchen bis auf die Alpweiden. Der alpine Nomadismus bricht rasch zusammen, vor allem auch in seiner originellsten Form der Anniviarden. Das Vieh wandert nicht mehr. Die Leute benützen das Postauto. Das Heu wird auf Rädern vom Tal herauf geholt. [...]

Auch Bräuche sterben, denn Bräuche sind an die Lebensformen geknüpft. Reine Tatsachenmenschen (wie Salvador de Madariaga sie zeichnet: ›Menschen, die weder Sachen noch Taten wirklich begreifen‹) mögen es wenig bedauern, dass der Pferdesegnet zusammenbricht. Aber Bräuche sind die In-Szene-Setzung eines tieferen Sinnes. Wo ein Brauch erlöscht, stirbt auch der Sinn. Und wo Sinn stirbt, stirbt Lebensinhalt. So kann denn mit gewonnenem Reichtum zugleich Reichtum verlorengehn.

Das Wallis hat sich durch Generationen hinauf ein Bergbauerngesicht bewahrt von kräftiger Einmaligkeit. Ein machtvoller Impuls löste eine fast sich überstürzende Kettenreaktion der Wandlungen aus. Wir reden von einer Zeit des Umbruchs. Auch im Wallis ist die Wandlung nicht aufzuhalten. Aber wir sollten vielleicht bewußter erkennen, was uns verlorengeht. Gewonnen wird Lebensstandard. Verloren wird die Beziehung zu den Ursprüngen. Das ist Entwurzelung und das Entwurzelte verliert seinen Halt.«

Die zunehmende Integration der in Kapitel 2 idealtypisch beschriebenen Entankerungsmedien in die Alltagspraxis der Bewohner des oberen Rhonetales in der Schweiz wird als eigentlich zu vermeidender Prozess der »Entwurzelung« charakterisiert. Die damit verbundene Auflockerung der engen räumlichen Kammerung und der Verlust der so genannten »Harmonie« von »Natur« und »Kultur« werden folglich negativ interpretiert. Was der als Harmonie dargestellten Beziehung von »Natur« und (traditioneller) »Kultur« bzw. »Gesellschaft« entspricht, kann als »gut« ausgewiesen werden, ohne dass dabei auf ihre Bedingtheit durch die Verankerungsmechanismen der traditionellen Lebensformen aufmerksam gemacht wird. Was eigentlich nur Ausdruck einer bestimmten (traditionellen) sozial-kulturellen Wirklichkeitskonstitution ist, wird als natürlich hingestellt.

Die Tatsache, dass das Gesellschaft-Raum-Verhältnis historisch wandelbar ist, wird von der traditionellen Geographie methodologisch nicht einbezogen, sondern in eine Modernisierungsklage umgewandelt. Damit öffnet sie sich gleichzeitig der völkischen Argumentation, nach der es für *einen* Boden bzw. Raum/Landschaft auch nur *ein* richtiges Volk geben könne. Die darin enthaltene ethnozentrische Sichtweise ist in den 1920er- und 1930er-Jahren weit verbreitet. Sie wird von der traditionellen Geographie als Landschafts- und Länderkunde allerdings in beachtlichem Maße reproduziert und gestützt.

Länderkunde

EIN »Land«, der Forschungsgegenstand der Länderkunde, setzt sich – vereinfacht ausgedrückt – gemäß der traditionellen Geographie aus einer Mehrzahl von Landschaften zu einem homogenen Ganzen zusammen. Der Einheitsgedanke bezieht sich auf die »Landesnatur«. Entsprechend werden auch »Länder« für einmalige, individuelle Gestalten im Erscheinungsbild der Erdoberfläche gehalten: Die »Grenzen der Länder hängen nicht vom Willen des Begrenzers, sondern von der Homogenität des Umgrenzten ab«, wie SCHULTZ (1998, 132) das länderkundliche Grenzverständnis kritisch kommentiert. Damit werden Länder nicht als politische Wirklichkeiten im Sinne von Nationalstaaten verstanden, sondern als natürliche Gegebenheiten. Konsequenterweise wird das Verhältnis von Gesellschaft und Raum als Einheit von (bodenverwurzeltem) Volk und Land dargestellt.

Die Länderkunde – gemäß HETTNER das oberste Ziel traditioneller Geographie – ist ebenfalls von einer geodeterministischen Denkweise geprägt. Wie im Schulunterricht auch heute noch häufig praktiziert, werden zuerst die natürlichen Grundlagen dargestellt (Muttergestein, Relief und Klima), dann die Pflanzen-, Tier- und schließlich die Menschenwelt (Bevölkerung, Siedlung, Verkehr und Wirtschaft). Argumentative Kernpunkte sind folgende Aspekte: Erstens ist der bestimmende Charakter der natürlichen Grundlagen für das menschliche Leben im nationalstaatlichen Kontext nachzuweisen und zweitens die Einmaligkeit jedes einzelnen Landes aufzuzeigen.

Damit wird – im Vergleich zur vor-universitären Geographie – den Beobachtungen der Forschungsreisenden ein straffes Ordnungsschema und ein deterministisches Argumentationsschema zugrunde gelegt. In diesem zweiten Punkt unterscheidet sich die deutschsprachige Tradition von der französischen Regionalgeographie, in welcher sich eine possibilistische Sicht des Mensch-Natur-Verhältnisses durchgesetzt hat. Sozialgeographisch gesehen ist zudem festzuhalten, dass insbesondere in der deutschsprachigen

Tradition *soziale Aspekte weder analytisch noch argumentativ berücksichtigt werden.*

Die Erscheinungsbilder von Landschaften werden deshalb für einmalig gehalten, weil sich auf jedem Ausschnitt der Erdoberfläche jeweils besondere Konstellationen des Zusammenwirkens der Geofaktoren ergeben. Da die Ebene menschlichen Zusammenlebens als natürlich determiniert betrachtet wird, folgt daraus, dass auch auf dieser Ebene nur einmalige Konstellationen vorzufinden sind. Aus dem gleichen Grund sind auch Länder, als Summe von mehreren Landschaften, und die von ihnen bewohnten Gesellschaften für individuelle Gestalten zu halten. Somit steht auch in der traditionellen Anthropogeographie die Auseinandersetzung mit den so genannten »vertikalen Beziehungen« im Vordergrund. Damit ist gemeint, dass vor allem die folgende Frage diskutiert wurde: Inwieweit bestimmen die natürlichen Gegebenheiten die Menschen und den Lauf der Geschichte?

Diese Frage dominierte die wissenschaftliche Geographie während der letzten Jahrzehnte des 19. und der ersten Jahrzehnte des 20. Jahrhunderts. Und diese Dominanz ist auch verantwortlich dafür, dass die Sozialgeographie bzw. die sozialgeographische Betrachtungsweise während langer Zeit auf universitärer Ebene kaum Fuß fassen konnte. Die Auseinandersetzung mit dem Natur- bzw. Geodeterminismus und dem Possibilismus verlief – dem sozialdarwinistischen und geopolitischen Kontext entsprechend – eher in biologischen als in sozialen Kategorien. Man zog es vor, die sozialen Unterschiede, gerade auch im Rahmen der arbeitsteiligen Naturbeherrschung und der damit verbundenen Zunahme sozialer Vielfalt und Ungleichheit, auszublenden und stattdessen weiterhin vom »Menschen schlechthin« zu sprechen. Selbst wenn man bemerkte, dass sich die Wirtschaftsstruktur und die Produktionsweisen änderten, blieb die Forschungslogik unverändert. Man beharrte auf dem länderkundlichen Schema und ging davon aus, man könne menschliche Lebensbedingungen ohne soziale Differenzierung erforschen.

Funktionales Denken

NEBEN dieser dominanten Forschungspraxis gab es jedoch auch Geographen, die bereits in den 1920er-Jahren begannen, nach Alternativen Ausschau zu halten. Dies waren im deutschsprachigen Raum jene Forscher, die man heute mit der so genannten *funktionalen Phase der Geographie* in Verbindung bringt. Von den Protagonisten der damaligen Geographie weitgehend unbemerkt, wandten sie sich nicht nur einer dynamischen Betrachtungsweise zu, sondern wechselten auch die Argumentationsrichtung. Sie hielten nicht mehr primär nach vertikalen Determinanten der erdoberflächlichen Erscheinungen Ausschau. Ihr Hauptinteresse galt den horizontalen Prozessen, den menschlichen Gestaltungsprozessen der Kulturlandschaft.

Man fragte nun nach der Entstehung bestimmter erdräumlicher Verbreitungs- und Anordnungsformen von materiellen Artefakten, Siedlungen, Verkehrswegen und Produktionsstätten als Ausdruck menschlicher Aktivitäten. Diese dynamische Betrachtungsweise bildet die Besonderheit der *funktionalen Phase der Geographie*, der Vorstufe der deutschen Sozialgeographie. Denn die Vertreter der funktionalen Phase waren bestrebt, geographische Erklärungen für die neuen erdräumlichen Erscheinungsformen des Industrialisierungsprozesses anzubieten. Damit näherte man sich gleichzeitig der Möglichkeit, den räumlichen Ausprägungen arbeitsteiliger Gesellschaften auch methodologisch Rechnung zu tragen.

Diese Erklärungsmuster wurden im Rahmen der so genannten *Wirtschaftsraum-Forschung* entwickelt, bei der zwei Anliegen im Vordergrund stehen: *Erstens* sollen homogene Wirtschaftsregionen abgegrenzt werden und *zweitens* geht es um die Erklärung der erdräumlichen Verteilung von wirtschaftlichen Tätigkeiten und entsprechenden Einrichtungen sowie um die Erforschung der funktionalen Beziehungen zwischen diesen Räumen. Bei der Verfolgung dieses Ziels werden unterschiedliche Wege beschritten, die sich in zwei Erklärungsmustern äußern: einem struktur-funktionalen und einem funktional-strukturellen Argumentationsmuster.

Beim ersten, dem *struktur-funktionalen Erklärungsmuster*, das vor allem von THEODOR KRAUS und ERICH OTREMBA vertreten wurde, geht man davon aus, dass eine bestehende Wirtschaftsraumstruktur durch die vorgegebenen naturräumlichen Bedingungen bestimmt sei. Die Funktionen bzw. Austauschbeziehungen zwischen den individuellen Strukturräumen stellen die Ausgleichsbewegungen zwischen unterschiedlichen physisch-biologischen Voraussetzungen dar. Nach KRAUS (1960, 33) wirken die funktionalen Bezüge zwischen den »strukturellen Räumen« bzw. »Strukturräumen« wie beispielsweise »Agrarraum«, »Industriegebiet« und »Bergbaurevier«.

Für OTREMBA (1959, 27) ist der Wirtschaftsraum durch die »strukturelle Grundsubstanz« des Naturraumes bestimmt und »jeder strukturbestimmte Eignungsraum löst zum Ausgleich seiner spezifischen Leistungen mit den benachbarten, andersartigen Eignungsräumen funktionale Beziehungen aus, schafft sich im Vollzug dieses Austausches selbst seine Funktionszentren« (1959, 24) wie zum Beispiel Klein-, Mittel- und Großstädte. »Funktionale Beziehungen« stellen für ihn beispielsweise der Nahverkehr, Pendler, Einkaufsweisen und Gütertransporte dar.

Damit werden die Beschreibungen der horizontalen Austauschbeziehungen zwischen Regionen zwar präzisiert, die Argumentation bleibt aber im Grunde dieselbe, wie in der Landschaftsgeographie und der Länderkunde. Die wirtschaftlichen Tauschbeziehungen sind insofern von der Natur determiniert, als sie nichts anderes darstellen als den Ausgleich zwischen natürlichen Unterschieden. Die Wirtschaft wird als eine von den natürlichen Bedingungen determinierte Funktion begriffen.

HANS SCHREPFER, der Hauptvertreter der *funktional-strukturellen Richtung*, ging davon aus, dass die horizontalen Austauschbeziehungen in ihren erdräumlichen Reichweite-Abstufungen ein bestimmtes Strukturmuster des Wirtschaftsraumes hervorbringen. Unter »Struktur« wird dabei nicht mehr die natürliche Ausstattung einer Region verstanden, sondern die vorherrschenden Anordnungsmuster der wirtschaftlichen Infrastruktur und der Siedlungen.

Die entsprechenden Forschungen gehen von Organismusanalogien aus. Das bedeutet, dass man sich den Raum wie einen menschlichen Organismus vorstellt. Da jeder Organismus nur solange leben kann, wie die einzelnen Organe ihre Funktion erfüllen, kann die Bedeutung jedes Organs aufgrund seines Beitrags für das Ganze, den Organismus, bestimmt werden. Die Aufgabe besteht nun darin, die Bedeutung jeder einzelnen Erscheinung bezüglich ihres Beitrags für das Ganze, den Wirtschaftsraum, zu bestimmen.

Derart betont SCHREPFER die Wechselwirkungen zwischen Teilraum und Zentrum, wobei er »die Teilräume als die Organe und Glieder, die Verkehrswege [als] die Blutbahnen« (1935, 502) und das Zentrum – die Hauptstadt – als den Kopf »dieses räumlichen Organismus« (1935, 502) bezeichnet. Als beobachtbar auftretende Funktionen (das »Blut«) nennt er zudem die Pendlerströme und die Nachrichten der Presse. Als Kriterium der Abgrenzung funktionaler Wirtschaftsräume identifiziert SCHREPFER (1935, 504) die Reichweite der Güter und Dienstleistungen.

Für den Entstehungskontext der funktionalen Phase kann man festhalten, dass sich die struktur-funktionalen und funktional-strukturellen Ansätze der Wirtschaftsraum-Forschung primär durch die Argumentationsrichtung unterscheiden. Bei der struktur-funktionalen Richtung werden physische Bedingungen als ausschlaggebender Faktor zur Differenzierung des Wirtschaftsraumes betrachtet. Die Natur bestimmt die Art der wirtschaftlichen Ausgleichsbeziehungen zwischen den verschiedenen Strukturräumen. Mit anderen Worten: Die sozial-ökonomische Wirklichkeit wird gemäß dieser Auffassung durch die physischen Bedingungen determiniert.

In den funktional-strukturellen Ansätzen wird die Bedeutung der sozial-ökonomischen Bedingungen (Wirtschaftsbeziehungen) bei der Gestaltung der erdräumlichen Anordnungsmuster hervorgehoben. Die physischen Elemente werden dabei als eine Bedingung der ökonomischen Produktion betrachtet, die durch andere Aspekte (zum Beispiel Transportkosten) und Funktionen differenziert gestaltet wird. Im Vergleich zu der struktur-funktionalen Argumentation wird ein wesentlicher Schritt getan: Das naturdeterministische Denken tritt in den Hintergrund, und man nähert sich einer sozial-ökonomischen Argumentation der Erklärung erdräumlicher Anordnungsmuster. Dies ist ein erster Schritt in Richtung einer sozialgeographischen Betrachtungsweise.

Gemeinsam ist beiden Ansätzen die raumzentrierte Argumentation. Nicht primär Menschen mit ihren Tätigkeiten bringen Veränderungen hervor, sondern Räume: Der Strukturraum bestimmt die Funktionen oder umgekehrt; der Stadtraum wirkt auf das Umland und umgekehrt. Die Beziehungen bilden primär materielle Austauschströme. Dies führt – ähnlich wie in der Landschaftsgeographie – dazu, dass der Zugang zu einer differenzierten Analyse sozialer und kultureller Zusammenhänge versperrt bleibt. Dennoch ist die naturdeterministische Sichtweise nicht mehr dominant und man hält dementsprechend auch nicht mehr nur nach vertikalen Kausalrelationen Ausschau. Vielmehr wird nun die Frage nach den horizontalen Bestimmungen der erdräumlichen Anordnungsmuster zentral. Damit ist jene Wende in der geographischen Betrachtungsweise vollzogen, auf der die Gründerväter der deutschen Sozialgeographie aufbauen konnten.

Merkpunkte

1

Die traditionelle Allgemeine Geographie wird vom Natur- bzw. Geodeterminismus und dem entsprechenden kausalen Denken dominiert. Soziale Aspekte wurden analytisch und argumentativ nicht berücksichtigt.

2

Die Regionale Geographie, mit ihren Teilbereichen Landschafts- und Länderkunde, bildet im traditionellen Fachverständnis das eigentliche Ziel der geographischen Forschung.

3

»Landschaft« wird im Rahmen der Landschaftsgeographie als individueller Totaleindruck einer Erdgegend und als einmalige Kombination der Geofaktoren begriffen.

4

Ein »Land« bildet demnach die Summe mehrerer individueller Landschaften.

5

In der funktionalen Phase der Geographie wird die Argumentationslinie des Naturdeterminismus durchbrochen. Man beginnt, sich für die Hervorbringung und Erhaltung der Strukturen erdräumlicher Anordnungsmuster durch die Funktionen bzw. die Wirkungen menschlicher Tätigkeiten zu interessieren.

Weiterführende Literatur

BECK, H. (1983): Große Geographen. Pioniere – Außenseiter – Gelehrte. Berlin

BENKO, G. & U. STROHMAYER (eds.) (2004): Human Geography. A History for the 21st Century. London

BROGIATO, H. P. (2005): Geschichte der deutschen Geographie im 19. und 20. Jahrhundert. Ein Abriss. In: SCHENK, W. & K. SCHLIEPHAKE (Hrsg.): Allgemeine Anthropogeographie. Gotha, 41 - 82

FAHLBUSCH, M., M. RÖSSLER & D. SIEGRIST (1989): Geographie und Nationalsozialismus. 3 Fallstudien zur Institution Geographie im Deutschen Reich und in der Schweiz. Kassel

HARD, G. (1970): Die »Landschaft« der Sprache und die »Landschaft« der Geographen. Colloquium Geographicum, Bd. 11, Bonn

RÖSSLER, M. (1990): »Wissenschaft und Lebensraum«. Geographische Ostforschung im Nationalsozialismus. Ein Beitrag zur Disziplingeschichte der Geographie. Berlin/Hamburg

SCHULTZ, H. D. (1980): Die deutschsprachige Geographie von 1800 bis 1970. Abhandlungen des Geographischen Instituts der FU Berlin, Bd. 29, Berlin

THOMALE, E. (1972): Sozialgeographie. Eine disziplingeschichtliche Untersuchung zur Entwicklung der Anthropogeographie. Marburger Geographische Schriften, Heft 53, Marburg/Lahn

WARDENGA, U. (1995): Geographie als Chorologie. Zur Genese und Struktur von Alfred Hettners Konstrukt der Geographie. Stuttgart

6 Landschaftsforschung

NACH dem Ende des Zweiten Weltkrieges gibt es in Deutschland und Österreich keine nennenswerte Sozialforschung mehr. Der sozialwissenschaftliche Blick wurde zwischen 1933 und 1945 weitgehend aus der Wissenschaft verbannt. So findet in der zweiten Hälfte der 1940er-Jahre ein Neubeginn der deutschsprachigen Sozialforschung statt, in dessen Kontext nicht nur die Rückkehr der so genannten Frankfurter Schule um MAX HORKHEIMER und THEODOR W. ADORNO als Vertreter der Kritischen Theorie oder der empirischen Sozialforschung DONALD APPLEYARD mit RENÉ KÖNIG u. a. zu sehen ist, sondern auch die disziplinäre Etablierung der Sozialgeographie.

Der Prozess der systematischen Begründung der deutschsprachigen Sozialgeographie wird am Deutschen Geographentag im Jahre 1947 in Bonn eingeleitet. Hier hält HANS BOBEK (1903 - 1990) den folgenreichen Vortrag »Stellung und Bedeutung der Sozialgeographie«, der 1948 in der Zeitschrift »Erdkunde« abgedruckt wird. Die bisher in der Entwicklung der geographischen Forschungs- und Lehrsystematik verweigerte Anerkennung der sozial-weltlichen Wirklichkeit sollte behoben werden. BOBEK plädierte mit besonderer Nachdrücklichkeit für eine Berücksichtigung des Gesellschaftlichen in geographischer Forschung und Lehre mit allen fachlichen Konsequenzen. Dies hielt er für notwendig, weil erst dann ihr Beitrag zu brennenden Fragen der Zeit fruchtbar(er) gestaltet werden könne. Mit seinem Entwurf begründet er die Forschungstradition der sozialwissenschaftlichen Landschaftsforschung, die bis in die Gegenwart hineinreicht.

Die umfassende Berücksichtigung des Gesellschaftlichen soll nach BOBEK folgende Punkte ermöglichen:

1. Eine differenziertere Analyse menschlicher Lebensformen.
2. Darauf aufbauend Erklärungen der landschaftlichen Erscheinungsformen, welche nicht mehr dem unheilvollen geodeterministischen Denken verpflichtet sind.
3. Eine Öffnung zur sozialgeographischen Gesellschaftsforschung, die einen von den Sozialwissenschaften vernachlässigten Aspekt sozial-kultureller Wirklichkeit bearbeiten soll.

Sein Entwurf der sozialgeographischen Landschaftsforschung greift sowohl auf die deutschsprachige Forschungstradition, als auch auf jene Entwicklungen zurück, die zuvor in Frankreich (VIDAL DE LA BLACHE), Holland (Soziographie/Utrechter-Schule) und Nordamerika (Sozialökologie) entstanden waren.

Wozu Sozialgeographie?

WENN man die Entstehung der Sozialgeographie heute als Antwort auf die alltagsweltlichen Konsequenzen der Aufklärung, vor allem in Gestalt des Industrialisierungsprozesses begreift, dann sind auch die mit ihr verknüpften Ziele und Aufgaben in diesem Lichte zu sehen. HANS BOBEK gibt auf die Frage nach der Sinnhaftigkeit des Projekts »Sozialgeographie« eine dreifache Antwort. Den übergeordneten Zweck seines Unterfangens bildet *erstens* der Anspruch, die geographische Auseinandersetzung mit menschlichem Wirken auf eine wissenschaftliche Grundlage zu stellen. Es ist kaum zu bestreiten, dass traditionelle geographische Arbeiten auf einem Menschenbild und Theorien der menschlichen Praxis beruhen, die sozialwissenschaftlichen Standards nicht genügen. Deshalb ist eine Sozialgeographie zu schaffen, die ihre Kenntnis »von den sozialen Erscheinungen aus den systematischen Sozialwissenschaften« holen muss, weil sie sonst weiterhin »in einem unerfreulichen Dilettantismus stecken bleiben« (BOBEK, 1948, 120) würde.

Die Erforschung der von Menschen geschaffenen Wirklichkeiten soll *zweitens* darauf ausgerichtet sein, die (Kultur-)Landschaften differenzierter zu erklären. Dabei sind die sozialwissenschaftlich festgestellten sozialen Differenzierungen zu berücksichtigen. Derart soll es Geographinnen und Geographen ermöglicht werden, soziale Erklärungen für die beobachtbaren Landschaftserscheinungen anzubieten. Die Sozialgeographie soll zu einem vertieften Raumverständnis beitragen, zum besseren Begreifen der menschlich durchdrungenen landschaftlichen Erscheinungsformen, der Wirkungszusammenhänge und Entstehungsprozesse. Dies ist der Aufgabenbereich der *Analytischen Sozialgeographie*. Aus der Vielfalt der sozialen Erscheinungen ist für ihre Erklärung eine Auswahl zu treffen, indem nur die landschaftlich belangreichen sozialen Erscheinungen herausgegriffen werden. Insgesamt bekommt dieser Teil sozialgeographischer Forschung die Aufgabe zugewiesen, die sozialen Kräfte der Landschaftsprägung aufzudecken.

Die *dritte* Aufgabe der Sozialgeographie besteht im Zusammenfügen der verschiedenen prägenden Kräfte zu einem Gesamtbild. Dies ist die Aufgabe der *Synthetischen Sozialgeographie*. Diese Integrationsleistung ist in der Konstruktion BOBEKs darauf ausgerichtet, zunächst die vergleichende Betrachtung von Landschaften und Ländern zu ermöglichen und schließlich auch den Vergleich verschiedener Kulturräume der Erde herzustellen. Die komplexe Wirklichkeit und Vielfalt der Kulturen und Gesellschaften soll im Gleichklang mit der Vielfalt ihrer Landschaften und Länder darstellbar werden. Auf dieser Basis wird eine regionale Gesellschaftsanalyse angestrebt, welche die erdräumlichen Einheiten von Gesellschaften und Kulturen im zeitlichen Wandel und auf verschiedenen Maßstabsstufen aufdeckt.

Wurden in der klassischen Landschafts- und Länderkunde die Ursachen einer Landschaftsform in den natürlichen Grundlagen gesucht, so ist die sozialgeographische Forschung vor allem auf die sozialen Prägekräfte auszurichten. Die argumentative Vorherrschaft der Natur gegenüber der Gesellschaft soll aufgelöst werden.

Hans Bobek (1903-1990)

Am 17. Mai 1903 als Sohn eines Eisenbahnbeamten in Klagenfurt geboren, studiert BOBEK an der Universität Innsbruck bei JOHANN SÖLCH Geographie und promoviert 1928 mit der Dissertation »Innsbruck, eine Gebirgsstadt. Ihr Lebensraum und ihre Erscheinung«. 1931 tritt er eine Assistentenstelle bei NORBERT KREBS in Berlin an, bei dem er vier Jahre später habilitiert. Aus politischen Gründen wird ihm zunächst die Ausübung der Dozentur untersagt, erst 1938 wird das Lehrverbot aufgehoben. Insgesamt wirkt BOBEK, einschließlich der Militärzeit, zwölf Jahre in Berlin. Nach dem Ende des Krieges lehrt BOBEK von 1946 bis 1948 in Freiburg. 1949 folgt er einem Ruf an die Hochschule für Welthandel in Wien. Zwei Jahre später wird er Nachfolger von HUGO HASSINGER an der Universität Wien. BOBEK stirbt 1990 in Wien.

Abbildung aus: Mitteilungen der Österreichischen Geographischen Gesellschaft 105, 1963, Heft I/II, 2

Auswahlbibliographie

Grundfragen der Stadtgeographie. In: Geographischer Anzeiger, 1927, S. 213-224

Stellung und Bedeutung der Sozialgeographie. In: Erdkunde, 2. Jg., Heft 2, 1948, S. 118-125

Gedanken über das logische System der Geographie. In: Mitteilungen der Geographischen Gesellschaft Wien, 1957, S. 122-145

Die Hauptstufen der Gesellschaft- und Wirtschaftsentfaltung in geographischer Sicht. In: Die Erde, 1959, S. 259-298

Atlas der Republik Österreich (Teile 1-4). Wien 1960-1980

Das Ziel sozialgeographischer Forschung besteht somit im Erfassen und Vergleichen von Landschaften und Ländern sowie in der Erkenntnis der funktionellen und historisch-genetischen Zusammenhänge ihrer Einzelelemente, zu denen insbesondere die menschliche Gesellschaft zu zählen ist.

Mit dieser Konzeption wird die Sozialgeographie ins traditionelle System der Geographie integriert und auch ihr Grundverständnis bleibt im Wesentlichen mit diesem kompatibel. Die Position, die Bobek (1957) der Sozialgeographie im fachlichen Kontext zuordnet, wird zusammenfassend in Abbildung 8 dargestellt.

Bemerkenswert ist die Einordnung der Sozialgeographie in den Bereich der Allgemeinen Geographie. Obwohl der Sozialgeographie die Aufgabe zugewiesen wird, für landschaftliche Erscheinungsformen soziale Erklärungen anzubieten, wird sie nicht als Teilbereich der Regionalen Geographie konzipiert. Diese überraschende Positionierung ist doppelt begründet. Einerseits hat sie mit der Definition der Sozialgeographie als sozialwissenschaftliche Disziplin zu tun, andererseits aber auch mit Bobeks Verständnis von »Gesellschaft«.

Bobek geht bei der Begründung der Sozialgeographie von einem engen Zusammenhang zwischen sozialer Wirklichkeit und landschaftlichen Verhältnissen aus. Er nimmt an, dass sich die Vielfalt der Kulturen und Gesellschaften in der Vielfalt der Landschaften und Länder äußert. Dieser Zusammenhang ist als ein doppelseitiger zu verstehen. Einerseits ist er in »der Beeinflussung menschlichen Daseins und Wirkens durch den physischen Raum und seine Bedingungen« (Bobek, 1950b, 193) begründet, andererseits aber auch Ausdruck der menschlichen Prägekraft der natürlichen Grundlagen im Ablauf der Menschheitsgeschichte. Die *erste* – quasi propädeutische – gesellschaftswissenschaftliche Aufgabe der Sozialgeographie besteht dann auch darin, die Formen sozialer Prägungen der Landschaft zu rekonstruieren.

Im nächsten Schritt der Argumentation werden die natürliche Landschaft und die über gesellschaftliche Prozesse hergestellte Kulturlandschaft selbst als Prägeinstanz der weiteren gesellschaft-

Länderkunde
Landschaftskunde
Elementargeographie

Geomorphologie	Hydrogeographie	Klimatologie	Pflanzengeographie	Tiergeographie	Bevölkerungsgeographie	Siedlungsgeographie	Verkehrsgeographie	Wirtschaftsgeographie	Politische Geographie
					Vergleichende (synthetische) Sozialgeographie				
					Analytische Sozialgeographie				

Nachbarwissenschaften

Abbildung 8   *Die Sozialgeographie im System der Geographie nach* BOBEK (aus: MAIER et al., 1977, 25)

lichen Entwicklungen angesehen. Diese kulturlandschaftlichen »Rückwirkungen« auf die Gesellschaft sind zuerst systematisch zu erfassen und ihre Bedeutung ist im Licht des sozialen Wandels zu würdigen. Die *zweite* gesellschaftswissenschaftliche Aufgabe sozialgeographischer Landschaftsforschung besteht konsequenterweise in der Darstellung der Funktion der Landschaft für die Gesellschaftsentwicklung.

Jede aktuelle sozial-kulturelle Wirklichkeit ist eine historisch gewordene, über längere Zeiträume hinweg entstandene Wirklichkeit. Zum umfassenden Verständnis der entsprechenden Entwicklungsprozesse spielt das Zusammenspiel mit den landschaftlichen Grundlagen eine wichtige Rolle. Der Sozialgeographie kommt die

Aufgabe zu, die (stufenartige) Entwicklung der verschiedenen Gesellschafts- und Wirtschaftsformen darzustellen, indem für jede Epoche und für jeden Gesellschafts- bzw. Wirtschaftstypus das »zeiträumliche Koordinatensystem« (BOBEK, 1959, 262) der sozialökonomischen Entwicklungsgeschichte rekonstruiert wird. Darunter fällt auch die Analyse der Entstehung der räumlichen Organisation gesellschaftlichen Zusammenlebens. Die *dritte* gesellschaftswissenschaftliche Aufgabe sozialgeographischer Forschung ist in diesem Kontext die Analyse der Wirkungsweisen der Medien, die zwischen Gesellschaft und Landschaft funktional vermitteln: Lebensformen, Produktionsverhältnisse, Bevölkerungsentwicklung und Siedlungsformen.

Diese drei Ebenen sozialgeographischer Forschung werden von BOBEK in den früheren Arbeiten nicht immer klar unterschieden. In der späteren Entwicklung der sozialgeographischen Forschungskonzeption sind allerdings alle drei Stufen – wenn auch nicht immer mit der notwendigen Strenge – als Aufgabenfelder benannt. Sie sollen nun mit der entsprechenden argumentativen Herleitung und den jeweiligen Implikationen ausführlicher präsentiert werden.

Soziale Kräfte der Landschaftsgestaltung

BOBEKS Sozialgeographie knüpft unmittelbar an jene Denkweise an, die im Rahmen der Wirtschaftsraum-Forschungen des funktional-strukturellen Argumentationsmusters vorherrschend war. Im Rahmen dieses Denkmusters hatte HANS BOBEK (1927) seine ersten Stadtforschungen durchgeführt. Dort betrachtete er die »Stadt als lebendigen Wirtschaftskörper innerhalb des Wirtschafts(raumes)« (1927, 213). Als raumstrukturierende Funktionen bezeichnet er den Verkehr bzw. den Transport von Gegenständen, Nachrichten und Personen. Ein Stadt-Land-Organismus ist nach BOBEK solange lebensfähig, als die funktionale Reziprozität der Beziehungen zwischen Stadt und Umland gegeben ist. Das heißt, dass sich die (Produktions-)Leistungen des Umlandes und jene der Stadt innerhalb einer bestimmten Toleranzgrenze im Gleichgewicht befinden. Ist dies nicht mehr gegeben, setzt die Zerstörung oder der Zerfall einer Stadt ein.

Zu identifizieren bleiben nun jedoch die Kräfte der funktionalen Beziehungen: »Denn jede Funktion bedarf eines Trägers« (BOBEK, 1948, 120). Die gestaltenden Kräfte der Kulturlandschaft werden nicht mehr allein in natürlichen Determinanten gesucht, sondern vor allem auf der anthropogenen Ebene. BOBEK (1962, 152) versteht – im Sinne einer sozialgeographischen Interpretation der biologistischen Organismusanalogien – unter »Funktion« nun »eine Tätigkeit, der im Rahmen eines größeren Ganzen Bedeutung zukommt«. Das »größere Ganze« kann jedoch, je nach Perspektive, verschiedene Gestalt annehmen. Bei der analytischen Untersuchung der landschaftsprägenden Kräfte ist es zuerst eine einzelne Kulturlandschaft bzw. die Landschaft. Im Hinblick auf die vergleichende Aufgabe der Sozialgeographie wird das »Land« als Einheit von mehreren Landschaften zum größeren Ganzen. Auf der anderen Seite thematisiert BOBEK (1948, 123) aber auch die Funktion der Landschaft für »die Gesellschaft an sich«. Das »Ganze« ist dann konsequenterweise der Raum-Gesellschaft-Komplex, Landschaft (Land) *und* Gesellschaft. In diesem Zusammenhang wird die Gesellschaft gleichzeitig »als landschaftsprägender Faktor« und »als regionale Erscheinung« (1948, 123) begriffen.

Die erste Aufgabe sozialgeographischer Forschung besteht nun in der Identifizierung der »landschaftsrelevanten« Tätigkeiten, die für das Entstehen der aktuell beobachtbaren Landschaft mit ihren besonderen Erscheinungsformen bedeutsam sind. Bei diesem Auftrag sind folgende Fragen zu beantworten:

1. Welcher Art sind diese Funktionen?
2. Von wem werden sie »getragen«? (Diese Frage bezieht sich auf die soziale Differenzierung der gestaltenden »Kräfte«.)

1. Biosoziale Funktionen	Fortpflanzung und Aufzucht zwecks ›Erhaltung der Art‹
2. Ökosoziale Funktionen	Wirtschaftsbedarfsdeckung und Reichtumsbildung
3. Politische Funktionen	Behauptung und Durchsetzung der eigenen Geltung
4. Toposoziale Funktionen	Siedlungsordnung des bewohnten und genutzten Landes
5. Migrosoziale Funktionen	Wanderung, Standortsänderungen
6. Kulturfunktionen	soweit landschafts- oder länderkundlich belangreich

Abbildung 9 *Sozialgeographisch belangreiche Funktionen* (nach BOBEK, 1948, 121)

Die erste Frage bezieht sich auf die Prägekräfte der Kulturlandschaft. Der Kanon dieser Funktionen wird von BOBEK nicht gesondert hergeleitet. Aufgrund der bisherigen empirischen Forschungen betrachtet er für die Erklärung von Ausprägungsformen der Kulturlandschaft die in Abbildung 9 genannten Sozialfunktionen für belangreich. »Diese Funktionen«, so BOBEK (1948, 121), »bilden das ›anthropogene‹ (BUSCH-ZANTNER) [1937] oder ›soziale Kräftefeld‹ und sind [mit] den verschiedenen physischen und biologischen Kräften unmittelbar zu vergleichen, die die physischen und biologischen Kräftefelder zusammensetzen«. Bezogen auf seine Definition von »Funktion« bedeutet dies, dass diese Funktionen als Tätigkeitsbündel aufzufassen sind, welche die beobachtbare Kulturlandschaft schaffen. Kulturlandschaftsprägend – und damit sozialgeographisch relevant – sind für BOBEK also die biologische Reproduktion, wirtschaftliche Tätigkeiten, politische Aktivitäten, planende Tätigkeiten der Siedlungsordnung, Wohnstandortveränderungen und kulturelle Aktivitäten.

Damit sind auch die Themenfelder sozialgeographischer Kulturlandschaftsforschung abgesteckt: Bevölkerung, Siedlung, Verkehr, Wirtschaft und Politik. Konsequenterweise betrachtet BOBEK, wie Abbildung 9 zeigt, Bevölkerungs-, Siedlungs-, Verkehrs-, Wirtschaftsgeographie und Politische Geographie als die wichtigsten Teildisziplinen der sozialgeographischen Landschaftsforschung. Die zweite Frage ist nun, *von wem* diese Tätigkeiten ausgeführt werden und wie den sozialen Unterschieden bei deren Verwirklichung Rechnung getragen werden kann. Grundsätzlich ist davon auszugehen, dass die Kulturlandschaft auf unterschiedliche Weise geprägt wird, je nachdem, *wie* und *von wem* die genannten Funktionen verwirklicht werden. Das *Wie* bezieht sich auf die Lebensform, das *Von wem* auf die Lebensformgruppen.

Diese Sichtweise baut auf der Annahme auf, dass sich die Menschen, die eine Gesellschaft bilden, durch ihre Lebensweise unterscheiden. Die unterschiedliche Lebensform ist nach BOBEK als Ausdruck einer jeweils spezifischen Ausübung der Funktionen zu verstehen. Daraus folgt, dass sich zunächst verschiedene Menschen einer Gesellschaft – aber auch unterschiedlicher Kulturen – darin unterscheiden, wie sie diese sechs Funktionen ausüben. Die Kulturlandschaft ist demgemäß Ausdruck bestimmter Lebensformen.

Die sozial geprägten Lebensformen sind dabei im Sinne von VIDAL DE LA BLACHE als possibilistische Anpassungsformen einer Gesellschaft an die naturräumlichen Gegebenheiten zu verstehen. Gleichzeitig orientieren sich die Akteure bei der Umgestaltung der Natur, bei der Umwandlung der Naturlandschaft zur Kulturlandschaft, an den naturräumlichen Gegebenheiten, und setzen diese in ihrer Praxis um. Damit stellen die Lebensformen das wichtigste Verbindungsglied zwischen Natur- und Kulturlandschaft dar.

Bezogen auf die genannten Funktionen ist eine Lebensform zu begreifen als eine Art der Umgestaltung der Natur, die an das gleiche Reproduktionsverhalten gebunden ist, an die gleiche Wirtschaftsform, die gleichen politischen Einstellungen, dieselbe Siedlungsweise, dasselbe Wanderungsverhalten und dieselbe Kulturform (Religion, Bräuche, Sitten usw.). Unterschiedlich geprägte Kulturlandschaften sind demnach Ausdruck verschiedener Lebensformen. Wenn wir zu einer differenzierteren Erklärung der beobachtbaren Kulturlandschaft gelangen wollen, dann müssen wir jedoch über differenziertere Kenntnisse der Art der Funktionsverwirklichungen, das heißt der Lebensformen verfügen.

Hinsichtlich der Frage *Von wem* geht BOBEK (1948, 120) davon aus, dass die Träger der Funktionen menschliche Gruppen sind, »die sich im Raum betätigen« und dass unter »Gruppen« »gleichartig handelnde Menschen« zu verstehen sind, die sich »zu bestimmten, konkreten, historisch und regional begrenzten größeren Komplexen« zusammenfügen. Alle Menschen, welche die zuvor genannten Funktionen zu einer bestimmten Zeit in einem bestimmten Gebiet auf gleiche Weise ausüben, bilden die »sozialgeographisch relevanten Gruppen«, die sich durch eine einheitliche Lebensform auszeichnen und – in Anlehnung an VIDAL DE LA BLACHE und DEMANGEON – als Lebensformgruppen bezeichnet werden.

Darauf basiert BOBEKs Gesellschaftsverständnis, das er in Zusammenhang mit der Präzisierung der Aufgaben funktionszentrierter Landschaftsforschung – im fachlichen wie im interdisziplinären Kontext – ausarbeitet. Mit anderen Worten: Nachdem er die sozialgeographische Landschaftsforschung konzipiert hatte, sollte geklärt werden, für welche weiterführenden Ziele diese sinnvoll genutzt werden kann.

Gesellschaftsverständnis

BOBEK (1959, 261) geht wie die Vertreter der *Ecole des Annales* davon aus, dass Gesellschaften niemals allein aus den aktuellen Verhältnissen heraus verstanden werden können, sondern immer als

»historische Gebilde, erwachsen in Zeit und Raum«. Damit ist gemeint, dass nicht nur der zeitliche Ablauf der Gesellschaftsentwicklung sozialwissenschaftlich relevant ist, sondern genauso die Einbettung von Gesellschaften in räumliche Bedingungen. Daher ist für das Verständnis der Gesellschaftsentwicklung nicht nur eine soziologische und historische Analyse sinnvoll und notwendig, sondern auch eine spezifisch sozialgeographische. Für diese entwickelt Bobek (1959) eine evolutionistische Stufentheorie der Gesellschafts- und Wirtschaftsentwicklung, vor deren Hintergrund aktuelle Gesellschafts-Landschafts-Komplexe zu sehen und zu erörtern seien.

Bevor diese idealtypisch konstruierten Stufen erläutert werden, ist kurz auf die Kriterien der Typenbildung einzugehen. Diese sind als spezifische Ausprägungen der bereits angesprochenen funktionalen, sich zeitlich und räumlich verändernden, *Vermittlungsmedien* zwischen »Gesellschaft« und »Landschaft« zu verstehen. Als *erstes* Kriterium der Stufenbegrenzung nennt Bobek das Maß der Vielfalt an möglichen Lebensformen und deren inneren Ausdifferenzierungen, das eine Spanne von der »Enge an Eintönigkeit« bis hin zu einem »Reichtum an Möglichkeiten« (Bobek, 1959, 262f.) bildet. Für die Unterscheidung der Vielfalt an Lebensformen in der evolutionären Entfaltung von Gesellschaft und Wirtschaft schlägt er – analog zur Sektorenlehre von Jean Fourastié (1952) – folgende Unterteilung der Wirtschaftsbereiche vor:

- Natur nutzender Primärsektor
  (Land-/Forstwirtschaft, Bergbau, Fischerei)
- herstellender/verarbeitender Sekundärsektor
  (Industrie, Gewerbe)
- verwaltender/koordinierender Tertiärsektor
  (Dienstleistungen)

Daraus resultiert eine Klassifikation der lebensstilspezifischen Wirtschaftsbereiche »Nutzung der Natur« (primäre Lebensformen: Fischer usw.), »Herstellung von Gütern sowie deren Weiterverarbeitung« (sekundäre Lebensformen: Handwerker usw.) und »Vermittlung, Verwaltung und sonstige Dienste« (tertiäre Lebensformen: Händler usw.).

Den Unterbau aller Gesellschaften bilden die primären Lebensformen. Die anderen, später auftretenden Bereiche nutzen nicht den Naturraum, sondern den sozial hergestellten Lebensraum und machen den naturferneren Überbau der Gesellschaft aus. Für die zeitliche und räumliche Begrenzung einer Stufe in der Gesellschafts- und Wirtschaftsentwicklung kann sowohl die Steigerung der Vielfalt innerhalb einer Lebensform (neue Arbeitstechniken, Organisationsformen usw.) als auch das Hinzutreten einer neuen Lebensform entscheidend sein.

Das *zweite* Kriterium der Stufenabgrenzung stellt das Verhältnis und die Art des Zusammenspiels zwischen den drei eben genannten Bereichen dar. Dabei interessiert vor allem die von einer einzelnen Lebensform erlangte Position in der gesellschaftlichen Hierarchie. Für diese ist der Anteil an der gesamtgesellschaftlichen Produktion, dem Sozialprodukt im Rahmen fortschreitender Arbeitsteilung entscheidend. Eine Gesellschaft wird in der Regel nach der vorherrschenden Lebensform benannt (Hirtengesellschaft, Industriegesellschaft usw.). Eine Stufenbegrenzung soll vor allem bei einem radikalen Wechsel der maßgebenden Vorherrschaft einer der Lebensformen – wie zum Beispiel beim Übergang von der Agrar- zur Industriegesellschaft – vorgenommen werden. Mit diesem Kriterium wird gleichzeitig eine Typisierung von Gesellschafts- und Wirtschaftsformen nach der Art ihres Bezuges zur Natur erstellt: als naturnahe oder naturferne Gesellschafts- und Wirtschaftsformen.

Das *dritte* Kriterium bildet der Bevölkerungsbereich bzw. die Merkmalsausprägungen einer Gesellschaft hinsichtlich ihrer Dichte, des generativen Verhaltens und der Wachstumsdynamik. Damit werden weitere Begrenzungskriterien thematisiert, die ebenfalls evolutionär angelegt sind. Hinsichtlich der Dichte werden Verteilungsmuster relevant, hinsichtlich des generativen Verhaltens und der daraus folgenden Wachstumsdynamik interessieren Fragen nach der Einstellung zur biologischen Reproduktion und deren sozialer Organisation (Sippenverband, Familie usw.). Ebenfalls soll die Abklärung der Arten räumlicher Wanderung bzw. räumlicher Mobilität für die verschiedenen Gesellschaftstypen (Nomadismus, Sesshaftigkeit usw.) auf den verschiedenen Entwicklungsstufen von Interesse sein. Grundsätzlich geht es um die Darstellung und Erklärung der bevölkerungsspezifischen Verhältnisse. Die Stufenabgrenzung bezieht sich auf radikale Veränderungen in den genannten Merkmalsdimensionen im Verbund mit den zwei vorangehenden.

Das *vierte* Kriterium ist mit den bisher genannten eng verbunden und bezieht sich auf die siedlungspezifische Gruppierung der Bevölkerung. Hier geht es vor allem um die Abklärung der typischen Siedlungsstruktur einer Gesellschaft, um den Verstädterungsgrad sowie die Arten von Stadt-Land-Beziehungen. Stufenbildungen werden nach der vorherrschenden Siedlungsweise als Stadtgesellschaften oder ländliche (Dorf-)Gesellschaften vorgenommen.

Die zuvor identifizierten sozialgeographisch belangreichen Funktionen werden im Rahmen dieser Stufentheorie reinterpretiert und von sechs auf vier zusammengefasst. Die »ökosozialen Funktionen« werden mit den wirtschaftsbestimmten Lebensformen zusammengebracht, »politische Funktionen« mit der Hierarchie der Lebensformen, »biosoziale« und »migrosoziale Funktionen« mit den bevölkerungsspezifischen Verhältnissen und die »toposozialen Funktionen« mit den Siedlungsverhältnissen verbunden. Was für die Analytische Sozialgeographie als soziale Dimensionen des anthropogenen Faktors der Landschaftsgestaltung konzipiert ist, wird von BOBEK in Zusammenhang mit der Erforschung des Gesellschaft-Landschaft-Komplexes als »Vermittlungsmedien« zwischen Gesellschaft und Landschaft gesehen. Bei einer Veränderung dieser »Vermittlungsmedien« oder bei der radikalen Abwandlung in der räumlichen Ausbreitung der typischen Verhältnisse ist der jeweilige zeitlich-räumliche Gesellschafts- und Wirtschaftstypus zu begrenzen.

Gesellschaftsverständnis

BOBEK nimmt auf der Basis dieser Kriterien zuerst Abgrenzungen in zeitlicher Hinsicht vor. Jede einzelne idealtypisch konstruierte Entwicklungsstufe zeichnet sich durch eine besondere Ausprägung der Medien der Vermittlung zwischen Gesellschaft und Landschaft/Land auf. Die sechs unterschiedenen Beziehungstypen umfassen die Stufen:

— Wildbeuter
— Spezialisierte Sammler, Jäger und Fischer
— Sippenbauerntum und Hirtennomadismus
— Herrschaftlich organisierte Agrargesellschaft
— Älteres Städtewesen und Rentenkapitalismus
— Produktiver Kapitalismus der industriellen Gesellschaft.

Die Evolution besteht in geographischer Sicht darin, dass nicht nur die Vielfalt und der Reichtum der Lebensformen von den Wildbeutern bis zur Industriegesellschaft zunehmen, sondern dass auch eine Verschiebung des zahlenmäßigen Anteils von »Nutzung der Natur« in Richtung »Dienstleistungen« stattfindet. Hinsichtlich des gesellschaftlichen Zusammenspiels verläuft die Entwicklung von rein geschlechtsspezifischer Arbeitsteilung bis zur feinsten Ausdifferenzierung im modernen produktiven Kapitalismus mit den entsprechenden Entfremdungserscheinungen und Verschärfungen der Klassengegensätze zwischen privaten Unternehmern und der Arbeiterschaft, welche in der Spätphase zunehmend ausgeglichen werden. Bei den Bevölkerungsverhältnissen ist eine Entwicklung von geringster Zahl und Dichte zu einer immer rascher wachsenden Weltbevölkerung mit einem hohen Verstädterungsgrad, bei dem mehr als drei Viertel der Gesamtbevölkerung zur Stadtbevölkerung geworden sind, zu verzeichnen.

Rentenkapitalismus

BESONDERE Aufmerksamkeit schenkte BOBEK der fünften Entwicklungsstufe, wobei er sich auf das Verhältnis von »Siedlung« und »Macht« konzentrierte. In diesem Zusammenhang entwarf er die Theorie des Rentenkapitalismus, die in der Geographie umfassende empirische Studien anregte, jene von EUGEN WIRTH (1956; 1973) und ECKART EHLERS (1978; 1983). Wie KLAUS-PETER MÜLLER (1983) zeigt, hat diese Theorie aber auch in der interdisziplinären Entwicklungsländerforschung beachtliche Berücksichtigung erfahren.

Wie die anderen wird auch diese fünfte Entwicklungsstufe von BOBEK (1950a, 37) als typenspezifische »Beziehung zwischen Landschaft und Sozialstruktur« verstanden. Seine sozialgeographische Gesellschaftstheorie des Rentenkapitalismus baut auf der These auf, dass die Entwicklung des Städtewesens Ausdruck der Ausbildung der sekundären und tertiären Lebensform ist. Diese beiden Lebensformen erlangen in der sozialen Hierarchie eine Vorherrschaft, die sich in der urbanen »räumlich-siedlungsmäßigen Gruppierung« äußert. Diese Konstellation geht mit einer besonderen Ausprägung der Macht bzw. der politischen Funktion einher, die in der Stadt-Land-Trennung angelegt und von MAX WEBER (1980, 727) als »nicht legitime Form der Herrschaft« bezeichnet wird.

Der Rentenkapitalismus besteht – laut BOBEK – seit Beginn des zweiten vorchristlichen Jahrtausends. Mit ihm hatte sich zwar das früheste Städtesystem entwickelt, dieses ist aber – im Gegensatz zur europäischen Entwicklung des Kapitalismus – nicht zum Ort der Produktion geworden. Der Rentenkapitalismus zeichnet sich vielmehr dadurch aus, dass die »Herrenschichten – meist nomadischer Herkunft« (BOBEK, 1950a, 38) – zwar in den Städten wohnen, die Produktion aber noch immer agrarisch dominiert ist. Die darin angelegte *Machtbeziehung zwischen Stadt und Land* beruht darauf, dass sich der größte Teil des ländlichen Grundbesitzes in den Händen der Städter befindet und der größte Teil (bis vier

Fünftel) des agrarwirtschaftlichen Ertrages auch in ihre Taschen fließt. Das Kernelement des Rentenkapitalismus ist jedoch in dem »geographische[n] Moment der regelmäßig sich wiederholenden Mißernten« (BOBEK, 1950a, 39) begründet. Das absolute »Ideal des Rentenkapitalismus [besteht darin], möglichst viele Bauern so in Dauerschulden zu verstricken, daß sie mit all ihren jährlichen Zahlungen doch nie die bereits legendär gewordene Anfangsschuld abtragen können« (BOBEK, 1959, 282).

Im Vergleich zum westlichen produktiven Kapitalismus weist der Rentenkapitalismus mit dieser Gesellschaft-Landschaft-Beziehung keinen dynamischen, sondern einen statischen Charakter auf. Dies wird von BOBEK erstens damit begründet, dass die Größe der Stadt einzig und allein von der Ausdehnung des Machtbereichs der Herrscher abhängt, zweitens, dass die Landgebiete aufgrund der »rücksichtslosen Raffgier« der städtischen Herrenschichten zu keiner endogenen wirtschaftlichen Entwicklung fähig sind und damit einer Verelendung und Verödung ausgesetzt werden. Insgesamt verhindert diese mangelnde Reziprozität der Stadt-Land-Beziehung letztlich auch die Entwicklung der Stadt.

Für die Entwicklungsgeschichte *insgesamt* stellt BOBEK eine steigende Prägewirkung der Gesellschaft auf die Landschaft fest. Ist sie bei den Wildbeutern noch äußerst bescheiden, reicht sie im Rahmen der kapitalistischen Industriegesellschaften bis zu einer weitgehend vom Menschen geschaffenen Kulturumwelt mit »virtuellen Lebensräumen«, sodass unter der Vorherrschaft der sekundären und tertiären Lebensformen »kulturbestimmte Länder und Landschaften« (BOBEK, 1950a, 35) entstehen. Zur Erforschung der Prägung der Landschaft soll sich die sozialgeographische Analyse auf die Träger der landschaftsbildenden Funktionen konzentrieren, auf die sozialgeographischen Gruppen.

Sozialgeographische Gruppen

BOBEKS Konzeption der sozialwissenschaftlichen Landschaftsforschung ist am damals dominierenden Gesellschaftsverständnis der Soziologie orientiert. Auch noch in der Nachkriegszeit war die Auffassung, dass die Grundeinheit der Gesellschaft die soziale Gruppe sei, weit verbreitet. Soziologie wurde – wie RENÉ KÖNIG (1969) betont – als Studium der sozialen Gruppen verstanden. Dass BOBEK die sozialgeographische Gruppe zum Kernbegriff der Sozialgeographie macht, ist in diesem Licht zu sehen. Von besonderer Bedeutung ist jedoch, dass er bei deren Konstruktion nicht nur gesellschaftliche Kriterien verwendet, sondern auch landschaftliche.

Steht im sozialwissenschaftlichen Verständnis einer sozialen Gruppe der interaktive Bezug einer Mehrzahl von Personen mit spezifischen Rollen im Zentrum, bezeichnet BOBEK (1948, 122) »sozialgeographische Gruppen« als jene Gruppierungen von Menschen, die »sowohl von landschaftlichen als auch von sozialen Kräften gleichzeitig geprägt erscheinen und ihrerseits durch ihr ›Funktionieren‹ sowohl in den natürlichen (Landschaft) wie in den sozialen Raum (Gesellschaft) hineinwirken«. Damit greift er eine Formulierung auf, die bereits in den frühen 1930er-Jahren in der *Utrechter Schule der Sozialgeographie* von LOUIS VAN VUUREN verwendet wurde, bei BOBEK aber eine vertiefte argumentative Einbettung erlangte: Weil diese Gruppen doppelt bestimmt sind, sieht sie BOBEK (1950a, 35) als das »wichtigste Verbindungsglied zwischen diesen beiden Bereichen«.

Die Gruppen bilden als Träger der Lebensformen die konkrete Vermittlungsinstanz zwischen Gesellschaft und Landschaft. Sie stellen die Verbindung zwischen »Natur« und »Geist« her. Über die Zuordnung von typischen Verhaltensweisen zu bestimmten sozialgeographischen Gruppen sollen einerseits die Wirkungsarten der verschiedenen sozialen Kräfte auf einen Raum, auf eine Landschaft und andererseits die Wirkungen der landschaftlichen Verhältnisse auf diese Gruppen rekonstruiert werden.

Zur genaueren Bestimmung »sozialgeographischer Gruppen« geht BOBEK (1948, 121), wie der Soziologe und Volkswirtschaftler WERNER SOMBART, davon aus, dass es Gruppierungen (Merkmalsgruppen, statistische Gruppen) von Menschen gibt, die durch »gemeinsame Merkmale (der Rasse, Sprache, Lebensweise) oder Zusammenhänge tatsächlicher Art (Blutsverwandtschaft zum Beispiel) verbunden erscheinen«, ohne dass sie sich selbst als Gruppe erkennen. Sie zeichnen sich auch dadurch aus, dass sie kein gemeinsam abgestimmtes Handeln kennen. Die Gleichförmigkeit des Handelns ist vielmehr »ausgelöst durch gleichartige umweltliche oder biologische Bedingungen« (BOBEK, 1948, 121), durch außersoziale Kräfte, wie dies bei *Berg*bauern oder *Tal*bauern eines bestimmten Gebietes der Fall sei. Derartige Gruppierungen bleiben in erster Linie auf die primären Lebensformen beschränkt. Außerhalb davon treten die »sozialen Kräfte« hinzu und erlangen ein Übergewicht.

Sozial bestimmte Differenzierungen sozialgeographischer Gruppen bestehen allerdings auch im Rahmen der primären Lebensformen bei Hirten, Fischern, Bergmännern und Bauern. Zur sozialen Differenzierung führt BOBEK in illustrativem Sinne die Unterscheidungen zwischen »Fellach, Kolone, Freibauer, Erbzinsbauer, Pächter, überdies Vollerbe, Kötter, Büdner usw.« (BOBEK, 1948, 122) ein. Die sozialen Umstände der Bewirtschaftung des Landes hält er einerseits bei der Landschaftsprägung für ausschlaggebend, andererseits aber auch bei der Lebensführung in allen vielfältigen Abstufungen. Noch stärker ist die Prägung durch soziale Umstände bei sozialen Differenzierungen sekundärer Lebensformen in Fabrikarbeiter, Heimarbeiter, Handwerksgesellen usw. Bei den tertiären Lebensformen tritt – wenn man BOBEKs Gedankengang weiterführt – die kulturlandschaftliche Prägung an die Stelle der natürlichen Bedingungen.

Diese sozialgeographischen Gruppen sind zu erfassen und mit ihren Wirkungsweisen darzustellen, um ein tieferes Verständnis der einzelnen Landschaften, aber auch der großen Kulturgebiete und Kulturen der Erde zu erreichen. Da BOBEK (1950a, 35) gleichzeitig davon ausgeht, dass in »einem bestimmten Raume sich die verschiedenen Gruppen zu übergeordneten Sozialstrukturen, zu Gesellschaften verschränken«, kommt die Analyse der sozialgeographischen Gruppen zum einen der sozialgeographischen Landschaftsforschung und zum andern – und das ist entscheidend – der sozialgeographischen Gesellschaftsanalyse gleich. Die sozialgeographische Landschaftsforschung ist als Gesellschaftsforschung konzipiert. So ist auch die entsprechende Forschungsanleitung zu verstehen: Die »sozial- und landschaftlich geprägten Lebensformgruppen [...] stellen die Elemente der Gesellschaft im geographischen Sinne dar. Die Gesellschaft in diese zu zerlegen, ist Aufgabe sozialgeographischer Analyse« (BOBEK, 1948, 122).

Vergleichende Sozialgeographie

VOR diesem Hintergrund ist der Vorschlag BOBEKs zu sehen, die ökologische Betrachtungsweise, die im Pflanzen- und Tierbereich so erfolgreich zur Anwendung gelangt ist, auch auf den Gesellschaftsbereich anzuwenden und die Sozialgeographie zur »Sozialökologie« auszubauen. Diese sollte die regionalen Gesellschaften »an sich« betrachten. Seinen Vorschlag unterbreitete BOBEK ohne auf die nordamerikanische Tradition der Sozialökologie Bezug zu nehmen, obwohl er mit dieser große Ähnlichkeit aufweist.

Der Hauptakzent des Interesses soll – analog zur Pflanzenökologie – auf die »Auseinandersetzung der Gesellschaft mit dem verfügbaren Raume« (BOBEK, 1948, 124) gesetzt werden, auf die Rekonstruktion der »mosaikartigen Durchdringung verschiedener natur- und lebensräumlicher Einheiten« (BOBEK, 1950b, 2). Das den gesamten Erdball umspannende Mosaik von Gesellschaften und Kulturen ist differenziert zu erfassen. Damit bekommt die Sozialgeographie die Aufgabe zugewiesen, die erdräumliche Kammerung gesellschaftlicher Wirklichkeiten und die damit verbundenen »sozialen Raumbildungen« (BOBEK, 1950b, 1) aufzudecken.

Mit dieser Forderung ist die Grundlage für die Formulierung der Zielsetzung der Synthetischen Sozialgeographie geschaffen: »Vergleichende Betrachtung menschlicher Gesellschaften im Hinblick auf ihre räumliche Anordnung im Zusammenhang mit Struktur und Ökologie« (BOBEK, 1948, 123). Ziel dieser Analyse ist die Gewinnung eines tieferen Verständnisses der großen Kulturgebiete. Dies soll sowohl durch die Aufdeckung des inneren sozialökologischen Zusammenhanges der Gebiete erreicht werden, als auch durch Identifizierung der Mechanismen, die zur Differenzierung der Kulturgebiete führen.

Diese Thematik sei zwar – so BOBEK – bereits von KARL MARX im Vergleich der kapitalistischen Gesellschaften Europas mit den Agrargesellschaften Asiens angeregt worden. Aufgabe der vergleichenden Sozialgeographie sei die weitere Vertiefung dieser Analyse. Von den Landschaften ausgehend, soll sie zu Ländern und schließlich Ländervergleichen fortschreiten. Die regionalen Gesellschaftsanalysen decken die erdräumliche Kammerung des Sozialen und Kulturellen sowohl in verschiedenen Entwicklungsstufen als auch verschiedenen Maßstabsstufen auf, und zwar mit ihren je spezifischen Grundtypen von »räumlichen Gesellschaftskörpern« (BOBEK, 1962, 157) wie »Siedlungen, Regionen, Staaten (Ländern) bzw. Völker[n] und Kulturreiche[n]« (BOBEK, 1962, 164).

Forschungspraxis

DIE empirische sozialgeographische Landschaftsforschung ist – wie auch BOBEK (1962, 165) festhält – nur in den wenigsten Fällen so umfassend praktiziert worden, wie sie von ihm konzeptionell entworfen worden war. Für die Forschung in BOBEKs Tradition ist charakteristisch, dass die Arbeiten entweder auf die europäische Stadt- und Landschaftsforschung ausgerichtet sind und sich dort jeweils isoliert auf Einzelbereiche seines Entwurfs beziehen oder aber den außereuropäischen Bereich behandeln.

Seine eigene empirische Forschung – insbesondere auf den Vorderen Orient konzentriert – beschränkte sich im wesentlichen auf knappe Skizzen. Als wohl umfassendste Arbeit kann »Entstehung und Verbreitung der Hauptflursysteme Irans« (1976) betrachtet werden. Den Vorderen Orient hält er für die Untersuchung für besonders geeignet, weil »hier die Zusammenhänge zwischen Gesellungstypen, Lebensformen und landschaftlich-lebensräumlichen Einheiten besonders klar zutage treten« (BOBEK, 1950b, 193). Anhand dieser Studie soll die entsprechende empirische Forschungskonzeption angedeutet werden.

Die Forschungslogik der Analytischen Sozialgeographie ist so angelegt, dass zuerst die beobachtbaren Gegebenheiten der Kulturlandschaft systematisch zu erfassen sind, um dann die sozialen Kräfte aufzudecken, welche die manifesten Formen hervorgebracht haben. Beim ersten Teil der Aufgabe stehen die geographischen Arbeitstechniken der Kartographie und der Luftbildinterpretation im Vordergrund. Die Erhebungs- bzw. Auswertungskategorien werden systematisch aus den theoretischen Grundlagen abgeleitet. Bevölkerungsverteilung, Siedlungs- und Verkehrsnetz sowie agrarische Flurformen bilden dabei zusammen mit den Parzellengrößen die Hauptkategorien. Die entsprechenden kulturlandschaftlichen Ausprägungen sind auf thematischen Karten festzuhalten.

Für den zweiten Teil, die Aufdeckung der sozialen Kräfte, kommt eine alleinige Bezugnahme auf die Landschaft nicht in Frage, weil von dieser Seite her die Gruppenbildung bereits vorausgesetzt wird. BOBEK will ja die Kulturlandschaft über die Aktivitäten der verschiedenen Gruppen erklären, und da man das, was man erklären will, nicht selbst zum Erklärenden machen kann, ist eine Abgrenzung der Gruppen allein von der Kulturlandschaft her aus logischen Gründen nicht möglich. Für BOBEK besteht der Ausweg darin, dass zuerst *mittels Befragungen* die sozialen Aspekte der verschiedenen Gruppierungen erforscht, mittels Beobachtung deren Auswirkungen auf die Kulturlandschaft erhoben und diese dann kartographisch dargestellt werden sollen.

Diskussion

BOBEKS konzeptioneller Entwurf ist auf die Erklärung der beobachtbaren Kulturlandschaft ausgerichtet. Die menschlichen Spuren in der Landschaft werden demgemäß als Ausdruck der spezifischen Verwirklichung bestimmter Funktionen durch »sozialgeographische Gruppen« aufgefasst. Oder allgemeiner formuliert: Die beobachtbare Kulturlandschaft ist als Ausdruck der Lebensform jener Gruppierungen zu verstehen, welche in der Landschaft ihre Spuren hinterlassen hat. Freilich können dabei einzelne »Funktionen« gegenüber anderen dominieren, sodass man von eher wirtschaftlich, politisch oder auch religiös geprägten Landschaften sprechen kann.

Das entspricht etwa derselben Logik, nach der man eine beobachtbare Talform auf das Wachsen und Verschwinden eines Gletschers zurückführen würde. Ebenso ist BOBEKs Vorschlag zu verstehen. Für eine Sozialgeographie, die sich an den systematischen Sozialwissenschaften orientieren soll, kann das jedoch nicht ausreichend sein. Es müsste ein weiterer Schritt in Richtung Gesellschaftsforschung getan werden.

Zentrales Forschungsobjekt der Analytischen Sozialgeographie ist die Landschaft. Sozialgeographie soll eine Analyse der Landschaft leisten, die sich durch die soziale Differenzierung ihrer Gestaltungsprozesse auszeichnet. BOBEKs Fragen richten sich damit auf die Aufdeckung der »Kräfte«, welche die Landschaft prägen. Hier ordnet er als erster deutscher Geograph den sozialen Faktoren die entscheidende Bedeutung zu, indem er den Geofaktor »Anthroposphäre« genauer differenziert. Damit wird die Landschaftsforschung jedoch nicht als Mittel verstanden, etwas über die Gesellschaft zu erfahren, sondern umgekehrt: Die Auseinandersetzung mit sozialen Faktoren soll eine differenzierte Erklärung der Landschaft ermöglichen. Damit belässt BOBEK die Sozialgeographie weitgehend im traditionellen System der Geographie.

Eigentlich sind gemäß seiner Definition nur die primären Lebensgruppen direkt mit der Natur im Kontakt, verlieren jedoch im Verlaufe der Menschheitsgeschichte immer mehr an Bedeutung. Trotzdem macht BOBEK sie zum Kern seiner Überlegungen. Mit anderen Worten, er manövriert – aus methodologisch kategoriellen Gründen – die sozialgeographische Forschung in einen Randbereich der sozialen Wirklichkeit. So wird auch verständlich, weshalb sich die empirische Landschaftsforschung auf die ländlichen Gebiete beschränkte und die Stadtforschung seiner Schülerinnen und Schüler eine stärker morphologische Tendenz aufweist, denn eine konsequent sozialwissenschaftliche Ausrichtung.

Die Rentenkapitalismus-Forschung und die mit ihr initiierte Diskussion sind gewissermaßen Ausdruck dieser Konstellation. Wie EUGEN WIRTH (1973, 324f.) in seiner Übersicht über diese Forschungsrichtung festhält, sind BOBEKs Thesen – in Bezug auf das Persistenz-Moment und die parasitäre Rolle der orientalischen Stadt – durch die empirische Forschung weitgehend widerlegt worden. Die beiden genannten Aspekte wurden offensichtlich überbetont. Der Grund dafür ist die zu starke Konzentration auf das Verhältnis von Bauern (Fellachen) und (Groß-)Grundbesitzern. Öffnet man die Betrachtungsperspektive und löst man sich von der Konzentration auf die primären Lebensformgruppen, dann wird man darauf aufmerksam, dass sich das Land nicht im »Würgegriff der Stadt« (EHLERS, 1983, 94) befindet. Auch von der orientalischen Stadt sind – wie von allen Städten – immer wieder wichtige Innovationen ausgegangen. Die orientalischen Stadt-Land-Beziehungen sind nach WIRTH (1973) erst aufgrund der Konkurrenz industriell gefertigter Güter und dem damit verbundenen Niedergang des städtischen Gewerbes seit Mitte des 19. Jahrhunderts für eine gewisse Zeit parasitär geworden. Heute sind sie es – so WIRTH (2000) – noch weniger als in der Zeit davor.

Die Konzentration auf die Region und die Gruppen mag für traditionelle Sozialverhältnisse plausibel sein. In der Beurteilung der aktuellen Bedingungen kann man sich ELISABETH LICHTENBERGER anschließen. Sie weist darauf hin, dass die in der traditionellen Landschafts- und Regionalgeographie praktizierte Ausblendung der Subjekte heute »bei allem Respekt, falsch« sei. Denn die Subjekte handeln »so unterschiedlich, daß die Gruppe praktisch keinen Bezugsrahmen mehr abgibt« (SITTE, 1995, 6). Diese sozialontologischen Bedingungen sollte die Sozialgeographie mit allen Konsequenzen berücksichtigen.

Vor BOBEK hat sich die Geographie, wie HARTKE (1963, 16) feststellt, zu lange auf die Anpassung der Menschen an die Naturgegebenheiten beschränkt, ohne »daß der Primat der sozialen Kräfte erkannt worden war. An dem Bewußtmachen dieses Primats mitgearbeitet zu haben, ist eines der großen Verdienste Bobeks.«

Merkpunkte

1

BOBEK fordert die Einbeziehung des Wissens der systematischen Sozialwissenschaften in die Sozialgeographie, betrachtet aber weiterhin die Landschafts- und Länderkunde als ihr zentrales Forschungsgebiet.

2

Die menschliche Gesellschaft wird als ein Einzelelement, als eine Wirkungskraft der Landschaftsgestaltung betrachtet. Die Kräfte selbst werden im Einklang mit der funktional-strukturellen Tradition als Funktionen bezeichnet.

3

BOBEK betrachtet sechs Funktionen (biosoziale, ökosoziale, politische, toposoziale, migrosoziale und kulturelle) als sozialgeographisch belangreich. Jeder Funktion kommt im Rahmen eines größeren Ganzen (Landschaft) eine Bedeutung zu.

4

Das Hauptinteresse gilt den Trägern der Funktionen, die als »sozialgeographische Gruppen« bezeichnet werden.

5

Die sozialgeographischen Gruppen stellen die Vermittlungsglieder im Gesellschaft-Raum-Verhältnis dar und sind durch natürliche wie durch soziale Kräfte geprägt. Sie wirken sowohl auf den natürlichen als auch auf den sozialen Raum.

6

Das Verhältnis von Gesellschaft und Landschaft wird von BOBEK in sechs Entwicklungsstufen (Wildbeuter, Jäger/Sammler etc.) eingeteilt, wobei er der Stufe des Rentenkapitalismus besondere Aufmerksamkeit schenkt.

Weiterführende Literatur

BOBEK, H. (1959): Die Hauptstufen der Gesellschafts- und Wirtschaftsentfaltung in geographischer Sicht. In: Erde, 90. Jg., Heft 3, 257-297

BOBEK, H. (1948): Die Stellung und Bedeutung der Sozialgeographie. In: Erdkunde, 2. Jg., 118-125

EISEL, U. (1980): Die Entwicklung der Anthropogeographie von einer »Raumwissenschaft« zur Gesellschaftswissenschaft. Urbs et Regio, Bd. 17, Kassel

MÜLLER, K.-P. (1983): Unterentwicklung durch »Rentenkapitalismus«? Geschichte, Analyse und Kritik eines sozialgeographischen Begriffs und seiner Rezeption. Urbs et Regio, Bd. 29, Kassel

WIRTH, E. (1973): Die Beziehungen der orientalisch-islamischen Stadt zum umgebenden Lande. Ein Beitrag zur Theorie des Rentenkapitalismus. In: MEYNEN, E. (Hrsg.): Geographie heute – Einheit und Vielfalt. Erdkundliches Wissen, Heft 33, Wiesbaden, 323-333

7 Geographische Gesellschaftsforschung

»GEOGRAPHIE betreiben soll heißen, die Fortsetzung der Politik mit friedlichen Mitteln zu ermöglichen« und die Politik »befähigen, eine angemessene Geographie zu machen« (HARTKE, 1962, 115). So lautet WOLFGANG HARTKES (1908-1997) programmatisch formulierte Leitlinie zur sozialwissenschaftlichen Interpretation einer Geographie des Menschen und zur Begründung einer sozialwissenschaftlichen Geographie. Wie sehr dieses Programm seiner Zeit voraus war, wird daran ablesbar, dass der wohl einflussreichste Soziologe der Gegenwart – ANTHONY GIDDENS – erst rund 20 Jahre nach HARTKE (1962) von »geography-making« spricht und im angelsächsischen Sprachbereich als der Erfinder dieses Ausdrucks gilt.

Zwar hat ALFRED RÜHL bereits in der Zwischenkriegszeit die Forderung aufgestellt, dass die Allgemeine Geographie auf ein sozialgeographisches Fundament zu stellen sei. Doch erst sein damaliger Assistent WOLFGANG HARTKE verleiht diesem Anspruch konzeptionelle Kontur. Wie kein anderer zuvor hat er damit die Sozialgeographie zum zentralen Ort der geographischen Theorieentwicklung gemacht. Dabei weist er darauf hin, dass sowohl alltägliches wie wissenschaftliches Geographie-Machen wichtige politische Implikationen aufweisen, vor allem im Hinblick auf die Friedensforschung bzw. auf friedenserhaltende Maßnahmen. HARTKE ist der erste Geograph, der auf diese Themenbereiche aufmerksam macht und sie zu Forschungsgegenständen der Sozialgeographie erklärt.

Die innergeographische Theoriediskussion und Forschungspraxis hat zwei seiner Ideen isoliert rezipiert und in der Sozialbrache- und Aktionsraumforschung umgesetzt. Dass für HARTKE beide in einem argumentativen Zusammenhang stehen, wurde nicht erkannt, weil er seine Forschungskonzeption nie in einem systematischen Zusammenhang vorgestellt hat. Sie blieb Torso und bedarf einer systematischen Rekonstruktion und Zusammenführung der einzelnen verstreuten Anleitungen.

Von der Landschafts- zur Gesellschaftswissenschaft

WÄHREND BOBEK der Landschaftsgeographie verpflichtet bleibt, vollzieht HARTKE eine Art kopernikanische Wende der geographischen Perspektive. Er verlangt die Abwendung vom Forschungsgegenstand »Raum« bzw. »Landschaft« und eine Hinwendung zu den »menschlichen Aktivitäten und ihren sozio-kulturellen Hintergründen« (BARTELS, 1970a, 113). Die Kulturlandschaft wird als »Registrierplatte« menschlicher Tätigkeiten betrachtet. Die Spuren in der Kulturlandschaft sind als Anzeiger, als Indikatoren sozialer Prozesse zu interpretieren. Sozialgeographische Forschung wird damit als »Spurenlesen« sozialer Prozesse konzipiert. So wie bei der Verbrechensaufklärung aus den Spuren am Tatort der Tathergang rekonstruiert wird, so sollen kulturlandschaftliche Erscheinungen die sozialen Verhältnisse der entsprechenden Gegend erschließbar machen.

In diesem Zusammenhang ist vor allem HARTKES Vorstellung vom alltäglichen Geographie-Machen zu sehen. Denn das Spurenlesen ist als Mittel der Rekonstruktion des alltäglichen Geographie-Machens angelegt. Die Ergebnisse sollen die Grundlage für die wissenschaftliche Regionalisierung abgeben. Die Bestimmung des Verhältnisses von Alltag und Wissenschaft wird damit zu einem Kernaspekt sozialgeographischer Forschung, der auch das Verhältnis zwischen Wissenschaft bzw. Sozialgeographie und Politik einschließt.

Diese Neukonzeption entwickelt HARTKE vor dem Hintergrund prinzipieller gesellschaftlicher, wirtschaftlicher und (welt-) politischer Veränderungen zwischen den späten 1920er- und den

1960er-Jahren. Einen Einblick in die Veränderung der *gesellschaftlichen und wirtschaftlichen* Bedingungen, die in Kontinentaleuropa seit der Mitte des 19. Jahrhunderts beobachtbar war, gewinnt er Ende der 1920er- und Anfang der 1930er-Jahren beim Internationalen Arbeitsamt in Genf. Im Rahmen seiner dortigen Arbeiten erkennt er mit aller Deutlichkeit, wie sehr sich die europäische Arbeitswelt verändert hat. Aus den meisten Agrargesellschaften sind Industriegesellschaften geworden. Die tiefgreifenden Veränderungen des Gesellschaft-Raum-Verhältnisses stehen für ihn im Zusammenhang mit den veränderten politischen Verhältnissen.

In *weltpolitischer Hinsicht* stehen in dieser Zeit der Zweite Weltkrieg sowie das Ende des Kolonialismus im Mittelpunkt des Geschehens. Aufgrund seiner Erfahrungen während des Zweiten Weltkriegs erkennt HARTKE, dass die traditionelle wissenschaftliche Geographie (geo-)politisch höchst problematisch geworden ist. Für die aus dem Ende der Kolonialzeit hervorgehenden unabhängigen neuen Staaten stellte sich die Frage nach sinnvollen Grenzen mit aller Dringlichkeit. Bei der Beantwortung dieser Frage ist die traditionelle wissenschaftliche Geographie – mit ihren bloßen Verortungs- und Klassifizierungsbestrebungen einerseits und den natur- bzw. geodeterministischen Erklärungsansprüchen andererseits – in seinen Augen vollkommen überfordert. Demgegenüber fordert er einen neuen sozialgeographischen Blick, der einerseits das neue Gesellschaft-Raum-Verhältnis der fortschreitenden Industrialisierung zur Kenntnis nimmt, und andererseits auf die politische Frage nach sinnvollen Grenzziehungen qualifizierte Antworten anbieten kann.

In *bundespolitischer Hinsicht* steht in der Nachkriegszeit der Wiederaufbau ausgebombter Städte und zerstörter Verkehrsinfrastruktur im Rahmen des Marshall-Plans an. Dies verlangt nach einer umfassenden räumlichen Koordination der Planungsprojekte und ihrer Umsetzung auf nationaler und sub-nationaler Ebene. Darauf soll das Leitbild der Berufsgeographinnen und -geographen ausgerichtet werden. Sie sollen sich auf den verschiedenen nationalstaatlichen Ebenen der Raumordnungsaufgaben annehmen.

Wolfgang Hartke (1908-1997)

In Bonn als Sohn eines Professors geboren, beginnt WOLFGANG HARTKE 1926 in Berlin zunächst ein Studium der Geographie in Verbindung mit Geschichte und Germanistik. Später studiert er in Genf Geographie, Staats- und Sozialwissenschaften, Psychologie und romanische Philologie. Bei NORBERT KREBS in Berlin promoviert er 1932 mit einer Arbeit zum Thema »Kulturgeographische Wandlungen in Nordostfrankreich«, ist anschließend als Hilfsassistent tätig und vertritt zeitweise den planmäßigen Assistenten bei CARL TROLL in der Abteilung Übersee- und Kolonialgeographie. 1933 beginnt er an der Preußischen Akademie der Wissenschaften seine Mitarbeit am »Atlas des deutschen Lebensraumes« und siedelt 1936 nach Frankfurt/Main über, wo er bis 1937 als Hilfsassistent bei W. BEHRMANN tätig ist und 1938 mit einer Arbeit über das Rhein-Main-Gebiet habilitiert. Nach Ende des Krieges baut er dort das Geographische Institut wieder mit auf, in dem er als Assistent, Dozent und zugleich als kommissarischer Direktor wirkt. 1948 erfolgt daselbst die Ernennung zum apl. Professor. 1952 folgt er einem Ruf an die Technische Universität zu München, wo er – nach der Ablehnung eines Rufes an die Universität Marburg – bis 1973 als Ordinarius für Sozialgeographie tätig ist. Am 26. März 1997 verstirbt HARTKE kurz vor seinem 89. Geburtstag in München.

Abbildung aus: Erdkunde 42. Jg., Heft 1, 1, 1988

Auswahlbibliographie

Gliederung und Grenzen im Kleinen (Rhein-Main-Gebiet). In: Erdkunde, 2. Jg., 1948, S. 147-149

Die Zeitung als Funktion sozialgeographischer Verhältnisse im Rhein-Main-Gebiet. In: HARTKE, W. (Hrsg): Rhein-Mainische Forschungen, Heft 32, Frankfurt am Main 1952

Die »Sozialbrache« als Phänomen der geographischen Differenzierung der Landschaft. In: Erdkunde, 11. Jg., 1956, S. 257-269

Gedanken über die Bestimmung von Räumen gleichen sozialgeographischen Verhaltens. In: Erdkunde, 13. Jg., 1959, S. 426-436

Engagierte, angewandte Geographie bedeutet dann, für Entscheidungen jene Informationen bereitzustellen, die politisch angemessene Lösungen möglich machen. Dies ist für HARTKE um so wichtiger, als in modernen Gesellschaften der »Bedarf an geographischen Kenntnissen und – was ja viel wichtiger ist – an geographischem Verständnis in der ganzen Welt wächst. Die politischen Probleme machen uns deswegen Sorge, weil man meint, man könne Politik machen, wo es längst darum geht, Geographie zu machen« (HARTKE, 1962, 115).

Als Hauptaufgabe dieser intervenierenden Geographie sieht er schließlich die eingangs angesprochene Ermöglichung der Politik mit friedlichen Mitteln. Politikerinnen und Politikern sollen jene Einsichten vermittelt werden, die bewaffnete Konflikte vermeidbar machen. Mit anderen Worten: Zahlreiche Fragen der postkolonialen Weltpolitik – das ist es, was HARTKE hier anspricht – sind zuerst einmal ein Problem angemessener Geographie. Sie betreffen Probleme der sinnvollen nationalstaatlichen Grenzziehung, der Entwicklung einer sinnvollen Infrastruktur, die sich von der kolonialen Logik loslöst und der sinnvollen Ressourcennutzung.

Der Bürgerkrieg auf dem Balkan hat in den 1990er-Jahren in Erinnerung gerufen, dass Grenzziehungen – gepaart mit völkischen Ideologien – auf alltagsweltlicher Ebene immer noch zum zentralen Anlass für gegenseitige Vernichtung werden können. Dabei traten (und treten) einerseits die problematischen Implikationen der kausalen Verknüpfung von »Natur«, »Volk« und »Raum« unter modernen Bedingungen offen zu Tage. Andererseits wurde mit diesem Konflikt auch deutlich, dass die Grenzthematik immer noch von großer Brisanz ist. Damit wird auch die gegenwärtige Relevanz der von HARTKE vorgeschlagenen wissenschaftlichen Zugangsperspektive auf staatspolitischer Ebene einschätzbar.

Aber nicht nur auf kontinentaler und nationaler Ebene sind angemessene Grenzziehungen bedeutsam. Denn auch auf lokaler Ebene stellt sich immer wieder die Frage, was sinnvoll durch eine Grenze getrennt sein soll und wofür sich jede Art von Grenze als

Hindernis erweist. Um begründbar entscheiden zu können, was zusammenbleiben und was voneinander getrennt werden soll, sind die Bezugskriterien dieser Frage zu klären.

Aktionsräume und wissenschaftliche Regionalisierung

JEDE Form von Regionalisierung steht vor dem Problem, die richtigen Abgrenzungskriterien wählen zu müssen. Als ideale Formen der Trennung betrachtet HARTKE die Beziehung zwischen »Werkstatt und Ruhestatt, zwischen Bett und Arbeitsplatz« (HARTKE, 1948, 174). Es seien »organische Pole« des alltäglichen Lebens, die nicht durch eine politische Grenze getrennt werden sollten. So wie wir zwischen Küche und Wohnzimmer nicht gerne Zoll zahlen möchten, sollten auch die anderen Bereiche, die über unsere Tätigkeiten miteinander verbunden werden, nicht durch politische Grenzen getrennt sein. Damit wird »Grenze« – im Gegensatz zur traditionellen geographischen Auffassung – als Gegebenheit erkennbar, die auf konventionaler Festlegung beruht.

Gemäß dem System der traditionellen Geographie haben Geographen bisher immer wieder auf naturräumliche Gegebenheiten als Bezugskriterien der Regionalisierung zurückgegriffen. Sie sprechen von »natürlichen Grenzen«. »Die einfacher zu erkennenden, die landschaftlichen, d. h. schlechthin die physischen Faktoren stehen dabei natürlicherweise Pate. Das Ergebnis ist, wenn es gut geht, ein länderkundliches Handwerk« (HARTKE, 1948, 174). Flüsse, Gebirge, Bodenzusammensetzung, Landschaft usw. werden dann als Bezugskriterien für die Regionalisierung herangezogen. Dies ist für HARTKE (1948, 174) mehr als nur wissenschaftlich problematisch, denn für ihn liegt genau hier »eine der Wurzeln der mißverstandenen ›Blut-und-Boden‹-Beziehungen«.

Eine richtig verstandene Sozialgeographie hat mit dieser Betrachtungs- und Vorgehensweise zu brechen. »Man frage nicht: wo liegen die Grenzen? sondern: Welche Raumbeziehung des täglichen Lebens wünscht man sich am wenigsten durch eine Grenze getrennt?« (HARTKE, 1948, 174). Konsequenterweise sollen zur Abgrenzung der administrativen, politischen, nationalstaatlichen u. a. Regionen nicht physische Kriterien verwendet werden: »La définition des régions est de nature sociale et non physique« (HARTKE & BLANC, 1962, 390). Da Regionen sozialer Art sind, sollen sie auch anhand *sozialer* Kriterien begrenzt werden.

Wie das zuvor erwähnte Beispiel »Werkstatt-Ruhestatt« auch andeutet, ist dazu von den alltäglichen Aktionskreisen bzw. Aktionsräumen der Bewohner eines Gebietes auszugehen, den erdräumlichen Grundmustern und Reichweiten der alltäglichen Routinehandlungen. Über sie werden die wichtigen Regionalisierungen des Lebens vollzogen. Was über die Tätigkeiten als Aktionsraum eine Einheit bildet, sollte auch politisch als Einheit belassen werden. Umgekehrt sollte das, was aktionsräumlich zusammengehört, aber aktuell durch Verwaltungs- oder andere Grenzen getrennt ist, zusammengeführt werden. Zahlreiche Probleme städtischer Agglomerationen auf der ganzen Welt könnten verkleinert werden, wenn man diesem Prinzip Rechnung tragen würde. Dann müssten nicht allein die Bewohner der städtischen Gemeinden den größten Teil der Infrastrukturkosten tragen, sondern all jene, die die entsprechenden kommunalen Einrichtungen nutzen. In der BRD sind Ende der 1960er- und in den 1970er-Jahren in diesem Sinne auch umfassende Gebietsreformen durchgeführt bzw. Eingemeindungen von städtischen Vororten vorgenommen worden.

Der aktionsräumliche Kontext als primärer Ausgangspunkt der Sozialgeographie weist weitere wichtige Implikationen auf: Grundsätzlich geht es darum, der sozialen Basis der Produktion von »Geographien« Rechnung zu tragen. »Die großen Wirtschaftsführer«, so HARTKE, »die tagtäglich nichts anderes tun als geography-making, frontier-making usw. zu betreiben, indem sie Kapital [...] investieren« (1962, 116), sind die wahren und wirksamen Geographen. HARTKE weist darauf hin, dass viele Dinge, die wir in unserem Leben tun, von den Standortentscheidungen mitbestimmt sind, die andere getroffen haben. Darin äußert sich ein wichtiger Aspekt des sozialen Charakters der von Menschen geschaffenen Geographien.

Doch nicht nur die Wirtschaftsführer und Politiker legen diese Geographie fest. Wir alle machen auch unsere eigenen Geographien. Allerdings ist nicht jede Art des Geographie-Machens in gleichem Maße für andere konsequenzenreich. Verschiedene Personen weisen ganz unterschiedliche Gestaltungspotentiale auf. Doch alle »wirksamen« Geographen »tun zusammen alles das, was sich laufend, wenigstens zum Teil, im Landschaftsbild charakteristisch niederschlägt und was von hier aus schließlich auch Ausgangspunkt […] oder Registrierplatte der reinen wissenschaftlichen Geographie ist« (HARTKE, 1962, 116). Der wissenschaftlichen Geographie solle es ein vordringliches Anliegen sein, aufgrund der kulturlandschaftlichen Spuren die sozialen Prozesse zu erschließen, die dem alltäglichen Geographie-Machen zugrunde liegen.

Was in der bisherigen Geographie als »Kulturlandschaft« erforscht wurde, interpretiert HARTKE (1956, 268) als »der Form gewordene Teilniederschlag der geglückten oder mißglückten Spekulationen der Menschen […]. Das Ziel dieser spekulierenden Überlegungen ist das für die dauerhafte Sicherung der Existenz der menschlichen Gruppe in ihrer Umwelt möglichst zweckmäßige Verhalten in den kleinen und großen Entscheidungen des täglichen Lebens«. Entscheidungen sind somit nicht auf die Gestaltung der Kulturlandschaft gerichtet, sondern vielmehr auf die Existenzsicherung. Ein Teil der Folgen der entsprechenden Tätigkeiten nimmt materialisierte Form an. Nur diese sind beobachtbar. Die Kulturlandschaft ist als Registrierplatte beabsichtigter *und* unbeabsichtigter Folgen zu begreifen.

Betrachtet man die Kulturlandschaft als Registrierplatte menschlicher Tätigkeiten, dann ist im nächsten Schritt zu klären, auf welche Parameter sich die Menschen bei ihren Entscheidungen beziehen, welches die maßgebenden Gründe für ihre Tätigkeiten sind. Sind es die sozial-kulturellen, wirtschaftlichen Aspekte oder sind es letztlich doch gar die physischen Grundlagen, welche – ohne dass dies den Akteuren bewusst wird – die menschlichen Tätigkeiten determinieren?

Sozialgeographische Theorie der Ökologie

In der Geographie wird häufig – wie das auch sonst weit verbreitet ist – unter »Arbeit« die Transformation der Natur verstanden. Nimmt man diese enge Definition an, wird die Rekonstruktion ablaufender und abgelaufener gesellschaftlicher Vorgänge anhand kulturlandschaftlicher Indikatoren denkbar. Folglich erlangen dann auch die natürlichen Bedingungen erhöhte Aufmerksamkeit. Jedoch ist zu klären, welche Bedeutung den natürlichen Aspekten bei diesen Transformationsprozessen tatsächlich zukommt.

Zur Klärung dieser Frage entwickelt Hartke eine sozialgeographische Theorie der Ökologie, die sich von der naturwissenschaftlich-geographischen in wichtigen Punkten unterscheidet. Mit ihr greift Hartke eines der Gründerthemen der Sozialgeographie in Reclus' Tradition auf. Er übernimmt dessen Argumentationsrichtung Mensch-Natur, das heißt, er stellt nicht die Frage nach der menschlichen Determiniertheit durch die Natur, sondern nach der Art der Transformation der Natur.

Der Mangel der bisherigen »geomaterialistischen oder environmentalistischen« Position – wie Hartke (1956, 260) die traditionelle Geographie charakterisiert – war, »daß man nur naturgeographisch zu denken vermochte. Man ging von der Tatsache aus, daß die naturräumlichen Voraussetzungen, unter anderem Klima und Bodeneigenschaften konstant bleiben und argumentierte dann aus zwei Prämissen heraus: einmal, daß Mensch gleich Mensch sei und dann, daß der Mensch die feststehenden Eigenschaften der natürlichen Ausstattung des Raumes in feststehender Weise berücksichtigen müsse und nur so berücksichtigen könne.« Beide Prämissen sind für ihn vom sozialgeographischen Standpunkt aus unhaltbar. Zuerst sind die Bedingungen des Eingreifens in die Natur zu klären, dann ist der sozialen Differenzierung der »Mensch-Komponente« Rechnung zu tragen.

In Bezug auf die Bedingungen des Eingreifens in die Natur geht Hartke von der Prämisse aus, dass die Interpretation der Natur sozial bestimmt ist. Diese These wird damit begründet, dass jeder Mensch nicht nur an einer bestimmten Stelle der Erde geboren wird, sondern – und vor allem – auch immer in eine soziale Gruppe. Das Wissen, das eine Person erwirbt, die Fähigkeiten, die sich jemand aneignen kann, werden durch diese Gruppe erleichtert oder erschwert, in jedem Falle mitbestimmt. Jede Person wird mit den Erwartungen der anderen Gruppenmitglieder konfrontiert und durchläuft das, was man im Allgemeinen als Sozialisation bezeichnet. Wissen und Fähigkeiten, die sich jemand aneignen kann, und die entsprechenden menschlichen Tätigkeiten sind immer von Gruppenerwartungen mitbestimmt. Konsequenterweise ist auch das Wissen, das Menschen von der Natur haben und die Fähigkeiten, mit ihr umzugehen, von den sozialen Verhältnissen geprägt.

Jedes Handeln beruht aber auch auf Erwägungen. »Das Handeln kann den Spekulationen entsprechen oder nicht entsprechen. Es kann geglückt oder mißglückt sein«, wie sich Hartke (1959a, 426) ausdrückt. Jeder Mensch greift mit seinen Tätigkeiten unter Berücksichtigung der subjektiv interpretierten Werte und Normen seiner Zugehörigkeitsgruppe in die physische Welt ein. Er verwirklicht dabei jene Entwürfe und verwendet jene Mittel, die aus seiner Sicht den Erwartungen seiner Sozialgruppe entsprechen.

Daraus leitet Hartke die Folgerung ab, dass die verschiedenen Geofaktoren, das heißt die natürlichen Bedingungen, immer nur unter bestimmten ziel- und vor allem wertspezifischen Gesichtspunkten in die subjektiven Überlegungen einbezogen werden. Nicht der »Gesamtwert einer Landschaft, der im wesentlichen als feststehend gedacht und praktisch meist an den absoluten, wenig veränderlichen, natürlichen Gegebenheiten wie Fruchtbarkeit und Bodenschätzen gemessen« (Hartke, 1959, 428) wird, ist sozialgeographisch relevant, sondern »die ständig sich wiederholenden Bewertungsprozesse, die gegenüber den einzelnen Geofaktoren ihres Bereiches vorgenommen werden« (HARTKE, 1959, 428).

Bei den Eingriffen in die Natur ist demgemäß die *Bewertung* der natürlichen Tatsachen durch die Akteure, bzw. deren Interpretationen der natürlichen Bedingungen auf der Basis des verfügbaren Wissens, ausschlaggebend. Die Interpretationen hängen von den kulturellen Wertordnungen ab, auf die sich die Akteure jeweils beziehen, von den subjektiven Zielsetzungen der jeweiligen Tätigkeiten und von den verwendbaren technischen Möglichkeiten.

Jede Art der Nutzung der physischen Welt hängt demnach primär vom soziokulturellen Kontext ab, zu dem die Handelnden gehören: »Die Rolle der Geofaktoren bei der Verhaltens-Motivation wird bestimmt von der jeweils gültigen Wertordnung der betreffenden sozialen Gruppen« (HARTKE, 1959, 426). Unabhängig davon, ob die gruppenspezifischen Interpretationen den wirklichen oder vorgestellten Eigenschaften entsprechen, büßen sie »nichts an Realität für die die Landschaft prägenden Prozesse ein« (HARTKE, 1959, 427). Denn ausschlaggebend sind primär die Wertordnungen und nicht die ›an sich‹ bestehenden physischen Qualitäten. Daraus folgt, dass die »absoluten Eigenschaften der geographischen Räume von den in ihnen lebenden Sozialgruppen ständig nach ihren Wertmaßstäben neu bewertet [werden]. Dann erst wird entschieden, welchen Stellenwert die absoluten, womöglich meßbaren Eigenschaften der Geofaktoren, wie Bodeneigenschaften und Klimamerkmale, in der Wertskala der betreffenden Sozialgruppe erhalten« (HARTKE, 1961, 105).

Damit forderte HARTKE die Neuorientierung der geographischen Forschung von der Objektseite auf die Seite der gruppenspezifischen Wertungen und Bewertungen. Mit ihr ist der Wechsel von der Suche nach natürlichen Kausalbeziehungen zur Frage nach der Interpretation der natürlichen Gegebenheiten verbunden. Es wird klargestellt, dass die Erfassung der verschiedenen Geofaktoren in ihrer erdräumlichen Verbreitung zur Erklärung sozialer Tatbestände nicht ausreicht. Vielmehr ist es notwendig, die sozialen Verhältnisse und die Erwägungen der Mitglieder der verschiedenen Gruppen zu kennen.

Räumliche Beobachtung des sozialen Wandels

In Hartkes Analyse der sozialen Differenzierung der Mensch-Umwelt-Beziehung erlangt – wie bereits bei Bobek – die Sozialgruppe zentrale Bedeutung. Sein Hauptkriterium für die Unterscheidung von Sozialgruppen bezieht sich auf den Beruf bzw. die Art der wirtschaftlichen Tätigkeit. Zum »Mitglied« einer Sozialgruppe werden alle Personen, welche die gleiche Berufsbezeichnung aufweisen. Entsprechend wird zwischen den Sozialgruppen der »Bauern«, »Arbeiterbauern«, »Kleinbauern«, der »agrarischen Sozialgruppe« und »Arbeitern«, »Beamten«, »Hausierern« usw. unterschieden.

Diese Sozialgruppen weisen für Hartke klare regionale Begrenzungen auf. Sie sind nur innerhalb bestimmter Aktionsräume aktiv. Sein Ziel ist es, die »Grenzen der Reichweite der sozialgruppenmäßig bestimmten Arbeitsprozesse« bzw. die »Räume gleichen Verhaltens sozialer Gruppen« aufzudecken. Aus der behaupteten Tatsache, dass jeder Mensch in eine Sozialgruppe hineingeboren wird und jede Sozialgruppe auch regional begrenzt ist, schließt Hartke (1959, 427), dass auch »die Reichweite der gruppenmäßig bestimmten Einzelhandlungen gering« und somit regional oder gar lokal begrenzt ist.

An die Stelle der Verbreitungsanalyse verschiedener materieller Strukturelemente der Kulturlandschaft soll die Analyse der Bewertungen der Natur durch die sozialgruppenbestimmten Arbeitsprozesse treten. Erschlossen werden sollen diese Wertungsbereiche nun anhand der erwähnten kulturlandschaftlichen Indikatoren, des Spurenlesens etwa entlang der »Sozialbrache«. Hartke sieht in ihr einen hervorragenden Indikator zur Aufdeckung sozialer Prozesse und zur Bestimmung der Reichweite der Aktionsräume durch Raumbeobachtung.

Das Faszinierendste an der Sozialbrache ist für WOLFGANG HARTKE die Tatsache, dass mit ihr quasi alle Thesen der traditionellen naturalistischen Geographie widerlegt werden konnten. Die Brachlegung von landwirtschaftlichen Parzellen trat nicht im Zusammenhang mit einem Bevölkerungsrückgang auf, sondern – im Gegenteil – häufig mit einer starken Bevölkerungszunahme, sei es aufgrund von Wanderungsgewinnen (zum Beispiel Flüchtlingsströmen) oder eines natürlichen Bevölkerungswachstums. Auch fielen nicht die Parzellen mit schlechten Böden zuerst brach. »Nicht einmal immer die am weitesten vom Dorf entfernten Parzellen wurden zuerst aufgegeben« (HARTKE, 1956, 258). Oft ist das Gegenteil beobachtbar. Eine fruchtbare Parzelle in guter Lage liegt brach, während in unmittelbarer Nähe eine relativ unfruchtbare Parzelle weiter intensiv beackert wird. »Es zeigte sich [zudem], daß keineswegs das berühmte volkswirtschaftliche Gesetz der Wanderung des Bodens zum besten (Land-)Wirt wirksam war. Es trat vielmehr kein wesentliches Verkaufs- oder sogar kein Kaufangebot auf, das etwa eine Sortierung der Parzellen nach ihrer Qualität und eine Konzentration bei den besten Betrieben ermöglicht hätte« (HARTKE, 1956, 258).

Mit diesen empirisch vielfach bestätigten Befunden wird *erstens* die Postulierung jeder Form von Naturdeterminismus unhaltbar. *Zweitens* wird »Distanz« als Erklärungsfaktor hinfällig. Die *dritte* Widerlegung betrifft den Zusammenhang zwischen Bevölkerungsentwicklung und Flächenverbrauch bzw. Raumbedarf. Denn HARTKE kann zeigen, dass die Bevölkerungszunahme nicht zu stärkerer Bodennachfrage führen muss. Freilich ist diese Einsicht in kleinen überschaubaren Kontexten erzielt worden und man kann sie nicht undifferenziert auf globale Bevölkerungsverhältnisse übertragen. Doch sie geben den wichtigen Hinweis, dass diesbezüglich nicht unbesehen in kausalistischer Manier argumentiert werden kann. Denn die Veränderungen auf der technischen Ebene, die zu HARTKES Zeit insbesondere mit dem beschleunigten Übergang von der Agrar- zur Industriegesellschaft auszumachen waren, sind bei solchen Urteilen jederzeit in Rechnung zu stellen.

Ganz allgemein formuliert sind für die Widerlegung der drei identifizierten Behauptungen die sozialen Zusammenhänge verantwortlich, die »hinter« den beobachtbaren Tätigkeiten und Ergebnissen stehen. Im Falle der Sozialbrache betrifft dies die Feststellung, dass sich mit der Veränderung der sozialen Lage des Bodenbesitzers auch die Art der Bodennutzung ändert, unabhänig von den natürlichen Gegebenheiten. Mit dem »sozialen Standortwechsel« – etwa vom Landwirt zum Arbeiterbauern oder Industriearbeiter – ist häufig ein Wechsel der Wertordnungen verbunden. Die täglichen Entscheidungen über die angemessene Lebensform werden dann vom neuen Wertniveau aus getroffen. In dem Wertsystem der neuen Sozialgruppe hat »die naturräumlich erwiesene ›absolute‹ Fruchtbarkeit der Böden […] ihren Sinn verloren. Der Boden ist zwar bodenkundlich nach wie vor ›fruchtbar‹, doch […] in der sozialen Wertordnung […] hat der Boden seine ›Fruchtbarkeit‹ verloren […] und bleibt deshalb unbearbeitet liegen« (HARTKE, 1956, 261). Damit verweist HARTKE implizit auch darauf, dass die »bodenkundlich nachgewiesene Fruchtbarkeit« letztlich natürlich auch »nur« Ausdruck einer Wertung ist, nämlich der naturwissenschaftlichen. Folglich geht es bei genauerer Betrachtung seiner Argumentation um das Verhältnis von naturwissenschaftlicher und alltäglicher Wertung.

Einen neuen Wert erlangen die brachliegenden Böden als »Kapital«, als potentielles Bauland usw. Doch ist nicht mehr die – wie auch immer festgelegte – Fruchtbarkeit maßgebend für den Preis, sondern vielmehr die Marktsituation: Welche »Parzelle brach fällt, darüber entscheidet die Zugehörigkeit des Besitzers zu einer bestimmten Sozialgruppe« (HARTKE, 1956, 262).

Forschungsziele und -praxis

UM die Gebiete gleicher Bewertungen und gleichartigen Handelns gegenüber der Natur abgrenzend erfassen zu können, sind die erdräumlichen Grenzen und Reichweiten derartiger Handlungen zu bestimmen. Es soll festgestellt werden, welche Reichweiten die nachhaltige »Verfügungsgewalt oder gar die Verfügungsfreiheit der einzelnen Mitglieder der betreffenden Gruppe über die Geofaktoren« aufweisen, das heißt »die örtliche Reichweite der Teilnahme am Produktions- und Marktgeschehen« (Hartke, 1959, 427) soll umrissen werden.

Natürlich wird man – so Hartke – nie ein Gebiet finden, das völlig von seiner Umgebung abgeschlossen ist, das heißt in überhaupt keine überregionale Tätigkeit einbezogen ist: Auf der Erde dürfte es »nur ganz wenige Grenzen geben, die für alle sozialen Gruppen in gleicher Weise verbindlich sind« (Hartke, 1959, 427). Doch gibt es für ihn schwerpunktmäßig Gebiete, die für bestimmte Aktivitäten eher eine Einheit bilden als andere. Er geht davon aus, dass es starke Homogenisierungstendenzen gibt, sodass die Aufdeckung solcher Kammerungen als sinnvolle Aufgabe betrachtet werden könne. Aus diesen Überlegungen leitet Hartke schließlich die Zielsetzungen der sozialgeographischen Forschung ab.

Den Ausgangspunkt für die Abgrenzung »von Räumen gleichen sozialgeographischen Verhaltens« bildet die Überlegung, dass innerhalb solcher sozialgeographischer Räume »die Handlungen der Glieder der betreffenden Sozialgruppe Spuren hinterlassen, die die Einheitlichkeit der Aktionen der betreffenden menschlichen Gruppen widerspiegeln« (Hartke, 1959, 427). Gebiete, die eine bestimmte Homogenität derartiger Indikatoren aufweisen, werden als »Regionen gleichartigen Verhaltens« gegenüber der physischen Welt begriffen, bzw. als Räume, »in denen sich die beteiligten Sozialgruppen in typischer Weise gleich verhalten und von den benachbarten Räumen unterscheiden« (Hartke, 1959, 436).

Wolfgang Hartke formuliert zwei Aufgabenbereiche seiner sozialgeographischen Forschung. Der Erste bezieht sich auf die Zielsetzungen der sozialgeographischen Grundlagenforschung, der Zweite auf die Wissenschaftsanwendung in der Regional- und Raumplanung:

1. Beschreibung und Erklärung der Gliederung der Welt im sozialen Kontext, das heißt Erfassung und Erklärung der räumlichen »Kammerung« der Gesellschaft. Diese Aufgabe hält er (1959, 429) für umso wichtiger, als die Sozialwissenschaften den erdräumlichen Aspekt der gesellschaftlichen Wirklichkeit seiner Ansicht nach bisher aus ihren Betrachtungen ausgeschlossen haben. Nachdem diese »Kammerungen« des alltäglichen sozialen Lebens festgestellt sind, können die wissenschaftlichen Regionalisierungen darauf bezogen werden.

2. Gewinnung der »Gesetze menschlichen Zusammenlebens« (HARTKE, 1959, 427) mittels der Bestimmung sozialgeographischer Räume. Aus diesen Gesetzen sind schließlich im Rahmen der angewandten Geographie Aussagen für die Politik abzuleiten, sodass diese in regionalpolitische Maßnahmen umgesetzt werden können.

Die auf diese Zielsetzungen ausgerichtete Forschungspraxis ist ähnlich konzipiert wie jene der sozialgeographischen Landschaftsforschung. Die zwei zentralen Forschungstechniken sind Befragung und Eigentums- bzw. Nutzungskartierung landwirtschaftlicher Flächen. Letztlich geht es darum, den sozialen Wandel über die Veränderung der Besitz- und Nutzungsverhältnisse zu erschließen und ihn in seinen Äußerungsformen in Bezug auf das Gesellschaft-Raum-Verhältnis darzustellen.

Diskussion

HARTKES Auffassung vom Geographie-Machen eröffnet den Weg für eine engagierte sozialwissenschaftliche Geographie, welche politische Probleme erkennt und deren geographische Dimension zeigt. Zudem weist er erstmals darauf hin, dass die Sozialgeographie einen wichtigen Beitrag für die Friedensforschung leisten könnte. Gleichzeitig wird sichtbar, dass Staats- und Regionsgrenzen immer einen sozialen Charakter aufweisen bzw. als Ergebnis sozialer Prozesse zu begreifen sind.

Dies könnte vermuten lassen, dass HARTKE der raumzentrierten Sozialgeographie bereits definitiv und vollständig den Rücken gekehrt hat. Doch das ist nicht der Fall. Die Basisprämisse, die Kulturlandschaft als Registrierplatte für die Aufdeckung von sozialen Prozessen zu betrachten, ist zwar originell, aber in der Form, wie sie in sein Programm eingebettet ist, problematisch. So wäre zu klären, unter welchen Bedingungen es statthaft ist, von den Folgen einer Handlung auf deren Gründe und Verlauf zu schließen. Damit sozialgeographische Forschung zur Gesellschaftsforschung werden kann, ist beispielsweise genauer zu bestimmen, wann und wie unter Bezugnahme auf materialisierte Folgen Handlungen erklärt werden können.

Ein weiteres Problem betrifft die mangelnde Differenziertheit der Analysekriterien in sozialer Hinsicht. Die Bildung von sozialgeographischen Gruppen reicht nicht aus, um das Wissen über die soziale Welt entscheidend zu verbessern. Dies ist ein Problem, das auch von HARTKE selbst erkannt wurde. In einer längeren mündlichen Intervention am Deutschen Geographentag in Köln sagte er 1961: »Was wir haben [...] betrachten können, das sind nicht einmal Sozialgruppen i. e. S. Wir wissen sehr genau, daß wir uns haben behelfen müssen« (HARTKE, 1962, 179). Nicht Gruppen an sich oder für sich können handeln, sondern nur Subjekte, und zwar unter jeweils spezifischen sozialen, kulturellen und materiellen Bedingungen. Zudem ist es in den meisten Fällen wichtig, genauer zu wissen, in welcher sozialen Position eine Person handelt, als lediglich ihre Zugehörigkeitsgruppe zu kennen. Damit ist gemeint, dass mit der Bezugnahme auf Berufsgruppen ein zu grobes Raster angelegt wird, um diese Rückschlüsse auf differenzierte Weise zu ermöglichen.

Die widersprüchliche Verankerung im raumzentrierten Blick ist HARTKE (1962, 79) nicht entgangen: »Wir sind in der Sozialgeographie, wie mir scheint, noch keineswegs am Kern bei dem Versuch, die Zusammenhänge zwischen Raumbildung und Gesellschaft zu klären und in ein System zu bringen« (HARTKE, 1962, 179). Er hat aber mit dem Hinweis auf den Primat der sozialen Bestimmungsgründe menschlicher Tätigkeiten einen wichtigen Schritt in diese Richtung getan. Seine Verfangenheit in der raumzentrierten Argumentation – die in der Geschichte der Geographie so häufig zu beobachten ist – äußert sich auch darin, dass die wissenschaftliche Regionalisierung letztlich auf räumliche Reichweiten angelegt ist. Diese sollen anhand von kulturlandschaftlichen Indikatoren erschlossen werden.

Selbst wenn man das komplizierte Verfahren abkürzt, indem man die Reichweiten der alltäglichen, periodischen und episodischen Aktivitäten bei den Akteuren direkt erfragt, handelt es sich letztlich um ein einseitiges, reduktionistisches Verfahren. Wenn man, wie HARTKE, davon ausgeht, dass Regionen Ausdruck alltäglicher sozialer Interpretationsprozesse und nicht physischer Art sind, so würde das Verfahren voraussetzen, dass sich das Soziale vollständig räumlich abbilden lässt. Da dies offensichtlich nicht der Fall ist, widerspricht sein wissenschaftliches Regionalisierungsverfahren der eigenen Argumentation in weiten Teilen. Dies hat vor allem folgende zwei Gründe:

Der *erste Grund* besteht in der Konzentration auf traditionelle, geographisch-kartographische Methoden. Die Fixierung auf kartierbare Gegebenheiten als Ausgangs- und Endpunkt sozialgeographischer Forschung impliziert offensichtlich die, wenn auch nicht durchweg materialistische, so doch reduktionistische Tendenz sozialgeographischer Regionalisierung.

Ein *zweiter Grund* ist darin zu sehen, dass er die Thematik der Regionalisierung mit der Mensch-Umwelt-Beziehung verknüpft und über die Rekonstruktion der Aktionsreichweiten gleichzeitig die Unhaltbarkeit des Natur- bzw. Geodeterminismus nachweisen will. Wenn ihm das Zweite eindrücklich gelingt, so wirkt diese enge Verknüpfung für die Regionalisierungsthematik jedoch äußerst problematisch. Ihm geht es nämlich auch darum, die erdräumliche Kammerung der Gesellschaft aufgrund gleichförmiger Eingriffe der Sozialgruppen in die Natur nachzuweisen. Mit dieser These ist er doppelt an das Forschungskonzept der traditionellen Geographie zurückgebunden: einerseits über die landschaftlich beobachtbaren Indikatoren gleichmäßiger Naturtransformation in der Begrifflichkeit von Geofaktoren (»Verfügungsgewalt oder gar die Verfügungsfreiheit der einzelnen Mitglieder der betreffenden Gruppe über die Geofaktoren«), andererseits geht er davon aus, dass das Ausmaß der Kontrolle über die Geofaktoren »die *örtliche* Reichweite der Teilnahme am Produktions- und Marktgeschehen« bestimmt.

In beiden Rückbindungen finden zwei für die traditionelle Geographie typische Grundannahmen ihren Ausdruck. Beide beziehen sich auf traditionelle Gesellschaften und deren raum-zeitliche Verankerung. Gemeint ist, dass sich in der methodischen Konzeption der Analyse des Geographie-Machens die Vorstellung der »Naturverankertheit« der Gesellschaft und der räumlichen Begrenzung des Gesellschaftlichen äußert. Obwohl HARTKE in der theoretischen Argumentation den ersten Punkt heftig bekämpft und den zweiten explizit abschwächt, bauen das methodische Konzept und weitgehend auch die beiden Hauptzielsetzungen der Forschungspraxis auf diesen beiden Prämissen auf.

Besonders deutlich sind diese Unzulänglichkeiten im Zusammenhang mit dem Forschungsprojekt »Regionale Bewußtseinsräume« geworden, das in der zweiten Hälfte der 1980er-Jahre – durchaus im Sinne von HARTKES zweiter Zielsetzung, der Bestimmung sozialgeographischer Räume – von HANS HEINRICH BLOTEVOGEL, GÜNTER HEINRITZ & HERBERT POPP (1986; 1987) initiiert worden war. Die Kernidee dieser Forschungsrichtung besteht darin, räumliche Abstufungen des Regionalbewusstseins darzustellen, »Räume gleichen Regionalbewußtseins« (BLOTEVOGEL et al., 1987, 410) aufzudecken. In der kritischen Diskussion dieses Vorhabens ist – vor allem von GERHARD HARD (1987a; 1987b) – deutlich gemacht worden, dass es keine Möglichkeit gibt, immaterielle Gegebenheiten wie Bewusstseinszustände in räumlichen Kategorien zu erforschen oder darzustellen.

Insgesamt kann man festhalten, dass HARTKE die Bedeutung sozialer, alltagsweltlicher Regionalisierungen erkannte und auch sah, dass sich die wissenschaftliche Regionalisierung durch die Geographen nicht auf naturräumliche Gliederungen beziehen darf, wenn sie nicht der Blut-und-Boden-Ideologie verfallen will. Doch seine theoretische Durchdringung und die von ihm verwendete Konzeption der sozialen Welt zusammen mit der teilweise verbleibenden Raumzentriertheit ermöglichten ihm kein vertieftes Verständnis des »sozialen Charakters der Regionen« und der Bedeutung von Regionalisierungen für die soziale Welt.

Fachhistorisch wurde HARTKES Konzeption schließlich von der so genannten »quantitativen Revolution« der raumwissenschaftlichen Geographie überlagert, die konzeptionell in eine andere Richtung wies. Nicht die wissenschaftliche Rekonstruktion und Analyse der alltäglichen Formen des Geographie-Machens bzw. alltägliche Regionalisierungen standen dort konzeptionell und methodisch im Zentrum, sondern vielmehr die Konstruktion wissenschaftlicher Regionalisierungsverfahren. Darauf wird in Kapitel 9 eingegangen.

Merkpunkte

1

HARTKE vollzieht mit seinem Ansatz für die Sozialgeographie die entscheidende Wende in Richtung sozialwissenschaftlicher Geographie. Er wendet sich von dem Forschungsgegenstand »Landschaft« ab und richtet die wissenschaftliche Aufmerksamkeit auf die menschlichen Aktivitäten bzw. deren sozio-kulturelle Hintergründe.

2

Mit seiner Konzeption der Angewandten Sozialgeographie versucht er, in die den Raum betreffenden politischen Entscheidungen einzugreifen. Geographische Erkenntnisse sollen eine Fortsetzung der Politik mit friedlichen Mitteln ermöglichen.

3

Die Kulturlandschaft wird als Registrierplatte der menschlichen Tätigkeiten betrachtet, auf welcher Spuren abgebildet sind. Diese werden als Indikatoren für bestimmte soziale Prozesse interpretiert.

4

Bei den Mensch-Umwelt-Beziehungen ist von zentraler Bedeutung, wie die Natur vom Menschen bewertet wird. Denn jeder Mensch greift mit seinen Tätigkeiten immer in Bezug auf die in seiner Zugehörigkeitsgruppe vorherrschenden Werte und Normen in die physische Welt ein.

5

Die Wirkungskreise der sozialgeographischen Gruppen weisen eine regionale Begrenzung auf. Sie umschließen ihre spezifischen Aktionsräume und die »Räume gleichen sozialgeographischen Verhaltens«.

6

Anhand der Erforschung dieser Aktionsräume sollen Gesetze des menschlichen Zusammenlebens erkannt und Regionen sinnvoll voneinander abgrenzbar gemacht werden.

Weiterführende Literatur

FREUND, B. (1993): Sozialbrache – Zur Wirkungsgeschichte eines Begriffs. In: Erdkunde, 47. Jg., Heft 1, 12 - 24

HARD, G. (1995): Spuren und Spurenleser. Osnabrück

HARD, G. (1987a): »Bewußtseinsräume«. Interpretationen zu geographischen Versuchen, regionales Bewußtsein zu erforschen. In: Geographische Zeitschrift, 75. Jg., Heft 3, 127 - 148

HARTKE, W. (1959): Gedanken über die Bestimmung von Räumen gleichen sozialgeographischen Verhaltens. In: Erdkunde, 13. Jg., Heft 4, 426 - 436

HARTKE, W. (1956): Die »Sozialbrache« als Phänomen der geographischen Differenzierung der Landschaft. In: Erdkunde, 10. Jg., Heft 4, 257 - 269

KLINGBEIL, D. (1978): Aktionsräume im Verdichtungsraum. Zeitpotentiale und ihre räumliche Nutzung. Münchner Geographische Hefte, Nr. 41, München

PAASI, A. (2002): Bounded spaces in the mobile world. Deconstructing regional identity. In: Tijdschrift voor economische en sociale geografie 93, 2, 137 - 148

REUBER, P. (1999): Raumbezogene politische Konflikte. Konfliktforschung am Beispiel von Gemeindegebietsreformen. Stuttgart

8 Bedürfnisse und Raum

»Die Zoneneinteilung wird Ordnung in das Gebiet der Stadt bringen, indem sie die Schlüsselfunktionen berücksichtigt: wohnen, arbeiten, sich erholen. Der Verkehr, die vierte Funktion, darf nur ein Ziel haben: die drei anderen nutzbringend in Verbindung zu bringen. Große Umwälzungen sind unvermeidlich. Die Stadt und ihr Gebiet müssen mit einem Verkehrsnetz versorgt werden, das – den Nutzungen und den Zwecken exakt angeglichen – die moderne Technik des Verkehrs begründen wird. Man muß die Verkehrsmittel klassifizieren und unterscheiden und für jede Art eine Fahrbahn schaffen, die der Natur der benutzten Fahrzeuge entspricht. Der so geregelte Verkehr wird zu einer geordneten Funktion, die der Struktur der Wohnung oder derjenigen der Arbeitsstätten keinerlei Gewalt antut.«

(Charta von Athen, 1942, § 81)

DIES ist eine der meistzitierten Textstellen der Charta von Athen, dem Manifest des modernen Städtebaus, das zwischen 1928 und 1938 unter der Federführung des Architekturtheoretikers und Urbanisten LE CORBUSIER entstanden ist und 1942 publiziert wurde. Das Ziel dieser Charta besteht darin, beim Umbau der mittelalterlichen Städte den Konsequenzen der Moderne Rechnung zu tragen, die Städte auf die modernen Lebensweisen abzustimmen und einen neuen urbanen Lebenskontext zu schaffen. In einem damit verbundenen Slogan war in den 1960er- und 1970er-Jahren die Rede von der autogerechten Stadt. Die 98 Paragraphen der Charta umfassen eine konzeptionelle Anleitung für den Bau der »funktionellen Stadt«, die alle Lebensbereiche gleichmäßig berücksichtigt. Sie stellen eine Programmschrift der funktionellen Stadtplanung dar.

Wie das Zitat zeigt, zielt der Anspruch der Transformation städtischer Wirklichkeiten insbesondere auf die Neuordnung der räumlichen Lebensbedingungen. Dabei tritt eine funktionale Betrachtungsweise, das heißt eine bedürfniszentrierte Weltsicht auf den Plan. Parallel dazu war auch in der Geographie eine Denkrichtung im Entstehen, die man heute als »funktionale Phase« bezeichnet. Zum besseren Verständnis ist es wichtig darauf hinzuweisen, dass diese Betrachtungsweise zuerst in der Biologie und Physiologie entstanden ist und später dann auf die sozial- und kulturwissenschaftliche Forschung übertragen wurde. Wie zuvor Sozialdarwinismus und Geodeterminismus steht auch der Funktionalismus in der Tradition des Anspruchs, die Sozial- und Kulturwissenschaften – dem Ideal der Einheitswissenschaft entsprechend – nach naturwissenschaftlichem Vorbild zu entwickeln.

Interdisziplinarität funktionalen Denkens

Die Auffassung, dass man menschliche Tätigkeiten als Ausdruck von Bedürfnissen verstehen kann, ist über Geographie und Architektur hinaus weit verbreitet. Im *Alltag* sagt man häufig: »Ich hatte dieses oder jenes Bedürfnis, deshalb habe ich dieses oder jenes getan« oder konkreter: »Ich habe das Bedürfnis mich zu erholen, deshalb fahre ich jetzt in den Urlaub.« In den *Sozialwissenschaften* wurde die bedürfniszentrierte Betrachtungsweise menschlicher Tätigkeiten von den so genannten Funktionalisten eingeführt. Emile Durkheim erarbeitete dafür die Grundlagen in der Soziologie; der britische Sozialanthropologe Bronislaw Malinowski entwickelt in den 20er und 30er Jahren des 20. Jahrhunderts eine systematische Theorie zur funktionalistischen Erforschung fremder Kulturen und Gesellschaften. Er geht davon aus, dass man alle bestehenden Kulturformen als spezifische Formen der Befriedigung menschlicher Grundbedürfnisse begreifen kann. Dabei unterscheidet er zwischen primären biologischen Bedürfnissen (Hunger/Essen, Erholung/Schlafen, Geschlechtstrieb/Sexualität usw.) und kulturell überformten Bedürfnissen (gesetzgeberische, religiöse, ethische usw.). Jede Kultur wird als besonderer Ausdruck der Interpretation und Veräußerung dieser beiden Arten von Bedürfnissen gesehen.

Die sozialwissenschaftlichen Forschungsprinzipien der funktionalen Analyse, die in den 1950er- und 1960er-Jahren insbesondere von den amerikanischen Soziologen TALCOTT PARSONS (1952) und ROBERT MERTON (1963) ausformuliert wurden, können auf drei Hauptpunkte zusammengefasst werden:

1. sollen die notwendigen Erfordernisse angegeben werden, die erfüllt werden müssen, wenn das Ganze weiterhin bestehen soll.
2. ist nachzuweisen, dass die erfassten Einzelteile tatsächlich diejenigen Leistungen erbringen, welche den Erfordernissen des Ganzen entsprechen.
3. soll gezeigt werden, dass die thematisierten Einzelteile nicht durch andere ersetzt werden können, ohne dass der Bestand des Ganzen gefährdet wird.

Funktionale Erklärungen laufen konsequenterweise darauf hinaus, die Existenz eines Elementes durch seine Leistung für das Ganze zu begründen. Ein Element gilt dann als erklärt, wenn man seinen Leistungsbeitrag, seine Funktion für das Ganze angeben kann bzw. wenn man die Zielrichtung seiner Leistung – und die damit erfolgende Zuordnung – empirisch angemessen erfasst hat. Was dabei als Element gelten soll, hängt von der Art der Identifizierung des Ganzen ab. Es kann sich gemäß der funktionalistischen Denkweise beispielsweise um die Religion, das Geld oder eine Stadt handeln, je nachdem ob man das Ganze als eine Gesellschaft, eine Wirtschaft oder ein Siedlungsnetz betrachtet. Insgesamt ist unter funktionalem Denken eine Betrachtungsperspektive zu verstehen, der es darum geht, eine Menge von Elementen unter dem Gesichtspunkt ihrer Funktion für das Ganze auf verschiedenen analytischen Ebenen miteinander in Beziehung zu bringen und ihre Verschiedenheit unter einer einheitlichen Bezugskategorie (einem Bezugspunkt) derart zu ordnen, dass die Elemente vergleichbar werden.

In der *Sozialgeographie* und in der *Architektur* wird die bedürfniszentrierte Betrachtungsweise auf den Raum übertragen. Die entsprechende Denkweise kann unter Bezugnahme auf die oben angeführten Beispiele wie folgt illustriert werden. Wenn wir Bedürfnisse haben, dann brauchen wir zu deren Befriedigung auch bestimmte »Räume« oder Flächen: für das Bedürfnis der Erholung beispielsweise Schlafräume, Unterhaltungsräume, Urlaubsräume usw., für das religiöse Bedürfnis Kirchen, Moscheen oder andere funktionell bestimmte religiöse Stätten.

Wie wir gesehen haben, war HANS BOBEK der erste Sozialgeograph, der Kulturlandschaftsformen auf (sechs) sozialgeographisch relevante menschliche Grundbedürfnisse zurückführen wollte. Die Erklärung der Kulturlandschaft soll nach BOBEK dadurch erreicht werden, dass man die beobachtbaren Formen an die Art der Funktionsverwirklichung durch eine der sozialgeographischen Gruppen zurückbindet. Nach LE CORBUSIER sollen die vier Grundbedürfnisse (»fonctions d'Être«) »Wohnen«, »Erholung«, »Arbeit« und »Verkehr« die Leitkriterien der Planung/Gestaltung einer Stadt abgeben. Seine funktionale Stadtplanungstheorie verlangt, dass Stadtentwicklung nicht Ausdruck der Eigeninteressen und des Profitstrebens Einzelner sein soll, sondern auf die Befriedigung der menschlichen Grundbedürfnisse an sich auszurichten ist.

Damit ist die räumliche Gestaltung der Lebensbedingungen im Sinne der Funktionalisten dem tiefgreifenden Konflikt zwischen Privatinteressen und funktionellen Erfordernissen ausgesetzt. Die normativen Forderungen von Planungskonzeptionen orientieren sich an biologisch/physiologischen Bedürfnissen, welche für Menschen – unabhängig von ihrem sozialen Status – für allgemein gültig erklärt und zur politischen Maßgabe gemacht werden:

1. Die Wohnungen sollen den hygienischen Anforderungen des menschlichen Körpers genügen (saubere Luft, ausreichende Sonnenbestrahlung, wenig Lärm, Geräumigkeit usw.).
2. Das Stadtgebiet soll über genügend Raum zur Erholung verfügen.
3. Die Arbeitsplätze sollen so bestellt sein, dass sie dem natürlichen Charakter menschlicher Aktivitäten entsprechen.
4. Die Verkehrswege sind so anzuordnen, dass die Flächen, auf denen die übrigen Bedürfnisse befriedigt werden, eine optimale Verbindung aufweisen.

Diese Forderungen sind nach LE CORBUSIER deshalb notwendig geworden, weil die industrielle Produktionsweise die ungehinderte Befriedigung dieser »Schlüsselfunktionen« im urbanen Bereich gefährdet und weil die historischen Stadtgrundrisse dem technologischen Stand des mechanisierten Verkehrs nicht mehr entsprechen. Deshalb sind den verschiedenen Funktionen je spezifische Nutzflächen zuzuordnen. Aus dieser Bedürfniszentrierung resultiert eine räumliche Entmischung der Funktionen. Diese Entmischung soll dafür sorgen, dass von den Stadtbewohnern alle vier Grundfunktionen in optimaler Weise und ohne gegenseitige Beeinträchtigung befriedigt werden können.

Das entsprechende Planungskonzept ist für die Stadtpolitik der meisten europäischen Städte heute immer noch wegweisend. Stadtordnungspläne – insbesondere Bau- und Zonen-Ordnungen bzw. Baunutzungsverordnungen, aber auch Flächennutzungs- und Regionalpläne – sind nach bedürfnisbezogenen Kategorien angelegt. Diese sollen festlegen, welche Flächen für Wohn- und Arbeitsfunktion vorzusehen und welche für die Erholung freizuhalten sind. Im entsprechenden Bebauungsplan geht es darum, in welcher Form Arbeits- und Wohnfunktionen kombiniert werden sollen, welche Verhältniszahlen diese aufweisen sollen und welche Formen des Arbeitens (Industrie, Dienstleistungen, Gewerbe) über die Bereitstellung von Nutzflächen an welchem Ort erhalten und gefördert werden sollen.

Damit wird ersichtlich, dass Raumordnungspolitik als Teilbereich der Gesellschaftspolitik zu sehen ist, über den bestimmte Tätigkeiten ermöglicht und andere über territoriale Regelungen verhindert werden. »Raumplanung« schließt demzufolge auch immer Tätigkeitsplanung ein. Die darin eingelassenen Verhältnisse von »Gesellschaft und Raum« sowie »Politik und Planung« sind die Kernthemen der bedürfniszentrierten, funktionalistischen Sozialgeographie. Die Analyse und Erklärung des Gesellschaft-Raum-Verhältnisses ist Aufgabe der wissenschaftlichen Sozialgeographie, Politik und Planung das Aufgabenfeld der Angewandten Sozialgeographie.

In sozialhistorischer Hinsicht ist bemerkenswert, dass die funktionalistische Sozialgeographie – wie die funktionale Stadtplanung – in einem spezifischen Spannungsfeld von alltäglichen Problemsituationen und wissenschaftlicher Theorieentwicklung entstanden ist. Bei der Stadtplanung baute sich das Spannungsfeld zwischen historischer Stadt und fortschreitendem Industrialisierungsprozess auf. Bei der funktionalistischen Sozialgeographie entstand es zwischen wissenschaftlichen und planungsorientierten Aufgaben. Die Angewandte Sozialgeographie, wie sie von WOLFGANG HARTKE gefordert wurde, war – im Zusammenhang mit dem Wiederaufbau Deutschlands nach dem Zweiten Weltkrieg – von Anfang an auch auf Planungsaufgaben und Planungsideologie ausgerichtet.

Nach dem Abschluss der Aufbauarbeiten in den späten 1960er-Jahren kam die Entwicklung des Wohlfahrtsstaates hinzu. Mit ihr ist eine nationalstaatlich gelenkte Modernisierungspolitik verbunden, welche die »Schaffung gleichwertiger regionaler Lebensbedingungen« (Bundesraumordnungsgesetz §1) einschloss. Damit verbunden war die Forderung nach regional ausgewogenen Verhältnissen bei der infrastrukturellen Ausstattung. Um die planerische Aufgabe wahrnehmen zu können, waren zuerst wissenschaftliche Bestandsaufnahmen erforderlich. Die Aufgabenfelder der wissenschaftlichen und der Angewandten Sozialgeographie waren auf diese neuen Herausforderungen abzustimmen.

Das sozialgeographische Aufgabenfeld

Bei der Verknüpfung von Bedürfnissen und Raum in Sozialgeographie und Architektur kann man zwei Tendenzen feststellen: eine rekonstruktiv-analytische und eine konstruktiv-planerische. In der *rekonstruktiven Ausrichtung* geht es darum, eine bestehende Kulturlandschaft zu erklären, indem man deren Herstellungsprozesse aufzeigt. Daran kann die entsprechende Bestandsaufnahme der infrastrukturellen Ausstattung anschließen. Die konstruktiv-planerische Richtung stellt normative Forderungen auf, deren Erfüllung die *ausgewogene* Befriedigung der menschlichen Bedürfnisse erlauben soll. Daran soll sich die Planungspraxis orientieren.

Die Maxime, unter Bezugnahme auf menschliche Bedürfnisse Raumforschung und Raumplanung zu betreiben, wird Ende der 1960er-Jahre von der so genannten »Münchner Sozialgeographie« aufgegriffen und zu einem bis dahin am weitesten gediehenen Analyse- und Planungskonzept der Sozialgeographie ausgearbeitet. Als »Münchner Konzeption der Sozialgeographie« gelten vor allem jene Publikationen, Forschungen und Planungsarbeiten, die am Institut für Wirtschaftsgeographie der Universität München insbesondere von Karl Ruppert und Franz Schaffer sowie von Jörg Maier und Reinhard Paesler nach 1969 durchgeführt und publiziert wurden.

Die Münchner Konzeption wurde sowohl in forschungspolitischer wie auch in raumplanerischer und didaktischer Hinsicht in den 1970er- und 1980er-Jahren äußerst einflussreich, wenn auch immer kontrovers diskutiert. Insgesamt wird mit ihr der Anspruch verknüpft, die Vorschläge der funktionalen Phase, das Werk Hans Bobeks und jenes von Wolfgang Hartke zusammenzuführen und unter neuen sozialpolitischen und urbanen Verhältnissen fruchtbar zu machen.

Während Bobeks Landschaftsgeographie und Hartkes Indikatorenansatz als rekonstruktiv-analytische Forschungsansätze vor allem bei der Erforschung ländlicher Gebiete zur Anwendung kamen, gehen Ruppert & Schaffer (1969, 208) davon aus, dass sich eine sozialgeographische Forschungskonzeption auch »der Verflechtung und Differenzierung menschlicher Lebensbereiche« in »komplexen Kulturlandschaften, wie etwa der Stadt« zuwenden muss. Und dafür sehen sie in der funktionalen Betrachtungsweise der architektonischen Tradition das geeignete Mittel.

»Funktion« bedeutet in diesem Zusammenhang soviel wie »Aktivität« bzw. »Daseinsentfaltung«. Nachdem LE CORBUSIER für die Stadtplanung vier Schlüsselfunktionen benannte, erachten es die Münchner Sozialgeographen für notwendig, die *sozialgeographisch relevanten* Grundformen der menschlichen Daseinsäußerung zu identifizieren. Bei der Festlegung dieser »Grunddaseinsfunktionen« werden zuerst die Anforderungen formuliert, welche die zu berücksichtigenden Aktivitäten zu erfüllen haben. Diese müssen *erstens* unabhängig von der sozialen Schichtzugehörigkeit von allen Menschen verwirklicht werden. *Zweitens* sollen sie zeitlich und räumlich messbar sein. *Drittens* ist nur jenen bedürfnisbefriedigenden Daseinsäußerungen Aufmerksamkeit zu schenken, welche »Raumwirksamkeit« aufweisen. Damit ist gemeint, dass für deren Verwirklichung räumlich beobachtbare Einrichtungen notwendig sind, und diese Aktivitäten auch räumliche Spuren hinterlassen. *Viertens* sollen alle »raumwirksamen« Tätigkeiten der Menschen einer der berücksichtigten Grunddaseinsfunktionen zugeordnet werden können. Damit wird vom entsprechenden Katalog die vollständige Erfassung aller raumwirksamen, menschlichen Tätigkeiten gefordert.

Einen solchen Katalog von Grunddaseinsfunktionen hat DIETER PARTZSCH (1964; 1970) für konstruktiv-planerische Zwecke bereits vorgelegt. Nach ihm sind für zeitgenössische Gesellschaften die in Abbildung 10 dargestellten sieben Grunddaseinsfunktionen relevant.

Die entsprechenden Raumansprüche sind über die Orts-, Regional- und Landesplanung derart zu ordnen, dass »der gesellschaftliche Zustand des funktionellen Unausgeglichenseins« (PARTZSCH, 1964; 4) beseitigt wird bzw. wieder ein ausgewogenes, den legitimen Erwartungen und Ansprüchen der Gesellschaft entsprechen-

Das sozialgeographische Aufgabenfeld

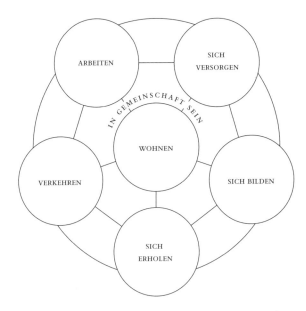

Abbildung 10 *Daseinsgrundfunktionen* (aus: PARTZSCH, 1964, 10)

des Verhältnis erreicht. Derart soll ein optimales Funktionieren der wohlfahrtsstaatlichen Gesellschaft ermöglicht werden.

Genau dieser Katalog planungsrelevanter Daseinsäußerungen wird von RUPPERT & SCHAFFER in rekonstruktiv-analytischer Hinsicht verwendet, um auch die Landschaften moderner, insbesondere urbaner Verhältnisse erforschen zu können. Sie gehen davon aus, dass jede Grunddaseinsfunktion je spezifische Raumansprüche aufweist und »verortete« Einrichtungen verlangt (wie Wohnhäuser, Fabrikhallen/Bürohäuser, Kaufhäuser/Läden, Freizeitanlagen, Wege /Straßen, Plätze). Demzufolge kann man die Kulturlandschaft als »ein komplexes Gefügebild räumlicher Strukturmuster der erwähnten Daseinsfunktionen der Gesellschaft eines Gebietes« (RUPPERT & SCHAFFER, 1969, 209) begreifen. Die rekonstruktive Aufgabe der Sozialgeographie ist es, die räumlichen

Karl Ruppert

Am 15. Januar 1926 in Offenbach/Main geboren, studiert ab 1946 an der Universität Frankfurt am Main Mathematik, Physik und Geographie. 1950 wird er wissenschaftliche Hilfskraft am Geographischen Institut in Frankfurt, wo er WOLFGANG HARTKE begegnet, bei dem er 1952 mit der Dissertation »Die Leistung des Menschen zur Erhaltung der Kulturböden im Weinbaugebiet des südlichen Rheinhessens« promoviert und im gleichen Jahr mit ihm an das Geographische Institut der Technischen Hochschule München wechselt, wo er zwölf Jahre als wissenschaftlicher Assistent und Hochschuldozent tätig ist. 1959 wird er mit der Schrift »Die Bedeutung des Weinbaus und seiner Nachfolgekulturen für die sozialgeographische Differenzierung in Bayern« habilitiert. 1964 wird er mit der Vertretung des Ordinariats für Wirtschaftsgeographie an der Universität München betraut und nimmt 1965 den Ruf dieser Universität an.

Abbildung aus: GOPPEL K. & F. SCHAFFER (Hrsg.) (1991): Raumplanung in den 90er Jahren, Augsburg, 4

Auswahlbibliographie

Der Wandel der sozialgeographischen Struktur im Bilde der Landschaft. In: Die Erde, Heft 1, 1955, S. 53-62

Zum Standort der Sozialgeographie (Hrsg.). München 1968

Zur Konzeption der Sozialgeographie. In: Geographische Rundschau, 21. Jg., Heft 6, 1969, S. 205-214 (gemeinsam mit SCHAFFER)

Sozialgeographie. Braunschweig 1977 (zusammen mit J. MAIER, R. PAESLER und F. SCHAFFER)

Anordnungsmuster mit ihren regionalen Differenzierungen zu registrieren und zu erklären.

Für die Erklärung sollen nicht einzelne Individuen als Träger der Grunddaseinsfunktionen betrachtet werden, sondern die entsprechenden sozialgeographischen Gruppen. Denn Menschen – so RUPPERT & SCHAFFER – werten und reagieren bei der Verwirklichung dieser Grundfunktionen nicht isoliert voneinander, sondern sind eingebunden in einen bestimmten Sozialzusammenhang. Aus diesen Überlegungen ging die »Münchner« Definition der Sozialgeographie hervor: »*Die Sozialgeographie ist die Wissenschaft von den räumlichen Organisationsformen und raumbildenden Prozessen der Grunddaseinsfunktionen menschlicher Gruppen und Gesellschaften*« (RUPPERT & SCHAFFER, 1969, 210). Sie ist »gleichsam die methodische Neuorientierung der Anthropogeographie, die alle Teilbereiche der Geographie des Menschen gleichermaßen zu erfassen hat« (RUPPERT & SCHAFFER, 1969, 205).

Es dürfte offensichtlich sein, dass diese Definition in dieselbe Richtung zielt, wie die – in Kapitel 5 vorgestellte – Forschungslogik des funktional-strukturellen Ansatzes. Wie dieser umfasst sie eine strukturale und eine prozesshafte Komponente. »Die strukturale Komponente […] zielt auf die Erfassung und Erklärung der regional differenzierten Gesellschaftsstrukturen und unterschiedlich ausgeprägten räumlichen Muster der Daseinsfunktionen der sozialen Gruppen bzw. der Gesellschaften. […] Die prozesshafte Komponente lenkt das Interesse auf die Entstehung neuer bzw. auf die Abwandlung bestehender Raumstrukturen« (MAIER et al., 1977, 22).

Jede einzelne Landschaft wird damit als Prozessfeld verstanden, auf dem die Gruppen »gewordene Strukturen« reproduzieren, abwandeln oder neu hervorbringen. Die beobachtbaren Kulturlandschaften mit ihren Strukturmustern werden als »geronnene Durchgangsstadien« früher verwirklichter Daseinsentfaltungen interpretiert.

Mit dieser Definition werden zwei Themenbereiche ins Zentrum der sozialgeographischen Aufmerksamkeit gestellt. *Erstens* soll die wissenschaftliche Sozialgeographie das Verhältnis von sozialen und räumlichen Prozessen untersuchen, womit eine Dynamisierung der Analyse des Gesellschaft-Raum-Verhältnisses erreicht werden soll. *Zweitens* wird die Abgrenzung von sozialgeographischen Räumen thematisiert, die – wie zuvor bereits von HARTKE postuliert – insbesondere für die Angewandte Sozialgeographie von besonderer Bedeutung sein soll. Diese zwei Hauptaufgaben sind zuerst zu erschließen, bevor dann die vorgestellte Definition der Sozialgeographie und das darin angesprochene Verhältnis von »Struktur« und »Prozess« diskutiert werden.

Soziale und räumliche Prozesse

IN der Münchner Sozialgeographie geht man davon aus, dass sich räumliche Strukturen keineswegs gleich schnell verändern wie soziale Phänomene. Räumliche Strukturen zeichnen sich im Vergleich zu den sozialen durch das »Prinzip der Persistenz«, das heißt der Beharrung, aus. Diese »Verzögerungen« ergeben sich vor allem aus den hohen Investitionskosten. »Mit allen Investitionen in Form von Wohn-, Arbeits-, Versorgungs-, Bildungs-, Erholungs-, Gemeinschafts- und Verkehrseinrichtungen, schränkt die Gesellschaft ihre eigene Handlungsfreiheit in erheblicher Weise selbst ein« (MAIER et al., 1977, 79). Denn die mit ihnen verbundenen Investitionsleistungen sind zu hoch, als dass man sie im Rahmen rationaler wirtschaftlicher Kalkulation leicht wieder rückgängig machen könnte. Die zu erwartenden ökonomischen und politischen Widerstände wären zu groß:

> »Den Freiheiten menschlicher Zielvorstellungen stehen damit konkrete, häufig recht stabile Raumsituationen gegenüber. [...] Diese Persistenz der Infrastrukturen bedeutet gleichsam eine stabilisierende Gegenkraft gegen Veränderungstendenzen, die aus den gesellschaftlichen Entwicklungen erwachsen. Nach Meinung von VRIES REILINGH verleiht jene räumliche Bindung

sozialer Phänomene der Gesellschaft erst die nötige Stabilität, damit sie als soziales System funktionieren kann«
(MAIER et al., 1977, 79).

Doch andererseits entstehen aufgrund der so genannten »Institutionalisierung von Kulturmustern« auch bei der Veränderung der räumlichen Strukturen Widerstände. Denn jede Verwirklichung einer Grunddaseinsfunktion wird im Rahmen von zeitlich wenig wandelbaren, persistenten Verhaltensmustern vorgenommen, die auf einer festen Rangordnung von Idealen und Werten beruhen und in spezifische Wirtschafts- und Gesellschaftsordnungen eingebunden sind. Diese institutionalisierten Verhaltensmuster und Routinen tragen dazu bei, dass sich nicht jede Anregung zu sozialem Wandel auch tatsächlich durchsetzen kann. Jedoch sind sie, gemäß den Vertretern der Münchner Schule, leichter einer Veränderung zugänglich als räumliche Strukturmuster. Die Folge davon ist ein »time lag«, eine zeitliche Verzögerung der Veränderung räumlicher Strukturen im Verhältnis zu den sozialen Veränderungen. Und die Folge dieses »time lag« ist die mangelnde Übereinstimmung bzw. das Auseinanderklaffen von Raumstruktur und sozial-ökonomischen Verhältnissen und Entwicklungsprozessen. Ein »time lag« kann sich in historischen städtischen Grundrissen ebenso äußern wie in brachliegenden alt-industriellen Produktionsstätten und der entsprechend dysfunktional gewordenen infrastrukturellen Ausstattung.

Jeder soziale Wandel, der institutionalisierte Verhaltensmuster zu verändern vermag, muss somit auch die räumlichen Strukturen verändern, wenn er sich in neuer persistenter Form etablieren will. Die Widerstände der beharrenden Kräfte sind zu überwinden, um neue Raumstrukturen hervorzubringen, und die Raumstrukturen sind zu verändern, wenn sich neue räumliche Prozesse etablieren sollen. Aber *wodurch* werden diese räumlichen Prozesse ausgelöst?

Den Ausgangspunkt räumlicher Prozesse bildet die potentielle Informationsvielfalt, die einer Sozialgruppe zur Verfügung steht. »Sie bildet die Grundlage für die Entstehung der Vorstellungen

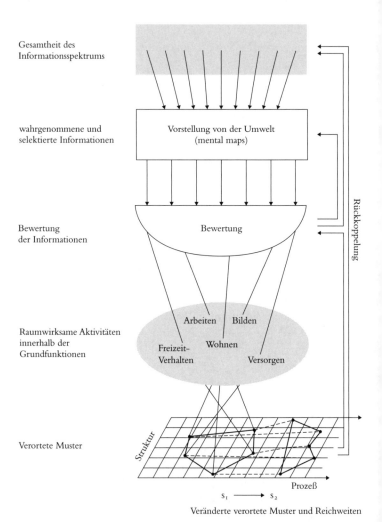

Abbildung 11 *Das sozialgeographische Raumsystem*
(aus: MAIER et al., 1977, 26)

von Umwelt« (MAIER et al., 1977, 25). Vorstellungen von Umwelt bilden die Motive für alle Tätigkeiten, die von diesen Sozialgruppen ausgeführt werden.

Die so genannten »räumlichen Informationen«, das Wissen um das Wo von Gegebenheiten, die »Einschätzungen räumlicher Bereiche« usw. werden für alle »raumrelevanten Tätigkeiten« als bestimmende Größen erkannt. Sie stellen eine selektiv wahrgenommene Umweltinformation dar. Auf diesen Informationen bauen die »kognitiven Raumrepräsentationen« auf, die Karten in unseren Köpfen (»mental maps«). Informationen werden in Bezug auf die vorherrschenden Wertmaßstäbe interpretiert. Diese Bewertungen fallen je nach Gruppe unterschiedlich aus. Die Bewertungsvorgänge steuern »über die einzelnen Funktionsfelder der Grunddaseinsfunktionen das prozessuale Geschehen und tragen damit zur Stabilität, zur Veränderung oder Neubildung verorteter Strukturmuster bei« (MAIER et al., 1977, 27).

Ändern sich nun die Wertvorstellungen und die entsprechenden Bewertungen, dann verändern sich auch »bestimmte wirtschaftliche und soziale Verhaltensweisen, die ihrerseits neuartige soziale und wirtschaftliche Prozesse induzieren können, die nach gewisser Laufzeit (persistente) Muster umbauen, dadurch in räumliche Prozesse umschlagen und folglich neue [...] Strukturen hervorbringen« (SCHAFFER, 1968, 206).

Die Bewertungsvorgänge der sozialen Gruppen und ihre entsprechenden räumlichen Aktivitäten werden zum bestimmenden Moment der Prozesse. Die raumwirksamen Aktivitäten äußern sich gebündelt in den sieben Grunddaseinsfunktionen. Mit anderen Worten: Die strukturbildenden Prozesse werden als Ausdruck der bewerteten Grunddaseinsfunktionen bzw. der Befriedigung menschlicher Bedürfnisse begriffen. Die räumlichen Strukturen sind dann als die Anordnungsmuster der materiellen Infrastruktur zur Befriedigung der entsprechenden Grundbedürfnisse zu interpretieren. Doch diesen Ablauf stellt man sich durchaus nicht nur in eine Richtung vor. Vielmehr werden auch Rückwirkungen der Raumstruktur auf den Ablauf der Reaktionsketten postuliert.

Die Kulturlandschaft wird zwar in HARTKES Sinne als Registrierplatte der Reaktionsketten betrachtet, doch diese Registrierplatte soll nicht zur Erklärung sozialer Prozesse verwendet werden, sondern umgekehrt: Man bezieht sich auf die Grunddaseinsfunktionen und deren spezifische Befriedigung, um – wie dies BOBEK verlangte – die Kulturlandschaft bzw. die Registrierplatte selbst zu erklären.

Ein weiteres Ziel ist nun, die »sozialgeographischen Gruppen« aufzudecken, die sich durch dieselben Reaktionsketten auszeichnen. Diese sollen in Bezug auf die sieben Grundbedürfnisse, die Werthaltungen und die Reichweiten der Verhaltensweisen abgegrenzt werden. Alle Personen, die bei der Bedürfnisbefriedigung gleiches Verhalten zeigen, sollen als eine sozialgeographische Gruppe betrachtet werden. Das heißt: Aufgrund der Kategorien »Funktion«, »Werthaltung« und »Reichweite« sind sozialgeographische Gruppen im Sinne von »aktionsräumlichen Gruppen« zu bilden. Diese so genannten sozialgeographischen Verhaltensgruppen zeichnen sich durch dieselben Reaktionsketten im Raum oder dem Raum gegenüber aus, es handelt sich um Individuen, die dieselben Bewertungen der Umwelt vornehmen und von denselben Informationen und Umweltwahrnehmungen geleitet sind.

Abgrenzung sozialgeographischer Räume

»DER sozialgeographische Raum ist eine Abstraktion, seine Grenzen werden durch spezifische Reaktionsreichweiten der sozialen Gruppen bestimmt, die ihre Daseinsfunktionen innerhalb eines Gebietes entwickeln. Ändern sich die Reaktions-, Verhaltens- und Funktionsfelder der Gruppen, dann wandeln sich zwangsläufig die Dimensionen der sozialgeographischen Räume« (RUPPERT & SCHAFFER, 1969, 211). »Sozialgeographischer Raum« bedeutet hier soviel wie »Aktionsraum einer sozialgeographischen Gruppe« und ist als das »Ergebnis gleichartiger raumprägender Verhaltensorientierung der Menschen zu verstehen« (MAIER et al., 1977, 70). Oder anders ausgedrückt: Die sozialgeographischen »Räume« stellen so genannte »Kapazitäten-Reichweite-Systeme« dar.

Der Aktionsraum wird dabei über Richtung und Reichweite der distanzüberwindenden Aktivitäten der Menschen zwischen den Standorten der Arbeits-, Versorgungs-, Bildungs-, Freizeiteinrichtungen usw. räumlich und zeitlich begrenzt. Als Zentrum des Aktionsraums wird der Wohnstandort betrachtet. So wären in diesem Sinne alle Personen, die in einem städtischen Vorort wohnen und im Stadtzentrum arbeiten, als eine aktionsräumliche Gruppe in Bezug auf die Grunddaseinsfunktion *arbeiten* zu betrachten. Ebenso wären alle Studierenden, die in einem bestimmten Stadtquartier wohnen und an einem Institut für Geographie studieren, als eine aktionsräumliche Gruppe in Bezug auf die Grunddaseinsfunktion *sich bilden* zu bezeichnen.

»Aktionsräumliche Gruppe« kann demzufolge definiert werden als eine größere Zahl von Personen, welche eine bestimmte Grunddaseinsfunktion im Rahmen einer gemeinsamen Wohngegend und eines gemeinsamen Zielortes verwirklicht. Dabei sollen insbesondere schichtspezifische Differenzierungen bei der Gruppenbildung Berücksichtigung finden. Dem sozialgeographischen Gruppenbegriff werden somit die zwei Kriterien »Schichtzugehörigkeit« und »räumliche Wirksamkeit« zugrunde gelegt.

Die so konstruierten aktionsräumlichen Gruppen werden als die eigentlichen »Prozessträger« betrachtet. In diesem Sinne sind die Sozialgruppen »nicht nur Träger der Funktionen, sondern auch Träger räumlicher Prozesse« (MAIER et al., 1977, 71). Somit wird aufgrund von kulturlandschaftlichen Erscheinungsformen und Aktionsräumen gleichzeitig die soziale Welt kategorisiert.

Insgesamt ist die Konzeption des sozialgeographischen Raumes aus dem postulierten Verhältnis von sozialen und räumlichen Prozessen abgeleitet, das seinerseits auf dem Verständnis der Beziehung von Gesellschaft und Raum beruht. »Gesellschaft« und »Raum« werden in der Münchner Sozialgeographie als eine untrennbare Einheit »in einem System von Interaktionen, wo die

Gesellschaft sich selbst gestaltet, indem sie den Raum gestaltet« (ISNARD, zit. nach MAIER et al., 1977, 71) betrachtet.

In diesem Sinn ist schließlich auch die Münchner Definition der Sozialgeographie zu sehen, insbesondere das Verhältnis von »Struktur« und »Prozess«. Die strukturale Komponente umfasst sowohl soziale wie räumliche Strukturen. Der »Raum ist das Ergebnis einer Projektion der Gesellschaft, die ihn gestaltet« (MAIER et al., 1977, 71) aber gleichzeitig gestaltet diese Projektion auch die Gesellschaft. Die Projektion und die Beziehung zwischen Projektion und Gesellschaft wird über die prozesshafte Komponente verwirklicht und immer wieder abgewandelt, auf neue Beziehungsverhältnisse – wenn auch zeitlich verzögert – abgestimmt. Konsequenterweise sind sozialgeographische Räume als inhärente Bestandteile der gesellschaftlichen Wirklichkeit zu betrachten. Sie nehmen je nach Grunddaseinsfunktion jeweils unterschiedliche Ausprägung an.

Forschungsbereiche

DA jede Grunddaseinsfunktion spezifische Raumanforderungen mit sich bringt, kann man jedem Funktionsfeld entsprechende Zweige der Sozialgeographie zuordnen. Jede sozialgeographische Teildisziplin hat sich den Aktionsräumen der verschiedenen sozialgeographischen Gruppen bezüglich einer dieser Grunddaseinsfunktionen anzunehmen. Und jede »dieser Teildisziplinen erklärt die räumlichen Erscheinungen der Gesellschaft aus dem Zusammenspiel der Gruppen und ihrer Grundfunktionen« (RUPPERT & SCHAFFER, 1969, 210). Damit sollen die bisher isolierten Teildisziplinen der Anthropogeographie (Siedlungs-, Wirtschafts-, Verkehrs-, Bevölkerungsgeographie und Politische Geographie), wie das bereits BOBEK gefordert hatte, in eine übergreifende sozialgeographische Perspektive integriert werden.

Allerdings bekommt nicht jede der genannten Grunddaseinsfunktionen eine eigene Forschungsrichtung zugewiesen. Einerseits wird »Verkehrsteilnahme« aufgrund der Überlegung, dass es sich hier »um notwendige Tätigkeiten handelt, die die Voraussetzung für die Entfaltung der Grundfunktionen sind und diese miteinander verflechten« (MAIER et al, 1977, 100), aus dem Katalog ausgeklammert. Da es keinen zweckfreien Verkehr gebe, sei dieser immer als Bestandteil der übrigen Funktionen zu betrachten.

Jeder einzelne Teilbereich des so konstruierten Forschungskatalogs wird für gleich wichtig gehalten, für die Erklärung und die Planung der Funktionsgesellschaft kommt allen Bereichen dieselbe Bedeutung zu. Keiner ist zu vernachlässigen oder besonders hervorzuheben, denn die Verwirklichung jeder Funktion ist für das gesellschaftliche Ganze unabdingbar.

Wohnen und in Gemeinschaft leben

Der Erforschung des Funktionsbereichs *wohnen* werden die Aufgaben der bisherigen Siedlungs- und Stadtgeographie zugewiesen. Den Verstädterungsprozessen im Rahmen der Stadt-Umland-Beziehung, den Veränderungen der Bodenpreise und den damit zusammenhängenden Veränderungen der Wohnungsgrößen und Mietpreise soll besondere Aufmerksamkeit geschenkt werden. Als weiteres wichtiges Thema werden die Lebenszyklen von Familien und die damit zusammenhängenden Wanderungsbewegungen innerhalb des Siedlungsbereichs und zwischen verschiedenen Siedlungsbereichen angesehen.

Unter »Lebenszyklus« sind dabei die folgenden drei Hauptstadien einer Familie zu verstehen: wachsender Familienhaushalt (junge Familie), gleich bleibender Familienhaushalt (Ehepaare mittleren Alters) und schrumpfender Familienhaushalt (Phase des Wegziehens der Kinder aus dem Elternhaus). Da jedes Stadium im Lebenszyklus »einen angemessenen Wohnungstypus erfordert« (MAIER et al., 1977, 107), ergeben sich daraus typische Abläufe von Wanderungsbewegungen der Haushalte, welche die Sozialgeographie genauer untersuchen soll. Kurz: Das Ziel dieser Forschungen besteht in der Aufdeckung von lebenszyklischen Aktionsräumen.

Zum Forschungsbereich *in Gemeinschaften leben* sind die Unterbereiche der biosozialen, politischen, religiösen und kulturellen Formen der Vergemeinschaftung zu zählen. Die *biosoziale* Dimension stellt eine sozialgeographische Neukonzeption der traditionellen Bevölkerungsgeographie dar. Bei ihr soll die Analyse der räumlichen Differenzierung des generativen Verhaltens im Zentrum stehen. Damit ist gemeint, dass bei der Erklärung der regionalen Variationen der Geburtenraten sozial-kulturelle sowie ökonomische Faktoren zu berücksichtigen sind, welche für Kinderzahl bzw. Geburtenhäufigkeit ausschlaggebend sind.

Mit der Untersuchung *politischer* Vergemeinschaftungen soll die Politische Geographie in die Sozialgeographie integriert werden. Die politischen Vergemeinschaftungen sind in Bezug auf die Gliederung des Raumes in Gemeinden, Kreise und Bundesländer zuerst deskriptiv zu erforschen und dann in planerischer Hinsicht bezüglich möglicher Neuordnungen zu beurteilen. Eine der wichtigsten Aufgaben in diesem Bereich war in den 1970er-Jahren die sozialgeographische Beratung im Rahmen der Gemeindegebietsreformen in der Bundesrepublik Deutschland.

Funktionszentrierte Analysen der *religiös* bestimmten Formen der Vergemeinschaftung sollen die traditionelle Religionsgeographie durch eine neue, integrative Perspektive erweitern.

Sozialgeographie des Arbeitens

Die Grunddaseinsfunktion *arbeiten* zentriert – zusammen mit der Grunddaseinsfunktion *sich versorgen* – große Teile der traditionellen Wirtschaftsgeographie auf sich. Dieser Bereich weist, gemäß den Forschungsergebnissen der Münchner Sozialgeographie, eine besonders große raumprägende Wirkung auf. Insgesamt zielt die Sozialgeographie des Arbeitsverhaltens »auf die Analyse räumlicher Organisationsformen und raumwirksamer Organisationsprozesse spezifischer Gruppen (der Unternehmer wie der Arbeitnehmer)« (MAIER et al., 1977, 115). So soll die Sozialgeographie die traditionelle, sektorielle Betrachtungsweise bzw. die Aufspaltung in primären (Landwirtschaft, Bergbau), sekundären (Industrie) und tertiären Sektor (Dienstleistungen) vermeiden und sich der Bedeutung des Arbeitens in gruppenmäßiger Differenzierung zuwenden.

Dabei ist insbesondere dem Verhältnis von Wohn- und Arbeitsstandort – und den damit zusammenhängenden Pendlerströmen – unter Berücksichtigung der jeweils typischen Distanzen besondere Aufmerksamkeit zu schenken. Die schichtspezifische Differenzierung der entsprechenden aktionsräumlichen Gruppen soll in Bezug auf die berufliche Differenzierung und die damit verbundenen Einkommensunterschiede vorgenommen werden. Kurz: Das Ziel ist die Aufdeckung der arbeits- und berufsspezifischen Aktionsräume.

Aus historischer Sicht wird die Auswirkung des fortschreitenden Industrialisierungsprozesses als Ablösung der räumlichen Einheit von Wohn- und Arbeitsort (Agrargesellschaft) durch die funktional differenzierte räumliche Trennung der beiden Bereiche (Industrie- und Dienstleistungsgesellschaft) festgestellt. Der erste Gesellschaftstypus spielt heute in ländlichen Gebieten noch immer eine Rolle, auch wenn hier weitgehend industrie- und dienstleistungsgesellschaftliche Verhältnisse vorherrschen. Der zweite Typus stellt für urbanisierte Gemeinden den Normalfall dar. Wohn- und Arbeitsplatz bilden unter diesen sozialen Bedingungen nicht mehr eine örtliche, sondern vielmehr eine regionale Einheit. Die Folge ist eine hohe Mobilität.

Im Sinne des postulierten Gesellschaft-Raum-Verhältnisses wird für den zweiten Typus von einem engen Verhältnis von sozialer Berufsmobilität und räumlicher Mobilität ausgegangen. Dabei werden zwei Formen von Beziehungen als Bezugsrahmen der empirischen Forschung vorgeschlagen. Die erste Form, die *traditional bestimmte Verhaltensgruppe*, wird dadurch charakterisiert, dass weder eine Bereitschaft zur Veränderung des Wohnstandortes noch zur sozialen Mobilität bzw. Berufsänderung besteht. Eine Veränderung des Arbeitsortes dient »lediglich« der Verbesserung des Verdienstes innerhalb derselben Berufstätigkeit. Beharrungstendenz bei Wohnort und Beruf führen – wie das in zahlreichen empirischen Studien festgestellt wurde – zu räumlich weit ausgreifenden Pendlerdistanzen bzw. Kapazitäten-Reichweite-Systemen. Dabei wird das Pendeln in aller Regel als Beschwernis und der Arbeitsort als »Fremde« bewertet.

Die zweite Form – typisch für urbane Räume – wird *mobil gestaltete Verhaltensgruppe* genannt. Diese gestaltet das Verhältnis von Wohn- *und* Arbeitsort derart, dass soziale Mobilität ohne Veränderung des Wohnortes wahrgenommen werden kann. Daraus resultiert eine spezifische Konstellation von so genannten »stabilen Pendlerräumen« (KLINGBEIL, 1969, 119). Jeder von ihnen zeichnet sich intern zwar durch hohe Mobilität aus, als Kapazitäten-Reichweite-System erfahren sie aber kaum Veränderungen. Das Pendeln zwischen Wohn- und Arbeitsstandort wird zum integralen Lebensbestandteil.

Die arbeitsspezifischen Kapazitäten-Reichweite-Systeme sind ferner nach Größe und Qualität hierarchisch in Haupt- und Sekundärzentren zu unterscheiden. Hauptzentren bieten breit gefächerte und hoch qualifizierte Arbeitsstellen, Sekundärzentren hingegen bieten lediglich Stellen für weniger Qualifizierte an. Diese Differenzierung wird hier als Abbildung der sozialen »Arbeitsteiligkeit in der Raumstruktur« (MAIER et al., 1977, 119) interpretiert, welche der aktuellen gesellschaftlichen Entwicklung entspricht.

Sozialgeographie der Versorgung

Die Analyse der Grunddaseinsfunktion *sich versorgen* und ihrer raumprägenden Wirkungen soll von der Angebotsseite aus angegangen werden. Dies wird damit begründet, dass sich im Angebot jeweils die Nachfrage spiegeln würde. Dabei soll man sich auf drei Schwerpunkte konzentrieren:

1. Erfassung der Einrichtungen des öffentlichen und privaten Angebots von Gütern und Dienstleistungen.
2. Abgrenzung und Beschreibung der funktionalen Einzugsbereiche, aus denen sich die nachfragenden Bevölkerungsgruppierungen rekrutieren.

3. »Analyse der räumlichen Verhaltensmuster im Bereich der Versorgung« (MAIER et al., 1977, 127). Kurz: Aufdeckung der Aktionsräume der verschiedenen Sozialgruppen hinsichtlich ihrer Versorgungsaktivitäten.

Die entsprechende Sozialgeographie des Versorgungsverhaltens hat neben der gruppen- bzw. schicht- und regionsspezifischen Differenzierung insbesondere die Art der nachgefragten Güter und Dienstleistungen zu berücksichtigen. Die Rekonstruktion der branchen- und güterspezifischen Reichweiten der Versorgungsaktivitäten ist demzufolge schichtspezifisch unter Berücksichtigung der entsprechenden Bedürfnisstrukturen durchzuführen.

Für die entsprechende Sozialgeographie des Nachfrageverhaltens sind die Kapazitäten-Reichweite-Systeme auf die Hierarchie der Städte des Siedlungsnetzes mit ihren entsprechenden Einzugsgebieten zu beziehen. Dabei werden wiederum drei Analyseschwerpunkte unterschieden. Zuerst ist die Angebotseinrichtung (privater und öffentlicher Art) der Orte unterschiedlicher Hierarchiestufen festzuhalten und festzustellen, welcher sozialen Schicht die Personen angehören, die sie aufsuchen. Dann sind die Einzugsbereiche dieser Einrichtungen auf der jeweiligen Stufe »in Abhängigkeit von Versorgungsangebot und Nachfragestrukturen« (MAIER et al., 1977, 127) zu rekonstruieren. Schließlich wird die Aufdeckung der aktionsräumlichen Gruppen des »Sich Versorgens« mit ihren sozialen und räumlichen Merkmalen gefordert. Derart soll der Zusammenhang zwischen Sozialgruppen und Bedürfnisstruktur nach Häufigkeit und räumlicher Reichweite des Versorgungsverhaltens empirisch erforscht werden.

Sozialgeographie der Bildung

Mit der Grunddaseinsfunktion *sich bilden* soll sich gemäß ROBERT GEIPEL (1968) die »Sozialgeographie des Bildungswesens« beschäftigen. Im Rahmen der sozialstaatlichen Forderung des Rechtes auf »Bildung für alle« soll diesem Funktionsbereich – insbesondere in planungsorientierter Hinsicht – ebenfalls volle Aufmerksamkeit zuteil werden. In Bezug auf die genannte Forderung kommt natürlich sowohl den schichtspezifischen als auch den regionalen Aspekten des Zugangs zu Bildungseinrichtungen zentrale Bedeutung zu. Kurz: Hauptaufgabe ist die regionale Beurteilung der Bildungschancen.

Zur tieferen Durchdringung des schicht- und regionalspezifischen Bildungsverhaltens ist eine Bezugnahme auf die Untersuchungen der Grunddaseinsfunktion *in Gemeinschaften leben* angezeigt, insbesondere hinsichtlich der religiösen, politischen und wirtschaftlichen Dimensionen. Die räumliche Verknüpfung dieser Dimensionen soll Aufschluss über die verschiedenen Einstellungen zu und Bewertungen von Bildung, insbesondere jener der höheren Stufen (Gymnasium, Hochschule) geben.

Die analytisch-rekonstruktive Aufgabe dieses sozialgeographischen Forschungsbereichs ist erstens auf die »regionale Abgrenzung von Arealen [...] mit überwiegend gleichgerichtetem Bildungsverhalten ihrer Bevölkerung« (MAIER et al., 1977, 134) ausgerichtet. Die Erfassung der bildungsspezifischen Kapazitäten-Reichweite-Systeme soll insbesondere dazu dienen, »Hinweise auf schulisch unterversorgte Räume zu erhalten« (MAIER et al., 1977, 134). Die Ergebnisse sollen Schulbehörden, Bildungs- und Regionalpolitikern verfügbar gemacht werden. Zweitens sollen regionale Unterschiede im durchschnittlich erreichten Bildungsstand und bei der Ausstattung mit Ausbildungsstätten aufgedeckt werden. Zudem soll nach Korrelationen des Sozialstatus' der Eltern und den je spezifischen »sozialen Distanzen« (MEUSBURGER, 1975, 237) zu Bildungseinrichtungen Ausschau gehalten werden. Damit ist eine Analyse des Bildungsverhaltens in regionaler Differenzierung verbunden. Die Bildungsbeteiligung soll »bei sozialräumlichen Gliederungen« (MEUSBURGER, 1975, 235) als Indikator verwendet werden. Mittels politischer Maßnahmen soll dann – im Sinne der sozialstaatlichen Zielsetzung – auf einen besseren Ausgleich hingewirkt werden.

Forschungsbereiche

Sozialgeographie des Freizeitverhaltens

Die Sozialgeographie des Freizeitverhaltens soll sich mit den raumprägenden Auswirkungen der Freizeit befassen. Dabei ist auf die Distanz zwischen Wohn- und Erholungsort Bezug zu nehmen, die einem geringen, mittleren oder großen Zeitaufwand für die Erholung entspricht. Die Begrenzung dieser Teilräume über die verschiedenen Freizeitaktivitäten variiert insbesondere bezüglich Alter und Einkommen, Zugehörigkeitsgruppe und spezifische Bedürfnisstrukturen. Derart gelangt man zu folgender Typologie der Aktionsräume bzw. der räumlich abgestuften Kapazitäten-Reichweite-Systeme des Freizeitverhaltens:

a. Freizeitverhalten im Wohnumfeld
b. Freizeitverhalten im Naherholungsraum
c. Freizeitverhalten im Fremdenverkehrsraum

Das Wohnumfeld umfasst den Bereich des Stadtquartiers. Alles, was im Einzugsbereich von 15 Minuten liegt, wird dem funktionalen Teilraum Wohnumfeld zugeordnet. Dies reicht von Spielplätzen, Parkanlagen bis zu Tierparks und Botanischen Gärten. Für die Stadtplanung wird die Forderung erhoben, dass für jede Wohnung ein Stadtpark im Wohnumfeld liegen sollte. Zur Rekonstruktion des Aktionsraumes der Naherholung sind Erreichbarkeitsstudien über die zur Verfügung stehende Freizeit der Erholungssuchenden, das zur Verfügung stehende Verkehrsmittel und die jahreszeitlich schwankenden Präferenzen der Sozialgruppen durchzuführen.

Bei der Untersuchung der Fremdenverkehrsräume steht die Frage im Zentrum, inwiefern der Tourismus zur prozesshaften Umgestaltung der Landschaft beiträgt. Dazu soll abgeklärt werden, welche Faktoren für die Fremdenverkehrsorte und -gebiete jeweils charakteristisch sind.

Die von KLAUS WOLF & PETER JURCZEK (1986) entwickelte »Geographie der Freizeit« ist als konzeptionelle Weiterführung dieses Ansatzes zu sehen. Dabei wird vor allem eine bessere sozialwissenschaftliche Einbettung der Thematik geleistet und eine verfeinerte Forschungsmethodik verfügbar gemacht. Die sozialwissenschaftliche Erweiterung betrifft insbesondere die stärkere Berücksichtigung von Motiven des unterschiedlichen Freizeit- und Tourismusverhaltens, die schichtspezifische Abstufung sowie die Berücksichtigung von Image-Aspekten der Zielorte der Erholung.

Grundlagenwissenschaft der Raumplanung

DIE Münchner Sozialgeographen betrachten die Sozialgeographie »als eine wesentliche Grundlagenwissenschaft für die räumliche Planung« (MAIER et al., 1977, 159). Dazu soll man sich primär auf die aktuellen Raumstrukturen, ihre Persistenz und Wandelbarkeit konzentrieren sowie sich mit den damit verbundenen Prozessen befassen. Daraus sind dann die entsprechenden räumlichen Gliederungen abzuleiten.

Dieses Programm soll »drei Aspekte umfassen:

1. Die Festlegung von Planungsregionen.
2. Die Neuabgrenzung von Verwaltungseinheiten innerhalb von territorialen Verwaltungsreformen, insbesondere im Hinblick auf Gemeinde und Kreis.
3. Die Lösung der innerhalb des fortschreitenden Verdichtungsprozesses entstandenen Stadt-Umland-Problematik« (MAIER et al., 1977, 159).

»In allen drei Fällen geht es darum, räumliche Kapazitäten-Reichweiten-Systeme zu ermitteln und dem Politiker Entscheidungsgrundlagen anzubieten« (MAIER et al., 1977, 159). Man postuliert, dass die territorialen Verwaltungsbereiche immer dann zu verändern sind, wenn sich auch die Kapazitäten-Reichweiten-Systeme entscheidend verändert haben. Die politisch-territorialen Einheiten sollten demgemäß immer den Kapazitäten und Reichweiten der verschiedenen sozialgeographischen Verhaltensgruppen entsprechen. Die gruppentypischen Aktionsräume geben die Basis ab für die Bestimmung von Planungsregionen, territorialen Verwaltungseinheiten und Wahlbezirken auf nationalstaatlicher Ebene und zur Lösung von Stadt-Umland-Problemen. Jede dieser Einheiten wird jeweils als »Kommunikationsraum« zur Befriedigung der Grunddaseinsfunktionen bezeichnet.

Als wichtigste Raumeinheiten sind die Planungsregionen zu betrachten, die im Rahmen dieses Ansatzes als eine funktionale Region verstanden werden, »die den raumbezogenen Aktivitäten der verschiedenen sozialen Gruppen Rechnung trägt« (MAIER et al., 1977, 161). Territoriale Verwaltungseinheiten sind zu mehreren Planungsregionen unter dem Gesichtspunkt der optimalen Verwaltung auf gemeindeübergreifender Stufe zusammenzufassen.

Die Stadt-Umland-Probleme sind Ausdruck mangelnder Übereinstimmung der territorialen Verwaltungseinheiten mit den Einzugsgebieten der Stadt. Die hohe Mobilität der Bevölkerung führt »zu einer hohen Diskrepanz zwischen Verwaltungs- und Funktionalraum. Häufig zerschneiden hier Verwaltungsgrenzen Bereiche hoher Verflechtungsintensität, sodass politische Grenzen nicht mehr den tatsächlichen Entwicklungen entsprechen« (MAIER et al., 1977, 169). Dies führt dazu, dass Stadtgemeinden einseitig die Kosten für jene Dienstleistungen tragen müssen, von denen auch die Bevölkerung der Umlandgemeinden profitiert. Für die Steuerung der Ausgleichszahlungen sollen dann wiederum »die Reichweiten innerhalb verschiedener Grunddaseinsfunktionen herangezogen werden« (MAIER et al., 1977, 169).

Diskussion

DIE Münchner Sozialgeographie ist als ein Versuch der Synthese der Vorschläge der funktionalen Phase mit dem Werk BOBEKs und jenem von HARTKE zu begreifen. Doch das Gedankengut der funktionalen Phase und das von BOBEK ist für die Münchner Sozialgeographen weit bedeutsamer als jenes von HARTKE. Denn ihr Ziel ist es, die Kulturlandschaft bzw. den Raum zu verstehen und zu erklären. Die von HARTKE angedeutete Wende, die Kulturlandschaftsanalyse für die Gesellschaftsforschung einzusetzen, wird somit nicht vollzogen.

Die Konzeption der funktionalistischen Sozialgeographie hat in der Raumplanung, der empirischen Forschung und in den Lehrplänen des Schulunterrichts eine breite Beachtung gefunden. Damit hat sie wesentlich dazu beigetragen, für Berufsgeographinnen und -geographen im Planungsbereich einen Arbeitsmarkt zu schaffen. Dass die Berufsgeographen »dies zunächst auf einer theoretisch schwachen Basis getan haben, hat nicht verhindert, dass sie in dieser Praxis durchaus Anerkennung gefunden hat« (HEINRITZ, 1999, 56). Doch das vermag nicht über zahlreiche Unzulänglichkeiten – die in dieser schwachen theoretischen Basis begründet sind – hinweg zu täuschen. So setzte in der geographischen Theoriediskussion in der Folge auch eine umfassende Kritik – insbesondere durch MICHAEL FÜRSTENBERG (1970), TILMAN RHODE-JÜCHTERN (1976) und EUGEN WIRTH (1977) – ein.

Von marxistischer Seite brachten GUNTHER LENG (1973) und ALOIS KNEISLE (1983) vor, dass die sieben Grunddaseinsfunktionen völlig beliebig und nicht begründbar seien.Vielmehr sollten *Arbeit* und die *Produktionsverhältnisse* zu Grundkategorien sozialgeographischer Analyse gemacht werden. Zudem solle man sich nicht das bessere Funktionieren einer Gesellschaft zur Aufgabe machen, sondern deren Veränderung.

Eine weitere Schwäche betrifft das Verhältnis von Grunddaseinsfunktionen, Verhaltensgruppen und Raum. Zuerst wird von den funktionsspezifischen Verhaltensgruppen ausgegangen, dann werden die räumlichen Prozesse analysiert und letztlich sollen die Raumstrukturen erklärt werden. Dies stellt ein reines Zuordnungsprozedere dar, das soziale Aspekte weitgehend ausschließt. Es geht um nichts anderes, als um die Korrelation von Grunddaseinsfunktionen, entsprechender Infrastruktur und räumlicher Reichweiten der Benutzer. Damit wird diese Konzeption zur Tautologie. Da man die Grunddaseinsfunktionen nach Kriterien der so genannten Raumrelevanz bestimmt, weiß man am Ende nicht wesentlich mehr als zu Beginn. Die relevanten Grundfunktionen werden anhand ihres spezifischen Beitrages zur Prägung des Raumes definiert. Versucht man damit räumliche Anordnungen (zum Beispiel von materieller Infrastruktur) zu erklären, verstrickt man sich in zirkulären Argumentationsmustern: Das Räumliche wird letztlich durch das Räumliche erklärt.

Diese Probleme sind darin begründet, dass man in der Raum- oder Landschaftsforschung hängen bleibt, und dass man keine konsistente Vorstellung von Gesellschaft bzw. von sozialen Aspekten menschlicher Tätigkeiten zu entwickeln vermag. Die Tätigkeiten der Menschen werden nicht in ihrem gesellschaftskonstitutiven Aspekt thematisiert und analysiert. Gleichzeitig wird die soziale Komponente bei der Bedürfnisbefriedigung ausgeblendet.

Diese Schwäche funktionalistischer Analyse wird vor allem dann offensichtlich, wenn man sich die stadtpolitischen Diskussionen um Mischung und Entmischung von Funktionen vor Augen führt. Freilich ist dies in ökonomischer (Bodenmarkt) und ökologischer Hinsicht (Verkehrsaufkommen) von großer Bedeutung. Doch wenn man die soziale Komponente ausblendet, wird es letztlich kaum möglich sein, tragfähige Konzepte der Durchmischung zu realisieren, die gerade auch in ökologischer Hinsicht greifen. Was nützt es, wenn man in einer Siedlung *arbeiten* und *wohnen* mischt, wenn aber die Wohnungen von den Personen, die dort arbeiten, nicht belegt werden können, weil sie schlicht zu teuer sind? Man hat dann zwar eine funktionale Durchmischung, die aber keine Lösung für eines der bestehenden Probleme bedeuten kann. Eine bedürfnisbezogene bzw. funktionale Betrachtungsweise im Sinne der Münchner Sozialgeographie greift in sozialer Hinsicht zu kurz.

Merkpunkte

1

Im Zentrum des Münchner Ansatzes stehen sieben Grunddaseinsfunktionen, denen raumwirksame Tätigkeiten von Menschen zugeordnet werden sollen.

2

Als erste Aufgabe der Sozialgeographie wird die Rekonstruktion der räumlichen Muster und der Raumansprüche der Grunddaseinsfunktionen bezeichnet.

3

Unter Bezugnahme auf die sieben Grunddaseinsfunktionen, entsprechende Bewertungsvorgänge und darauf beruhende Reaktionsketten sozialgeographischer Gruppen soll die Kulturlandschaft erklärt werden.

4

Räumliche Strukturen und gesellschaftliche Wirklichkeit verändern sich nicht gleich schnell. Raumstrukturen sind vom »Prinzip der Persistenz« beherrscht. So zeichnet sich die gebaute Umwelt gegenüber dem sozialen Wandel durch einen »time lag« aus, der zu ernsthaften sozialen Problemen führen kann.

5

Die Aktionsräume der sozialgeographischen Gruppen werden auch als »sozialgeographische Räume« bezeichnet und stellen ein Kapazitäten-Reichweiten-System dar.

Weiterführende Literatur

Heinritz, G. (1999): Ein Siegeszug ins Abseits. In: Geographische Rundschau, 51. Jg., Heft 1, 52-56

Laschinger, W. & L. Lötscher (1978): Basel als urbaner Lebensraum. Basler Beiträge zur Geographie, Heft 22/23, Basel

Le Corbusier (1988): Die Charta von Athen (1942). Kritische Neuausgabe hrsg. von Thilo Hilpert. Braunschweig/Wiesbaden

MAIER, J., R. PAESLER, K. RUPPERT & F. SCHAFFER (1977): Sozialgeographie. Braunschweig

MALINOWSKI, B. (1977/1941): Eine wissenschaftliche Theorie der Kultur. Frankfurt a. M.

MERTON, R. K. (1963): Social Theory and Social Structure. Glencoe

9 Raumgesetze der Gesellschaft

»Als ich in dem Alter war, wo man einen Schulatlas braucht, machte meine Mutter unserer wohlhabenden Tante den Vorschlag, mir zu Weihnachten einen Atlas zu schenken. Meine Tante war enttäuscht, daß sie ›bloß‹ ein ›nützliches‹ Geschenk geben sollte, und nicht etwas zum Spielen. Es kam aber ganz anders: als ich den Atlas sah, und seine bunten Karten, war ich wie verzaubert. […] Nun wurde der Atlas auch Spielzeug, nicht nur etwas zum Studieren. Ich zeichnete neue Eisenbahnlinien ein, setzte irgendwohin eine neue Stadt, oder änderte die Ländergrenzen, indem ich sie begradigte oder auf Bergrücken verlegte.«

(CHRISTALLER, 1968, 88)

»Wir sehen nebeneinander große und kleine Städte in allen Kategorien, bald sind sie in bestimmten Gebieten in unwahrscheinlicher, scheinbar sinnloser Weise gehäuft, bald gibt es weite Gebiete, wo kein einziger Ort die Bezeichnung Stadt […] trägt. Daß ein nicht zufälliger, sondern im Wesen begründeter Zusammenhang zwischen der Stadt und der Erwerbstätigkeit ihrer Einwohner besteht, wird immer wieder betont; aber warum gibt es dann große und kleine Städte, warum sind sie so unregelmäßig verteilt? Wir suchen nach einer Antwort auf diese Frage; wir suchen nach dem Grund, warum eine Stadt groß oder klein ist, wir glauben, daß in der Verteilung doch irgendein ordnendes Prinzip waltet, das wir bloß noch nicht erkannt haben.«

(CHRISTALLER, 1933, II)

»Ich [...] setzte (im Erwachsenenalter) meine Spielereien auf den Karten fort: ich verband Städte gleicher Größe durch gerade Linien, einmal um festzustellen, ob im Eisenbahn- oder Straßennetz gewisse Regeln erkennbar seien, ob es regelhafte Verkehrsnetze gäbe, zum anderen, um die Abstände zwischen gleich großen Städten zu messen. Dabei füllten sich meine Karten mit Dreiecken, oft gleichseitigen Dreiecken – die Abstände gleich großer Städte untereinander waren also annähernd gleich –, die sich zu Sechsecken zusammenschlossen. Ich stellte weiter fest, daß in Süddeutschland die kleinen Landstädte sehr oft sehr genau einen Abstand von 21 km voneinander haben. Mein Ziel war abgesteckt: Gesetze zu finden, nach denen Anzahl, Größe und Verteilung der Städte bestimmt sind. Der Weg mußte aber noch gefunden werden, um die Aufgabe zu erfüllen.«

(CHRISTALLER, 1968, 95f.)

DIESE biographische Erinnerung WALTER CHRISTALLERS (1893-1969) – Pionier und Klassiker der raumwissenschaftlichen Siedlungsgeographie – umschreibt die Grundprinzipien des raumwissenschaftlichen Denkens anhand des Werdegangs der »Theorie der zentralen Orte« (1933). Dabei kommt zum Ausdruck, dass das Hauptinteresse raumwissenschaftlicher Forschung in der Aufdeckung von Gesetzmäßigkeiten in räumlichen Verteilungs- und Verbreitungsmustern liegt. Diese und ähnliche Zusammenhänge interessieren natürlich nicht nur in Bezug auf Siedlungen und überregionale Kontexte, sondern auch hinsichtlich innerstädtischer und lokaler Verhältnisse.

DIETRICH BARTELS (1968a; 1970) hat diesen Forschungsansatz unter Bezugnahme auf angelsächsische Vorleistungen auf die Sozial- und Wirtschaftsgeographie insgesamt übertragen. Der raumwissenschaftliche Ansatz wurde zur gesamtgeographisch wohl einflussreichsten Forschungsorientierung der 1970er-und 1980er-Jahre. Bevor auf seine Forschungskonzeption im einzelnen eingegangen wird, soll dargestellt werden, was unter »Raumwissenschaft« im allgemeinen Sinne und im fachhistorischen Kontext zu verstehen ist und welches Geographieverständnis damit verbunden wird.

Raumwissenschaftliche Geographie

MIT der Etablierung der Geographie als wissenschaftliche Disziplin und mit dem Wegfallen der kolonialen Verwendung geographischen Wissens ergaben sich im Verlaufe der Fachgeschichte immer stärkere Zweifel an der Legitimierbarkeit des traditionellen Schemas der Geographie. Der wichtigste Wandel der postkolonialen Geographie Ende der 1960er-Jahre besteht in der systematischen Erweiterung durch Themenbereiche der anderen Wissenschaften. Mit anderen Worten, nicht mehr die Erdoberfläche mit ihren Teilbereichen gibt nun die primäre Grundlage für die Definition der Aufgabenfelder der Geographie ab, sondern eher die universitäre Wissenschaftsorganisation.

Daraus folgt eine stärker themenorientierte Regionalanalyse. An die Stelle der Unterscheidung zwischen Allgemeiner und Regionaler Geographie tritt die Unterscheidung zwischen thematisch begründeten Arbeitsfeldern innerhalb der Geographie. Damit verbunden ist ein Wandel im Selbstverständnis der Geographinnen und Geographen. Man betrachtet sich nicht mehr als Vertreterinnen und Vertreter einer Disziplin der Erdbeschreibung, sondern einer *Raumwissenschaft*.

Die Hauptunterscheidung zwischen Anthropo- und Physischer Geographie wird zwar beibehalten, doch ist diese nun verstärkt an die Unterscheidung zwischen Geistes-/Sozialwissenschaften und Naturwissenschaften gebunden. Nicht mehr die so genannten Geofaktoren stehen im Vordergrund, sondern Themenbereiche, die in der Zwischenzeit von anderen wissenschaftlichen Disziplinen wesentlich stärker vertieft wurden, als von der traditionellen Geographie. Was aber all diesen Disziplinen zumindest in Bezug auf die geographische Weltsicht fehlte, war die Berück-

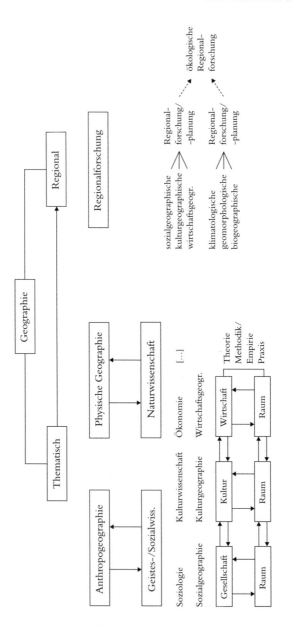

Abbildung 12 *Das System der modernen Geographie* (nach WERLEN, 1993a, 247)

sichtigung der räumlichen Komponente. So sahen sich Geographinnen und Geographen legitimiert, nicht nur die Forschungsfelder der anderen Disziplinen durch die räumliche Komponente zu ergänzen, sondern den Raum zu ihrem eigentlichen Forschungsobjekt zu erheben. Gleichzeitig wurde der Naturdeterminismus aufgegeben, der in mehrfacher Hinsicht jedoch durch einen »Distanzdeterminismus« ersetzt wurde.

Im Bereich der *Anthropogeographie* führte dies zur Ausbildung von drei zentralen Unterbereichen, allerdings mit sich überlappenden Forschungsinteressen:

– zur Sozialgeographie mit ihrer gesellschaftsorientierten Raumanalyse unter Bezugnahme auf die Soziologie, Psychologie, Rechtswissenschaft und Politologie
– zur Kulturgeographie bzw. Entwicklungsländerforschung mit ihrer kulturorientierten Raumanalyse unter Bezugnahme auf Ethnologie, Kultur- und Sozialanthropologie
– zur Wirtschaftsgeographie mit ihrer ökonomieorientierten Raumanalyse unter Bezugnahme auf Betriebswirtschaft, Nationalökonomie, Rechtswissenschaften und Politologie.

Mit dieser Neuorientierung wird die Notwendigkeit der Entwicklung einer eigenständigen geographischen Theorie immer offensichtlicher. Man stellte fest, dass vor allem in Soziologie und Ökonomie ausdifferenzierte Theorien bestehen, die der Forschung eine klare Richtung weisen. In der Geographie waren klare Definitionen der Beziehungen von Theorie, Methodik, empirischer Forschung und praktischer Anwendung noch nicht auffindbar. Ende der 1960er-, Anfang der 1970er-Jahre wurde dann auch in der Geographie die Forderung nach einer differenzierten Theorieentwicklung erhoben. Eine stringente geographische Theorie sollte die Leitlinien für eine fruchtbare empirische und praxisrelevante Forschung abgeben. Ausgehend von den bisherigen Denkmustern, forderte man die Entwicklung einer geographischen Raumtheorie. Diese sozial-, kultur- und wirtschaftsgeographische

Raumtheorie sollte auch die Basis für Raumplanung und Raumordnungspolitik abgeben.

Für die Entwicklung der geographischen Raumtheorie wurde der Einsatz von computergestützten statistischen Verfahren und quantitativen Methoden notwendig. Während die traditionelle Geographie auf die Beschreibung von Erdgegenden ausgerichtet war, sollten nun systematische, intersubjektiv überprüfbare Beobachtungen gemacht und objektive Daten erhoben werden. Diese sollten nicht primär der Beschreibung dienen, sondern die Grundlage zu Verallgemeinerungen bilden. Eingesetzt wurden die statistischen und informatischen Verfahren zur Aufdeckung von erdoberflächlichen Verbreitungsregelmäßigkeiten. Das war die so genannte »Quantitative Revolution«, die zuerst im Rahmen des raumwissenschaftlichen Denkens stattfand. Eines der wichtigen Vorbilder für die »quantitativen Revolutionäre« war der zuvor zitierte WALTER CHRISTALLER.

Im deutschen Sprachraum wird der raumwissenschaftliche Ansatz von DIETRICH BARTELS programmatisch ausformuliert. Als Schüler von OTREMBA publiziert er 1968 seine Habilitationsschrift mit dem Titel »Zur wissenschaftstheoretischen Grundlegung einer Geographie des Menschen«. Von diesem Zeitpunkt an beherrschte die Schrift die fachtheoretische Diskussion bis in die 1980er-Jahre hinein und prägte auch die neu eingerichteten Diplomstudiengänge. Auf dem Kieler Geographentag von 1969 nahm die Studentenschaft die Arbeit zum Anlass, sich gegen die dominante Landschaftsgeographie und Länderkunde zu erheben. Die damalige Studentengeneration verlangte eine wissenschaftliche, nicht bloß beschreibend registrierende Disziplin. Geographie sollte mehr sein als Länder- oder Landschaftskunde. So wurde DIETRICH BARTELS' Habilitation quasi zur Leitschrift im Kampf gegen die etablierte Geographie. Sie gab den Anstoß zur Forderung nach einer wissenschaftlichen, theoriegeleiteten und praxisrelevanten Sozial- und Wirtschaftsgeographie. Konservativen Fachvertretern galt sie als »Zerstörung der Einheit der Geographie«. Unter seinem Einfluss setzte sich in den 1970er-und 1980er-Jahren das moderne Geographieverständnis mit dem entsprechenden Diplomstudiengang durch. Vorlesungen, Seminare und Übungen in Statistik, Informatik und Fernerkundung sowie zu geographischen Informationssystemen gehörten fortan ebenso zum selbstverständlichen Ausbildungsbestand wie zuvor Länder- und Landschaftskunde.

Forschungslogik und -programm

ALS Wegleitung für die Neuorientierung der Sozial- und Wirtschaftsgeographie formuliert BARTELS (1970, 30) die folgende Zielsetzung:

»Die Aufgabe des Faches ist die Erfassung und Erklärung erdoberflächlicher Verbreitungs- und Verknüpfungsmuster im Bereich menschlicher Handlungen und ihrer Motivationskreise, wie sie im Rahmen von mehr oder weniger organisierten Institutionen, Gruppen, Verhaltensnormen und anderen Kulturbestandteilen, nicht zuletzt des technischen Wissens und zuhandenen Ressourcen existieren.«

Dieses raumwissenschaftliche Programm ist die systematische Weiterführung der Forschungstradition, welche in der ›funktionalen Phase‹ eingeleitet wurde. Auch dort unterschieden BARTELS' Lehrmeister KRAUS und OTREMBA zwischen strukturellen und funktionalen Aspekten des Wirtschaftsraumes. Was in der funktionalen Phase und der funktionalistischen »Münchner Sozialgeographie« mit »Struktur« bezeichnet wurde, heißt nun »Verbreitungsmuster«, »Funktion« bzw. »Prozess« werden als »Verknüpfungsmuster« bezeichnet. Als »Verbreitungsmuster« werden erdräumliche Anordnungsmuster von Infrastruktureinrichtungen, Siedlungen, sozialen Normen, Werten usw. thematisiert. Mit »Verknüpfungsmuster« sind die erdräumlichen Ausprägungen von Pendler-, Warenaustausch-, Geld-, Informations- und anderen Strömen bzw. die »menschli-

Dietrich Bartels (1931-1983)

Am 27. Februar 1931 in Bochum geboren, studiert BARTELS an der Universität Freiburg zunächst Germanistik und Romanistik, dann Geographie in Hamburg und in Grenoble. Ab 1953/54 setzt er sein Studium in Freiburg fort, diesmal mit dem Schwerpunkt Volkswirtschaftslehre, das er 1955 abschließt und darauf eine Doktorandenstelle bei Prof. OTREMBA an der Wirtschaftsgeographischen Abteilung der Universität Hamburg antritt. 1957 reicht er seine Dissertation zum Thema »Nachbarstädte. Eine siedlungsgeographische Studie anhand ausgewählter Beispiele aus dem westlichen Deutschland« ein. 1963 wechselt er mit OTREMBA nach Köln, wo er 1966 mit der Arbeit »Gedanken zur wissenschaftstheoretischen Grundlegung einer Geographie des Menschen« habilitiert wird. Zwischen 1967-1970 wirkt er als Hochschuldozent an der Universität Köln, 1970 nimmt BARTELS einen Ruf auf den neu eingerichteten Lehrstuhl »Kultur und Sozialgeographie« der Universität Karlsruhe an. Drei Jahre später folgt er einem Ruf nach Kiel und übernimmt dort den neu eingerichteten Lehrstuhl für Wirtschafts- und Sozialgeographie. 1981 lehnt BARTELS einen Ruf auf eine Professur für Geographie der Gesamthochschule Siegen ab und bleibt bis zu seinem Tod 1983 in Kiel.

Abbildung aus: Kieler Geographische Schriften, Bd. 61, IV

Auswahlbibliographie

Zur wissenschaftstheoretischen Grundlegung einer Geographie des Menschen. Erdkundliches Wissen, Heft 19. Wiesbaden 1968

Wirtschafts- und Sozialgeographie. Köln/Berlin 1970 (Hrsg.)

Zwischen Theorie und Metatheorie. In: Geographische Rundschau, 22. Jg., 1970, Heft 11, S. 451-457

Schwierigkeiten mit dem Raumbegriff. In: Geographica Helvetica, Beiheft 2/3, 1974, S. 7-21

Lotsenbuch für das Studium der Geographie. Bonn/Kiel 1975 (gemeinsam mit G. HARD)

chen Aktivitäten und Interaktionssysteme in ihrer erdräumlichen Distanzabhängigkeit« gemeint.

Die von BARTELS propagierte »systematische Weiterführung« soll im Folgenden ausführlich dargestellt werden. Die raumwissenschaftliche Definition der Sozialgeographie umfasst zwei Aspekte: Einen *allgemein geographischen* und einen *spezifisch sozialgeographischen*. Zuerst ist auf die allgemeine raumwissenschaftliche Konzeption einzugehen und dann auf die speziell sozialgeographische.

Das *allgemeine Ziel* dieser geographischen Forschung besteht in der Aufdeckung von so genannten Raumgesetzen mittels der raumwissenschaftlichen Methodik. BARTELS (1968a, 45ff.; 1973, 37) fordert, dass diese Gesetze zu einer Raumtheorie systematisiert werden sollen. Diese gibt dann die Basis für die Kausalerklärungen des erdräumlichen Gesamtmusters einer Gesellschaft und bildet im Sinne von Wissenschaftsanwendung die Grundlage für die Raumplanung.

Wie aus der Definition hervorgeht, befasst sich die raumwissenschaftliche Geographie mit den Verbreitungs- und Verknüpfungsmustern verschiedenster Sachverhalte. Dies soll in drei Forschungsetappen geschehen. Die erste Forschungsetappe bezieht sich auf die »Erfassung« von Sachverhalten. Die zweite und dritte Forschungsetappe beziehen sich auf deren »Erklärung«. Dieses Programm wird hier unter Bezugnahme auf das Fallbeispiel »Strandleben« vorgestellt.

Die chorische, das heißt die erdräumliche Betrachtung der Menschen bildet den Ausgangspunkt der raumwissenschaftlichen Sozialgeographie. Auf ihr sollen die Beschreibungen und Erklärungen der Verbreitungs- und Verknüpfungsmuster aufbauen. Jeder einzelne Strandbesucher bzw. jede einzelne Strandbesucherin interessiert hier zunächst hinsichtlich seiner/ihrer Lage, der ausgeführten Bewegungen und der möglichen Beziehungen zwischen den verschiedenen Lagepositionen. Physisch geographisch interessieren Anordnungen und Formen der Dünen, der Küstenlinie, Anordnungsmuster der Vegetation, insbesondere unterschiedlicher Pflanzengesellschaften usw. Die chorische Verteilung der jeweils

Abbildung 13   »*Strandleben*« (aus: HAGGETT, 1983, 32)

interessierenden Phänomene ist zuerst kartographisch festzuhalten, bevor die weiteren Schritte der raumwissenschaftlichen Analyse in Angriff genommen werden können.

Das raumwissenschaftliche Forschungsprogramm zeichnet sich im Vergleich zur traditionellen Sozialgeographie insbesondere durch ein differenzierteres, wissenschaftstheoretisch begründetes Raum- und Begriffsverständnis aus. »Raum« bzw. »Erdraum« wird nicht mehr als objekthafte Gegebenheit verstanden, sondern vielmehr als eine Konzeption, die es ermöglicht, Dinge hinsichtlich »Länge«, »Breite« und »Höhe« (dreidimensional) zu charakterisieren und zu ordnen bzw. Ordnungsrelationen zwischen ihnen herzustellen.

Die wichtigste Differenz zwischen der traditionellen Geographie und dem raumwissenschaftlichen Verständnis besteht nach BARTELS & HARD (1975) in der Forderung, ganz klar zwischen *Begriff* und *bezeichnetem Gegenstand*, *bezeichneter Gegebenheit* zu unterscheiden. Damit sind Implikationen von größter forschungspraktischer Tragweite verbunden. Die erste, offensichtliche Implikation besteht darin, dass die Bedeutungen der Begriffe nicht Eigenschaften der Objekte sind, sondern Ausdruck von Konventionen, von Einigungen über den Bedeutungsgehalt eines Begriffs mittels Definitionen. Die Bedeutungen, welche Gegebenheiten in der Kommunikation erlangen, sind zweitens zugewiesene Bedeutungen, nicht Ausdruck ihres Wesens. Deshalb – so die Argumentation – weisen »Was ist?«-Fragen, die sich auf das Wesen der Dinge beziehen, auch immer in die falsche Richtung. Angemessen sind Fragen nach der Bedeutung der Begriffe für bestimmte Zwecke. Begriffsbedeutungen können drittens nicht richtig oder falsch sein, sondern ausschließlich dem Zweck angemessen oder unangemessen.

Wenn der Differenz zwischen Begriff und bezeichnetem Gegenstand nicht Rechnung getragen wird, vollzieht man eine – in diesem Verständnis wissenschaftstheoretisch unhaltbare – Reifikation, das heißt eine Vergegenständlichung des Begriffs. Diese ist denn in aller Regel auch an »Was ist?«-Fragen im Stile von »Was ist eine Landschaft?« gebunden. Die Antworten laufen – wie HARD (1970) systematisch nachweist – auf den Versuch hinaus, ein definitionsunabhängiges, immerwährendes Wesen der Landschaft festzuhalten und von der definitionsgebundenen Konstruktion des Gegenstandes abzulenken. Demgegenüber wäre jedoch die Frage zu stellen, was wir unter »Landschaft« innerhalb der geographischen Forschung sinnvollerweise verstehen können. Falls sich dieser Begriff für geographische Forschung als wenig hilfreich und sinnvoll erweisen sollte, wären er und die damit verbundenen Forschungsinteressen aufzugeben.

Forschungspraktisch folgt aus dieser Argumentation, dass es beispielsweise keine »Räume«, »Landschaften« oder »Regionen« gibt, die von ihrem Wesen her vorgegeben sind. Ihre empirischen Ausprägungen hängen davon ab, wie sie als Begriffe definiert werden. »Räume« und »Regionen« sind konstruierte Gegebenheiten, die sich je nach Fragestellung und Zweck/Interesse der Untersuchung auf unterschiedliche Gegebenheiten beziehen und somit auch unterschiedliche Ausprägungen annehmen können.

Sowohl das Raum- wie das Begriffsverständnis sind demzufolge formaler Art. Beide bilden die Basis für das gesamte raumwissenschaftliche Forschungsprogramm.

1. Forschungsetappe

Ausgangspunkt und Begründung der raumwissenschaftlichen Methoden bildet die an das eben erörterte Raum- und Begriffsverständnis gebundene Überlegung, dass jede Gegebenheit, die auf der Erdoberfläche auftritt, neben inhaltlich-sachlichen Eigenschaften (»dies ist ein Badetuch«) auch durch formale Aspekte charakterisiert werden kann: durch ihre räumliche Lage (»es liegt beim Strandplatz 304 am Weststrand von Laboe«) und durch den Zeitpunkt ihres Vorhandenseins und Auftretens (»es liegt am 15. Juli 1998 dort«). Mit der »Erfassung von Sachverhalten« – wie dies in der Definition von BARTELS formuliert wird – ist gemeint, dass zuerst die Standortmuster von forschungsrelevanten Gegebenheiten kartographisch festgehalten werden sollen (Abbildung 14).

Diese »Fixierung von Tatbeständen hinsichtlich ihrer Lage auf der Erdoberfläche in einem zweidimensionalen Koordinatennetz« betrachtet BARTELS (1970, 15) als die propädeutische, das heißt vorwissenschaftliche Aufgabe der Geographie. Ihre Erfüllung bildet die Voraussetzung zur Aufdeckung von Gesetzmäßigkeiten in erdräumlichen Verbreitungsmustern.

2. Forschungsetappe

Die zweite Etappe zur Auffindung von Raumgesetzen – und gleichzeitig der erste Schritt zu ihrer Erklärung – beruht auf der folgenden allgemeinen Überlegung: Nachdem die erdräumliche Lokalisierung von Gegebenheiten festgestellt ist, kann man dazu übergehen, Beobachtungsaussagen über deren erdräumliche Koinzidenzen oder Entfernungen zu formulieren. Es kann also erstens festgestellt werden, was wo gleichzeitig auftritt (Beispiel: Bahnhof und Zeitungskiosk). Zweitens kann man feststellen, was *wo* in welcher Entfernung voneinander auftritt (Beispiel: Kleinstädte weisen untereinander eine Distanz von 21 km auf).

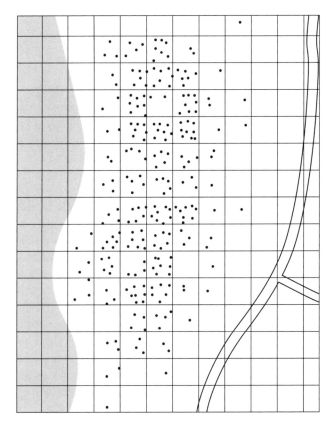

Abbildung 14 *Verteilung der Badegäste am Strand*
(aus: BARTELS & HARD, 1975, 16)

Dabei geht man von der These aus, dass ein ursächlicher Zusammenhang die erdräumliche Koinzidenz von Gegebenheiten bewirkt. Demzufolge könne man die Hypothese formulieren, dass erdräumliche Koinzidenz einen ursächlichen Zusammenhang anzeige: Immer wenn bestimmte Gegebenheiten gemeinsam im Raum auftreten, kann man davon ausgehen, dass dieses gemeinsame Auftreten Ausdruck ein- und derselben Ursache ist. Für alle derartigen Kausalzusammenhänge sind die jeweiligen Wahrscheinlichkeiten und Korrelationskoeffizienten innerhalb eines bestimmten Erdraumes zu berechnen.

An dieser Stelle des Forschungsprozesses, das heißt bei der Aufdeckung von Koinzidenzen, wird nun die spezifische raumwissenschaftliche Begrifflichkeit wichtig. Mit ihr »soll eine gedankliche Ordnung der Beobachtungen in Form von erdräumlichen Strukturmustern« (BARTELS, 1970, 17) erreicht werden. Dazu werden folgende Begriffe vorgeschlagen:

Gebiet

«Gebiet« soll einen Ausschnitt der Erdoberfläche bezeichnen, der lediglich räumlich, aber durch kein sachlich-inhaltliches Kriterium begrenzt ist. Der Begriff Gebiet stellt die Ausgangsebene für die weiteren Differenzierungen dar. (Beispiel: der gesamte Strandausschnitt.)

Areal

«Areal« bezieht sich auf eine strukturelle und eine funktionale Komponente von Sachverhalten. Das *strukturspezifische Areal* bezeichnet eine Gruppierung punktueller Standorte von Sachverhalten (Dingen) mit gleichen Eigenschaften. Das bedeutet, dass im Vergleich zum Gebiet noch ein weiteres Abgrenzungskriterium hinzukommt, nämlich ein sachliches: die gemeinsame Eigenschaft der Sachverhalte (Dinge) in einem Ausschnitt der Erdoberfläche. Bei strukturbestimmten Arealen handelt es sich um »relativ geschlossen und homogen gedachte Verbreitungseinheiten auf der Erdoberfläche« (BARTELS, 1970, 17). (Beispiel: der Strandabschnitt mit Badegästen, vgl. Abbildung 15).

Das *funktionsspezifische Areal* ist ebenfalls durch ein räumliches und ein sachliches Kriterium bestimmt. Das Abgrenzungskriterium bilden aber nicht mehr die Eigenschaften von Dingen, sondern die Relationen zwischen den Beobachtungseinheiten. Damit man ein Beziehungsareal abgrenzen kann, müssen alle Elemente dieses Areals eine Beziehung aufweisen, und außerhalb der Areal-

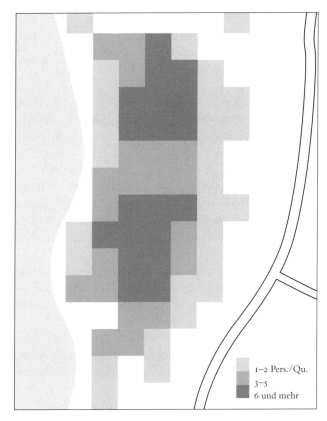

Abbildung 15a *Badegäste am Strand: strukturbestimmtes Areal*
(aus: BARTELS & HARD, 1975, 21, 32)

grenzen dürfen keine Beziehungen mehr vorhanden sein. (Beispiel: das »Einzugsgebiet« des Eisverkäufers am Strand.)

Feld
»Feld« ist zu verwenden für die »Zusammenfassung von Standorten nicht gleicher, sondern gleichmäßig abgewandelter Sachverhalte. Der praktisch wichtigste Fall ist das Zentralfeld mit konzentrischen

Ringen distanzabhängig variierender Sachverhalte um einen Mittelpunkt« (BARTELS, 1970, 18). (Beispiel: konzentrisch zunehmende Dichte der Badegäste um die attraktivsten Strandpunkte.)

3. Forschungsetappe

Raumausschnitte, welche die Merkmale eines Areals oder Feldes aufweisen, sind als Geltungsbereich hypothetischer Raumgesetze zu begreifen. Kann nun festgestellt werden, dass sich die Arealgrenzen auf einer bestimmten Fläche decken, spricht man von einer Region: Besteht ein gemeinsames Auftreten ganz verschiedener Gegebenheiten »für jeden einzelnen Raumpunkt [...] der Region, so handelt es sich um eine homogene Region (Klima-Vegetationsregion), gilt es nur grob für die Gesamtheit der Region (Kohlenzechen-Schwerindustrie-Region), so liegt eine heterogene Region vor« (BARTELS, 1970, 22).

Innerhalb solcher Regionen soll die Feststellung der Vegetation ausreichen, um das Klima bestimmen zu können oder die Lokalisation einer Gemeinde in einer Schwerindustrie-Region, um eine »vielseitige Charakterisierung ihrer ökonomischen und sozialen Struktur« (BARTELS, 1970, 22) vornehmen zu können. Damit ist analog zum strukturellen Arealbegriff die Strukturregion angesprochen, innerhalb derer gesetzmäßige Auftretenskombinationen festgestellt werden.

Daneben ist jener Typus von Region zu unterscheiden, der durch die Relationen zwischen den Sachverhalten definiert ist. Eine solche Region bezeichnet BARTELS (1970, 22) als Systemregion, »in der jede Koinzidenz Ausdruck einer funktionalen Verknüpfung ist.« Die Abgrenzung solcher Systemregionen und die Bildung raumwissenschaftlicher (System-)Modelle, welche die Verknüpfungsformen zwischen den einzelnen Sachverhalten idealisiert und vereinfacht wiedergeben, bilden eine weitere wichtige Aufgabe der dritten Forschungsetappe der raumwissenschaftlichen Geographie.

Die entscheidenden Bestimmungsgrößen für die Struktur des Systems sind die »Fernwirkungen« bzw. Distanzfunktionen. Die-

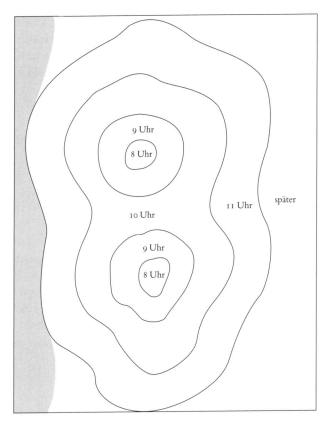

Abbildung 15b *Badegäste am Strand: feldmäßige Anordnung*
(aus: BARTELS & HARD, 1975, 21, 32)

se Distanzvariablen können neben der unmittelbaren kilometrischen Distanz auch mittelbar in Transportkosten- oder Reisezeiteinheiten ausgedrückt werden. Sie bleiben aber immer an das Netzwerk der Kommunikationseinrichtungen (Straßennetz, Eisenbahnnetz usw.) gebunden. Deshalb sollen solche Netzwerke zum Ausgangspunkt der Entwicklung räumlicher Systeme gemacht werden.

Die bisher vorgestellte allgemeine Grundstruktur des raumwissenschaftlichen Ansatzes wird nun auf die sozialwissenschaftliche Perspektive angewendet. Daraus entsteht das Forschungsprogramm der raumwissenschaftlichen Sozialgeographie, die konsequenterweise als *handlungsorientierte Raumwissenschaft* zu verstehen ist.

Sozialwissenschaftliche Grundlagen

DIE raumwissenschaftliche Forschung der Sozialgeographie soll sich auf die »sozialwissenschaftliche Grundperspektive« (BARTELS, 1968a, 166) in der handlungstheoretischen Tradition von MAX WEBER, VILFREDO PARETO und TALCOTT PARSONS beziehen. Zudem soll sie eine eigenständige Weiterentwicklung dieser Theorien leisten, indem sie diese durch die Anwendung raumwissenschaftlicher Modelle ergänzt.

Die sozialgeographische Erweiterung der sozialwissenschaftlichen Grundperspektive besteht darin, die raumwissenschaftliche Betrachtungsweise und Methodik auf den »Bereich menschlicher Handlungen und ihrer Motivationskreise« (BARTELS, 1970, 30) anzuwenden. Die sozialgeographische Forschung ist also auf Sachverhalte auszurichten, die im Kontext menschlicher Handlungen relevant sind oder relevant werden können. Dabei soll sie die erdräumlichen Verbreitungs- und Verknüpfungsmuster erfassen, modellhaft darstellen und erklären. Um die damit verbundenen Implikationen zu verdeutlichen, ist abzuklären, von welchen sozialwissenschaftlichen Grundlagen BARTELS ausgeht.

Für BARTELS beruht jede menschliche Handlung auf einer zielgerichteten Entscheidung, die als Abwägung von Zweck-Mittel-Relationen in einer mehr oder weniger detaillierten Planung vollzogen wird. Für die Entscheidung bedarf der Handelnde bestimmter Informationen sowohl über die Situation des Handelns als auch über die Mittel, mit denen er das Ziel erreichen kann. Das subjektiv verfügbare Wissen ist für BARTELS von vermittelten oder selbst gemachten Erfahrungen der Handelnden abhängig.

Jede menschliche Handlung findet immer in einer bestimmten Situation statt. Bei der Beschreibung der Situation des Handelns weist BARTELS (1970, 38; 1977, 26) darauf hin, dass einerseits im Ablauf von Individualhandlungen die Folgen eigener vergangener Handlungen zu den Bedingungen aktuellen Handelns werden, andererseits auch die Folgen der Handlungen anderer zu den Bedingungen des eigenen Handelns werden können. Die Art und Weise wie die Bedingungen in der Situation des Handelns jeweils interpretiert werden, hängt von den jeweiligen »Motivationskreisen« der Handlung ab. Darunter werden »Institutionen«, »Normen« »und andere Kulturbestandteile« (BARTELS, 1970, 33) verstanden.

Bei der Anwendung der raumwissenschaftlichen Methode geht man davon aus, dass die Ziele des Handelns, die materiellen und sozialen Aspekte der Situation des Handelns, die Motivationskreise menschlichen Handelns sowie jegliche Art von Handlungsfolgen, also auch soziale Beziehungen und soziale Beziehungsmuster, erdräumlich lokalisierbar und regionalisierbar sind: »Die Verteilung von Gruppen und ihrer Normen sind der (raumwissenschaftlichen) Betrachtung zugänglich« (BARTELS, 1970, 37).

Damit tritt das Problem auf, dass man alle erwähnten Aspekte des Handelns beobachtbar machen muss, bevor man sie erdräumlich lokalisieren kann. Als Lösung wird auf HARTKES Vorschlag zurückgegriffen: Die Handlungsbeobachtung ist durch die Erfassung der materialisierten Handlungsfolgen zu ersetzen. »So kann man die Produktion eines bestimmten Gutes nach Art und Umfang bis zu einem gewissen – wenn auch meist bescheidenen – Grade aus dem Vorhandensein und der Beschaffenheit eines entsprechenden Fabrikgebäudekomplexes erschließen oder die landwirtschaftliche Betriebsorganisation aus dem bestehenden Nutzflächenverhältnis oder eine intensivere Transportverknüpfung zweier Standorte aus der Richtung und dem Ausbau konkreter Straßenzüge« (BARTELS, 1970, 34). Zudem sind die Gründe des Handelns mittels Interviews zu erfragen und *die Ergebnisse kartographisch darzustellen und zu regionalisieren.*

Forschungsprogramm raumwissenschaftlicher Sozialgeographie

DAS Forschungsprogramm der raumwissenschaftlich definierten Sozialgeographie wendet die raumwissenschaftliche Methode auf soziale Handlungen an. Es gliedert sich in die folgenden drei Etappen:

1. Forschungsetappe

Die erste Etappe umfasst die »erdräumliche Fixierung der Standorte aller begrifflichen Elemente der sozialwissenschaftlichen Grundperspektive (Aktivitäten, Gruppen, Interaktionsmuster, Werte, Normen, Motive usw.) und eine Beschreibung ihrer erdräumlichen Verteilung mit Hilfe von Arealen, Feldern und verwandten Begriffen« (BARTELS, 1970, 34). Das Programm der ersten Etappe erfordert somit das Zeichnen von Karten, welche die Standortmuster von Gruppen, Interaktionsmustern, Werten, Normen u. ä. wiedergeben.

2. Forschungsetappe

Die zweite Etappe soll darin bestehen – aufbauend auf den Ergebnissen der ersten Etappe – regionale Zusammenhänge zwischen den verschiedenen Aspekten des Handelns festzustellen. Dabei soll die folgende Frage beantwortet werden: Wo treten gleichförmige Aktivitäten, gleiche Interaktionsmuster, gleiche Werthaltungen, Normen usw. auf? Die Grundmuster der erdräumlichen Verteilung sind bei Feststellung »chorischer Korrelationen dann im Sinne einer Theorie des Zusammenhangs als empirische Gesetzmäßigkeiten zu interpretieren« (BARTELS, 1970, 34). Als Beispiele können der Zusammenhang zwischen der Berufsstruktur einer Region und dem dortigen Verkehrsaufkommen oder die Art der Ressourcennutzung und der Gesellschaftsordnung eines bestimmten Kulturkreises genannt werden.

3. Forschungsetappe

In der dritten Etappe sozialgeographischer Forschung erfolgt die Beschäftigung »mit der chorologischen Modellbildung, das heißt mit menschlichen Aktivitäten und Interaktionssystemen in ihrer erdräumlichen Distanzabhängigkeit« (BARTELS, 1970, 35).

Nachdem die unterschiedliche Verteilung von Handlungsaspekten mittels erdräumlicher Beschreibungen (Areal, Feld, Region) begrifflich erfasst ist, sind in der dritten Etappe die Verteilung der sozial-kulturellen Elemente, der Ressourcen und des Verkehrs in ihrem jeweiligen distanziellen Zusammenhang zu erklären. Mit anderen Worten: Das räumliche System, das durch die erwähnten Elemente gebildet wird, soll zunächst im Rahmen eines Modells repräsentiert werden, um von dort aus zu einer raumwissenschaftlichen Theorie zu gelangen. Dabei werden zwei Forschungsebenen der Sozialgeographie, eine mikroanalytische und eine makroanalytische, unterschieden.

Auf der *mikroanalytischen Ebene* soll sich die raumwissenschaftliche Theoriebildung mit »der Erforschung der Aktionskreise bzw. -räume der einzelnen Aktoren beschäftigen« (BARTELS, 1979, 110). Sie soll die »status- und zweckabhängigen Aktionsreichweiten der einzelnen [Aktoren]« (BARTELS, 1970, 36) im Erdraum erforschen und beispielsweise empirisch abklären, wie einzelne private Haushalte ihre (Wohn-)Standortwahl treffen.

Auf der *makroanalytischen Ebene* hat sich die Sozialgeographie mit den von Menschen hervorgebrachten Strukturmustern als solchen zu befassen, unabhängig von den Motivationskreisen ihrer Hervorbringer. Sie soll nach den »Gleichgewichtsmustern der räumlichen, in Verknüpfung und Konkurrenz gegebenen Ordnung sämtlicher Produktionsfaktoren« (BARTELS, 1970, 36) fragen und eine Erklärung der Systemelemente in ihrem gegenseitigen »distanziellen Zusammenhang« (BARTELS, 1970, 36) leisten. Beide Entwicklungsrichtungen sind schließlich in einer »Theorie des Raumsystems« (BARTELS, 1970, 37) zu vereinheitlichen.

BARTELS leistet mehrere Beiträge, die man als Schritte zur Erreichung dieses Ziels betrachten kann. Sein Werk, vor allem seine

Publikation »Raumwissenschaftliche Aspekte sozialer Disparitäten« (1978), setzt sich mit der Forderung von »Gleichwertigkeit der Lebensbedingungen« und der erdräumlichen Ungleichheit der Bedingungen des Handelns Einzelner auseinander. Dabei analysiert er die erdräumlichen Disparitäten der Handlungsmöglichkeiten innerhalb der vorgegebenen Raumstruktur.

Mit dem Gesamtsystem beschäftigt sich BARTELS (1979) in »Theorien nationaler Siedlungssysteme und Raumordnungspolitik«. Unter einem nationalen Siedlungssystem ist »prinzipiell und in jedem Falle ein räumlich dynamisches System [im] Sinne eines formalen Modells der allgemeinen Systemtheorie« (BARTELS, 1979, 112) zu verstehen.

Die allgemeinste Definition von »System« und die entsprechenden systemtheoretischen Grundbegriffe können wie folgt dargestellt werden:

S = (A, R, F)
A = eine endliche, von ihrer Umwelt abgrenzbare Menge von Elementen ($a_1 - a_n$),
die bestimmte Merkmale aufweisen.
R = die Menge aller Relationen/Beziehungen (r_{ij}) zwischen den Elementen.
F = Finalität, Ziel.

Die Vertreter der allgemeinen Systemtheorie gehen davon aus, dass jede beliebige thematisch/räumlich abgegrenzte Beobachtungseinheit im Sinne einer modellhaften Rekonstruktion als »System« aufgefasst werden kann. Die Anordnung der Elemente (A bzw. $a_1 - a_n$) wird als *Struktur* thematisiert. In der Regel wird angenommen, dass eine vorgefundene Struktur aufrechterhalten werden muss, wenn das *Systemgleichgewicht* bestehen bleiben soll (strukturelle Erfordernisse). Die Beziehungen der Elemente werden als *Funktionen* (R bzw. r_{ij}), als zielgerichtete (F) Leistungen (Energie/ Information) bezeichnet, welche die *Elemente* (oder die *Subsysteme*) für das Gesamtsystem erbringen.

Verschiedene Systeme werden nach dem Maß ihrer Komplexität (der Vielfalt der Attribute der Elemente, der Spezialisierung der Funktionen, Hierarchisierung der Systemebenen usw.) und nach dem Maß ihrer Geschlossenheit (keine Beziehungen mit Elementen der Umwelt) bzw. Offenheit (Austauschbeziehungen mit der Umwelt) typisiert. Die Beziehungen zwischen den Elementen müssen dergestalt sein, dass das Gleichgewicht des Systems – durch bestimmte Regelwirkungen – aufrechterhalten bleibt. Austauschbeziehungen über die Systemgrenzen hinweg, die auf das System regulierend wirken, werden Rückkoppelung genannt. Diese können positiver (Verstärkung der vorherrschenden Entwicklungstendenz) oder negativer Art (Ausgleich in Richtung Gleichgewicht) sein.

Beim raumwissenschaftlichen Ansatz wird das formale Raster der allgemeinen Systemtheorie auf Siedlungen angewendet und zwar wie folgt: Die Siedlungseinheiten mit ihrer räumlichen Verortung bilden die Elemente eines »Raumsystems«. Die Anordnung der Siedlungseinheiten kann je nach Gebiet eine unterschiedliche Struktur aufweisen. Die Beziehungen unter den Elementen werden in zwei Kategorien unterteilt und dann weiter differenziert:

a. *Beziehungen als Interrelationen*
  1. Räumliche Lagebeziehungen in Gestalt von Kilometer-/Zeit-/Kosten-Distanzen (räumliche Interrelation)
  2. Größen-Relationen: Einwohner-, Wirtschaftskraft- usw. Verhältnisse zwischen verschiedenen Elementen (sachliche Interrelation)
  3. Struktur-Relationen: Ausgleichsbeziehungen zwischen unterschiedlich zusammengesetzten Elementen (sachliche Interrelation).

Siedlungssysteme, welche nach den Interrelationen a.1. definiert/abgegrenzt werden, sollen als »räumliche Siedlungsmuster« bezeichnet werden; solche, die gemäß a.2. oder a.3. definiert werden, als »nicht-räumliche Siedlungsstrukturen«. Nur solche, die gemäß a.1., a.2. und a.3., also räumlich und sachlich definiert werden, gelten als »räumliche Siedlungsstrukturen«.

b. *Beziehungen als Interaktionen*
  1. Interaktionswege: das heißt Verkehrswege und Informationskanäle zwischen den Siedlungselementen
  2. Interaktionsströme: das heißt Austauschbeziehungen (Güter, Kapital, Pendler usw.) und Kommunikationsbeziehungen (Informationsflüsse, Innovationsausbreitungen usw.)
  3. Machtbeziehungen: das heißt »Ausdrucksformen der gesellschaftlich organisatorischen Abhängigkeiten einzelner Siedlungselemente voneinander, zum Beispiel [...] Kapitalabhängigkeiten durch Eigentumsbindungen« (BARTELS, 1979, 115).

Siedlungssysteme, welche gemäß b.1. definiert werden, sind als »Siedlungsnetze« zu bezeichnen, diejenigen, die gemäß b.2. definiert werden, als »Siedlungssysteme im engsten Sinne« und die durch b.3. definierten als »Siedlungsverbände«.

Die Veränderungen der Attribute einzelner Elemente durch andere Elemente oder durch Veränderung der Beziehung unter den Elementen werden »Systematische Verhaltensfunktion« genannt. Darunter versteht BARTELS (1979, 117) »Rückkoppelungs-, Steuerungs- und Regelungsphänomene zwischen den Siedlungselementen und/oder -beziehungen sowie Gleichgewichts- oder Ungleichgewichtszustände und Stabilitätschancen eines Siedlungssystems.« Als Beispiel für ein stabilisierendes Rückkoppelungsphänomen im Siedlungssystem können die Agglomerationsvorteile einer Siedlung, die sie ihrer Größe entsprechend aufweisen kann, betrachtet werden.

Als *Subsysteme* werden Teilaggregationen bestimmter Systemelemente und -beziehungen bestimmt, die für sich eine Untereinheit im Rahmen des Gesamtsystems bilden. Als Beispiel sei das (Sub-)System der Mittel- und Kleinstädte genannt. Sowohl die

Elemente als auch die Beziehungen werden auf verschiedenen Stufen in verschiedene hierarchisierte Systeme gegliedert. Dabei werden die Beziehungen zwischen den Elementen einer Subsystemstufe wie auch zwischen Subsystemen und den nächsthöheren Systemen untersucht. Betrachtet werden hauptsächlich die sich ergänzenden Tauschbeziehungen für Güter und Dienstleistungen zwischen den verschiedenen Städten (Groß-, Mittel- und Kleinstädte).

Forschungspraxis

BEVOR eine kritische Würdigung vorgenommen wird, soll anhand eines Beispiels die empirische Forschungspraxis der »Raumwissenschaft« dargestellt werden. Das Beispiel bezieht sich auf die zweite Forschungsetappe von BARTELS' Programm für die Sozialgeographie in der Untersuchung »Türkische Gastarbeiter aus der Region Izmir« (BARTELS, 1968b). Darin geht es um die Erfassung »der raumzeitlichen Differenzierung der Bestimmungsgründe ihrer Aufbruchentschlüsse« (BARTELS, 1968b, 313) zur Auswanderung nach Deutschland.

Was die erdräumliche Lokalisierung der zum Aufbruch Entschlossenen betrifft, wird zuerst der Anteil der Bewerber pro 100 000 Einwohner errechnet und festgestellt, dass die chorische Verteilung der Bewerbungsproportionen, welche »sich zu einem bemerkenswert konzentrischen Strukturbild um die Agglomeration Izmir anordnet« (1968b, 317), die Struktur eines Feldes aufweist. Den Anhaltspunkt zur Lokalisierung bildet dabei der Wohnstandort des potentiellen Migranten. Als Referenzmaß zur Feststellung der Regelmäßigkeit dient die straßenkilometrische Entfernung von Izmir. Die »feldmäßige« Verteilung erweist sich auf den ersten Blick als eine Funktion der Entfernung des Wohnstandortes von Izmir. BARTELS stellt sich nun »die Aufgabe, diese Beobachtungen durch bestimmte Determinanten möglichst plausibel zu erklären« (1968b, 317). Sein Vorhaben versucht er mittels

»distanzbezogener Determinationsmomente« (1968b, 318) einzulösen.

Die Hauptbestimmungsgründe zum Aufbruch müssen Faktoren sein, die die feldmäßige Anordnung der zum Aufbruch Entschlossenen auch erklären können. Nach BARTELS' Untersuchung sind dies die Reisekosten bis zur nächsten Meldestelle und die Erreichbarkeit von öffentlichen und privaten Informationsquellen. Öffentliche Informationskanäle (Zeitungen, Radio), die an und für sich eine gleichmäßige chorische Streuung der Erreichbarkeit aufweisen, waren nur für 8 bis 10% der Migranten ausschlaggebend. Für alle Übrigen waren private Informationen, die Aussagen von persönlich bekannten Informanten ausschlaggebend. Diese Variable wird als eine Funktion der Kontakthäufigkeit mit gut informierten Personen betrachtet. »Bei allen Stichproben weist die in erster Linie wichtige private Information hinsichtlich ihrer räumlichen Herkunft immer wieder auf die städtischen Konzentrationen hin und letztlich vor allem auf Izmir als das entscheidende Nachrichtenzentrum« (BARTELS, 1968b, 319). Die Erreichbarkeit der Metropole als Quelle aller Informationskanäle und Ausgangspunkt verschiedenster Innovationen, vom Angebot neuer Marktartikel bis zum Wandel der Wertorientierungen, wird somit hypothetisch zur entscheidenden Größe in der räumlichen Differenzierung der Aufbruchentschlüsse. Diese Hypothese wurde in der empirischen Überprüfung auch bestätigt, sodass sie »in Anspruch genommen wird für die entscheidende Kausalerklärung [!] der Bewerbungsproportionsunterschiede ›in feldmäßiger‹ Anordnung um Izmir« (BARTELS, 1968b, 319).

Diskussion

DIE Diskussion soll bei der Frage ansetzen, inwiefern eine raumwissenschaftliche Geographie Erklärungspotential aufweisen kann. Bereits beim *allgemeinen raumwissenschaftlichen Forschungsprogramm* drängt sich diese Frage in mehrfacher Hinsicht auf. Als oberstes

Forschungsziel wird in der raumwissenschaftlichen Geographie die Aufdeckung empirisch gültiger Raumgesetze genannt. Kann man aber überhaupt sinnvoll von »Raumgesetzen« sprechen?

Geht man mit BARTELS davon aus, dass der räumliche Standort nur einen formalen Aspekt einer Gegebenheit darstellt, dann können räumliche Aspekte nicht gleichzeitig als Ursache für die Verteilung dieser Gegebenheiten betrachtet werden. Dementsprechend kann »Distanz« nicht einen unmittelbareren Kausalfaktor darstellen. Sie ist – genauso wie »Raum« – nichts anderes als eine formale Repräsentation der Lageverhältnisse. Die Distanz zwischen zwei oder mehreren Gegebenheiten ist vielmehr Ausdruck jener »Kräfte«, die eine bestimmte Verteilung bewirken.

Für die Erklärung von Verbreitungsmustern natürlicher Gegebenheiten ist auf die tatsächlichen Kausalfaktoren zurückzugreifen. Dann erst können die räumliche Verteilung von handlungsrelevanten Gegebenheiten und deren Wirkung unter bestimmten Randbedingungen analysiert werden. Für den sozialen Bereich müsste dies dann heißen, dass man von den typischen Regelmäßigkeiten des Handelns auszugehen hätte und erst anschließend die Bedeutung der physisch-weltlichen Distanzen als intervenierende aber nicht als unabhängige Variablen untersuchen könnte.

Der zweite Problemaspekt dieses Programms ist methodologischer Art. Zuerst wird davon ausgegangen, dass alle ursächlichen Zusammenhänge zu erdräumlichen Auftretenskoinzidenzen führen. Daraus leitet man die Folgerung ab, dass man ursächliche Zusammenhänge mittels der Aufdeckung räumlicher Koinzidenzen erschließen könne. Hier ist zu bedenken, dass man nicht vom Vorhandensein irgendeiner Koinzidenz behaupten kann, sie sei die Wirkung einer bestimmten Ursache, solange man nicht weiß, welche Gegebenheit eine Ursache von einer bestimmten Wirkung ist. Die auf der Koinzidenzthese aufbauende Überinterpretation von Korrelationen als Kausalzusammenhängen ist unhaltbar. So wie man aus der gleichzeitigen regionalen Häufung von Störchen und Geburten nicht ableiten kann, die Störche würden die Kinder bringen, ist auch bei anderen Koinzidenzen eine unangemessene Kausalisierung zu vermeiden.

Im *sozialgeographischen* Programmteil drängen sich zunächst Fragen zur ersten und zweiten Etappe auf. Bei der ersten Etappe fällt auf, dass BARTELS alle handlungsrelevanten Elemente mittels des geographischen Raumbegriffs für in der physischen Welt lokalisierbar hält. Wie bereits festgestellt wurde, können immaterielle Aspekte (Werte, Normen usw.) nicht zum Bereich der physischen Welt gerechnet werden und sind somit mittels des geographischen Raumbegriffs auch nicht eindeutig lokalisierbar.

Was BARTELS als »Distanzfunktion« beschreibt, kann als unterschiedlicher Grad der Mittelbarkeit der Erfahrung des andern und seiner Äußerungen interpretiert werden. Die Feststellung, dass die privaten Informationen für die weitaus größere Zahl von Emigranten in der Umgebung von Izmir die entscheidende Bedeutung erlangt haben, stellt eigentlich nichts anderes dar, als die Bestätigung der Hypothese, dass das Wissen, das der Handelnde in unmittelbaren Erfahrungszonen erworben hat, für ihn ein höheres Maß an Sicherheit/Zuverlässigkeit aufweist, als jenes, das er mittelbar erworben hat. Was aufgedeckt wird, sind die räumlichen Bedingungen von sozialen Interaktionen und ihre subjektive Bedeutung für Entscheidungen, nicht aber die Wirkkraft von Distanzen. Ausschlaggebend für die Entscheidungen sind die Kommunikations*inhalte*, die in unmittelbaren sozialen Interaktionen ausgetauscht werden, nicht allein die physisch-weltliche Entfernung. Das, was einem Emigranten von jemandem gesagt wird, kann zum Bestimmungsgrund seiner Tätigkeit werden, nicht aber die bloße Tatsache, dass er x und nicht y Kilometer von Izmir entfernt wohnt.

Auf der dritten Stufe sozialgeographischer Forschung sind ebenfalls mehrere Punkte problematisch. Das formale Modell »System« kann zwar auf »beliebige« Zusammenhänge angewendet werden bzw. hinsichtlich verschiedener Sachverhalte interpretiert werden. Wenn die Anwendung aber empirisch relevante Hypothesen ermöglichen soll, dann ist klar zwischen Systemen der physischen Welt (organischer und nicht-organischer Art) und der sozialen Welt (Welt des Handelns und der Symbole) zu unterscheiden bzw. zwischen »physischen Systemen« und »Sinnsystemen«. Diese Unterscheidung ist notwendig, weil die Inhalte der verschiedenen Systeme in höchst unterschiedlicher Weise existieren.

Das Hauptproblem des raumwissenschaftlichen Ansatzes ist ganz ähnlicher Art wie jenes, das wir bereits bei BOBEK, HARTKE und der Münchner Sozialgeographie kennen gelernt haben: Räumliche Erscheinungsformen sollen durch räumliche Argumente erklärt werden. Dieses Vorgehen widerspricht der wissenschaftlichen Erklärungslogik, weil das, was erklärt werden soll und das Erklärende nicht logisch unabhängig sind. Darin liegt die Zirkularität der Argumentation begründet, in der sich die Erklärung des Raumes durch den Raum verstrickt. »In der reinen Raumwissenschaft sollen Bewegungen Formen und Formen Bewegungen erklären oder, genauer, vergangene geometrische Bewegungen sollen die gegenwärtigen Eigenschaften einer Verteilung erklären. Die vorangegangene Bewegung kann aber nie Ursache sein« (POHL, 1986, 38).

ROBERT DAVID SACK (1972, 71) erläutert die zentrale Problematik des raumwissenschaftlichen Ansatzes bzw. des traditionellen geographischen Denkens wie folgt: »Wenn man jemanden fragt, warum er Holz hacke, und der Gefragte antwortet darauf, er hacke Holz, weil die Axt hochgehoben wurde und dann mit solcher Kraft herunterfiel, dass das Holzstück splitterte, so wird man das Gesagte zwar für eine Beschreibung, nicht aber für eine Erklärung halten.« Im Rahmen der raumwissenschaftlichen Forschung hält man Aussagen mit dieser Struktur bereits für Erklärungen. Und man muss das auch, wenn man von den spezifischen, nicht-räumlichen Ursachen oder Gründen des Auftretens zugunsten des rein Räumlichen abstrahieren will.

Trotz dieser kritischen Einwände ist erstens festzuhalten, dass in der Nachkriegszeit wohl kein anderer Geograph des deutschen Sprachraums die Sozialgeographie nachhaltiger geprägt hat als DIETRICH BARTELS. Obwohl sein Vorschlag der Reevaluation der

Geographie offensichtlich keine Rettung der raumzentrierten Sozialgeographie ermöglicht, hat er doch klar gemacht, wie wichtig die methodologische Reflexion für systematische Forschung ist. Er hat mit aller Deutlichkeit gezeigt, dass die Sozialgeographie als Disziplin der Erdraumbeschreibung wissenschaftlich kaum legitimierbar ist. Eine empirische Forschungspraxis ohne klaren Theoriebezug kommt einem blinden Herumtappen gleich. BARTELS' Forschungsarbeiten haben – wenn vielleicht auch in anderem Sinne, als er es beabsichtigt hatte – zudem verdeutlicht, dass für eine erfolgreiche empirische Forschungspraxis nicht so sehr eine differenzierte Raumtheorie notwendig ist, als vielmehr eine differenzierte Gesellschaftstheorie, welche den räumlichen Bezügen menschlichen Handelns Rechnung trägt.

Merkpunkte

1

Ziel der raumwissenschaftlichen Geographie ist die Entwicklung einer umfassenden Raumtheorie. Im Bereich der Sozialgeographie ist diese Theorie auf die »erdoberflächlichen Verbreitungs- und Verknüpfungsmuster menschlicher Handlungen« zu zentrieren.

2

Eine Raumtheorie umfasst eine Menge systematisch geordneter Raumgesetze. Diese sollen mittels quantitativer Methoden in drei Schritten aufgedeckt werden:

a. erdräumliche Fixierung und Beschreibung der erdräumlichen Verteilung

b. Herstellung von Regionszusammenhängen zwischen den verschiedenen Aspekten des Handelns

c. modellhafte Repräsentation der räumlichen Verbreitungs- und Beziehungsregelmäßigkeiten, deren Überprüfung im Rahmen empirischer Forschung und schließlich Generierung einer empirisch gültigen Raumtheorie.

3
Das theoretische Ziel raumwissenschaftlicher Forschung besteht in Kausalerklärungen des erdräumlichen Gesamtmusters einer Gesellschaft. Die wichtigste Erklärungsgröße bildet die Distanz.

4
Das praktische Ziel besteht in der wissenschaftlich begründeten Raumplanung und in der Prognose räumlicher Entwicklungen. Erreicht werden soll der Abbau regionaler Disparitäten der Lebensbedingungen.

5
Aus der Grundstruktur des raumwissenschaftlichen Ansatzes entwickelt BARTELS ein Forschungsprogramm für die Sozialgeographie, das er konsequenterweise als handlungsorientierte Raumwissenschaft versteht. Die Handlungsbeobachtung ist durch die Erfassung der materialisierten Handlungsfolgen zu ersetzen.

6
Jede Region ist Ausdruck der Kombination eines sachlichen und eines räumlichen Begrenzungskriteriums. »Regionalisierung« ist als ein wissenschaftliches Verfahren der Klassenbildung zu begreifen, das von verschiedenen thematischen Zwecksetzungen geleitet sein kann.

Weiterführende Literatur

BAHRENBERG, G. (1987): Über die Unmöglichkeit von Geographie als »Raumwissenschaft« – Gemeinsamkeiten in der Konstituierung von Geographie bei A. Hettner und D. Bartels. In: BAHRENBERG, G., J. DEITERS, M. M. FISCHER, W. GAEBE, G. HARD & G. LÖFFLER (Hrsg.): Geographie des Menschen. Dietrich Bartels zum Gedenken. Bremer Beiträge zur Geographie und Raumplanung, Heft 11, 225-239

BARTELS, D. (1970): Einleitung. In: BARTELS, D. (Hrsg.): Wirtschafts- und Sozialgeographie. Köln/Berlin, 13-48

BARTELS, D. (1968a): Zur wissenschaftstheoretischen Grundlegung einer Geographie des Menschen. Erdkundliches Wissen, Heft 19, Wiesbaden

CHRISTALLER, W. (1968): Wie ich zur Theorie der zentralen Orte gekommen bin. In: Geographische Zeitschrift, 56. Jg., Heft 2, 88-101

DEITERS, J. (1978): Zur empirischen Überprüfbarkeit der Theorie der zentralen Orte. Fallstudie Westerwald. Arbeiten zur Rheinischen Landeskunde, Bd. 44, Bonn

GAEBE, W. (1987): Verdichtungsräume. Strukturen und Prozesse in weltweiten Vergleichen. Stuttgart/Tübingen

SCHAEFER F. K. (1970): Exeptionalismus in der Geographie. In: BARTELS, D. (Hrsg.): Wirtschafts- und Sozialgeographie. Köln/Berlin, 50-65

SEDLACEK, P. (Hrsg.) (1983): Zur Situation der deutschen Geographie zehn Jahre nach Kiel. Osnabrücker Studien zur Geographie, Bd. 2, Osnabrück

SEDLACEK, P. (Hrsg.) (1978): Regionalisierungsverfahren. Darmstadt

10 Gesellschaft – ein räumliches Mosaik

»Manchester enthält in seinem Zentrum einen ziemlich ausgedehnten kommerziellen Bezirk, etwa eine halbe Meile lang und ebenso breit, der fast nur aus Comptoiren und Warenlagern (warehouses) besteht. Fast der ganze Bezirk ist unbewohnt und während der Nacht einsam und öde – nur wachthabende Polizeidiener streichen mit ihren Blendlaternen durch die engen, dunklen Gassen. Diese Gegend wird von einigen Hauptstraßen durchschnitten, auf denen sich der ungeheure Verkehr drängt, und in denen die Erdgeschosse mit brillanten Läden besetzt sind; in diesen Straßen finden sich hier und da bewohnte Oberräume, und hier ist auch bis spät abends ziemlich viel Leben auf der Straße. [...]

Mit Ausnahme dieses kommerziellen Distrikts ist das ganze eigentliche Manchester [...] Arbeiterbezirk, der sich wie ein durchschnittlich anderthalb Meilen breiter Gürtel um das kommerzielle Viertel zieht. Draußen, jenseits dieses Gürtels, wohnt die höhere und mittlere Bourgeoisie – die mittlere in regelmäßigen Straßen in der Nähe der Arbeiterviertel, [...] die höhere in den entfernteren villenartigen Gartenhäusern von Chorlton und Ardwick, oder auf den luftigen Höhen von Cheetham Hill, [...] – in einer freien, gesunden Landluft, in prächtigen, bequemen Wohnungen, an denen halbstündlich oder viertelstündlich die nach der Stadt fahrenden Omnibusse vorbeikommen. Und das Schönste bei der Sache ist, daß diese reichen Geldaristokraten mitten durch die sämtlichen Arbeiterviertel auf dem nächsten Wege nach ihren Geschäftslokalen in der Mitte der Stadt kommen können, ohne auch nur zu merken, daß sie in die Nähe des Elends geraten, das rechts und links zu finden ist.«

(ENGELS, 1845, 50f.)

DIESER Textauszug aus der Reportage »Die Lage der arbeitenden Klasse in England« bringt – wenn auch in völlig anderer Absicht geschrieben – die Forschungsthematik der »Sozialökologie« zum Ausdruck, die rund 50 Jahre nach FRIEDRICH ENGELS' Bericht in Chicago entwickelt wurde. In beiden Fällen werden die Konsequenzen des fortschreitenden Entankerungsprozesses beschrieben, der für die Modernisierung des Alltagslebens charakteristisch ist. Wie bereits in den ersten Kapiteln dieser Einführung betont wurde, ist die Industrialisierung im Rahmen der Menschheitsgeschichte der wohl wichtigste, jedenfalls der innerhalb kurzer Zeit weitreichendste Einschnitt in die Gestaltung des Gesellschaft-Raum-Verhältnisses. Die Entstehung der modernen Stadt bildet ein Kernelement dieser Entwicklung, denn der größte Teil der Bevölkerung moderner Gesellschaften lebt in einem urbanen Milieu. So ist es leicht verständlich, dass die Modernisierung des Gesellschaft-Raum-Verhältnisses im Rahmen der Stadtforschung am intensivsten erforscht wurde.

ENGELS beschreibt anhand von Manchester die Konsequenzen der Industrialisierung, die gleichsam die Stadtmauern und den klaren Stadt-Land-Gegensatz verschwinden lässt. Im Chicago der zweiten Hälfte des 19. Jahrhunderts kommen die Folgen der Immigration und des damit verbundenen Stadtwachstums hinzu. Personen verschiedenster Kulturen treffen auf engstem Territorium aufeinander. Zur sozialen Differenzierung und produktionsspezifischen Klassenbildung – wie sie von ENGELS in Manchester beschrieben wurde – entsteht in Chicago zudem eine multikulturelle Gesellschaft, eine kulturelle Vielfalt auf engstem Raum. War die kosmopolitische Kultur immer ein besonderes Kennzeichen städtischer Wirklichkeiten, zeichnen sich die neuen Verhältnisse dadurch aus, dass hier Menschen mit unterschiedlichster kultureller Herkunft dauerhaft innerhalb eines

Stadtgebietes zusammenleben, dieses zu ihrem permanenten Habitat machen.

Von der sozialökologischen Forschungsperspektive wird die soziale Differenzierung und kulturelle Vielfalt der räumlichen Neuordnung thematisiert. Ihr Kerninteresse besteht darin, die häufig beobachtbare räumliche Zonierung sozialer Klassen, Schichten, Ethnien, Sprachgemeinschaften usw. differenziert zu erfassen und zu erklären. Wie kommt es, dass es Armenviertel und Quartiere der Reichen gibt, dass Menschen gleicher Sprache in der Emigration in »Little Italy« oder in »Chinatown« leben? Den entsprechenden Forschungen geht es um die Aufdeckung dieser räumlichen Mosaike sozial-kultureller Merkmale der Bevölkerung sowie um die Erfassung der Anordnungsmuster wirtschaftlicher Nutzungen im urbanen Kontext.

Im deutschsprachigen Bereich wird man auf diesen sozialökologischen Forschungsansatz, der die Sozialgeographie des angelsächsischen Sprachraums bereits in den 1960er-Jahren zu beeinflussen begann, durch BARTELS Entwurf einer (raum-)wissenschaftlichen Geographie und durch entsprechende quantitative Forschungsmethodik in den frühen 1970er-Jahren aufmerksam. Im Rahmen der sich durchsetzenden quantitativen Revolutionierung der sozialgeographischen Stadtforschung erfahren schließlich die so genannte »Sozialraumanalyse« und die »Faktorialökologie« breite Anwendung.

Ausgangsbedingungen

DER Entstehungskontext der sozialökologischen Forschungstradition ist von den gigantischen sozialen Problemen im Chicago Ende des letzten Jahrhunderts geprägt. Diese Probleme entstanden insbesondere in Zusammenhang mit den großen Immigrantenströmen, primär aus dem Süden der USA, aber auch aus Europa. Die Einwanderung von Menschen aus dem Süden hatte ihren Grund in der Aufhebung der Sklaverei, dem Niedergang der Plantagensysteme und nicht zuletzt in der nach wie vor rassistischen Gesetzgebung in den amerikanischen Südstaaten.

Die Dimension der gesamten Zuwanderungsraten lässt sich daran ablesen, dass Chicago 1870 rund 300 000 Einwohner aufwies und 1920 bereits 2,2 Millionen. Die Stadtentwicklung wurde von Slum- und Ghettobildung beherrscht. Zur Zeit der großen Wirtschaftskrise und der Prohibition in den 1920er-Jahren wurde schließlich ein Höchststand der Kriminalitätsrate erreicht. Da die Lokalpolitiker diesen sozialen Zuständen kaum Aufmerksamkeit schenkten, beschäftigten sich Ende des 19. Jahrhunderts Journalisten und Literaten mit dieser sozialen Misere im Rahmen der so genannten *survey*-Bewegung. Diese Bewegung schließt an die französische Tradition der *Le Play-Schule* – einer der Ausgangspunkte der wissenschaftlichen Sozialgeographie – mit ihrem analytischen Konzept »lieu-travail-famille« an. AMOS HAWLEY (^{3}1974, 51) schreibt dazu: »Das Vorherrschen von Armut, Kinderarbeit, Grausamkeit und nachlässiger Handhabung der Strafeinrichtungen, die weite Verbreitung von kommunaler Korruption und Misswirtschaft, von monopolistischen Praktiken im Geschäftsleben und viele andere Zeugnisse menschlichen Versagens in der Vorbereitung auf das städtische Leben riefen eine Reformbewegung auf breitester Ebene hervor, an der die Soziologen mit Begeisterung teilnahmen.«

Neben dem vorherrschenden Elend stellte man vor allem auch die räumliche Zonierung der verschiedenen wirtschaftlichen Aktivitäten, sozialen Klassen, Ethnien und Religionen fest; darüber hinaus fand man weitere Unterschiede in der gebietsmäßigen Bevölkerungszusammensetzung in Bezug auf Kinderanteil, Zivilstand, Wahlbeteiligung, Scheidungsquote, Jugendkriminalität, psychische Krankheit usw. Die empirischen Ergebnisse der *survey*-Bewegung zusammenfassend hält PARK fest: »Die Abweichungen in bezug auf das Verhalten, den Lebensstandard und die allgemeinen Lebensanschauungen sind in den verschiedenen Stadtgebieten oft ganz erstaunlich« (PARK, 1974, 96). Man entdeckte das räumliche Mosaik gesellschaftlicher Verhältnisse.

Aus der *survey*-Bewegung heraus entstand 1914 an der Universität von Chicago die *Chicago School of Sociology*. Der erste amerikanische Professor für Soziologie, ROBERT EZRA PARK, sein Mitarbeiter RODERICK D. MCKENZIE und sein Schüler ERNEST WILLIAM BURGESS leisteten die theoretische Begründung des vielfältigen empirischen Materials. Ihre erste Frage lautete: Wie können die sozialen Verbreitungsmuster, die in den empirischen Studien erfasst wurden, erklärt werden? Und zweitens: Was leitet die Prozesse der Stadtentwicklung?

Das Gesellschaft-Raum-Verhältnis in der sozialökologischen Theorie

WIE bereits angesprochen, dominierte zu Beginn dieses Jahrhunderts an den meisten Universitäten das naturwissenschaftlich geprägte Wissenschaftsverständnis. Die entstehenden Sozialwissenschaften orientierten sich vorwiegend an sozialdarwinistischen und biologistischen Denkmustern. So auch die Mitglieder der *Chicago School of Sociology*. Die Pflanzenökologie von JOHANNES EUGENIUS WARMING machte sie auf »die Tatsache aufmerksam, daß verschiedene Pflanzenarten dazu neigen, permanente Gruppen zu bilden. Diese Gruppen bezeichnet er als Gemeinschaften. Pflanzengemeinschaften weisen eine beträchtliche Anzahl von Eigenschaften lebender Organismen auf. Sie entstehen allmählich, werden dann von anderen Gemeinschaften ganz verschiedener Art ersetzt« (PARK, 1974, 90).

PARK studierte mehrere Jahre bei GEORG SIMMEL – dem Verfasser der »Soziologie des Raumes« – in Berlin Soziologie. Dort wurde er auch mit der Anthropogeographie von FRIEDRICH RATZEL konfrontiert. In diesem Spannungsfeld zwischen SIMMELS kulturalistischer Soziologie und RATZELS biologistischer Geographie des Menschen ist denn auch PARKS sozialökologische Theorie der Stadtentwicklung anzusiedeln. Sensibilisierte ihn die Anthropogeographie für WARMINGS Pflanzenökologie, so öffnete ihm

SIMMEL den Zugang zu einem tieferen Verständnis der Äußerungsformen moderner Kultur sowie zur Bedeutung räumlicher Konstellation für die soziale Kommunikation.

Die Brücke zwischen diesen beiden theoretischen Eckpfeilern bildet DURKHEIMS funktionalistische Betrachtung des fortschreitenden Prozesses der Arbeitsteilung und die darin enthaltenen »ontologischen Annahmen über die ›menschliche Natur‹ und die Beziehungen« zwischen Individuum und Gesellschaft« (SAUNDERS, 1987, 57). Vereinfacht ausgedrückt, geht PARK (1952, 49) in Anlehnung an DURKHEIM davon aus, dass die menschliche Natur grundsätzlich beherrscht wird von »Leidenschaften, Instinkten und Trieben« und dass es die Aufgabe der Gesellschaft sei, diese über Moral und Zwang der Kontrolle zu unterwerfen. Diese beiden Kräfte, die biotischen der menschlichen Natur und die moralischen der Gesellschaft, werden von PARK auch für die räumliche Organisation als die bestimmenden betrachtet.

Die in Chicago beobachteten Prozesse weisen seiner Ansicht nach eine große Ähnlichkeit mit den von WARMINGS festgehaltenen pflanzenökologischen Verhältnissen auf. Auch im urbanen Kontext sind Gemeinschaften beobachtbar, die auf einem Territorium zusammenleben, allmählich entstehen und schließlich von anderen ersetzt werden. Aus dieser Übereinstimmung der pflanzenökologischen Theorie mit den Beobachtungen der Stadtentwicklungsprozesse von Chicago wird die theoretische Grundlage für eine sozialökologische Forschung entwickelt. »Sozialökologie« ist zu verstehen als eine Lehre der Beziehungen der Menschen zu ihrer Umwelt, die WARMINGS Theorie der Pflanzengemeinschaften auf die menschlichen Gemeinschaften überträgt.

In Übereinstimmung mit der biologischen Ökologie stellte man nach der Kartierung verschiedener sozialer Phänomene fest, dass auch bei den Menschen »innerhalb der Grenzen jeden natürlichen Gebiets (natural area) die Verteilung der Bevölkerung bestimmte und typische Muster aufweist. Jede örtliche Gruppe zeigt eine mehr oder weniger fest gefügte Konstellation der individuellen Einheiten, die diese Gruppe (oder Gemeinschaft) bilden.

Die Form, welche diese Konstellation annimmt, oder, anders ausgedrückt, die Position, die jedes Individuum in der Gemeinschaft in bezug auf alle anderen einnimmt, ist das, was die Sozialökologen besonders interessiert« (PARK, 1974, 91). Im Vergleich zur Pflanzenökologie gehen die Sozialökologen nicht nur von einer, sondern analog zu DURKHEIMS Konzeption von zwei Ebenen aus: Neben der biotischen bzw. gemeinschaftlichen (räumliche Verteilung) spricht man auch von der sozial-kulturellen bzw. gesellschaftlichen Ebene (soziale Konstellation). Dadurch werden »menschliche Natur« und »moralischer Zwang« genau wie bei DURKHEIM aufeinander bezogen.

Auf der *biotischen Ebene* herrscht Konkurrenz zwischen den Individuen, und zwar so wie dies DARWIN in seiner Evolutionstheorie (»struggle for existence«, »survival of the fittest«) beschrieben hat. Dieser Konkurrenzkampf um räumliche und soziale Positionen wird unter den Menschen über den ökonomischen Wettbewerb ausgetragen. Die ökonomische Konkurrenz um räumliche Positionen wird als Ausdruck einer natürlich begründeten Konkurrenz verstanden.

Die *sozial-kulturelle Ebene* sorgt dafür, dass bei diesem Konkurrenzkampf allzu große Konflikte vermieden und der Kontrolle unterworfen werden. Ihr fällt die Aufgabe zu, die individuellen Überlebenskämpfe durch eine moralische Instanz zu kontrollieren und zu begrenzen, sodass eine Gemeinschaft längerfristig überleben kann. Da »die Gemeinde, im Gegensatz zu den Individuen, die sie bilden, eine unbestimmte Lebensdauer hat« (PARK, 1974, 92), führt der individuelle Konkurrenzkampf zu Konflikten zwischen den Interessen des Individuums und denjenigen der Gemeinde. »Die Individuen werden erwachsen, in das Gemeindeleben integriert, und schließlich fallen sie aus und verschwinden. Aber die Gemeinde mit ihrer moralischen Ordnung lebt weiter« (PARK, 1974, 93). Um dieses Weiterleben zu ermöglichen, ist soziale Integration und Kontrolle innerhalb der »moral regions« notwendig. Die Auseinandersetzung zwischen individueller und gesellschaftlicher Ebene umfasst »Konflikt«, »Anpassung« und »Assimilation«.

Konflikt ist dabei als Ausdruck des subsozialen Wettbewerbs bzw. Überlebenskampfes auf gesellschaftlicher Ebene zu begreifen, als ein Kampf nach Regeln, der über wettbewerbsmäßige Kooperation (competitive cooperation) zustande kommt. Über den Prozess der *Anpassung* ordnen sich die Individuen der gegebenen sozialen Situation unter. Anpassung impliziert sowohl die Begrenzung der eigenen Wünsche durch Gesetze, Regeln und Institutionen, als auch die Suche nach dem Platz in der Gesellschaft. Nach der Anpassung kann schließlich die Vertiefung der Einordnung im Rahmen der *Assimilation* erfolgen. Sie wird über die »Veränderung der individuellen Interessen durch Sozialisation und Internalisierung« (PARK & BURGESS, 1921, 42) vollzogen bzw. durch die Verinnerlichung der an die Individuen gerichteten sozialen (moralischen) Erwartungen.

Unter »normalen« Bedingungen stellt sich nach PARK das Gleichgewicht – wenn auch kurzfristig von Konflikten gestört – durch die soziale Kontrolle innerhalb einer Gemeinde (›community‹) »von selbst« her. *Problematisch* wird das Verhältnis von Konkurrenz, Konflikt und natürlichem Gleichgewicht jedoch unter der Bedingung beschleunigten sozialen Wandels bzw. bei hohen Immigrationsraten, technologischem Wandel, Veränderung der Bräuche, des Glaubens usw.

Für eine differenziertere Erklärung des sozialen Wandels und der sozialen Organisation in räumlicher Hinsicht wird nun eine genaue Klärung des Verhältnisses von »Gesellschaft« und »Raum« notwendig. »Da so vieles, was die Erforscher der Gesellschaft interessiert, in so enger Beziehung zu sozialer Position, Verteilung und Bewegung der Bevölkerung im Raum zu stehen scheint, ist es nicht unmöglich, all die Dinge, die wir normalerweise als sozial bezeichnen, schließlich in den Begriffen von Raum und Positionsveränderung der Individuen innerhalb der Grenzen eines natürlichen Gebietes zu fassen und zu beschreiben« (PARK, 1974, 96). Die Einkommens-, Alters- und Statusdifferenzen der Bevölkerung der verschiedenen Stadtquartiere unterstreichen »die Bedeutung der Wohnlage, Position und Mobilität als Index für Messungen, Beschreibungen und schließlich *Erklärungen sozialer Phänomene*« (PARK, 1974, 96).

Damit lassen sich die drei axiomatischen Grundannahmen zum Gesellschaft-Raum-Verhältnis, auf welchen die sozialökologische Theorie der Stadtentwicklung aufbaut, erschließen. *Erstens* wird davon ausgegangen, dass »soziale Beziehungen mit räumlichen Beziehungen korrelieren« (PARK, 1974, 96f.). *Zweitens* wird postuliert, dass »die physikalische Distanz zwischen Personen als Index für soziale Distanzen anzusehen« (PARK, 1974, 100) sind. Das heißt, dass soziale Distanzen in physikalischen Distanzen ausdrückbar sind: »Somit lassen sich soziale Beziehungen zu Beziehungen zum Raum reduzieren, soziale Phänomene [...] auf die elementaren Bewegungen von Individuen« (PARK, 1974, 97). Damit kann *drittens* postuliert werden, dass in »der Gesellschaft [...] physische Strukturen und kulturelle Eigenschaften Teile eines umfassenden Komplexes« (MCKENZIE, 1974, 101) sind. Wenn man davon ausgeht, dass räumliche Prozesse den sozialen Wandel anzeigen und mit diesem weitgehend identisch sind, kann man sich zur Erfassung des sozialen Wandels auf die Erfassung der räumlichen Prozesse konzentrieren. Dazu braucht man eine differenzierte räumliche Begrifflichkeit, die soziale Prozesse beschreib- und erklärbar macht.

Räumliche Begrifflichkeit

DIE Begrifflichkeit der sozialökologischen Theorie umfasst einen statischen und einen prozessorientierten Teil. Die statische Komponente bezieht sich auf jene Aspekte, die in der funktionalen Phase der Geographie als struktureller Aspekt und bei BARTELS als *Verbreitungs*muster thematisiert wurden. Der prozessuale Teil richtet sich auf die Funktionen bzw. die *Verknüpfungs*muster.

Die zentralen Begriffe des *statischen Teils* sind »ökologische Verteilung«, »ökologische Einheit« und »ökologische Faktoren«. Mit »ökologischer Verteilung« wird die Verteilung von Menschen und Aktivitäten bezeichnet. Sie ist das Ergebnis eines Zusammenspiels von konkurrierenden Kräften. Die Anhäufung von Personen, die auf die Eröffnung eines Theaters vor der Tür warten, stellt beispielsweise eine zufällige räumliche Verteilung dar, während ihre Verteilung im Theatersaal gemäß des bezahlten Eintrittsgeldes eine ökologische Verteilung darstellt. Jede Gruppierung, die eine spezifische Eigenschaft aufweist, die sie hinreichend von anderen sie umgebenden unterscheidet (das Publikum in der ersten Reihe; ein sozial homogenes Gebiet einer Stadt), ist als »ökologische Einheit« zu bezeichnen. Alle Faktoren, die für eine bestimmte ökologische Verteilung relevant sind, stellen »ökologische Faktoren« dar. Dabei ist zwischen vier Typen von Faktoren zu unterscheiden: geographischen (Klima, Topographie), ökonomischen (Einkommen, Besitzverhältnisse), kulturellen/technischen (Wissenschaft, moralische Einstellungen, Verkehrsmittel) und politischen/administrativen (Zölle, Steuersysteme, Einwanderungsgesetze).

Unter einem »ökologischen Prozess« ist die Entwicklung spezieller Formen der ökologischen Verteilung zu verstehen. Dabei werden von den Sozialökologen sechs Formen unterschieden. Von einem Prozess der *Konzentration* ist dann zu sprechen, wenn die Bevölkerung innerhalb eines bestimmten Gebietes durch Zuwanderung zunimmt. Der Konzentrationsgrad in einem bestimmten Gebiet ist Ausdruck der Ressourcen- und Standortvorteile im Vergleich zu den konkurrierenden Gebieten. Aus den Konzentrationsprozessen resultiert eine räumliche Spezialisierung in zweierlei Hinsicht: a) in der Produktion (woraus sich wirtschaftliche Abhängigkeiten zwischen Regionen, Gemeinden und Stadtteilen ergeben) und b) hinsichtlich Alter, Ethnie und Nationalität gemäß den beruflichen Anforderungen der spezialisierten Produktion.

Zentralisation benennt einen Prozess der Zentrenbildung als Folge der Konzentration spezifischer Nutzungen in einem Teilgebiet. Zentralisation bezeichnet daher eine vorübergehende Form der Konzentration. Sie ist das Ergebnis einer wechselweisen Wirkung von zentripetalen und zentrifugalen Kräften und basiert darauf, dass Personen dazu tendieren, zur Befriedigung spezifischer Allgemeininteressen wie Arbeit, Spiel, Geschäft und Erziehung an bestimmten Orten zusammenzukommen. Zentralisation kann erstens durch die Häufung und Vielfalt von Interessen an einer Stelle stattfinden und zweitens durch die Zunahme der Zahl von Personen, welche die Befriedigung eines einzelnen Interesses an demselben Ort finden: »Zentralisation ist eine Funktion von Kommunikation und Verkehr« (McKenzie, 1974, 109).

Das Stadtgebiet ist mit Zentren verschiedener Größe und Spezialisationsgrade besetzt, die – wie ein Magnet – die entsprechenden Alters-, Geschlechts-, Kultur- und Einkommensgruppen anziehen.

Segregation, der dritte Typus eines ökologischen Prozesses, der in der Fachliteratur die wohl größte Beachtung gefunden hat, bezeichnet Vorgänge der selektiven Konzentration von Bevölkerungsgruppen oder Nutzungen innerhalb eines Gebietes. Das Ergebnis derartiger Prozesse ist die räumliche Trennung von ungleichen Bevölkerungsgruppen in ethnischer, kultureller, sprachlicher, sozialer, ökonomischer und/oder religiöser Hinsicht, in Gebiete ausgeprägter sozialer Homogenität. Jedes Gebiet der Segregation ist als das Ergebnis einer Kombination von Selektionskräften zu begreifen. Gewöhnlich ist jedoch ein Selektionsfaktor dominanter als andere, sodass eine spezifische Segregation zustande kommt. Die wichtigste Form ist die ökonomische Segregation. Sie ergibt sich aus dem wirtschaftlichen Wettbewerb und determiniert die Basiseinheiten der ökologischen Verteilung. Andere Merkmale der Segregation wie Sprache, Ethnie oder Kultur sind innerhalb entsprechender ökonomischer Systeme wirksam. Kommen Neuzuzügler in relativ homogene Gebiete der Segregation, durchlaufen sie den Prozess der Anpassung und schließlich der Assimilation.

Der Begriff *Invasion* benennt das Eindringen einer bestimmten Bevölkerungsgruppe oder Nutzungsform in ein zur gegebenen Zeit homogenes Gebiet der Segregation. »Invasion« umfasst das Übergreifen eines Gebietes der Segregation auf ein anderes,

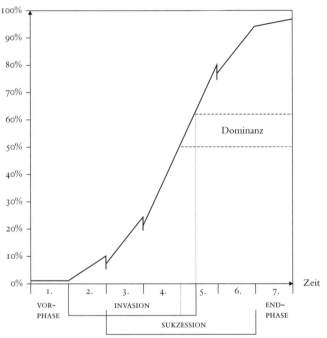

Abbildung 16 *Der Invasions-Sukzessionszyklus*
(aus: Hamm, 1982, 76)

gewöhnlich angrenzendes Gebiet. Häufig vertreibt eine ökonomisch stärkere Gruppe die Einwohner mit kleinerem Einkommen und setzt damit einen neuen Zyklus der Sukzession in Gang.

Sukzession, der fünfte prozessorientierte Schlüsselbegriff, bezeichnet den vollständigen Wandel des Bevölkerungstyps oder der Nutzung eines Gebietes. Dieser Wandel verläuft in zyklischer Form. So durchlaufen Gebiete innerhalb einer Stadt verschiedene Stadien der Nutzung mit einer Regelmäßigkeit, die sich häufig voraussagen lässt. Ein Sukzessionszyklus beginnt mit »der Obsoleszenz und physischen Verschlechterung von Gebäuden und fördert einen Wandel im Typus der Bewohnung. Dies bewirkt einen Abwärtstrend der Mieten und selektiert immer niedrigere Einkommensklassen, bis ein neuer Zyklus beginnt« (MCKENZIE, 1974, 111). Der neue Zyklus setzt zum Beispiel mit der Sanierung ein. In der Folge verdrängen die Reicheren die Ärmeren.

Dominanz ist im Invasions-Sukzessionszyklus dann erreicht, wenn das zuvor homogene Gebiet nach einer Phase starker Durchmischung – aufgrund der Invasion einer andern Bevölkerungsgruppe oder Nutzung – von einer neuen Bevölkerungsgruppe oder Nutzungsform dominiert wird bzw. sich zu einem homogenen Gebiet anderer Art entwickelt hat.

Zusammenfassend stellt PARK (1952, 79) fest, dass die Stadt bzw. der Stadtentwicklungsprozess einen großen Sortierungsmechanismus darstellt, der mittels Konkurrenz, Invasion und Sukzession für eine bestimmte Region oder ein bestimmtes Milieu aus der Gesamtbevölkerung untrüglich jeweils die bestgeeigneten Individuen auswählt. Auf dieser theoretischen und begrifflichen Grundlage entwickelt schließlich BURGESS sein Stadtmodell.

Stadtentwicklungsmodell

BURGESS gliedert – wie Abbildung 17 zeigt – die ökologischen Teilgebiete in fünf konzentrische Zonen. Dabei trifft er drei idealisierende Grundannahmen. *Erstens*, dass alle Nutzungen, die sich in den verschiedenen Zonen abspielen, ursprünglich im Stadtzentrum lokalisiert waren. *Zweitens*, dass die Expansion der Stadt zu gegensätzlichen Prozessen der Konzentration und der Dekonzentration führt. Und *drittens*, dass in jeder Zone bestimmte Nutzungen und Bevölkerungsgruppen überwiegen, aufgrund der eben beschriebenen ökologischen Prozesse (Konzentration, Zentralisation, Segregation, Invasion, Sukzession und Dominanz).

Die *Zone I* bildet das *Zentrum*, es handelt sich um den zentralen Geschäftsbereich, der die großen Kaufhäuser, spezialisierte

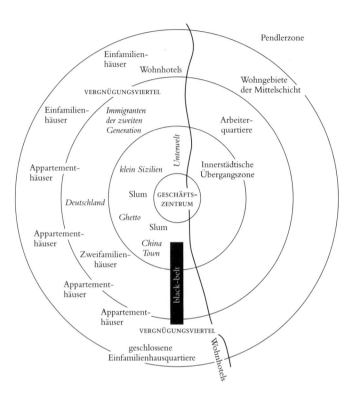

Abbildung 17 *Stadtentwicklungsmodell von BURGESS*
(aus: LEUTHOLD, 1998, 30)

Geschäfte, Hotels, Restaurants, Unterhaltungsbetriebe sowie die Verwaltungsgebäude der großen Banken und Versicherungen umfasst. Kurz: Zone I ist die Zone des tertiären Sektors mit geringem Anteil permanenter Bevölkerung.

Zone II ist als *Übergangszone* zu bezeichnen, es ist der Bereich der Leichtindustrie und des Handwerks, einiger Geschäfte und zahlreicher Vergnügungsbetriebe, zur Hauptsache ist Zone II jedoch der Wohnbereich unterer sozialer Schichten. Die Bevölkerung setzt sich vor allem aus jungen, allein stehenden Erwachsenen, Studierenden, Angehörigen ethnischer Minderheiten zusammen. Es ist, gemäß BURGESS, eine Zone der hohen Scheidungs- und Kriminalitätsraten, mit geringer sozialer Kontrolle, florierender Prostitution, sozialer Desintegration und einer hohen Dichte psychischer Krankheiten.

Zone III ist das *Arbeiterwohngebiet*. Es wird von Mehrfamilienhäusern dominiert, in denen vorwiegend Facharbeiter in Miete wohnen. In einem typischen Haushalt dieser Zone arbeiten die Eltern in einer Fabrik; der Sohn und die Tochter sind als Angestellte in der City tätig. Der Wohnstandort soll sich also nicht zu nah und nicht zu fern von den verschiedenen Arbeitsorten befinden. Es handelt sich hier vor allem um das Wohngebiet der zweiten Immigrantengeneration.

Zone IV ist das *Wohngebiet der Mittel- und Oberschicht*. Die Bevölkerung ist mehrheitlich in den USA geboren. Dominant sind Kleinfamilien, die in großzügigen Einfamilienhäusern leben. Der äußerste Bereich, *Zone V* schließlich ist das Wohngebiet der Pendler, die *Pendlerzone*. Neubausiedlungen mit typischer (unterer) Mittelschichtbevölkerung herrschen vor sowie Familien mit Kindern im Schulalter. Die Tagesbevölkerung besteht nach BURGESS überwiegend aus Frauen und Kindern.

Jede dieser Zonen zeichnet sich somit durch eine große Homogenität der Bevölkerungszusammensetzung und Nutzung aus. Das Modell mag als Momentaufnahme erscheinen, wird aber von BURGESS als Ausdruck und Ergebnis dynamischer Prozesse der Segregation, Invasion und Sukzession verstanden. In der räumlich begrenzten ökologischen Konstellation der Großstadt führt vor allem die ökonomische Konkurrenz zu einer dominanten Art der Nutzung und Bevölkerungszusammensetzung in jedem Gebiet.

Wie sehr die urbanen Verhältnisse Ergebnisse dynamischer Prozesse sind, zeigte sich in jüngerer Vergangenheit daran, dass sich selbst ein über lange Zeit gültiges Prinzip des Sukzessionszyklus' als veränderbar erwies. Galt bisher, dass statusniedrigere Gruppen in jene Stadtgebiete eindrangen, welche von statushöheren verlassen wurden, ist seit den 1980er-Jahren auch das Umgekehrte beobachtbar: statushöhere Bevölkerungsgruppen drängen in ein Stadtgebiet, das zuvor von niedrigerem Status, Industriebrache und zerfallender Bausubstanz beherrscht wurde. Dieser Prozess wird in der jüngeren Literatur mit »gentrification« bezeichnet. Der Begriff ist vom englischen »gentry« abgeleitet, was soviel wie besitzende Stände bzw. Landadel bedeutet. Mit ihm wird die »Rückkehr« der Ober- und Mittelschicht vom Stadtrand in neue »lofts« und großzügige Wohnungen im Stadtzentrum oder in Zentrumsnähe umschrieben. Damit geht – wie Jörg Blasius & Jens S. Dangschat (1990) zeigen – in aller Regel ein Imagewandel einher, der oft mit der Eröffnung von so genannten Szenenkneipen, Künstlerateliers, speziellen Musikgeschäften und Boutiquen eingeleitet wird.

Forschungspraxis: Sozialraumanalyse und Faktorialökologie

Der bedeutendste Weiterentwicklungsversuch der sozialökologischen Theorie der Stadtentwicklung fiel mit der quantitativen Revolution der angelsächsischen Stadtforschung in den 1950er-Jahren zusammen. Der Hauptanspruch bestand darin, den übertriebenen Biologismus bzw. Darwinismus der Sozialökologie zu überwinden und die Stadtforschung verstärkt in einen allgemeinen gesellschaftstheoretischen Kontext einzubinden.

Im Rahmen der *Sozialraumanalyse* geht man nun davon aus, »daß die städtischen Phänomene auf regionaler Basis die Veränderungen in der Gesamtgesellschaft widerspiegeln. […] Die Großstadt ist als ein Produkt der komplexen Gesamtheit der modernen Gesellschaft zu betrachten. Folglich können die sozialen Formen des städtischen Lebens nur im Zusammenhang mit dem sich wandelnden Charakter der größeren, umfassenderen Gesellschaft verstanden werden« (Shevky & Bell, 1974, 125f.).

Eine »moderne Gesellschaft« zeichnet sich im Vergleich zur traditionellen Gesellschaft durch eine größere Arbeitsteilung aus.

Demgemäß stehen immer mehr Menschen miteinander in Beziehung, wobei die Interaktionen an einem Ort immer intensiver werden, je größer die Reichweite des Beziehungsnetzes ausfällt. Die Urbanisierung ist schließlich als Ausdruck der Arbeitsteilung, der Intensivierung der Interaktionen und der Ausdehnung der Reichweite sozialer Beziehungen zu verstehen: Je größer das Maß der Arbeitsteilung, desto höher fällt das Urbanisierungsmaß einer Gesellschaft aus. »Urbanisierung« wird demgemäß als Ausdruck eines sozialen Wandels begriffen, der darauf hinausläuft, »daß sich eine Gesellschaft auf eine größere Differenzierung (Arbeitsteilung) und auf eine größere Komplexität (Zunahme der Interaktionszahl und -intensität) hin entwickelt« (FRIEDRICHS, 1977, 197).

Aufgrund dieser Annahmen werden von ESHREF SHEVKY & WENDELL BELL (1974) drei Entwicklungstrends des sozialen Wandels und der Urbanisierung postuliert, welche »die grundlegenden Faktoren der sozialen Differenzierung und sozialen Schichtung« (SHEVKY & BELL, 1974, 126) bilden. Es sind dies:

Soziale Position: Veränderung im Umfang und in der Intensität sozialer Beziehungen führt zu einer Veränderung in der Verteilung der Kenntnisse. Dies führt zu Veränderungen der Einteilung der Berufe bzw. der entsprechenden sozialen Positionen: Veränderung des wirtschaftlichen Status'.

Verstädterung: Veränderung in der Differenzierung der Funktionen führt zu einer Veränderung der Struktur der Produktivkraft. Dies führt zur Entwicklung in Richtung städtischer Berufe, zur Verstädterung der Lebensgewohnheiten mit gleichzeitigem Bedeutungsverlust der Haushalte als Wirtschaftseinheit: Veränderung des familiären Status'.

Segregation: Zunehmende Komplexität der Organisation führt zu einer Veränderung der Bevölkerungsstruktur hinsichtlich Mobilität, Alters- und Geschlechterverteilung in räumlicher Hinsicht, was sich schließlich in räumlichen Bevölkerungsumverteilungen äußert, die ihrerseits zur Segregation führen: Veränderung des ethnischen Status'.

Faktoren	Musterstatistiken	Index
Wirtschaftlicher Status	– Ausbildung – Berufsstellung – Beschäftigungsklasse – Miete pro Wohneinheit	: Beruf : Ausbildung : Miete
Familiärer Status	– Alter und Geschlecht – Eigentümer/Mieter – Personen pro Haushalt	: Fruchtbarkeit : Berufstätigkeit der Frau : Einpersonenhaushalte
Ethnischer Status	– ethnische Herkunft – Geburtsland – Staatsangehörigkeit	: Isolation ethnischer Gruppen

Abbildung 18 *Faktoren und Indizes der Verstädterung*

Diesen drei Faktoren werden nun jeweils spezifische Musterstatistiken und entsprechende Indikatoren bzw. Indizes zugeordnet.

Die Musterstatistiken umfassen die amtlichen Zensusdaten. Diese Daten werden in zweifacher Weise vorstrukturiert: *erstens* in Bezug auf soziale Position, Verstädterungsindex und Segregationsindex. *Zweitens* erfolgt die Ordnung dieser Daten in territorialer bzw. erdräumlicher Hinsicht, das heißt, man ordnet die sozialen Merkmale nach den amtlichen Zensusbezirken. Mittels der Anwendung multivariater statistischer Verfahren werden nun die Korrelationen der Merkmale hinsichtlich der genannten Dimensionen von Haushalten pro Zensusbezirk errechnet. Aufgrund dieser Berechnungen werden dann schließlich mehr oder weniger homogene »Sozialräume« als Kombination sozialer und räumlicher Kategorien konstruiert. Mit dem Ergebnis wird von SHEVKY & BELL beansprucht, die sozialräumliche Struktur einer Stadt wiederzugeben.

Das Hauptziel der faktorialökologischen Forschung besteht darin, einzelne Stadtbereiche nach den Hauptmerkmalen der Sozialstruktur abzugrenzen. Ihr Zweck wird in der »Beschreibung

Forschungspraxis: Sozialraumanalyse und Faktorialökologie 233

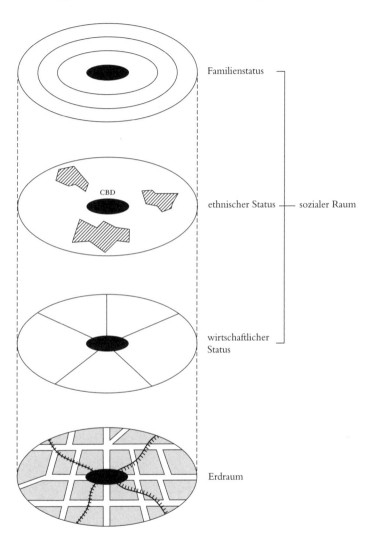

Abbildung 19 *Die soziale Struktur der Stadt nach* MURDIE (1969)
(aus: BASSET & SHORT, 1980, 20)

der ökologischen Stadtstruktur ohne die Notwendigkeit einer Theorie zur Bestimmung der Deskriptionsdimensionen« (FRIELING, 1980, 292) gesehen. Die Variablen sind dabei dieselben, die wir bei der Sozialraumanalyse kennen gelernt haben: Soziale Position (Beruf, Bildung, Einkommen), Familienstatus (Fruchtbarkeit, berufstätige Frau, Heirat), Ethnizität (sichtbare Minderheiten), Wanderungsstatus (Immigranten, Alter-Geschlechts-Ungleichgewicht, Mobilität).

Die sozialen Dimensionen werden nun im Hinblick auf ihre räumliche Ordnung und auf die Bildung homogener Regionen untersucht. Ziel einer Faktorenanalyse ist die Reduzierung einer Ausgangsmatrix von n-Raumeinheiten und einer Vielzahl von Variablen zu einer mit (n-x) Raumeinheiten und einer kleineren Anzahl von Faktoren. Dabei geht es – wie Abbildung 19 zeigt – grundsätzlich um den Versuch, den sozialen Raum (Familienstatus, ethnischer Status und wirtschaftlicher Status) im Erdraum abzubilden.

Das bemerkenswerteste Resultat dieser Bemühungen besteht denn auch lediglich darin, dass man die »Bedeutung« der aus der Sozialraumanalyse intuitiv abgeleiteten Faktoren bestätigen kann. Dies hat aber keinen wissenschaftlichen Grund, sondern einen verwaltungstechnischen: denn sowohl die Raumeinheiten als auch die Variablen beziehen sich auf die Kategorien der amtlichen Statistiken. Und so mag es auch wenig erstaunen, dass die Ausdehnung der Faktorialökologie auf Städte in der Dritten Welt mit zusätzlichen Problemen konfrontiert wurde.

Diskussion

DOCH statt diese Resultate als Ausdruck einer Forschungslogik anzusehen, in der lediglich die Welt in den Köpfen der amtlichen Statistiker räumlich gebündelt reproduziert wird, betrachtete man diese Untersuchungen als eine besondere Herausforderung für Wissenschaftler.

Die Sozialökologie führte zu zahlreichen empirischen Studien über die Stadtentwicklung. Erstmals befasste sich die empirische Sozialforschung mit der Stadtentwicklung und den besonderen städtischen Lebensbedingungen. Zudem waren die Sozialökologen bemüht, ein konsistentes Theoriegebäude zu entwickeln. Dies führte dazu, dass die räumliche Komponente im Rahmen der Gesellschaftstheorie eine stärkere Beachtung fand, als dies je zuvor der Fall gewesen war. Eines der größten Verdienste dieses Ansatzes besteht darin, die interdisziplinäre Forschung in Soziologie und Geographie gefördert zu haben. In diesem Sinne hat der Ansatz auch die Theoriebildung innerhalb der Sozialgeographie angeregt und wurde zur wichtigsten Grundlage der angelsächsischen Sozialgeographie.

Diese Verdienste können aber nicht über zahlreiche Schwächen hinwegtäuschen. Die größte Schwäche liegt in der naturalistischen Sichtweise der Stadtentwicklung: Man betrachtet sie als einen natürlichen Prozess, der im angeborenen Konkurrenzstreben der Menschen seine Ursache hat. Dieser Darwinismus führt letztlich auch zu einem problematischen Gesellschaft-Raum-Verhältnis.

Ein weiteres Problem liegt im Anspruch der Allgemeingültigkeit begründet. Es wird übersehen, dass nicht überall auf der Welt dieselben sozialen Verhältnisse herrschen wie im Chicago der 1920er- und 1930er-Jahre. Außerhalb der USA konnte nur eine geringe Übereinstimmung zwischen Modell und Wirklichkeit festgestellt werden. Sie betreffen die Aussage, dass Aktivitäten, die eine höhere Intensität der Bodennutzung aufweisen, jene mit geringerer Intensität verdrängen.

Ein weiterer wichtiger Schwachpunkt der Sozialraumanalyse ist, dass man die Variablen der amtlichen Statistiken auf wenig überzeugende Weise mit einer recht vagen Theorie des sozialen Wandels und der Schichtungstheorie zusammenbringt. Zusätzliche Probleme entstehen, wenn die sozialen Kategorien in die physische Welt projiziert werden:

Erstens wird davon ausgegangen, dass das Soziale per se eine räumliche Existenz hätte und zweitens, dass »mit räumlich verorteten Durchschnittswerten Aussagen über die Handlungen und die Einstellungen von Menschen gewonnen werden können« (FRIE-LING, 1980, 289). Die Behauptung von SHEVKY & BELL (1955, 20): »social areas generally contain persons having the same level of living, the same way of life, and the same ethnic background, and we hypothesize that persons living in a particular type of social area would systematically differ with respect to characteristic attitudes and behaviours from persons living in another type of social area«, konnte empirisch denn auch nicht bestätigt werden. Ein Durchschnittswert lässt keinen gültigen und zuverlässigen Schluss auf ein Element der Gesamtmenge zu. Zudem können auch Bevölkerungsmerkmale nicht unmittelbar etwas über soziale Beziehungen, Einstellungen und Handlungen von Personen aussagen.

Die massive Kritik an der Faktorialökologie kann wie folgt zusammengefasst werden: Die Verwendung von Zensusdaten und Zensusbezirken wird ebenso wenig hinterfragt wie bei der Sozialraumanalyse. Wurde diese bei der Letzteren noch auf eine Schichtungs- und Modernisierungstheorie bezogen, versuchen die Vertreter der Faktorialökologie das Problem mit verfahrenstechnischen Diskussionen zu maskieren. Und dies führt letztlich dazu, dass »sie ihre ausgefeilte Methodik mit einer konsistenten Theorie verwechseln« (HARTMANN et al., 1986, 83). Technische Probleme werden plötzlich zu wissenschaftlichen Problemen und nur wenige fragen danach, wofür der ganze Aufwand überhaupt dienlich sein könnte.

Merkpunkte

1

Die Sozialökologie hat ihren Ausgangspunkt in der *Chicago School of Sociology*, welche sich mit der sozialen Situation Chicagos in den 1920er- und 1930er-Jahren beschäftigte. Forschungsziel ist die Aufdeckung und Erklärung der erdräumlichen Kammerung gesellschaftlicher Verhältnisse.

2

Die Theoriebildung erfolgt in Anlehnung an die damalige Pflanzen- und Tierökologie, konzentriert sich jedoch nicht so sehr auf die biotische, sondern vielmehr auf die soziale Konstellation.

3

Die Grundlage bilden drei Axiome:

a. soziale Beziehungen korrelieren mit räumlichen Beziehungen

b. physikalische Distanz ist ein Index für soziale Distanz

c. physische Strukturen und kulturelle Eigenschaften sind Teile eines Gesamtkomplexes

4

Für die Erfassung des sozialen Wandels kann man sich gemäß der Sozialökologie auf die Erfassung der räumlichen Prozesse konzentrieren.

5

Aus der räumlichen Begrifflichkeit, welche einen statischen und einen prozessorientierten Teil aufweist, entwickelte BURGESS ein Stadtmodell, das die räumliche Form der Gesellschaft idealtypisch zum Ausdruck bringen soll.

6

Aus der Sozialökologie heraus entwickelten sich im Rahmen der quantitativen Revolution der Stadtforschung in den 1950er-Jahren die Sozialraumanalyse und die Faktorialökologie. Der Hauptanspruch besteht in der Überwindung des Biologismus bzw. Darwinismus der Sozialökologie.

Weiterführende Literatur

ATTESLANDER, P. & B. HAMM (Hrsg.) (1974): Materialien zur Siedlungssoziologie. Köln/Berlin

BLASIUS, J. & J. S. DANGSCHAT (Hrsg.) (1990): Gentrification. Die Aufwertung innenstadtnaher Wohnviertel. Frankfurt a. M.

FRIEDRICHS, J. (1977): Stadtanalyse. Soziale und räumliche Organisation der Gesellschaft. Reinbek b. Hamburg

FRIELING, H. D. v. (1980): Räumliche und soziale Segregation in Göttingen. Zur Kritik der Sozialökologie. Urbs et Regio, Bd. 19, Kassel

HAMM, B. (1982): Die Organisation der städtischen Umwelt. Ein Beitrag zur sozialökologischen Theorie der Stadt. Frauenfeld

HARTMANN, R., H. HITZ, C. SCHMID & R. WOLFF (1986): Theorien zur Stadtentwicklung. Geographische Hochschulmanuskripte, Heft 12, Oldenburg

HÄUßERMANN, H. & W. SIEBEL (2004): Stadtsoziologie. Eine Einführung. Frankfurt a. M.

HÄUßERMANN, H. (Hrsg.) (1998): Großstadt. Soziologische Stichworte. Opladen

PARK, R. E., E. W. BURGESS & R. D. MCKENZIE (1925): The City. Chicago/London

11 Umweltwahrnehmung

DIE raumwissenschaftliche Revolutionierung der geographischen Forschungspraxis führte zur Stärkung des naturwissenschaftlichen Wissenschaftsideals. Ein wesentlicher Aspekt dieser Entwicklung war der Anspruch auf die Objektivierung sowohl der Wissensbestände als auch des Forschungsobjektes »Raum«. Standen früher Beschreibungen, Interpretationen und Erklärungen von Landschaften im Vordergrund, dominierten in den 1970er-Jahren quantitative Modellierung und die Frage nach den Regel- bzw. Gesetzmäßigkeiten räumlicher Verteilungen. Damit gelangten Formalisierung und Metrisierung des geographischen Raumbezugs ins Zentrum des Interesses. Nicht nur die Tatsache, dass der Traum von einer allumfassenden Raumtheorie und entsprechenden Raumgesetzen immer mehr Risse bekam – weil trotz fortschreitender Intensivierung der Forschung keine nennenswerte Annäherung an die eigentliche Zielsetzung gelang –, erhöhte die Aufmerksamkeit für alternative Forschungskonzeptionen. Auch die Frage nach der Angemessenheit des »Homo-oeconomicus«-Modells für die Erklärung der Produktion räumlicher Muster wurde immer nachdrücklicher gestellt.

Beide Aspekte verweisen auf das gleiche Problem: Die Bedeutung alltäglicher Raumbezüge für die geographische Forschung ist – trotz WOLFGANG HARTKES pionierhaften Leistungen – bis zu diesem Zeitpunkt nicht ausreichend geklärt worden. Unter diesen Bedingungen etablierte sich die »kognitive Wende« mit der Forderung, die subjektive Wahrnehmungsperspektive zu berücksichtigen und den mit ihr verbundenen menschlichen Bewusstseinsprozessen größere Bedeutung zukommen zu lassen. Nicht die objektiven metrischen Raumverhältnisse sollten von nun an im Zentrum

Frage	Untersuchungsfeld
Was halten die Individuen in ihrer Umwelt für wichtig?	Subjektive Umweltwahrnehmung
Wie gewichten sie die verschiedenen Umweltfaktoren?	Analyse des Bewertungsverhaltens
Wie beeinflussen diese Faktoren die Verhaltensweisen?	Analyse der Verhaltensräume der Individuen

Abbildung 20 *Forschungsfelder der wahrnehmungs- und verhaltenszentrierten Sozialgeographie*

der geographischen Forschung stehen, sondern die individuellen Raumwahrnehmungen, Bewusstseinsleistungen und Verhaltensweisen. Die Individuen sollten – nachdem sie hinter den Modellierungen der quantitativen Geographie weitgehend verschwunden waren – im Rahmen eines manifesten, konkreten Menschenbildes ernst genommen werden.

Die Besonderheit dieser tätigkeitszentrierten Betrachtungsweise besteht darin, dass nicht mehr undifferenziert von »der objektiven Wirklichkeit« ausgegangen wird. Man ist vielmehr daran interessiert zu wissen, wie die Individuen diese Wirklichkeit subjektiv wahrnehmen. Denn eine Basisprämisse dieses Ansatzes lautet, dass die Umwelt nur in der Form verhaltensrelevant wird, wie sie von den einzelnen Individuen wahrgenommen wird. Daraus leitet ROGER M. DOWNS (1970, 80) die drei in Abbildung 20 genannten forschungsrelevanten Fragestellungen mit den entsprechenden Untersuchungsfeldern ab.

Die subjektive Wahrnehmung der räumlichen Umwelt soll untersucht werden, um die räumlichen Strukturen, die aufgrund solcher Verhaltensweisen entstehen bzw. entstanden sind, erklären zu können: »Der verhaltenswissenschaftliche Ansatz in der Geographie stellt eine spezielle Betrachtungsweise dar. Der Forscher ist an den Prozessen interessiert, die zu beobachtbaren Raumstrukturen führen. Um die räumlichen Strukturen zu erklären, muß man etwas von den zugrundeliegenden Verhaltensweisen wissen, die zu einer räumlichen Verteilung von einzelnen Phänomenen führen« (COX & GOLLEDGE, 1969, 2). Damit ist man bestrebt, die menschlichen Tätigkeiten genauer zu untersuchen, um schließlich die räumlichen Anordnungsmuster bzw. die räumlichen Strukturen erklären zu können.

Dabei stellt die Mensch-Natur-Beziehung ein wichtiges Themenfeld dar. In der Formulierung von JOHN R. GOLD (1980, 3) ausgedrückt, besteht ein weiteres Ziel dieser Neuorientierung der Sozialgeographie darin, die älteren, zu stark vereinfachenden und mechanistischen Theorien der Mensch-Umwelt-Beziehungen durch einen neuen Ansatz zu ersetzen, welcher der Komplexität menschlichen Verhaltens Rechnung trägt.

Die Orientierung der sozialgeographischen Forschung an der Verhaltenstheorie wird von THOMAS SAARINEN (1969) damit begründet, dass von den menschlichen Tätigkeiten nicht nur die bewussten, ziel- und zweckbestimmten Handlungen wichtig sind, sondern auch alle unbewussten Reaktionen eines Individuums oder einer Gruppe, die man nicht als zielgerichtet und zweckmäßig betrachten kann.

In der *deutschen Sozialgeographie* wird die Verhaltenstheorie im Rahmen der Mensch-Umwelt-Thematik und bei der Ausarbeitung einer differenzierteren Analyse des Verhältnisses von menschlichem Verhalten und Raumstruktur relevant. Innerhalb des ökologischen Themenkreises konnte man unmittelbar auf HARTKES Forschungen Bezug nehmen. Dieser konnte bereits nachweisen, dass die subjektiven Wahrnehmungen stark von den objektiven, naturwissenschaftlich nachgewiesenen Bedingungen abweichen können. Ferner haben HARTKES Untersuchungen gezeigt, dass die subjektiven Wahrnehmungen für menschliche Tätigkeiten bedeutsamer sein können als die objektiven Verhältnisse. Doch HARTKE konnte sein eigenes Erklärungsmodell nicht genügend ausarbeiten. Dies hatte vor allem damit zu tun, dass er über keine differenzierten theoretischen Grundlagen verfügte, um die Abweichungen der verschiedenen subjektiven Wahrnehmungen zu begründen. Hier setzten nun die Verhaltenstheoretiker mit dem Ziel an, diesen Mangel zu beheben.

Den ersten umfassenden deutschsprachigen Entwurf findet man in GERHARD HARDS »Die Geographie. Eine wissenschaftstheoretische Einführung« (1973a), in welcher der Fragenkomplex der Anthropogeographie unter einer einheitlichen verhaltenstheoretischen Perspektive dargestellt wird. Da der Akzent des Werkes sehr stark auf wissenschaftstheoretische Fragen ausgerichtet ist – und in dieser Hinsicht auch einen tiefgreifenden Einfluss auf die deutsche Geographie ausgeübt hat – war für die spezifischere verhaltenstheoretische Konzeptualisierung, insbesondere in Bezug auf die dominierende raumwissenschaftliche Forschungsorientierung, eine differenziertere Vertiefung notwendig.

Der zweite Themenkreis, die Analyse des Verhältnisses von menschlichen Tätigkeiten und Raumstruktur, ist in den raumwissenschaftlichen Ansatz eingebettet. Die Raumwissenschaftler erwarteten von der Verhaltenstheorie eine genauere Beschreibung des Verhaltens der einzelnen Akteure (Mikroebene), um dann die Makroebene, also die räumlichen Gesamtmuster, adäquater erklären zu können. Mit anderen Worten: Man wollte die »Aktionsketten menschlicher Verhaltensvollzüge aufrollen« (THOMALE, 1974, 23), um die bisher nur metrisch angegebenen Distanzwiderstände durch die subjektive, psychologische Komponente zu ergänzen. Bereits zuvor war man, wie im angelsächsischen Bereich, darauf aufmerksam geworden, dass nicht Individuen nach dem Leitbild des »homo oeconomicus« am Werke sind, die mit einem auf »Optimalität« ausgerichteten Anspruchsniveau agieren, sondern Akteure mit unvollkommenem Informationsstand, die mit einem auf »Befriedigung« ausgerichteten Anspruchsniveau auf ihre unbefriedigenden Situationen reagieren. In diesem Forschungsbereich bezieht man sich somit auf die Verhaltenstheorie, um die Modellannahmen des »homo oeconomicus« durch ein realistischeres Menschenbild zu ersetzen.

In dem Bestreben, die ökonomistischen Vorgaben durch wirklichkeitsnähere Konzepte zu ersetzten, kam es zu einem argumentativen Gleichschritt mit der so genannten *humanistic geography*, der es – auf der Grundlage der phänomenologischen Philosophie – um eine Kritik der raumwissenschaftlichen Geographie ging. Der Hauptkritikpunkt war die Entfremdung der Wissenschaft von den alltäglichen Lebenszusammenhängen der untersuchten Menschen. Die geographische Weltdarstellung sollte »bevölkert« werden. Nicht »Landschaften« oder »Räume« sollten untersucht werden, sondern vielmehr, wie die Menschen diese sehen. Anne Buttimer – die Pionierin der *humanistic geography* – orientierte sich unter anderem auch an der französischen Tradition der vidalschen Regionalgeographie und der damit verbundenen Forderung nach der Erforschung der regionalen alltäglichen Lebensformen. Im deutschsprachigen Kontext wird diese »humanistische« Vertiefung des verhaltenstheoretischen Ansatzes von Robert Geipel (1977) in die Forschungspraxis übertragen.

Um den Einstieg in die verhaltenstheoretische Forschungstradition der Sozialgeographie zu erleichtern, soll zuerst kurz ihr Werdegang von der geographischen Geschichte und vor allem von ihrem psychologischen Entstehungskontext her beleuchtet werden.

Psychologische Grundlagen

Sowohl die verhaltenstheoretische Sozialgeographie als auch die allgemeine Verhaltenstheorie wurden aus der gleichen Fragestellung heraus entwickelt, aus der Frage nach dem Verhältnis von Mensch und Umwelt. Wie wir gesehen haben, wurde diese Frage vom geographischen Geodeterminismus eindeutig zugunsten der natürlichen Umwelt beantwortet. Die Länderkunde und große Teile der Landschaftsforschung sind schließlich aus dieser Antwort heraus entwickelt worden.

Klassischer Behaviorismus

Die allgemeine Verhaltenstheorie war gegenüber dem Geodeterminismus von Anfang an auf eine tätigkeitszentrierte Forschung ausgerichtet, war aber ebenso sehr an der Aufdeckung allgemeiner Gesetzmäßigkeiten – in diesem Fall den Gesetzmäßigkeiten menschlicher Tätigkeiten – interessiert. Bis in die 1970er-Jahre fand die Perspektive menschlicher Tätigkeitsanalyse immer stärkere Verbreitung und wurde auch in Ökonomie, Soziologie, Ethnologie, Umweltpsychologie und anderen Disziplinen zunehmend beachtet. Die besondere Abwandlung der allgemeinen kognitiven Verhaltenstheorie für geographische Zwecke wurde – wie hier noch ausführlicher zu zeigen ist – durch die Einbeziehung der räumlichen Dimension vollzogen. Als wahrnehmungs- und verhaltensorientierter Zweig des Faches entstand so die *behavioral geography*.

Die Verhaltenstheorie wurde ursprünglich um die Jahrhundertwende von JOHN B. WATSON im Rahmen der umfassenden sozialdarwinistischen Diskussion entwickelt. Mit seinem Aufsatz »Psychologie, wie sie der Behaviourist sieht«, löste er 1913 eine bis heute anhaltende Theoriediskussion aus. Er tritt dort mit dem Anspruch auf, die Psychologie zu einer ernsthaften Wissenschaft zu entwickeln. Damit ist gemeint, dass die so genannte *Bewusstseinspsychologie* durch eine Psychologie ersetzt werden soll, die sich derselben Methoden bedient wie die Naturwissenschaften. Die Zielsetzung der damals vorherrschenden geisteswissenschaftlich orientierten Psychologie war das Verstehen von Bewusstseinszuständen durch introspektive, auf therapeutischem Gespräch aufbauende Methoden. Dieser Wissenschaft der Bewusstseinszustände stellt WATSON den *Behaviorismus* als eine objektive, naturwissenschaftlich orientierte Psychologie gegenüber, die anhand von direkter Beobachtung unter experimentellen Bedingungen allgemeine Gesetzmäßigkeiten des Verhaltens aufdecken soll. Diese Gesetzmäßigkeiten sollen schließlich der Erklärung, Vorhersage und Kontrolle beobachtbarer Verhaltensweisen dienen, unabhängig, ob sie von Menschen oder Tieren gezeigt wer-

Psychologische Grundlagen

den. Die Psychologie solle schließlich *die* Wissenschaft vom Verhalten werden.

Das Anliegen des klassischen Behaviorismus besteht also darin, menschliche Tätigkeiten in objektiven Kategorien zu erklären. Menschliches »Verhalten« bedeutet hier soviel wie eine beobachtbare, das heißt sinnlich wahrnehmbare Tätigkeit, die mit den Begriffen »Reiz« und »Reaktion« erfasst werden kann. Einen »Reiz« kann dabei potentiell jede Gegebenheit der physischen und sozialen Umwelt darstellen. Forschungspraktisch wird eine solche Gegebenheit erst dann als »Reiz« betrachtet, wenn sie ein Verhalten bewirkt. Als »Reaktion ist alles, was das Lebewesen tut« (WATSON, 1968, 39) zu betrachten. Nach WATSON vollbringt der Organismus mit seiner Reaktion eine Anpassungsleistung an seine Umwelt; das bedeutet, dass der Organismus durch eine Bewegung seinen physiologischen Zustand so verändert, dass der »Reiz« keine weitere »Reaktion« mehr hervorruft. Die damit implizierte Reduktion menschlichen Tuns auf beobachtbare Organismusabläufe soll im Sinne der Behavioristen eine konsequente Anwendung naturwissenschaftlicher Methodologie ermöglichen. Die menschlichen Tätigkeiten sollen demgemäß kausal, das heißt durch Rückführung auf eine Ursache erklärt werden können. Oberstes Ziel behavioristischer Forschung bildet denn auch die Aufdeckung der Gesetzmäßigkeiten menschlicher Tätigkeiten. So soll es möglich werden, bei gegebenen »Reizen« – jederzeit und unter allen Umständen – die entsprechende »Reaktion« voraussagen zu können. Hierin wird die Geistesverwandtschaft mit dem Geodeterminismus klar erkennbar. Die implizite Hauptthese des klassischen Behaviorismus lautet:

1. Die Eigenschaften der Umwelt – als die Summe der (potentiellen) Reize – sind für das Verhalten von Individuen von entscheidender Bedeutung und nicht die Eigenschaften der Individuen: die Erklärungslast für das gezeigte Verhalten liegt nicht beim Individuum, sondern in den Umständen.

Daraus werden zwei weitere Thesen abgeleitet:

2. Unter gleichen Umständen verhalten sich verschiedene Individuen gleich. Man geht somit – analog zu den Geodeterministen – von der These der »individuellen Gleichheit« aus.
3. Unter gleichen Umständen verhalten sich alle Individuen genau so, wie sie sich früher in denselben Umständen bereits verhalten haben. Dies impliziert die These von der Stabilität der Verhaltensweisen über die Zeit.

Die darauf folgende Entwicklungsgeschichte der Verhaltenstheorie ist nicht frei von Ironie. Da keine allgemeinen Kausalgesetze menschlichen Verhaltens aufgedeckt werden konnten, wurden immer mehr Elemente der am Anfang bekämpften »Bewusstseinspsychologie« wieder in die Verhaltensmodelle integriert, was zur kognitiven Verhaltenstheorie führt.

Kognitive Verhaltenstheorie

Auf der Stufe der kognitiven Verhaltenstheorien wurden primär Aspekte des Bewusstseins als verhaltensleitend betrachtet: Spannungen zwischen mentalen Faktoren gelten nun als die Auslöser von Verhaltensweisen. Verhalten wird als Reaktion begriffen, welche diese Spannungsmomente abbaut. Damit diese Spannungszustände aber überhaupt erst auftreten können, sind äußere Anlässe nötig. Als solche werden nicht mehr sinnesgebundene Wahrnehmungen betrachtet, sondern Informationen, die das Bewusstsein erst zu entschlüsseln hat.

Das Individuum wird als ein System von mentalen Faktoren begriffen. Die Elemente des Systems bilden Bedürfnisse, Motive usw. Die auf dieses System treffenden Informationen können bei der Person zu Spannungen führen. Je nach der Art der Informationen und des verfügbaren Wissens äußert das Individuum eine Verhaltensweise, durch die der Spannungszustand aufgehoben wird. Eine psychologische Theorie, die diesen Aspekt besonders herauszuarbeiten versucht, ist die Motivationstheorie. »Motivati-

Abbildung 21 *Verhalten als Prozess* (nach HECKHAUSEN, 1974, 156)

on« wird hier als Interaktion zwischen Motiven und Situationsfaktoren verstanden. Das »Ergebnis« dieser Interaktion leitet den Verhaltensablauf.

In der Motivationspsychologie werden – vereinfachend formuliert – menschliche Tätigkeiten in die oben dargestellten Sequenzen »Aufforderung«, »Motivierung«, »Verhalten« und »Selbstbewertung« zerlegt. Jede einzelne Sequenz soll nun, unter Einführung weiterer Differenzierungen genauer besprochen werden.

Aufforderung: Die Aufforderungssequenz umfasst die Anregungsbedingungen der gegebenen Situation I, die Aufforderungsgehalte, Reize bzw. Informationen. Diese Aufforderungsgehalte können bei entsprechender Ausbildung des korrelativen Motivs einen Motivierungsvorgang auslösen.

Beispiel: Die Wohnung wird zu klein oder Person x erhält Informationen über Wohnformen, welche die aktuelle Situation als unpassend erfahren lassen.

Motivierung: In dieser Sequenz wird eine bestimmte Wertungsdisposition, werden Eigenschaften angeregt, die zum Beispiel zur Leistungsmotivation einer Person führen können (Aufforderungsgehalte). Damit das Leistungsmotiv angeregt werden kann, muss eine generalisierte Hoffnung auf Erfolg bestehen. In der Motivierungsphase werden somit schon eine ganze Reihe von konkreten Folgen des Ergebnisses einer Verhaltensweise (prospektiv) vorweggenommen:

> Die erwartete Selbstbekräftigung als unmittelbare Folge. (Beispiel: Ich werde mit mir wieder zufrieden sein, wenn ich auch eine Wohnung mit Wintergarten habe.)

> Die erwartete Fremdbekräftigung als weitere Folge. (Beispiel: Ich werde von den andern gut angesehen werden, wenn ich eine Wohnung mit Wintergarten haben werde.)

So können in der Motivierung eine Reihe von Motiven auch verworfen werden (zum Beispiel Anschluss im aktuellen Wohnquartier verneinen und das Leistungsmotiv aktivieren). Dadurch erhält der Motivierungsverlauf eine bestimmte Verhaltenstendenz.

Neben den Situationsanreizen werden also auch die erwarteten Folgen verhaltensbestimmend. Die Motivation wird somit durch die Gehalte der Situation und die erwarteten Folgen des Verhaltens, die sich im Anschluss an die Tätigkeit einstellen werden, geleitet. Auf diese Weise werden vorweggenommene Sequenzen des Verhaltens zum Anreiz. Ob ein Verhalten im Anschluss an die Motivation auch tatsächlich ausgeführt wird oder nicht, hängt noch von zwei weiteren Faktoren ab:

1) von der Abwägung aller positiven und negativen Anreizwerte im Hinblick auf das Anspruchsniveau und
2) von der Wahrscheinlichkeit des Eintretens der vorweggenommenen Folgen bzw. deren Einschätzung aufgrund eigener Erfahrungswerte oder jener anderer Personen.

Ausführung des Verhaltens: Ist die Motivationsstärke ausreichend, kommt es zur Ausführung der Tätigkeit, die durch das angeregte Motiv bestimmt bleibt. Die Tätigkeit ist somit als ein von außen bewegter Ablauf zu begreifen.

Selbstbewertung: Der Selbstbewertung, die im Anschluss an den Verhaltensakt stattfindet, liegen zwei kognitive Zwischenprozesse zugrunde. Erstens der Vergleich der Verhaltensergebnisse mit dem »Anspruchsniveau«, zweitens die so genannte »Kausalattribuierung«. Von beiden hängt schließlich die Selbstbekräftigung ab, das heißt die Bestärkung oder Abschwächung des entsprechenden Motivs.

Der Vergleich der Verhaltensergebnisse mit dem »Anspruchsniveau«, dem »Gütestandard«, findet im Falle eines leistungsmotivierten Verhaltens in Bezug auf den verbindlichen Gütestandard statt. Ist er für alle Leistungen gültig, spricht man von Gütestandard im weitesten Sinne; ist er nur für spezielle Leistungen gültig, spricht man von einem »Anspruchsniveau« einer Person für ihre Leistung. Je nachdem ob der Gütestandard/das Anspruchsniveau übertroffen, erreicht oder unterschritten wurde, kommt es zu einer positiven oder negativen Selbstwertung. Das überdauernde Motiv wird damit verstärkt oder abgeschwächt.

Schließlich überprüft das Individuum über einen weiteren kognitiven Zwischenprozess, ob und inwiefern es für das Ergebnis zuständig ist. Diesen Zwischenprozess nennt man »Kausalattribuierung«. Mit ihr wird die Zuschreibung bezeichnet, wer oder was für das gezeigte Verhalten zuständig ist, ob Pech, Glück, Mangel an Anstrengung und Fähigkeit für das Erreichen/Nichterreichen des Anspruchsniveaus verantwortlich sind oder nicht. Waren äußere Faktoren im Spiel, so wird man sich selbst für ein positives oder negatives Ergebnis nicht oder nur abgeschwächt bewerten. (Beispiel »Wohnung«: ein rein zufälliger Erfolg, der nicht mit der eigenen Suchstrategie in Verbindung gebracht wird.)

Vergleicht man die vorne vorgestellte Hauptthese des klassischen Behaviorismus – und die zwei Ableitungen daraus – mit der kognitiven Verhaltenstheorie, kann man folgendes Fazit ziehen:

1) Trotz aller Standardisierung von Situationen, in denen sich Individuen befinden können, gibt es Individuen, die sich in gleichen Situationen verschieden verhalten.
2) Die Unterschiede der Wahrnehmung zwischen Individuen, die sich aus verschiedenen Lernprozessen, verschiedenen mentalen Elementen und verschiedenen Arten von Spannungszuständen ergeben, sind beachtlich.
3) Selbst bei gleicher Wahrnehmung, so würden Vertreter eines kognitiven Verhaltensansatzes sagen, können bei verschiedenen Personen verschiedene Verhaltensweisen resultieren. Diese Unterschiede beruhen auf individuell unterschiedlichen Erfahrungen in der bisherigen Lebensgeschichte (Interpretation der Informationen).
4) Aber selbst wenn sich Wahrnehmung und Lebensgeschichte bei zwei Personen kaum unterscheiden sollten, und daraus auch die gleichen Verhaltensweisen mit denselben Verhaltensfolgen resultieren, können sich Personen darin unterscheiden, dass sie die einzelnen Resultate der Verhaltensweise unterschiedlich werten; das heißt, sie messen ihrem Tun und seinen Folgen unterschiedliche Bedeutung zu.

Die Entwicklungsgeschichte der verhaltenstheoretischen Sozialgeographie weist ganz ähnliche Züge auf, wie jene in der Psychologie.

Geographische Verhaltensmodelle

Zu der Zeit, als sich die geringe empirische Belegbarkeit des Natur- bzw. Umweltdeterminismus immer stärker abzeichnete, begründete CARL SAUER in den 1920er-Jahren die so genannte *Berkeley-Schule der Landschaftsforschung*. In ihrer Konzeption wird – wie es GOLD (1980, 34) formuliert – der Kultur die bestimmende Kraft für die menschlichen Transformationen der Natur- zur Kulturlandschaft zugewiesen. Die natürliche Umwelt wird nur mehr als Medium, nicht aber als Ursache der menschlichen Gestaltung der Kulturlandschaft betrachtet.

JOHN K. WRIGHT entwickelte diesen Ansatz unter Bezugnahme auf die kulturanthropologische Forschungsrichtung von FRANZ BOAS in den 1940er-Jahren gemeinsam mit SAUER insofern weiter, als er forderte, alle Formen geographischen Wissens – das in den verschiedensten Perspektiven von verschiedensten Menschen, nicht nur von Geographen – hervorgebracht wurde, müssten berücksichtigt werden. Reiseberichte sollten ebenso in die geographische Analyse der regionalen Verhältnisse einfließen wie die lokale Poesie, Zeitungsberichte usw. Sie machten damit auf die Bedeutung der verschiedenen subjektiven Wahrnehmungsweisen aufmerksam und forderten gleichzeitig eine stärkere Berücksichtigung des Alltagslebens in den unterschiedlichsten regionalen Kontexten.

Als dritten wichtigen Vorleistungsschritt wurde von WRIGHTs und SAUERs Schüler WILLIAM KIRK in den 1950er- und 1960er-Jahren VIDAL DE LA BLACHES Frage nach den unterschiedlichen Nutzungsformen der natürlichen Umwelt in den verschiedenen kulturellen Kontexten erstmals mit einem Verhaltensmodell verknüpft. Dabei schwankt sein Modell vorerst zwischen objektiver (objekthafter) Umwelt und individuell wahrgenommener Umwelt. Die entscheidende Einsicht war, dass Individuen die Umwelt immer durch einen »Filter« hindurch wahrnehmen, der von sozialen Tatsachen und kulturellen Werten gebildet wird. Aus diesen psychologischen und geographischen Vorgaben konnte Ende der 1960er- und in den frühen 1970er-Jahren in Nordamerika eine eigenständige verhaltenstheoretische Geographie entstehen.

Die eigenständige Entwicklung des modernen »behavioural approach« schenkte den Bewusstseinsarten der Menschen bei ihrer Umweltwahrnehmung von Anfang an eine große Beachtung. Der Schwerpunkt der entsprechenden Forschungen liegt dann auch auf der Umweltwahrnehmung. Der gesamte Forschungsbereich des wahrnehmungsorientierten »behavioural approach« wird im Deutschen mit dem Begriff »Perzeptionsgeographie« bezeichnet.

Mit dem Fortschreiten der Arbeiten wurde man immer stärker auf die Prozesskomponente menschlicher Tätigkeiten aufmerksam und differenzierte die psychologischen Leitbilder durch konsequenteren Einbezug der räumlichen Komponente in die kognitiven Zwischenprozesse. Die empirischen Ergebnisse sozialgeographischer Forschung hatten gezeigt, dass die Unterschiede beim Verhalten in gleichen Situationen beachtlich sein können. Die Untersuchungen ergaben auch, dass die Verhaltensgleichförmigkeiten über die Zeit – selbst in unterschiedlichen Situationen – mit persönlichen Merkmalen korrelieren.

Bevor die einzelnen verhaltensleitenden Aspekte differenzierter vorgestellt werden, sollen einige Hinweise zur Lektüre der folgenden Darstellung gegeben werden. Die in der Abbildung 22 rekonstruierte Argumentationsstruktur zeigt, dass in der kognitiven psychologischen Verhaltenstheorie die menschlichen Tätigkeiten nicht mehr als unmittelbar von beobachtbaren Sinneseindrücken bewirkt aufgefasst werden. Die Grundstruktur der Erklärung bleibt jedoch die gleiche wie im klassischen Behaviorismus: Tätigkeiten werden als Reaktionen auf Umweltinformationen begriffen, die allerdings erst über kognitive Zwischenprozesse verhaltenswirksam werden.

Bei den *Persönlichkeitsmerkmalen* ist insbesondere die Motivstruktur einer Person in ihrer individuellen Ausprägung zu berücksichtigen, wobei in der Regel ein dominierendes Motiv als verhaltensleitende Komponente isoliert werden kann. Daneben sind die Lebenszyklusphase mit den jeweils vorherrschenden Bedürfnissen und das individuelle Anspruchsniveau für die Erklärung des Verhaltens in Betracht zu ziehen. Insbesondere wird zwischen einem »optimizer« und einem »satisfizer«-Typ unterschieden. Ist der Erstere auf ein optimales Verhaltensresultat ausgerichtet, orientiert sich der Zweite an der Befriedigung der Bedürfnisse. Von den *sozial-kulturellen Faktoren* als verhaltensleitende Aspekte sind der soziale Status des Individuums, seine Gesellschafts- und Gruppenzugehörigkeit, vor allem aber die von ihm/ihr internalisierten kulturellen Werte und sozial-kulturellen Idea-

Geographische Verhaltensmodelle 253

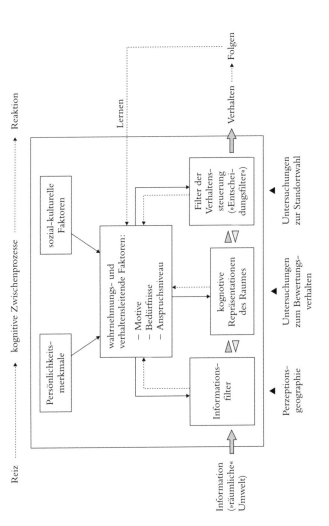

Abbildung 22 *Verhaltensmodell behavioristischer Sozialgeographie* (aus: WERLEN, 1987, 11)

le zu berücksichtigen. Persönlichkeitsmerkmale und sozial-kulturelle Faktoren zusammen – so die postulierte These des Modells – bestimmen die Art der Verarbeitung der wahrgenommenen Informationen.

In Bezug auf die *kognitive Raumrepräsentation* postuliert das Modell eine Abhängigkeit von der wahrgenommenen Information und der kognitiven Informationsverarbeitung. Die Bedeutung von Orten und räumlichen Ausschnitten ist gemäß dieser Theorie nicht mehr von den physisch-materiellen Eigenschaften abhängig, sondern von der Art der Informationsaufnahme und -verarbeitung. Ebenso resultieren aus den genannten Faktoren und Prozessen unterschiedliche Einstellungen zu verschiedenen Orten. Sie können grundsätzlich eher meidend oder eher aufsuchend ausfallen.

Zusammenfassend kann man also festhalten, dass Persönlichkeitsmerkmale und die beim Individuum repräsentierten sozial-kulturellen Faktoren zu einer bestimmten Ausprägung der Motive und Bedürfnisse sowie zu einem manifesten Anspruchsniveau führen. In dieser Form werden Motive und Bedürfnisse zu den kognitiven, wahrnehmungs- und verhaltensleitenden Faktoren. Von diesen Faktoren hängen auch die jeweilige Ausgestaltung des Informationsfilters, die kognitive Repräsentation des Raumes als individuelle »mental map« sowie der Filter der Verhaltenssteuerung ab. Gemäß dieser Theorie sind im Verhaltensablauf die oben analytisch unterschiedenen Elemente kausal aufeinander bezogen. Die kognitiven Zwischenprozesse und die Dispositionen der Person beeinflussen somit insbesondere auch

a. die Informationswahrnehmung,
 jeder nimmt die Umwelt in Bezug auf seine Persönlichkeitsmerkmale und die internalisierten sozial-kulturellen Faktoren wahr und

b. die Verhaltenssteuerung,
 das Auftauchen von Reaktionsalternativen hängt von den Dis-

positionen und den bisherigen Lernergebnissen in ähnlichen Situationen ab; die Auswahl zwischen den Alternativen hängt vom Anspruchsniveau einer Person ab.

Dem Modell zufolge hängt also die Verhaltensweise grundsätzlich von der Wahrnehmung ab, die ihrerseits von motivationalen und sozial-kulturellen Faktoren geleitet ist. Wenn wir uns das allgemeine Forschungsziel nochmals in Erinnerung rufen, gemäß dem die verhaltenstheoretische Sozialgeographie die Erklärung der menschlichen Verhaltensweisen im Raum und der daraus resultierenden Raumstrukturen leisten will, dann heißt das, dass man das räumliche Gesamtmuster einer Gesellschaft unter Rückgriff auf die Verhaltensweisen der Individuen erklären will. Dazu bildet die Erklärung der Verhaltensweisen selbst die wichtigste Voraussetzung. Und wenn das Verhalten durch die Umweltwahrnehmung bestimmt wird und diese durch Persönlichkeitsmerkmale sowie sozial-kulturelle Faktoren, dann können wir die bestehenden Raumstrukturen gemäß der verhaltenstheoretischen Argumentation nur erklären, wenn wir uns zuerst letzterer Aufgabe zuwenden.

Verhaltenstheoretischer Umweltbegriff

Durch die kognitive Wende in der verhaltensorientierten Sozialgeographie wird ein differenzierterer Umweltbegriff notwendig, als er bisher in der Geographie insgesamt verfügbar war. Die Umwelt wird nicht mehr naiv mit der Natur oder einem objektiven Raum gleichgesetzt. Die Umweltbezüge werden vielmehr bewusstseinsmäßig differenziert. Entsprechend wird die Beziehung zwischen Bewusstsein und räumlicher Umgebung zentral.

Die erste wichtige Differenzierung des Raumkonzepts im Sinne der verhaltenstheoretischen Geographie wird von dem Wright-Schüler David Lowenthal (1967) vorgenommen. Er unterscheidet zwischen »*spatial behaviour*« (kognitive Raumrepräsentation) und »*behaviour in space*« (Verhalten im Raum). »Spatial behaviour«, bzw. »Aktionsraum« (WIESSNER, 1978, 421) bezeichnet alle kognitiven Beziehungen zu einem räumlichen Ausschnitt, alle Raumvorstellungen eines Menschen. Damit werden die Gründe thematisiert, die zu unterschiedlichen Einschätzungen der Entfernungen zwischen Standorten oder zu unterschiedlichen Einstellungen gegenüber bestimmten Räumen führen.

Der Raum als Bezugsfläche der Ausführung von Verhaltensweisen wird mit »behaviour in space« bezeichnet. Es handelt sich somit um die beobachtbaren Bewegungen des Individuums im Raum. Dabei wird auch hier von der These ausgegangen, dass die kognitive Raumrepräsentation das Verhalten im Raum beeinflusst. Wie man sich im Raum verhält, hängt wesentlich von der kognitiven Raumrepräsentation ab.

Die kognitive Raumrepräsentation ihrerseits ist wiederum von der *wahrgenommenen Umwelt* abhängig. Mit ihr bezeichnet JOSEPH

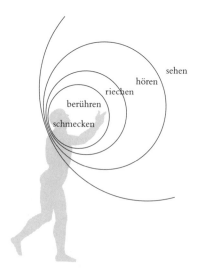

Abbildung 23 *Sinnesbezogene Umweltdifferenzierung*
 (nach GOLD, 1980, 51)

SONNENFELD (1978) jenen Ausschnitt der Tätigkeitsumwelt, der bewusst wahrgenommen wird. Die Tätigkeitsumwelt wird selektiv wahrgenommen. Kriterien der selektiven Wahrnehmung der Umwelt sind die Motive, die Wertestandards und die Einstellungen eines Individuums. Das heißt, dass die Art der Wahrnehmung von den bisherigen Erfahrungen und den bisherigen Lernprozessen abhängt. Im Gegensatz zur geographischen Umwelt und zur Tätigkeitsumwelt ist die wahrgenommene Umwelt subjektiver Natur.

Die *Verhaltensumwelt* umfasst denjenigen Ausschnitt der Umwelt, der zum Stimulus, zur Information für ein bestimmtes Verhalten eines Individuums führt. Hinzu kommt noch derjenige Ausschnitt, auf den sich die Verhaltensreaktion richtet. So kann man sagen, dass sich gemäß SONNENFELD die Verhaltensumwelt aus dem Stimulusbereich und dem Reaktionsbereich zusammensetzt. Der Wahrnehmungs- bzw. Informationsbereich kann – gemäß GOLD (1980) – in Bezug auf die Sinnesorgane, welche die Informationen zur kognitiven Verarbeitung aufnehmen, das heißt nach den sinnesspezifischen Besonderheiten noch weiter unterteilt werden.

Diese Differenzierungen von LOWENTHAL, SONNENFELD und GOLD werden in den 1970er-und 1980er-Jahren schließlich zu einer systematischeren Sicht zusammengeführt, welche drei Kernfelder geographischer Umwelten beinhaltet.

Mit »Informationsfeld« wird der umfassendste Umweltbereich bezeichnet. »Es erstreckt sich vom engeren Wohnumfeld und den alltäglichen Lebensbereichen bis hin zu jenen fernen Regionen oder Örtlichkeiten, von denen man gehört, gelesen oder Bilder gesehen hat. Quellen der räumlichen Information sind nicht nur persönliche Inaugenscheinnahme, sondern auch Erzählungen, Radio, Zeitung, Fernsehen, Bücher usw.« (WIRTH, 1979, 214f.). Insgesamt geht man davon aus, dass das Informationsfeld von seinem Kern nach außen hin immer verzerrter ausfällt, bzw. dass die Zuverlässigkeit der Informationen mit der räumlichen Distanz abnimmt.

Das »Kontaktfeld« bildet gewissermaßen den inneren Kern des Informationsfeldes. Damit sind die Aktionsräume gemeint, die ein Individuum aufsucht und aus eigener Anschauung kennt. Das Kontaktfeld ist in zeitlicher Hinsicht zu differenzieren. Das heißt, dass man nach der Häufigkeit unterscheidet, mit der ein räumlicher Ausschnitt aufgesucht wird. Am vertrautesten sind jene Bereiche, die zum *täglichen* Kontaktfeld gehören. Also jene Bereiche, die ein Mensch täglich aufsucht, wie Wohnung, Wohnumfeld, Arbeitsplatz, Einkaufsstätten usw. sowie die dazwischen liegenden Haltepunkte. Weniger vertraut ist bereits das *wöchentliche* Kontaktfeld. Dies umfasst vor allem Orte, die man nur am Wochenende aufsucht. *Jährliche* Kontaktfelder sind noch weniger vertraut, weil sie nur während des Urlaubs, Dienstreisen u. ä. aufgesucht werden können.

Das »Interaktionsfeld« umfasst neben dem Kontaktfeld auch noch jene Standorte von Personen, mit denen man »telephonisch oder durch Briefe oder durch Waren- und Geldsendungen in Rede und Antwort, in ›Sendung‹ und ›Empfang‹ verbunden ist« (WIRTH, 1979, 221). Der Unterschied zum Informationsfeld besteht darin, dass der Bezug wechselseitig ausfällt und jener zum Kontaktfeld darin, dass der Kontakt auch mittelbar stattfindet, das heißt durch ein Kommunikationsmedium vermittelt wird.

Auf der Grundlage dieser Differenzierungen können die weiteren Forschungsfelder der verhaltenstheoretischen Sozialgeographie skizziert werden.

Perzeptionsgeographie

DIE zentrale Fragestellung der Perzeptionsgeographie bezieht sich auf die subjektive Wahrnehmung von Räumen und deren Abweichung von der objektiven Raumstruktur und -metrik. Dabei können drei Themenbereiche unterschieden werden: »mental maps«, »Wahrnehmung von Distanzen« und »Wahrnehmung von Objekten«.

Mental maps

Bei den »mental map«-Forschungen geht es darum festzustellen, wie Individuen ihre räumliche Umwelt subjektiv in ihrem Bewusstsein abbilden. DOWNS & STEA (1982, 90) definieren das kognitive Kartieren als »den geistigen Prozess, mit dessen Hilfe wir uns mit der Umwelt auseinandersetzen und sie begreifen« und die kognitive Karte als »die strukturierte Repräsentation« (Abbildung 24), die ein Mensch von einem Ausschnitt seiner Umwelt besitzt. Dabei will man vor allem aufdecken, inwiefern die subjektiven Repräsentationen von den objektiven Verhältnissen abweichen.

»Kognitives Kartieren« soll es ermöglichen, »Informationen über die räumliche Umwelt zu sammeln, zu ordnen, zu speichern, abzurufen und zu verarbeiten; kognitive Karten sind demnach strukturierte Abbildungen und Vorstellungen eines Menschen über einen Teil der räumlichen Umwelt« (BRASSEL et al., 1986, 3). Kognitive Karten lassen in diesem Sinne Rückschlüsse auf den allgemeinen Wissensstand der Testpersonen bezüglich räumlicher Verteilungen und Anordnungen zu. Das Konzept der »mental maps« ist an der Schnittstelle der Interessen von Sozialgeographie und Kartographie anzusiedeln.

Untersuchungen des kognitiven Kartierens sind vor allem vor dem Hintergrund zu sehen, dass man von einer »grundsätzlichen Verbindung von kognitivem Kartieren und Entscheidungen, was man wo tut« (DOWNS & STEA, 1982, 46) ausgeht. Diese These ist allerdings höchst umstritten. Einerseits bedeutet die Tatsache, dass wir wissen, wo sich etwas befindet, noch lange nicht, dass wir uns auch tatsächlich dorthin begeben. Wir suchen nicht alle Orte auf, die wir kennen. Andererseits ist darauf hinzuweisen, dass das Aufzeichnen der mentalen Karten mindestens ebenso sehr die zeichnerischen Fähigkeiten der befragten Person misst, wie deren kognitive Repräsentationsfähigkeit.

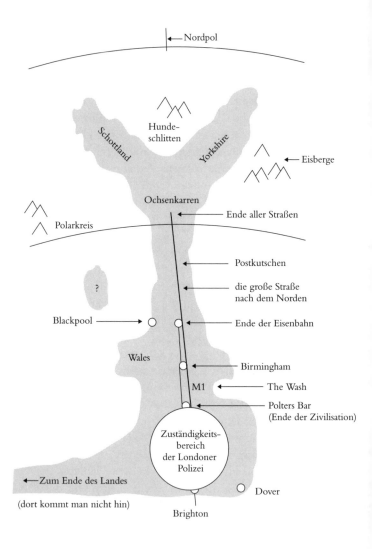

Abbildung 24 *Londoner Ansichten über den Norden Großbritanniens* (aus: Downs & Stea, 1982, 29)

Wahrnehmung von Distanzen

Die Hauptthese der »Distanzforschung« lautet: Entfernungen von individuell weniger bevorzugten zu bevorzugten Orten werden in der Regel geringer geschätzt, als sie objektiv sind und ebenfalls geringer als in umgekehrter Richtung: von bevorzugten zu weniger bevorzugten Orten.

Auf diese Weise können das kognitiv repräsentierte Raumschema (spatial behaviour) und die Ausprägung des Informationsfilters erfasst werden. Diese zu kennen ist insofern wichtig, als man von der Hypothese ausgeht, dass die kognitive Repräsentation das Verhalten im Raum (behaviour in space) beeinflusst.

Um diese Hypothese zu überprüfen, müssen beide Komponenten des Raumkonzeptes empirisch erhoben und miteinander verglichen werden. Die dazu vorliegenden empirischen Untersuchungen beziehen sich vorwiegend auf den städtischen Bereich. Obwohl sie sich äußerst heterogen gestalten, können vier Hauptthesen hervorgehoben werden.

Erstens: Die kognitive Repräsentation von Distanzen ist im städtischen Kontext von der Richtung des Stimulus beeinflusst: In Nordamerika wird die Distanz zum Stadtzentrum hin im Allgemeinen überschätzt, jene zum Stadtrand hin eher unterschätzt. Europäische Studien zeigten interessanterweise gerade das Gegenteil: Unterschätzung der Distanzen zum Zentrum hin, und Überschätzung in Richtung Stadtrand. Der Grund für diesen Unterschied wird in der zweiten allgemeinen Hypothese angedeutet.

Zweitens: Die kognitive Repräsentation von Distanzen ist von der Attraktivität bzw. Präferenz des Stimulus beeinflusst. Geht jemand davon aus, dass die City ein Ort sei, den man meiden müsste, dann wird – wie im nordamerikanischen Kontext – die Distanz dorthin eher überschätzt. Hält man die City für einen höchst attraktiven Bereich – wie dies offensichtlich in europäischen Städten der Fall ist – dann unterschätzt man die Distanz dorthin eher. Freilich mögen auch andere Aspekte diese Differenz der kognitiven Repräsentation beeinflussen.

Drittens: Die Angemessenheit der Distanzwahrnehmung hängt vom Maß der Vertrautheit mit den räumlichen Verhältnissen in einer Stadt ab.

Viertens: Der Grad der Angemessenheit der Distanzschätzung hängt von der Direktheit der Straßenführung ab. Gewundene Straßenführung mit zahlreichen Richtungsänderungen führt zu höheren Abweichungen bei der Distanzeinschätzung als direkte Straßenführung.

Wahrnehmung von Objekten

Die Hauptthese bei der Erforschung der Objektwahrnehmung lautet: Jede Objektwahrnehmung ist selektiv und die Selektivität ist durch die vorherrschenden Motive gesteuert. Die Intensität der Objektwahrnehmung hängt davon ab, ob man dem gegebenen Objekt gegenüber eine eher aufsuchende oder meidende Einstellung einnimmt.

Es ist davon auszugehen, dass »die Umwelt als Stimulus aus bedeutungsvollen Objekten besteht« (WALTHER, 1992, 129). Neben der Einstellung der wahrnehmenden Person ist auf der Objektseite für die selektive Wahrnehmung die so genannte »Lesbarkeit« von besonderer Bedeutung. Damit ist die Unterscheidbarkeit, Attraktivität und Sichtbarkeit der einzelnen Objekte gemeint. Man hat herausgefunden, »daß sich Informanten besser an Unerwartetes erinnern als an das Selbstverständliche« (WALTHER, 1992, 129).

Bei der Untersuchung der Wahrnehmung von Objekten im urbanen Kontext konzentriert sich die geographische Stadtforschung vor allem auf die Wahrnehmung von Gebäuden. Sie werden – mit ihrer relativ langen Existenz über Zeit – als wichtige Marken/Markierungen zur räumlichen Orientierung im städtischen Leben erkannt. Menschen orientieren sich innerhalb der Stadt in aller Regel an Gebäuden, deren Funktion und Erscheinung. Dies äußert sich zum Beispiel in Antworten eines Ortsvertrauten auf die Frage nach dem Weg.

Im urbanen Kontext haben empirische Untersuchungen gezeigt, dass die Wahrnehmung der städtischen Umwelt durch den sich bewegenden Beobachter von der Art der Fortbewegung, dem entsprechenden Muster der Pfade und der Geschwindigkeit abhängt. Man spricht in diesem Zusammenhang von je besonderen »Dramen der Nebeneinanderstellung« (drama of juxtaposition) von Objekten im Wahrnehmungsprozess der Individuen. Für die *motorisierte Fortbewegung* haben APPLEYARD et al. (1964) in »The View from the Road« festgestellt, dass die Wahrnehmung auch vom Zweck der Fortbewegung abhängt. So wird beispielsweise bei Individuen, die regelmäßig für pragmatische Zwecke (Besorgungen etc.) in die Stadt fahren – in der so genannten »highway narcosis« – die Umwelt entlang der Autobahn weitgehend außerhalb der aufmerksamen Wahrnehmung bleiben.

Die Wahrnehmung der städtischen Umwelt durch *Fußgänger* zeichnet sich demgegenüber durch eine viel größere Kontextualität und Geschlossenheit aus. So hat TERENCE R. LEE (1971) festgestellt, dass Kinder, die zu Fuß zur Schule gehen, eine Raumwahrnehmung haben, die an den Schulstandort einerseits und den Wohnstandort andererseits gebunden ist. Den Schulweg dazwischen binden sie in der kognitiven Repräsentation an diese beiden Endpunkte. Kinder, die den Schulbus benutzen, verfügen über eine Raumwahrnehmung, bei der die Schule und das Zuhause völlig voneinander getrennt sind und die Strecke dazwischen kaum repräsentiert werden kann.

Wahrnehmung räumlicher Disparitäten

Die Studie »Problemwahrnehmung in der Stadt« von GERHARD HARD (1981) geht von der These aus, dass »soziale Probleme« höchst selektiv wahrgenommen werden. Dabei stehen die drei folgenden Fragen im Zentrum des Interesses:

a. Welche Wirklichkeitswahrnehmungen (durch Journalisten, Behörden etc.) führen zu welchen Problemdefinitionen?
b. Wie beeinflusst die journalistische Problemwahrnehmung die Problemwahrnehmung der Stadtbevölkerung?
c. Welche Zusammenhänge bestehen zwischen dem alltäglichen

Erfahrungsbereich, den alltäglichen Aktionsräumen (der Journalisten, Angestellten der Behörden, Leserschaft der Lokalpresse) und der Problemidentifizierung und Problemwahrnehmung?

In der Begrifflichkeit der allgemeinen sozialgeographischen Verhaltenstheorie fragt HARD nach dem Verhältnis von »Informationsfeld« und »Kontaktfeld« der Stadtbevölkerung bei der Thematisierung und Aktualisierung städtischer Probleme in der Lokalpresse.

Nachdem im *ersten Arbeitsschritt* hypothetisch die thematischen Felder identifiziert werden, in denen Konflikte zu erwarten sind (Verkehr, Umwelt, Denkmalschutz, Standorte des produzierenden Gewerbes, Standortprobleme sozialer Einrichtungen etc.), werden im *zweiten Schritt*, die »anerkannten« städtebaulichen Probleme, die im Lokalteil der Lokalpresse thematisiert werden, zunächst inhaltsanalytisch erfasst. Als Analysekategorien werden neben Datum, Textgattung (Bericht, Leserbrief) und Umfang des Textes in qcm (inkl. Bildmaterial) insbesondere die »Problemgegenstände« das heißt die betroffenen Objekte mit genauer Verortung berücksichtigt. Zudem finden die thematisierten städtebaulichen Probleme, die Kontrahenten sowie die diskutierten Problemlösungsvorschläge Berücksichtigung. Im *dritten Schritt* werden die Probleme, die von den Journalisten thematisiert werden, kartographisch, nach Stadtteilen geordnet, dargestellt.

Das Ergebnis der Untersuchung zeigt, dass genau jene Stadtteile, die gemäß der Wahrnehmung der Journalisten und den Darstellungen in Leserbriefen als »stärker mit ›Problemen‹ belastete Stadtteile« (HARD, 1981, 59) bewertet werden, durchweg »die am besten ausgestatteten Stadtteile sind, […] die am schlechtesten ausgestatteten gehören durchweg zu den ›problemärmsten‹« (HARD, 1981, 59). Durch die Untersuchung weiterer Zusammenhänge gelangt HARD schließlich zu folgendem Fazit: Die öffentlich wahrgenommene Problembelastung und der Arbeiteranteil korrelieren negativ, die Problembelastung und der Akademikeranteil korrelieren positiv. Daraus folgt: »Je stärker der Arbeiteranteil eines

Stadtquartiers, um so geringer ist die Chance, daß die Probleme dieses Quartiers ins ›veröffentlichte Bewußtsein‹ gelangen und zu ›öffentlich anerkannten Problemen‹ werden; je stärker der Akademikeranteil eines Quartiers, um so mehr Chancen hat dieses Quartier, mit seinen Problemen die öffentliche bzw. ›veröffentlichte Meinung‹ zu beeindrucken und kommunalpolitisch beachtet zu werden« (HARD, 1981, 67), unabhängig von den tatsächlichen Problemlagen der einzelnen Stadtquartiere.

Eine weitere Analyse ergab, dass eine hohe Korrelation besteht zwischen den veröffentlichten Problemlagen und den vom Stadtparlament und der Stadtverwaltung als problematisch thematisierten Gegebenheiten. Das Pressebild gibt also tatsächlich die Problemwahrnehmung der politisch einflussreichen Bürgerinnen und Bürgern wieder. Daraus folgt für HARD (1981, 79), dass die räumliche Verteilung der Problemwahrnehmungen offensichtlich »mit der räumlichen Verteilung der Wohnstandorte artikulationsfähiger und einflussreicher Bürger einer Stadt« zu tun haben.

Bezogen auf die übergeordnete verhaltenstheoretische These, dass ein vertieftes Verständnis der Verhaltensweisen notwendig ist, um räumliche Strukturen und Prozesse erklären zu können, dass das Verhalten der Individuen wesentlich von der Umweltwahrnehmung mitbestimmt ist, können diese Ergebnisse hypothetisch verallgemeinert werden: »Wo Probleme wahrgenommen werden, ist eine positive Umweltveränderung wahrscheinlicher. Ein infolgedessen besser ausgestattetes Viertel bewahrt oder verbessert seinen sozialökonomischen Status eher als ein anderes. Aufgrund seines sozialökonomischen Status' hat es dann wieder eine bessere Chance, daß auch weiterhin auf diesem Territorium Probleme eher wahrgenommen, durchgesetzt und gelöst werden« (HARD, 1981, 81).

Bewertungsverhalten und Umweltrisiken

GROSSE Teile der verhaltenstheoretischen Sozialgeographie laufen auf folgende zentrale Frage zu: »Wie gewichten die Individuen die verschiedenen Umweltfaktoren?« Das macht die *Analyse des Bewertungsverhaltens* der Individuen erforderlich. Der entsprechende Forschungsbereich umfasst zwei Teilbereiche:

1. Die Erforschung der Prozesse, die zu unterschiedlichen Bewertungen und Images von Orten führen bzw. die subjektiven Bedeutungszuschreibungen der Individuen zu verschiedenen Orten und deren Einfluss auf das so genannte Entscheidungsverhalten.
2. Die so genannte »natural hazard«-Forschung: Hier geht es um die Analyse der Bewertung natürlicher Umweltfaktoren in Bezug auf ihr Bedrohungspotential bzw. um die Erforschung der subjektiven Bewertung des Risikos von Naturkatastrophen.

Obwohl beide Themenfelder im Sinne des allgemeinen Verhaltensmodells in enger Beziehung stehen, sind die entsprechenden Forschungsrichtungen nicht aufeinander abgestimmt. Dementsprechend sollen sie hier auch getrennt vorgestellt werden.

Image und Standortwahl

Ausgangspunkt zu den Imageforschungen bildet KEVIN LYNCHs »The Image of the City« (1960), das zugleich eine Pionierleistung der gesamten kognitiven Stadtforschung darstellt. LYNCH geht von der Frage aus, wie das »urban design«, die visuelle Erscheinungsform einer Stadt, von Architekten und Urbanisten zu gestalten ist, damit die Lesbarkeit der Stadt und die Orientierung in ihr optimiert werden können. Dabei bedeutet »Image« bei ihm – im Gegensatz zu den späteren Verwendungsweisen – soviel wie das kognitive Bild einer städtischen Landschaft. Symbolische Aspekte städtischer Landschaften werden dabei ausgeblendet. LYNCH stellt fest, dass die kognitive Vorstellbarkeit einer Stadt in hohem

Bewertungsverhalten und Umweltrisiken

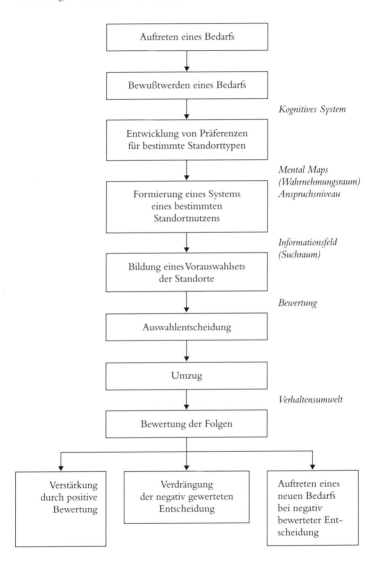

Abbildung 25 *Prozess-Schema der Standortwahl*
(nach HÖLLHUBER, 1976, 3)

Maße von ihrer Lesbarkeit abhängt. Je größer die Gleichförmigkeit ist, desto geringer ist die kognitive Merkbarkeit bzw. je kontrastreicher eine Stadt gestaltet ist, desto leichter fällt die kognitive Orientierung.

Die späteren Imageforschungen sind auf die Frage zentriert, welche symbolischen Gehalte Objekte, Orte oder Regionen aufweisen und auf welchen Wertestandards die entsprechenden Image-Attribuierungen beruhen. Große Aufmerksamkeit hat dabei das Verhältnis von »Ortsteilimage und Wohnstandortwahl« (HARD & SCHERR, 1976, 175) erlangt. Im innerstädtischen Bereich zeigte sich, dass die Image-Attribuierungen in hohem Maße an persönliche Erfahrungen gekoppelt, das heißt stark von den personellen Eigenschaften des Individuums abhängig sind. Das Ergebnis des persönlichen Bewertungsverhaltens sind persönliche städtische Landschaften symbolischer Repräsentation.

In diesem Zusammenhang stellt sich vor allem die Frage, wie die Präferenzbildungen von bestimmten Stadtquartieren zustande kommen und wie genau diese Präferenzen die Standortentscheidungen beeinflussen. Dabei sind wiederum zwei Forschungsschwerpunkte herauszustellen: *erstens:* Standortwahl der eigenen Wohnung und des Wohnumfeldes sowie entsprechendes Wanderungsverhalten und *zweitens:* Standortwahl von Produktions- und Dienstleistungsstätten.

Die Untersuchungen aus den beiden Themenbereichen sind von den folgenden Fragestellungen geleitet: Aufgrund welcher erdräumlich differenzierten Informationen (Informationsfelder) wählen die Individuen zwischen bestimmten Alternativen aus? Und: Welche Bedeutung kommt dabei den Images von Orten und dem individuellen Anspruchsniveau zu?

Die Hauptthesen sind erstens: Bei Unterschreitung des Anspruchsniveaus (das bei ›optimizer-‹, ›sub-optimizer-‹ und ›satisfizer-Typen‹ jeweils unterschiedlich ausfällt) wird nach einem neuen Standort Ausschau gehalten; zweitens: Das Individuum sucht dann innerhalb eines bestimmten Informationsfeldes nach den entsprechenden Informationen über bestehende Alternativen;

drittens: Bei der Standortwahl spielen die subjektive Distanzeinschätzung, das Image der verschiedenen Orte sowie das individuelle Anspruchsniveau und die erwarteten Standortnutzenvorteile eine Rolle. DIETRICH HÖLLHUBER (1976, 3) fasst das Prozess-Schema der verhaltenstheoretischen Standortwahl wie in Abbildung 25 dargestellt zusammen.

PETER WEICHHART betrachtet in »Individuum und Raum« (1980, 63) und in einer umfassenden Untersuchung der »Wohnsitzpräferenzen im Raum Salzburg« (1987) die Wohnung als Zentrum der subjektiven Welten der Individuen. Er bettet damit »Wohnung« und »Wohnstandort« in die alltagsweltlichen Sinnbezüge ein und überwindet so die bis dahin dominante mechanistische Betrachtung innerstädtischer Wanderungen.

Bewertung von Naturrisiken

Die »Hazardforschung« untersucht die unterschiedliche Bewertung von Risiken, die von so genannten Naturkatastrophen ausgehen. Dabei soll insbesondere abgeklärt werden, wie die Bewohner eines Gebietes natürliche Gefahrenpotentiale einschätzen und ihre Aktivitäten auf diese abstimmen. Das heißt konkret, dass man untersucht, wie die Lokalbevölkerung ihr Bedrohtsein durch Erdbeben, Vulkanausbrüche, Lawinen, Dürre, Wirbelstürme etc. einschätzt und inwiefern sie diesen Gefahren durch ein bestimmtes Verhalten Rechnung trägt. Die Forschungsergebnisse sollen schließlich dazu beitragen, rechtzeitig angemessene Vorbeugemaßnahmen treffen zu können und die Lebensweisen auf das Gefahrenpotential ausreichend abzustimmen. Ein weiterer Themenbereich stellt nach ROBERT GEIPEL (1992, 3) die Erhebung der sozialen Akzeptanz der verwirklichten Schutzmaßnahmen dar.

Mit der verhaltenstheoretisch orientierten Zuwendung zur natürlichen Umwelt wird die ökologische Tradition der Geographie sozialgeographisch reinterpretiert. Es geht nicht mehr um die totalisierende Geofaktoren-Lehre. Vielmehr geht es – in der Tradition HARTKES – um die Bewertungen der natürlichen Bedingungen, hier allerdings in einer individuums- und nicht gruppenzentrierten Analyse. Ausgangspunkt ist dabei *erstens* die physisch-geographische Abklärung der möglichen natürlichen Ereignisse. Darauf baut *zweitens* die Abschätzung des Gefährdungspotenzials für anthropogene Einrichtungen und Menschenleben auf. Der *dritte* Schritt besteht dann in der Erhebung der subjektiven Wahrnehmung und Bewertung von Naturgefahren.

Obwohl die physischen Grundlagen den Ausgangspunkt der Beurteilung bilden, ist der Ansatz – im Gegensatz zur ökologischen Forschung in der Geographie – nicht naturdeterministisch. Vielmehr führt die Hazardforschung nach GILBERT F. WHITE (1974, 3) zur Erkenntnis, dass jede Naturkatastrophe in ihrer Wirkung nichts anderes als Ausdruck menschlichen Fehlverhaltens ist. Denn ein natürliches Ereignis, das weder menschliche Einrichtungen noch menschliches Leben gefährdet, wird im Allgemeinen nicht als Katastrophe bezeichnet. So gesehen gibt es eigentlich gar keine *Natur*katastrophen, sondern nur katastrophale (Fehl-)Beurteilungen natürlicher Bedingungen.

Insgesamt ist die Hazardforschung als ein Forschungsbereich zu sehen, in dem physisch- und sozialgeographische Forschungsinteressen integriert behandelt werden können und der auch – zum Beispiel für Versicherungsfragen – der Angewandten Forschung ein beachtliches Feld öffnet.

Diskussion

ZUNÄCHST ist festzuhalten, dass mit der verhaltenstheoretischen Forschung die Beschreibung menschlicher Tätigkeiten stark differenziert und präzisiert wird. Zudem interessiert man sich seither verstärkt für die subjektive Komponente von menschlichen Wahrnehmungen und Verhaltensweisen. Dies hat sogar dazu geführt, dass man in der Verhaltenstheorie die Möglichkeit sah, eine so genannte humanistische Geographie aufzubauen. Aber auch der verhaltenstheoretischen Sozialgeographie geht es letztlich darum, bestehende räumliche Muster zu erklären. Allein die so genannte

Prozess-Komponente wird durch die Bezugnahme auf die Verhaltenstheorie präzisiert. Diese Differenzierung wird, insbesondere auch als Gegenmodell zum Homo oeconomicus der Wirtschaftsgeographie, in der empirischen Forschung fruchtbar gemacht. Dabei kann verdeutlicht werden, dass die distanzzentrierte Argumentation der raumwissenschaftlichen Geographie nicht haltbar ist. Wenn nämlich für die Individuen bei ihren Tätigkeiten die Distanzen nur in der wahrgenommenen Form in die Erwägungen eingehen, dann verlieren die objektiven Distanzen an Erklärungspotential.

Den positiven Aspekten stehen jedoch Schwächen gegenüber. Jede Form verhaltenstheoretischer Gesellschaftsforschung impliziert einen unhaltbaren Reduktionismus, der in Sozialwissenschaft und Sozialgeographie vielfältige Spielformen aufweist. Gemeint ist die Annahme, dass sich alle sozialen Tatsachen und Phänomene auf psychologische Faktoren des Wahrnehmens, Lernens und Denkens reduzieren ließen, insbesondere auf Instinkte, instinktive Abneigungen, Verdrängungen, Ängste, Neurosen, Begierden, Wünsche, Bedürfnisse, individuelle Anspruchsniveaus, Motive u. ä. Das heißt, dass man alle Formen menschlicher Tätigkeiten einerseits auf individuelle Gegebenheiten zurückführen will und andererseits, dass jede individuelle Tätigkeit als umweltgeleitet, wenn nicht sogar als umweltdeterminiert aufgefasst wird. Das implizite Menschenbild kann dann so umschrieben werden, dass Wissenschaftler zwar handeln können, die untersuchten Objekte jedoch nur zum Verhalten fähig sind.

Das schwerwiegendste Problem liegt aber darin begründet, dass die verhaltenstheoretische Sozialgeographie in logischer Konsequenz ihrer Grundprämissen das Soziale gar nicht erforschen kann, sondern bereits als Umwelt voraussetzen muss. Mit anderen Worten: Die Verhaltenstheorie kann bestenfalls die Basis für eine Psycho-Geographie, nicht aber für die Sozialgeographie abgeben.

Da die sozialgeographische Forschung auf die Klärung des *Gesellschaft*-Raum-Verhältnisses angelegt ist, wird eine theoretische Grundlage notwendig, welche die sozialen Verhältnisse kategoriell konsistent erörtern kann. Dafür ist ein Zugriff auf jene Gegebenheiten notwendig, die in der Verhaltenstheorie lediglich als Umwelt thematisiert werden, insbesondere auf die Bedeutungsgehalte von Informationen, welche als Verhaltenssteuerung betrachtet werden. Da die Verhaltenstheorien das Individuum als solches ins Zentrum stellen, nicht aber den Bezug seiner Tätigkeiten zu anderen Personen, bleibt letztlich das gesellschaftliche Zusammenleben außerhalb des verhaltenstheoretischen Blicks.

Eine weitere Konsequenz der Konzentration auf die reaktive Umwelt-Individuum-Beziehung besteht darin, dass man die Entscheidungsfähigkeit der Individuen nicht konsistent in das Verhaltensmodell einbauen kann. Jeder Versuch, Entscheidungen in das Verhaltensmodell einzuführen, ist als widersprüchlich anzusehen. Denn Entscheidungen können offensichtlich immer nur in Bezug auf Zielsetzungen getroffen werden. Da die Verhaltenstheorie den Individuen diese Fähigkeiten nicht zuspricht, kann man beispielsweise Prozesse der Wohnstandortentscheidung auch nicht systematisch erforschen.

Sowohl die Thematisierung und Erforschung der gesellschaftlichen Wirklichkeit als auch von Entscheidungsprozessen setzt eine theoretische Perspektive voraus, die über die entsprechenden Kategorien verfügt. Diesen Anspruch erheben die sozialwissenschaftlichen Handlungstheorien.

Merkpunkte

1

Die Verhaltensgeographie interessiert sich für Prozesse, die zu beobachtbaren Raumstrukturen führen. Für die Erklärung räumlicher Strukturen muss Wissen über die zugrunde liegenden Verhaltensweisen angeeignet werden, die zu einer räumlichen Verteilung von einzelnen Phänomenen führen. Das Hauptziel besteht in der Erklärung der menschlichen Verhaltensweisen im Raum und der daraus resultierenden Raumstrukturen.

2

Ausgangspunkt der Erklärung räumlicher Strukturen bildet nicht mehr die »objektive Wirklichkeit«, sondern die von den einzelnen Individuen subjektiv wahrgenommene Wirklichkeit.

3

Bei den psychologischen Grundlagen für die allgemeine Verhaltenstheorie können grob zwei Hauptstadien der Theorieentwicklung unterschieden werden: der klassische Behaviorismus als Ausgangspunkt und die kognitive Verhaltenstheorie als Endpunkt. Die psychologische Verhaltenstheorie stellt die Hauptorientierungsquelle der geographischen Verhaltensforschung dar.

4

Die Verhaltensweise eines Individuums hängt gemäß der kognitiven Argumentation von der von motivationalen und sozial-kulturellen Faktoren geleiteten Wahrnehmung ab.

5

Im Rahmen der verhaltenstheoretischen Sozialgeographie stehen drei Forschungsfelder im Zentrum:

a. Erforschung der Prozesse der subjektiven Raumwahrnehmung (Perzeptionsgeographie)

b. Erforschung der Prozesse, die zu unterschiedlichen Bewertungen und Images von Orten führen (Bewertungsverhalten und Umweltrisiken)

c. Erfassung der Prozesse, die zur Auswahl unter verschiedenen Alternativen führen (Standortwahl).

Weiterführende Literatur

GEIPEL, R. (1992): Naturrisiken. Katastrophenbewältigung im sozialen Umfeld. Darmstadt

GOLLEDGE, R. G. & R. J. STIMPSON (1996): Spatial Behavior. A Geographic Perspective. New York

HARD, G. (1985): Problemwahrnehmung in der Stadt. Studien zum Thema Umweltwahrnehmung. Osnabrücker Studien zur Geographie, Bd. 4, Osnabrück

POHL, J. (1998): Wahrnehmung von Naturrisiken in der Risikogesellschaft. In: HEINRITZ, G., R. WIESSNER & M. WINIGER (Hrsg.): Deutscher Geographentag, Bonn 1997. Bd. 2: Nachhaltigkeit als Leitbild der Umwelt- und Raumentwicklung. Stuttgart, 153 - 166

TZSCHASCHEL, S. (1986): Geographische Forschung auf der Individualebene. Darstellung und Kritik der Mikrogeographie. Münchner Geographische Hefte, Nr. 53, Kallmünz/Regensburg

WEICHHART, P. (2008): Entwicklungslinien der Sozialgeographie. Von Hans Bobek bis Benno Werlen. Stuttgart, 137-246

WEICHHART, P. (1987): Wohnsitzpräferenzen im Raum Salzburg. Subjektive Dimensionen der Wohnqualität und die Topographie der Standortbewertung. Salzburger Geographische Arbeiten, Bd. 15, Salzburg

WEICHSELGARTNER, J. (2002): Naturgefahren als soziale Konstruktion – Eine geographische Beobachtung der gesellschaftlichen Auseinandersetzung mit Naturrisiken. Aachen

WHITE, G. H. (1974): Natural hazards – Local, National, Global. New York/London/Toronto

12 Gesellschaft, Handlung und Raum

VERSETZEN wir uns zurück in den Herbst 1998. HELMUT KOHL und GERHARD SCHRÖDER stellen Überlegungen für die Wahlkampfstrategien ihrer Parteien an, der eine in Bonn, der andere in Hannover. Gehen wir davon aus, dass sie dabei über das Brandenburger Tor, seine Bedeutung für die nationale Identität, die sozialen Konsequenzen seiner Öffnung usw. nachdachten. Ein Geograph möchte nun diese Tatsache mittels seiner Forschungstechnik festhalten. Wie soll er das beispielsweise kartieren? Trägt er die Körperstandorte der Nachdenkenden, also Bonn und Hannover, auf der Karte ein, oder soll er den Gegenstand der Denkakte – das Brandenburger Tor – festhalten? Und zudem: Wie trägt er den symbolischen Bedeutungen und unterschiedlichen Denkinhalten Rechnung, die wohl vor allem Ausdruck der unterschiedlichen politischen Positionen sind?

Die erste Überlegung wird sein, dass sich nicht alle Aspekte der Situation in gleicher Weise für eine Kartierung oder für die Aufnahme in ein geographisches Informationssystem eignen. Mindestens drei verschiedene »Wirklichkeiten« lassen sich unterscheiden, und jede von ihnen ist in Bezug auf das Vorhaben der Kartierung mit je spezifischen Möglichkeiten und Sperrigkeiten verbunden.

Was leicht zu kartieren sein sollte, sind sicher die Körper der Nachdenkenden und das Brandenburger Tor. Man kann die entsprechenden Signaturen in Bonn, Hannover und Berlin eintragen. Wenn wir jedoch das, was sich KOHL und SCHRÖDER dachten, kartieren wollen, wird es schwierig. Dass die Inhalte des subjektiv Gedachten vom aktuellen körperlichen Standort offensichtlich unabhängig sind, kommt allein schon darin zum Ausdruck, dass man irgendwo über das Brandenburger Tor nachdenken kann, ohne sich in Berlin zu befinden, und dass dieses dabei unverändert in Berlin steht. Soll nun das Brandenburger Tor tatsächlich in Berlin kartiert werden, wenn es als Gegenstand der Denkakte in Bonn und Hannover real ist?

Der dritte Wirklichkeitsbereich wird im Beispiel mit der symbolischen/nationalen Bedeutung des Brandenburger Tores angedeutet. Diese symbolische Bedeutung fällt einerseits nicht mit dem subjektiven Bereich zusammen, denn sie kann nicht allein von Kohl und Schröder bestimmt werden. Andererseits fällt sie auch nicht mit den körperlichen Dingen zusammen, denn die symbolische Bedeutung kann sich ändern, ohne dass materiell am Brandenburger Tor eine Veränderung feststellbar wäre.

Das Beispiel zeigt, dass alle drei Wirklichkeitsbereiche »wirklich« sind. Doch sie unterscheiden sich offensichtlich in der Art, wie sie wirklich sind, in ihrer Seinsweise. Diese Unterschiede äußern sich nicht zuletzt in ihrer Kartierbarkeit. Eindeutig erdräumlich lokalisierbar und damit kartierbar sind offensichtlich nur die ausgedehnten Gegebenheiten wie das Brandenburger Tor und die Körper der Denkenden. Bei den anderen Bereichen – dem Gedachten und den politisch geprägten symbolischen Bedeutungen des Objektes – stellen sich bemerkenswerte Schwierigkeiten ein.

Das Denken ist offensichtlich zwar immer an einen Körper gebunden. Die Gehalte des Denkens sind jedoch weder vom Körper noch von dessen Standort bestimmt und somit über diesen auch nicht abbildbar. Beide sind vielmehr auf eigenartige Weise voneinander unabhängig. Die Art des Nachdenkens verändert die materielle Konstitution des Brandenburger Tores zumindest nicht unmittelbar und materielle Veränderungen des Tores haben keinen direkten Einfluss darauf, wie über das Tor gedacht wird. Mit der Lokalisierung der Körperstandorte kann man somit über die Denkinhalte nichts aussagen.

Dasselbe gilt auch für die unterschiedlichen politischen Gehalte des Gedachten. Diese sind ebenfalls nicht von der Materialität des Objektes abhängig noch führt ein bestimmter politischer

Gehalt des Symbolwertes unmittelbar zur Veränderung eines materiellen Gebildes. Trotzdem besteht aber – wie dies nicht zuletzt mit der großen Beachtung des Brandenburger Tores dokumentiert wird – ein Zusammenhang zwischen materiellem Objekt und symbolischer Bedeutung, der aber nicht kartierbar ist.

Es ist entscheidend zu sehen, dass sowohl die subjektiven wie auch die sozialen Bedeutungen des Brandenburger Tores diesem auferlegt, aber nicht materieller Bestandteil von ihm sind. Die Bedeutungen sind Leistungen der Subjekte und nicht Eigenschaften des Brandenburger Tores. So verhält es sich mit allen materiellen Gegebenheiten. Ihre Bedeutungen sind zugeschrieben und nicht wesensimmanent. Deshalb ist auch einzusehen, dass man im strengsten Sinne keine subjektiven oder sozial-kulturellen Bedeutungen räumlich darstellen kann. Räumlich darstellbar sind nur die Vehikel, nur die Träger der Bedeutungen, nicht aber die Bedeutungen selbst.

Daraus folgt, dass die Bedeutungen von Objekten, Orten, Schauplätzen usw. nicht über die Objekt- oder Ortsforschung erschlossen werden können. Vielmehr ist eine wissenschaftliche Bezugnahme auf die Zuordnungsprozesse von Bedeutungen erforderlich. Darüber hinaus kann gefragt werden, welche Bedeutungen die spezifischen Aneignungen von Objekten und Orten für menschliche Tätigkeiten erlangen. Bezogen auf das obige Beispiel ist dann zu fragen, welche Handlungsrelevanz die symbolische Bedeutung des Brandenburger Tores für die Wahlkampfstrategien erlangt, welche Einbettung sie in den verschiedenen parteipolitischen Sichtweisen erfährt usw. Stellt man im handlungstheoretischen Sinne die Tätigkeiten ins Zentrum des wissenschaftlichen Blickfeldes, dann interessiert primär die symbolische Komponente, nicht deren Materialität.

Damit ist aber nicht gesagt, dass physisch-materielle Aspekte sozialgeographisch und sozialwissenschaftlich in jederlei Hinsicht irrelevant wären. Auch wenn die natürlichen Dinge immer nur zugewiesene Bedeutungen aufweisen können, stellen sie für viele unserer Tätigkeiten eine nicht hintergehbare Bedingung dar, weil wir aufgrund unserer eigenen Körperlichkeit selbst auch Bestandteil der Welt der Körper sind. Insofern sind wir bei der Ausführung unserer Tätigkeiten immer wieder mit räumlichen Konstellationen konfrontiert.

Die räumlichen Anordnungen der von Menschen geschaffenen materiellen Dinge, der so genannten materiellen Artefakte, spielen potentiell für alle körpervermittelten, praktischen Tätigkeiten eine Rolle. Doch je nach Art der Tätigkeit, je nachdem, was man zu tun beabsichtigt, werden unterschiedliche Komponenten davon relevant. Deshalb ist in handlungszentrierter Perspektive davon auszugehen, dass die räumlichen Gegebenheiten ihre Bedeutungen immer erst über die Ausrichtung, die thematische Orientierung des Handelns erlangen. Demzufolge ist die spezifische Bedeutung materieller Artefakte über die Handlungsanalyse erschließbar. Dies impliziert einen Wechsel von der raumwissenschaftlichen zur sozialwissenschaftlichen Forschungsperspektive.

Von der raum- zur handlungszentrierten Perspektive

DIE Forderung, dass eine sozialwissenschaftlich orientierte Sozialgeographie in handlungstheoretischen Bezügen zu betreiben sei, wurde im deutschsprachigen Kontext von WOLFGANG HARTKE (1957, 1962) angedeutet, später von DIETRICH BARTELS (1968) gefordert und von EUGEN WIRTH (1977; 1979) bekräftigt. Diese Vorschläge führten letztlich jedoch immer wieder zu einer sozialen Raumforschung zurück. Handlungstheoretische Bestrebungen, die Sozialgeographie stärker an die sozialwissenschaftliche Forschungspraxis heranzuführen, sind dadurch geschwächt worden, dass sich die Disziplin nicht konsequent von der Raumzentrierung lösen konnte. »Raum« wurde trotz Einbeziehung der menschlichen Tätigkeit – wie dies in Begriffen wie »Handeln im Raum« oder »räumliches Handeln« zum Ausdruck kommt – weiterhin als Forschungsobjekt, als Fokus der wissenschaftlichen Aufmerksamkeit beibehalten.

Wie mit den einführenden Beispielen angedeutet wurde, weist eine Darstellung gesellschaftlicher Wirklichkeiten in räumlicher Begrifflichkeit bemerkenswerte Schwächen auf, weil sie auf den Bereich der materiellen Objekte des Erdraumes bezogen bleibt. Will man jedoch gesellschaftliche Wirklichkeiten erforschen, dann sollte man sich mit jenen Gegebenheiten befassen, welche der Konstitution dieser Wirklichkeit zugrunde liegen.

Im Sinne der handlungstheoretischen Sozialgeographie sollen die Handlungen der Menschen im Zentrum stehen, das Räumliche wird als Dimension des Handelns gesehen, nicht umgekehrt. Eine sozialwissenschaftliche Geographie kann den »Raum« nicht als vorgegeben akzeptieren. Vielmehr hat man nach der Konstitution von »Raum« zu fragen, nach den unterschiedlichen Formen der gesellschaftlichen Konstruktion von »Raum«.

Physisch-materielle Gegebenheiten weisen – wie das einleitende Beispiel illustrieren sollte – keine Wirkkraft für subjektive und sozial-kulturelle Gegebenheiten auf. Subjektive und sozial-kulturelle Bedeutungen werden materiellen Dingen auferlegt, ohne dass sie zu Bestandteilen der Materie werden. Räumliche Gegebenheiten können folglich lediglich als Medien der Orientierung alltäglichen Handelns verstanden werden.

Damit ist in methodologischer Hinsicht die Forderung verbunden, den Kategorien des Handelns gegenüber denen des Raumes Vorrang einzuräumen und die kategorielle Ordnung der traditionellen geographischen Forschungslogik auf den Kopf zu stellen. *Es geht nicht mehr darum, eine handlungsorientierte Raumwissenschaft betreiben zu wollen. Es geht vielmehr um das Betreiben einer raumorientierten Handlungswissenschaft.* Die von der Geographie immer wieder thematisierten »Raumprobleme« erscheinen dann als Probleme des Handelns.

Die Ausrichtung der Sozialgeographie auf die menschlichen Handlungen führt dazu, dass weder »Raum« noch »Gruppen« den Gegenstand sozialgeographischer Forschung bilden, sondern die menschlichen Tätigkeiten, und zwar unter der Berücksichtigung der sozial-kulturellen und physisch-materiellen Bedingungen. Im

Zentrum steht die Frage, wie Subjekte handeln. Dann ist zu erforschen, welche Bedeutung den räumlichen Aspekten für die Verwirklichung der Handlungen zugewiesen wird. Bei der Beantwortung dieser Frage sind neben den sozial-kulturellen Kontexten auch die subjektiven Perspektiven der Handelnden zu berücksichtigen.

Im Rahmen einer handlungszentrierten Geographie steht somit nicht mehr die gesellschaftstheoretisch voraussetzungslose Suche nach Raumstrukturen oder geometrischen Regelmäßigkeiten im Vordergrund. Die zentrale Aufgabe ist die Analyse der Handlungsweisen, die zu bestimmten Anordnungsmustern geführt haben. Dabei ist zu klären, welche Bedeutung diese Anordnungsmuster »als Bedingungen weiteren Handelns« (SEDLACEK, 1982, 192) erlangen können, welche Arten des Handelns sie ermöglichen (Ermöglichung) und welche sie verhindern (Zwang); und schließlich: welches die individuellen und sozialen Konsequenzen dieser Geographien in lokaler und globaler Hinsicht sind.

Eine sozialgeographische Forschungsperspektive, die auf der »Logik« des Handelns aufbaut, fragt somit nicht nur, wie die Geographie der Objekte bzw. Artefakte beschaffen ist. Sie interessiert sich vielmehr auch dafür, wie diese Geographie von den Subjekten hergestellt wird, was sie für wen bedeutet und inwiefern ihre Herstellungs-, Nutzungs- und Reproduktionslogiken mit gesellschaftspolitisch akzeptierten Standards zu vereinbaren sind.

Dementsprechend sollten Geographinnen und Geographen in der Lage sein, spezifische Erklärungen für menschliche Handlungen zu liefern. Und zwar unter Bezugnahme auf die ermöglichenden und begrenzenden Aspekte der sozial-kulturellen, subjektiven und materiellen Komponenten des Handelns. Damit sind Erklärungen in den Kategorien von Bedingungen und Folgen des Handelns in bestimmten kulturellen, sozialen, politischen, ökonomischen und subjektiven Situationen gemeint. Aber auch diese Situationen sind – wie noch ausführlicher gezeigt wird – als Folgen früherer Handlungen anderer zu begreifen. Es ist zu klären, wie Handelnde – jeweils von verschiedenen sozialen Positionen

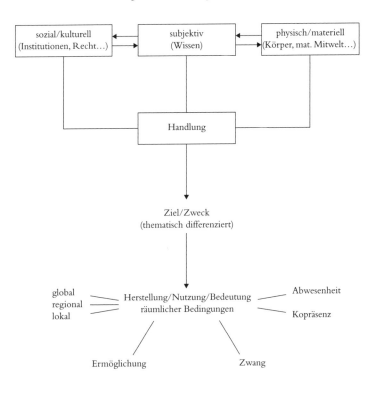

Abbildung 26 *Handlungszentrierte Perspektive*
(aus: WERLEN, 1997, 65)

aus – täglich ihre eigene Geographie immer wieder neu entwerfen und dies nicht nur im kognitiven Sinne.

Mit dieser Fokussierung der Forschungsperspektive wird es auch möglich, einen Zugang zu globalisierten Lebensbedingungen und -verhältnissen zu finden. Man kann davon ausgehen, dass die aktuellen lokalen und regionalen Lebensbedingungen sich in hohem Maße an die im zweiten Kapitel als Idealtypus spätmoderner Lebensformen vorgestellten annähern. »Kultur« und »Gesellschaft« sind damit nicht mehr im gleichen Sinne räumlich und zeitlich verankert wie traditionelle Lebensformen. Kulturelle Vielfalt und soziale Ungleichheit verlieren konsequenterweise ihren räumlichen Bezug immer stärker. Ablesbar wird das daran, dass krasse Reichtumsgefälle und kulturelle Verschiedenheit auf engstem Raum beobachtbar werden und gleichzeitig als wichtige Probleme zeitgenössischer Gesellschaften erkannt werden. Deshalb können in spätmodernen Gesellschaften weit weniger zuverlässige räumliche Darstellungen und Analysen sozial-kultureller Aspekte des Handelns gemacht werden, als für räumlich und zeitlich traditionell verankerte Lebensformen.

Handlung, Handeln und Handelnde

WIE verschiedene andere sozialwissenschaftliche Forschungsansätze geht die Handlungstheorie davon aus, dass Gesellschaften und Kulturen von menschlichen Tätigkeiten aus zu erforschen sind. Es wird aber nicht bloß die »Arbeit« fokussiert, wie das Vertreter der marxistischen Theorie postulieren. Ebenso wenig sollen menschliche Tätigkeiten zu bloßen Verhaltensweisen reduziert werden. Vielmehr sollen sie als bewusst steuerbare, von Absichten und Vorstellungen geleitete Tätigkeiten begriffen werden.

Im Vergleich zu »Verhalten« wird »Handlung« als menschliche Tätigkeit im Sinne eines intentionalen Aktes begriffen, bei dessen Konstitution sowohl sozial-kulturelle, subjektive wie auch physisch-materielle Komponenten bedeutsam sind. Die Situation des Handelns wird gemäß dieser Auffassung von den Subjekten in Bezug auf die Intention, das Ziel definiert. Einige der Situationselemente werden als Mittel zur möglichen Erreichung des Ziels erkannt, nicht verfügbare zielrelevante Elemente bilden die »Zwänge«, welche Zielsetzungen »vernichten« können. Die Folgen einer Handlung können beabsichtigt oder unbeabsichtigt sein.

Bewusstseinsform	*Bezug zum Handeln*
Das Unbewusste	Allgemeine Orientierung
Praktisches Bewusstsein	Routine
Diskursives Bewusstsein	Reflexive Steuerung

Abbildung 27 *Bewusstseinsformen und Handeln nach* GIDDENS (1988, 56f.)

Handelnde

Jede »Handlung« setzt eine handelnde Person voraus. Über die Fähigkeit des Handelns verfügt immer nur eine individuelle Person, nicht aber ein Kollektiv, ein Staat oder eine soziale Gruppe usw. Zwar können Personen im Namen eines Kollektivs handeln oder ihre Tätigkeit auf die Handlungen der anderen Mitglieder der Gruppe abstimmen. Handeln können jedoch immer nur Einzelne.

Die Fähigkeit des Handelns setzt bestimmte Eigenschaften und Fähigkeiten auf der Seite des handelnden Subjekts voraus. Die Wichtigste davon ist die Reflexivität, die auf dem Bewusstsein beruhenden Fähigkeiten des Überlegens und Vorstellens. Freilich wird damit nicht behauptet, dass alles, was wir tun, immer wohl überlegt und an einer klaren Vorstellung orientiert ist. Vielmehr wird davon ausgegangen, dass wir über diese Möglichkeit verfügen, und dass wir diese Tatsache bei der wissenschaftlichen Thematisierung menschlicher Tätigkeiten berücksichtigen sollen.

GIDDENS (1988, 55ff.) geht von einem Stufenmodell der Handelnden aus, das den unterschiedlichen Voraussetzungen menschlicher Tätigkeiten Rechnung trägt. Er unterscheidet drei Ebenen des Bewusstseins: »Das Unbewusste«, »praktisches Bewusstsein« und »diskursives Bewusstsein«. Die Grenzen zwischen den drei Ebenen – insbesondere zwischen praktischem und diskursivem Bewusstsein sind nicht klar abgrenzbar, sondern eher fließend.

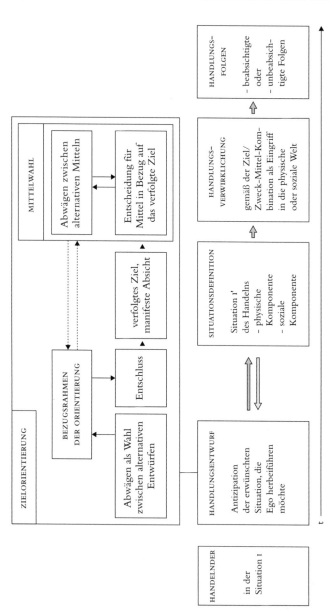

Abbildung 28 *Modell des Handelns* (aus: WERLEN, 1987, 13)

Das Unbewusste ist von den letzteren beiden durch Verdrängungsmechanismen getrennt. Im Gegensatz zu SIGMUND FREUD versteht GIDDENS das Unbewusste nicht als den Ort irgendwelcher dunkler Kräfte (»Triebe«). Es besteht vielmehr aus den nicht bewussten Motiven, den Bedürfnissen und Wünschen der Handelnden. Doch diese sind nicht per se handlungsbestimmend, wie dies FREUD den Trieben zuschreibt. Aus der Tatsache, dass wir verschiedene Bedürfnisse und Wünsche haben, folgt noch keinesfalls, dass unser Handeln von diesen unter verschiedensten Bedingungen auch vollständig determiniert ist. Sie geben vielmehr eine allgemeine Richtung des Handelns an, sind aber offen für eine Interpretation durch die handelnde Person von der Ebene des diskursiven Bewusstseins aus.

Vieles von dem, was Handelnde über die Welt und ihre Handlungsbereiche »wissen«, ist Bestandteil des praktischen Bewusstseins in dem Sinne, dass sie es auf unartikulierte Weise wissen. Die meisten alltäglichen Aktivitäten sind Routinen und beruhen auf dem praktischen Bewusstsein. Wir sind in der Lage Dinge zu tun, die dieses Wissen voraussetzen, sind aber nicht unmittelbar in der Lage, darüber Auskunft zu geben. Praktisches Bewusstsein umfasst ein Wissen, über das man verfügt, ohne genauer darüber nachzudenken. Dies kann in Bezug auf sportliche Aktivitäten gut veranschaulicht werden. Vieles, was wir an Bewegungsabläufen beherrschen, können wir sprachlich nicht ohne Weiteres wiedergeben. Wir können es einer fragenden Person oft nicht anders erläutern, als es ihr einfach vorzumachen. Im Vergleich zum Unbewussten könnte dieses Wissen auf Nachfrage jedoch artikuliert und explizit gemacht bzw. auf die nächste Ebene gehoben werden, auf die Ebene des diskursiven Bewusstseins.

Diskursives Bewusstsein umfasst jene Wissensbestände, die im Handeln nicht nur zur Anwendung gebracht werden, sondern von der handelnden Person auch artikuliert werden können. Wenn etwa die Teilnehmer eines Skikurses den Skilehrer fragen, wie sie dieses oder jenes beim Skifahren machen sollen, dann werden sie darauf wahrscheinlich eine verbale Antwort bekommen.

Der Skilehrer würde in diesem Fall im Vergleich zum gewöhnlichen Skifahrer über ein diskursives Bewusstsein über das Skifahren verfügen. Das diskursive Bewusstsein bildet gemäß GIDDENS die Grundlage für eine reflexive und kontrollierte Steuerung des Handelns.

Handlung/Handeln

»Handeln« und »Handlung« werden im Sinne der klassischen Handlungstheorie als ›intentionale‹ Tätigkeiten beschrieben und konzeptualisiert. Damit ist zunächst gemeint, dass menschliche Tätigkeiten von einer Vorstellung, einem Ziel geleitet sind. Den Ausgangspunkt bildet somit nicht primär eine äußere Anregung, sondern ein Entwurf, eine Absicht bzw. eine Intention. Die physischen und sozialen Elemente der Situation werden in Bezug auf diese spezifische Zielsetzung interpretiert: Ihnen werden je nach Handlungsziel spezifische Bedeutungen zugewiesen.

Bevor die einzelnen Prozesselemente des Handlungsablaufs erörtert werden, ist darauf hinzuweisen, dass die folgenden Unterscheidungen rein analytischer Art sind. Sie sollen das alltägliche Handeln beschreib- und analysierbar machen. Es wird nicht behauptet, die Handelnden selbst würden ihre Tätigkeiten mittels dieser Unterscheidungen durchführen. GIDDENS (1988, 55) weist darauf hin, dass menschliches Handeln immer als ein kontinuierlicher Fluss verwirklicht wird. Wenn man »Handeln« analytisch in Gründe, Motive, Intentionen usw. zerlegt, ist immer darauf zu achten, dass dies nicht notwendigerweise die Art und Weise ist, wie die Handelnden selbst ihr Tun konzipieren.

In analytischer Hinsicht ist davon auszugehen, dass jede Handlung von einer Absicht geleitet bzw. auf ein Ziel hin entworfen ist. Im Handlungsentwurf »plant« die handelnde Person die zu verwirklichende Tätigkeit. Die gegebene Situation des Handelns wird vom Handelnden in Bezug auf das Handlungsziel definiert. Einige der Situationselemente werden von ihm als Mittel der Zielerreichung identifiziert und, falls sie ihm verfügbar sind, ausgewählt. Die nicht verfügbaren zielrelevanten Elemente bilden die »Zwänge« des Handelns. In der Handlungsverwirklichung wird sich die getroffene Wahl der Mittel anhand des Erreichens/ Nicht-Erreichens des Zieles als Erfolg oder Misserfolg erweisen. Unabhängig davon, ob der beabsichtigte Zustand (Veränderung der Situation oder Bewahrung der Situation vor einer Veränderung) erreicht wird, resultieren aus jedem Akt Folgen, die beabsichtigt oder unbeabsichtigt sein können. Diese Folgen werden für den Handelnden selbst oder andere zur neuen Ausgangssituation, zu den neuen Bedingungen und Mitteln des Handelns.

Bei der subjektiven Sinngebung geht der Einzelne allerdings nicht beliebig vor, sondern orientiert sich mehr oder weniger bewusst an einem intersubjektiven (das heißt allgemein gültigen) Bedeutungszusammenhang. Letzterer ist ein gesellschaftlich und kulturell vorbereitetes Orientierungsraster und umfasst bestimmte Werte, Normen und Postulate, welche die Handlung mit einer idealen Vorstellung in Beziehung bringen, sowie ein bestimmtes Erfahrungswissen. Dieser vorgegebene Dispositionsfonds grenzt das Potenzial möglicher Ziel- und Zwecksetzung ein. Trotzdem bleibt aber die »Sinngebung« im Verständnis von MAX WEBER subjektiv, denn jeder Handelnde interpretiert dieses Möglichkeitsfeld unterschiedlich. Das objektive Bedeutungsraster existiert somit für den Einzelnen nur in der Art, wie es vom Handelnden wahrgenommen wird. Weil es aber unabhängig vom einzelnen Handelnden besteht, eine sozial-kulturelle Existenz hat, bleibt dieser Bedeutungszusammenhang gleichzeitig immer auch eine intersubjektive Gegebenheit.

Soziales Handeln soll, nach MAX WEBER, ein solches Handeln heißen, das seinem (subjektiv) »gemeinten Sinn nach auf das Verhalten anderer bezogen wird und daran in seinem Ablauf orientiert ist« (1980, 1). Diese Orientierung kann sich auf vergangenes, gegenwärtiges oder zu erwartendes sinnhaftes Verhalten anderer beziehen. »Andere« können dabei »Einzelne und Bekannte oder unbestimmt Viele und ganz Unbekannte sein« (WEBER, 1980, 11).

Prozess-Sequenzen und Gesellschaftsverständnis

BEI jeder hervorgebrachten Handlung können analytisch vier Prozess-Sequenzen unterschieden werden, die in der sozialwissenschaftlichen Fachliteratur jeweils nach verschiedenen theoretischen Interessen thematisiert werden:

Der *Handlungsentwurf* erscheint bei JÜRGEN HABERMAS (1981) als »argumentationsvorbereitender Akt«; als »Bildung der Intentionalität der Handlung« bei WRIGHT (1974) oder »Entworfensein im Hinblick auf Motive« bei SCHÜTZ (1977). Den unterschiedlichen Begriffen ist gemein, dass sie zunächst nur die Bildung der Intentionalität der Handlung als vorbereitende, planende, antizipierende Sequenz des Aktes im Rahmen einer Situation (I) bezeichnen.

Die *Situationsdefinition* bezeichnet die zielspezifisch interpretative Sequenz, in der die Situation (I) als Situation (I') strukturiert wird.

Die *Handlungsrealisierung* steht für die durchführende Sequenz des Aktes, in der die Situation (I) umgewandelt oder vor einer Veränderung bewahrt wird.

Das *Handlungsresultat* umfasst die beabsichtigten und nicht-beabsichtigten Folgen der durchgeführten Handlung. Für den Handelnden selbst bildet es die Situation (II). Für andere Handelnde kann es eine Ausgangssituation (I) sein.

Mit dieser Sichtweise ist ein besonderes Verständnis von »Gesellschaft« verbunden. »Handlungen« sollen als »Atome« des sozialkulturellen Universums begriffen werden. »Gesellschaft« und »Kultur« sind das Ergebnis vergangener und Bedingungen/Mittel zukünftiger Handlungen. Die Handlungsweisen ihrerseits sind dann als aktueller Ausdruck dieser Zusammenhänge zu verstehen.

Unabhängig vom fachspezifischen Forschungsinteresse geht es der handlungstheoretischen Sozialwissenschaft darum, gesellschaftliche Sachverhalte weder von Individuen noch von Kollektiven aus zu untersuchen, sondern von Handlungen. Diese Handlungen können zwar nur von einzelnen Subjekten hervorgebracht werden, aber sie können immer nur unter spezifischen sozial-kulturellen, ökonomischen, psychischen und physisch-materiellen Bedingungen bewerkstelligt werden. Unter diesen Bedingungen wird über Handlungen und deren beabsichtigte und unbeabsichtigte Folgen in jedem Akt des Handelns »Gesellschaftliches« reproduziert und produziert.

Damit soll darauf hingewiesen sein, dass »soziale Strukturen«, »Positionen« und »subjektive Intentionen« keine unabhängig voneinander gegebenen Phänomene darstellen. »Struktur«, »soziale Position« usw. sind den Handlungen nicht »äußerlich«. Sie sind vielmehr als Medien der Handlungsorganisation, als inhärente Aspekte von Handlungen und gleichzeitig als deren unbeabsichtigte bzw. beabsichtigte Folgen zu begreifen.

Laut der handlungstheoretischen Betrachtungsweise ist es von zentraler Bedeutung, dass die Gesellschaftsforschung die intentionale Struktur menschlichen Erkennens und menschlicher Tätigkeiten in ihrem Analyseraster berücksichtigt. Erst dann kann die sinnhafte Konstruktion der gesellschaftlichen Wirklichkeit erfasst und erklärt werden. Sonst bleiben beispielsweise die Bedeutungen von »Informationen«, »Symbolisierungen« usw. unerklärbar.

In der Handlungstheorie geht man davon aus, dass man (nur) durch (sinn-)adäquates Verstehen und Erklären der Handlungen mit ihren beabsichtigten und unbeabsichtigten Folgen auch in der Lage ist, gesellschaftliche Gegebenheiten und Prozesse zu verstehen und zu erklären. Gleichzeitig müssen die gesellschaftlichen Prozesse – als Folgen von Handlungen – natürlich auch berücksichtigt werden, um die Handlungsweisen der Subjekte verstehen und erklären zu können. Denn Handlungen weisen nicht nur eine individuelle bzw. subjektive Komponente auf, sondern zusätzlich auch eine sozial-kulturelle und schließlich auch eine physisch- materielle. Materielles bleibt ohne subjektive Bewusstseins- und Tätigkeitsvollzüge bedeutungslos und Bewusstseins- und Tätigkeitsvollzüge sind ohne materielle Basis – die Körperlichkeit der Handelnden – unmöglich. Im Handlungsakt sind alle drei Aspekte aufgehoben.

Das bedeutet, dass man sich bei der Handlungsanalyse nicht bloß auf einen dieser Aspekte beschränken kann. Im Sinne einer radikalen Formulierung kann dieser Gedankengang wie folgt zusammengefasst werden: *Nur Individuen können Akteure sein. Aber es gibt keine Handlungen, die ausschließlich individuell sind.* Denn keine Handlung kann auf empirisch angemessene Weise ausschließlich als individuell charakterisiert werden, weil Handlungen immer auch Ausdruck des jeweiligen sozial-kulturellen Kontextes sind.

Unterschiedliche handlungstheoretische Perspektiven

Zu behaupten, dass es »die« Handlungstheorie gibt, wäre ebenso irreführend wie die Vorstellung, es gäbe »die« Theorie menschlicher Tätigkeiten. Das braucht allerdings nicht zu heißen, dass man zwischen den verschiedenen Theorien zuerst die *richtige* herausfinden muss, bevor man mit ihr im exklusiven Sinn wissenschaftlich arbeiten kann. Die Pluralität der Theorien bedeutet *nicht*, dass sich die einzelnen handlungstheoretischen Ansätze ausschließen müssen, wie dies in der sozialwissenschaftlichen Theoriediskussion lange postuliert wurde und häufig noch wird.

Verschiedene Handlungstheorien können durchaus in einem sich gegenseitig ergänzenden Verhältnis gesehen werden. Sie sind eigentlich nichts anderes als verfeinerte analytische Bezugnahmen auf menschliche Tätigkeiten. Jede von ihnen hat ihre besonderen Stärken und Schwächen für die deskriptiv-analytische Erläuterung besonderer Aspekte alltäglicher Lebensbereiche. Akzeptiert man das, wird zunächst wichtig zu wissen, welche Handlungstheorie welche Zuständigkeiten aufweist. Erst dann können weiterführende Überlegungen zu den besonderen Formen der Relationierung von »Handeln« und »Raum« angestellt werden.

Bei der Systematisierung der unterschiedlichen handlungstheoretischen Ansätze kann davon ausgegangen werden, dass jeder eine Thematisierung spezifischer Dimensionen menschlicher Alltagspraxis darstellt. Jeder von ihnen hebt – je nach Problemstellung oder lebenspraktischer Problemsituation – analytisch bestimmte Aspekte des Handelns hervor und blendet andere aus. Dementsprechend ist zuerst zu fragen, welche Aspekte von welcher Theorie mittels welcher Kategorien thematisiert werden.

Die zweckrationalen Handlungstheorien (VILFREDO PARETO, MAX WEBER, Entscheidungstheorie bzw. »rational choice theory«) zeichnen sich durch den selektivsten Zugriff auf die soziale Wirklichkeit aus. Eine mittlere Position nimmt die normorientierte Handlungstheorie in der struktur-funktionalistischen Tradition von TALCOTT PARSONS, ROBERT MERTON und anderen ein. Die interpretative, verständigungsorientierte Handlungstheorie von ALFRED SCHÜTZ ist als die umfassendste Auseinandersetzung mit der gesellschaftlichen Wirklichkeit zu betrachten.

Alle Handlungstheorien teilen einen Grundstock von Kategorien zur Beschreibung und Erklärung menschlicher Tätigkeiten. Zur genaueren Bestimmung der Zuständigkeit ist auf die jeweilige thematische Interpretation dieser Kategorien zurückzugreifen. Dafür sind folgende strukturelle Vergleichskategorien zu verwenden:

a. das vorausgesetzte Modell des handelnden Subjekts
b. der Prozess der Zielorientierung
c. der Bezugsrahmen der Handlungsorientierung
d. die Situation des Handelns

Anhand dieser vier Kategorien sollen die *Modellkonstruktionen* des Handelns in verschiedenen Handlungstheorien verglichen werden. Dabei wird ersichtlich, welche besonderen Blickwinkel in den verschiedenen Handlungstheorien eingenommen werden und wo ihre jeweiligen »Zuständigkeiten« enden. (Abbildung 29)

In zweckrationalen Theorien, die insbesondere das Feld des Ökonomischen in neoklassischer Tradition beherrschen, stehen Rationalitätsannahmen und -maximen im Zentrum des Interesses.

Thematisiert werden die Fähigkeiten eines handelnden Subjekts, die gegeben sein müssen, um als *homo rationalis* oder *homo*

	zweckrational	normorientiert	verständigungs-orientiert
Subjekt	homo rationalis	homo sociologicus	homo communicans
Zielorientierung	Kosten-/Nutzen-Maximierung	sozial-kulturelle Kompetenz	Verständigung
Bezugsrahmen	objektives Wissen/ subjektiver Wissensvorrat	Abstimmung verschiedener Bedürfnisse	Intersubjektive Bedeutungen
Situation	Gewissheit/ Ungewissheit	Reproduktion von Werten/ Normen	Kopräsenz/ Abwesenheit

Abbildung 29 *Vergleich der verschiedenen Handlungsmodelle*

oeconomicus eine optimale Zweck-Mittel-Relation konstruieren zu können. Hinsichtlich der Zielorientierung geht man davon aus, dass die wirtschaftenden Subjekte als Produzenten/Anbieter beabsichtigen, ihren Aufwand und ihre Kosten zu minimieren. Als Konsumenten sind sie bestrebt, ihren Nutzen zu optimieren.

Die normzentrierten Theorien richten das Interesse auf die Fähigkeiten der Subjekte zur Normberücksichtigung. Nicht nur die bloße Nutzenkalkulation interessiert, sondern genauso die geltenden kulturellen Werte und sozialen Normen wie auch die Reproduktion der sozial-kulturellen Welt durch den *homo sociologicus*. Welche Werte/Normen bei der Zielorientierung zu berücksichtigen sind, um eine ausreichende sozial-kulturelle Kompetenz zu erlangen, lautet die prozessorientierte Frage.

Verständigungsorientierte Theorien thematisieren die Subjekte in Bezug auf ihre umfassenden Fähigkeiten zur sinnhaften Konstitution verschiedenster Wirklichkeitsbereiche. Diese Konstitutionsleistungen des *homo communicans* werden, so die These, auf der Grundlage der aktuellen Ausprägung des biographischen Wissensvorrats erbracht. Bei der Zielorientierung steht konsequenterweise die Bedeutungskonstitution auf der Basis eines bestimmten biographischen Erfahrungskontextes der Subjekte im Zentrum des Interesses.

Der *Bezugsrahmen* der Handlungsorientierung umfasst – je nach Bezugsinteresse – im zweckrationalen Theoriehorizont entweder objektiv gesicherte Wissensbestände, wissenschaftliches Wissen im Sinne von PARETO, wenn es um die Bestimmung des technisch »richtigen« Handelns geht. Oder man konzentriert sich auf das subjektiv verfügbare Wissen im Sinne von MAX WEBER, wenn die verstehende Rekonstruktion des Handelns im Vordergrund steht. Beide Wissensformen geben die Orientierungsinstanzen für je spezifische Typen der Ziel- und Mittelwahl ab. Auf diese Zusammenhänge nehmen die verschiedenen Entscheidungstheorien Bezug. Obwohl sie insbesondere in ökonomisch-kalkulativen Kontexten große Bedeutung erlangen können, sollte nicht übersehen werden, dass sie einen äußerst engen Bereich menschlicher Praxis bzw. menschlichen Wirtschaftens abdecken. Aufgrund dieser jeweiligen Bedingungen interpretieren die Subjekte die verschiedenen Aspekte der *Situation des Handelns*, die sowohl als Mittel des Handelns oder als (Rahmen-)Bedingungen relevant werden können.

Im normorientierten Interessenhorizont wird die angemessene Abstimmung von Kultur-, Sozial-, Persönlichkeits- und biologischem Bedürfnissystem thematisiert. Zur Generierung einer sozial-kulturellen Kompetenz muss dem Subjekt diese Abstimmung gelingen. Situationsdefinitionen werden dann auch als norm- und wertezentriert konzeptualisiert. Für die Aufrechterhaltung der sozial-kulturellen Wirklichkeit werden intersubjektiv gültige Situationsinterpretationen in dem Sinne postuliert, dass gültige Normen und Werte situationsspezifisch an das Subjekt herangetragen werden können.

Im verständigungsorientierten Theoriehorizont konzeptualisierte insbesondere SCHÜTZ die thematische Eingrenzung und Zentrierung des Handelns (thematische Relevanz). Die Situation des Handelns wird hier in Bezug auf die Bedeutung des Körpers für die Wissensaneignung (Kopräsenz/Abwesenheit) diskutiert. Die Konsequenzen für die Ausprägung des biographischen Wissensvorrates werden dann für die Interpretation der Umstände des Handelns (Auslegungsrelevanz) genauer betrachtet.

Mit diesen Zentrierungen des wissenschaftlichen Interesses auf Dimensionen alltäglicher Praxis können, hypothetisch formuliert, folgende Zuständigkeiten der drei verschiedenen Handlungstheorien für alltägliche Problemsituationen identifiziert werden:

a. Zweckrationale Handlungstheorien ermöglichen eine differenzierte Auseinandersetzung mit technischen Problemaspekten und weisen zu deren Lösung – in Form von Anweisungen zum gezielten Aufsuchen der angemessenen Mittel für gegebene Ziele – eine besondere Zuständigkeit auf.
b. Normorientierte Handlungstheorien sind für die Lösung von Problemen, bei denen soziale Normen und kulturelle Werte bei der Ziel- und/oder Mittelwahl sowie die soziale Ordnung im Zentrum stehen, ein hilfreiches Bezugsfeld.
c. Verständigungsorientierte Handlungstheorien weisen für die Lösung von Problemen, bei denen divergierende subjektive Sinnkonstitutionen vorherrschen, die größte Analysesensibilität auf.

Zu klären ist nun, wie diese jeweiligen Zuständigkeiten bzw. Vorzüge und Begrenzungen mit der Relationierung von Handeln und Raum in Beziehung gebracht werden können. Um diese Theoriehorizonte für die wissenschaftliche Erforschung des alltäglichen Geographie-Machens produktiv werden zu lassen, sind ihre je spezifischen räumlichen Bezugsdimensionen für die deskriptiv-analytische Orientierung der Sozialgeographie abzuklären.

Handeln und Raum

Vom handlungszentrierten Standpunkt aus ist »Raum« als eine begriffliche Konzeptualisierung der physisch-materiellen Wirklichkeit zu begreifen. Es handelt sich bei »ihm« somit nicht um einen Gegenstand oder um einen besonderen Wirklichkeitsbereich, sondern um einen Begriff. Allerdings um einen ganz speziellen Begriff. Er bezeichnet erstens keinen Gegenstand, wie empirische Begriffe »Baum«, »Apfel« usw. dies tun. »Raum« bezieht sich – wie das bereits in Zusammenhang mit dem raumwissenschaftlichen Ansatz thematisiert wurde – vielmehr auf rein formale Aspekte materieller Gegebenheiten (»Länge«, »Breite« etc.). Die zweite Besonderheit besteht darin, dass die räumlichen Merkmalsdimensionen einerseits die Ordnung bzw. Klassifikation von Objekten ermöglichen, andererseits – unter Bezugnahme auf die Körperlichkeit der handelnden Subjekte – auch die Orientierung der Handelnden in physisch-materiellen Kontexten ermöglichen.

Bei »Raum« handelt es sich demzufolge um einen formal-klassifikatorischen Begriff. Er ist formal, weil er sich nicht auf inhaltliche Merkmale von materiellen Gegebenheiten bezieht und klassifikatorisch, weil er Ordnungsbeschreibungen erlaubt. Er ist jedoch auch kein a priori, denn er beruht auf Erfahrung. Allerdings nicht auf der Erfahrung eines besonderen Gegenstandes »Raum«, sondern auf der Erfahrung der eigenen Körperlichkeit, deren Verhältnis zu den übrigen ausgedehnten Gegebenheiten (inklusive der Körperlichkeit anderer Handelnder) und deren Bedeutung für die eigenen Handlungsmöglichkeiten und -unmöglichkeiten.

In diesem Sinne stellt »Raum« bloß ein »Kürzel« für Probleme und Möglichkeiten der Handlungsverwirklichung und der sozialen Kommunikation dar, die sich auf die physisch-materielle Komponente beziehen. Aber statt das »Kürzel« zu verdinglichen, zielt die handlungsorientierte sozialgeographische Forschung darauf abzuklären, wofür das Kürzel steht.

Die Beantwortung der Frage nach der Bedeutung von »Raum« verlangt eine Abklärung *der Bedeutung* physisch-materieller Bedingungen als Medien sozialer Orientierung und Differenzierung. Zudem ist zu bestimmen, welche Bedeutung Kopräsenz oder Absenz des Körpers für Interaktion/Kommunikation erlangt und welche Konsequenzen damit für die Konstitution der sozial-kulturellen Welt verbunden sind. Dabei ist davon auszugehen, dass je nach praktischem oder theoretisch thematisiertem Typus des Handelns sowohl der formale wie auch der klassifikatorische Aspekt des Raumbegriffs eine je besondere Konnotation erfahren kann. Das bedeutet, dass damit zu rechnen ist, dass je nach Interessenhorizont sowohl die Orientierung als auch die klassifikatorische Ordnung unterschiedlich ausfallen. Diese theoretische Setzung ist nun zu erörtern.

Ausgangspunkt der Erörterung ist die These, dass den unterschiedlichen theoretischen Zugriffen auf das Handeln auch unterschiedliche Zugriffe auf die Wirklichkeit im Alltag entsprechen. Demzufolge sind zweckrationale, normorientierte und kommunikative bzw. verständigungsorientierte Handlungskontexte zu unterscheiden. Akzeptiert man das, dann kann für die Analyse des Gesellschaft-Raum-Verhältnisses postuliert werden: In den unterschiedlichen Bezügen des Handelns ändert sich – weil die Relationierungen mit dem Körper anders ausfallen – auch die Konstitution des Raumes. Sowohl der formale als auch der klassifikatorische Aspekt des Raumbegriffs erfahren in den unterschiedlichen Arten von Praktiken je spezifische Interpretationen.

Zweckrationalität und Raum

Im Interessenhorizont »Zweckrationalität« werden sowohl Orientierung wie Ordnung auf die Metrisierung bezogen. Zweckrationalität und Geo-Metrik stehen in engem Zusammenhang. Beide sind Ausdruck dessen, was mit MAX WEBER (1980, 308) als die »Entzauberung der Welt« beschrieben werden kann. Denn beide sind in einem Formalisierungsprozess der Wirklichkeitsinterpretation begründet. Was GIDDENS (1995, 30) als »Entleerung

	formal	*klassifikatorisch/ relational*	*Beispiele*
zweckrational	metrisch	klassifikatorische Kalkulation	Bodenmarkt Standortwahl
normorientiert	metrisch körperzentriert	klassifikatorische relationale Präskription	Nationalstaat Hörsaal
verständigungs- orientiert	körperzentriert	relationale Signifikation	Heimat Wahrzeichen

Abbildung 30 *Handeln und Raum*

des Raumes« und »Entleerung der Zeit« beschreibt, heißt in diesem Kontext »Formalisierung«. Sie bildet die wichtigste Voraussetzung für zweckrationale Kalkulation.

In der Beziehung von Ausdehnung und zweckrationaler Kalkulation erfährt die handlungstheoretische Raumkonzeption im Sinne eines formal-klassifikatorischen Begriffes eine erste Interpretation. Der formale Aspekt äußert sich in der Entleerung von fixen Bedeutungskonnotationen, der klassifikatorische in der Metrisierung bzw. der darauf »aufbauenden« Kalkulation. Man könnte die entsprechende Raumkonzeption auch als kartographische bezeichnen. Denn sowohl Formalisierung (symbolische Repräsentation) wie Metrisierung (Längen- und Breitengrade) bilden die Ausgangsbasis für moderne kartographische Repräsentationen der Erdoberfläche und deren Nutzung als Handlungsorientierung.

Werden in zweckrationaler Einstellung räumliche und zeitliche Dimensionen in den Tätigkeitsablauf einbezogen, dann werden sie zu rein formalen Aspekten des Handelns und sind inhaltlich nicht mehr auf allgemein fixierte Weise mit spezifischen Tätigkeiten verknüpft. Die mechanische Uhr mit ihrer Zeitmetrik ist davon ebenso Ausdruck wie die Metrisierung der räumlichen Dimension als Geo-Metrik. Beide werden – zusammen mit dem symbolischen Zeichen »Geld« – zur Grundlage der »Formalökonomie« im Sinne von KARL POLANYI (1979), deren wichtigste Ausdrücke Marktwirtschaft und Industriekapitalismus sind. Sie ermöglichen und begründen die zweckrational berechnende Deutung der Welt und die entsprechenden Formen des alltäglichen Geographie-Machens im Rahmen wirtschaftlichen Handelns. Dies ist für beide Seiten wirtschaftlicher Tauschhandlungen bedeutsam, für die produktive wie für die konsumtive Seite bzw. für Angebot und Nachfrage.

So sind industriewirtschaftliche Produzenten sowohl auf bodenmarktliche Kalkulationen der Beziehung von berechneter Fläche und Preis angewiesen als auch auf eine zeitmetrische Einteilung und deren monetäre Relationierung als Lohnkalkulation für die gekaufte Arbeitszeit. Die Nachfragenden ihrerseits beziehen sich beim Vergleich der verschiedenen Versorgungsstandorte und -güter ebenfalls auf räumliche und zeitliche Kalkulationen. Beide, produzierende wie konsumierende Subjekte, vollziehen dabei je spezifische Weltbezüge.

Normorientierung und Raum

Im normzentrierten wissenschaftlichen Interesse an der alltäglichen Praxis sind Formen von präskriptiven, räumlich gebundenen Festlegungen zu thematisieren: das Verhältnis von Normorientierung und Regionalisierung. Dabei kann es sich – wie vor allem ERVING GOFFMAN (1969; 1991) zeigt – um präskriptive Formen der Aneignung handeln. Sie können sowohl in privater wie in öffentlicher Hinsicht verwirklicht werden.

Mit diesen normativ-präskriptiven Festlegungen sind *Territorialisierungen* gemeint, die Handlungserwartungen in einem bestimmten Kontext in der Art fixieren: »Hier darfst Du dieses tun, dort aber nicht.« Zudem implizieren sie die normative Regelung des Zugangs zu Nutzungen oder den territorial definierten Ausschluss davon. Bei Missachtung ist im Allgemeinen mit Sanktionen zu rechnen. Sie sind auf staatlicher und kommunaler Ebene für vielfältige Formen von Alltagshandlungen relevant, insbesondere aber für *Territorialisierungen*, über welche die Kontrolle über Personen und Mittel der Gewaltanwendung organisiert ist.

Bei beiden Formen der Kontrolle bildet der menschliche Körper den Fokus. Die wohl prominenteste Form der Kombination von Norm, Körper und Raum ist der Nationalstaat mit seiner territorialen Bindung von Recht und Rechtsprechung, der territorialen Organisation der Bürokratie sowie der Überwachung und Kontrolle der Mittel der Gewaltanwendung durch Polizei und Militär.

In der Beziehung von Norm und Territorium erfährt die Definition von »Raum« als formal-klassifikatorisches Konzept eine besondere Akzentuierung. Bei den körpergebundenen, auf die physische Welt gerichteten menschlichen Handlungen wenden Handelnde – so kann man hypothetisch formulieren – ein klassifikatorisches und ein relationales Orientierungskriterium an. In der klassifikatorischen Bezugnahme teilen die Subjekte alle möglichen Objekte in Klassen ein, die als solche für sie bereits spezifische Bedeutungen aufweisen. Ein Beispiel dafür ist die Klassifikation von Personen nach »Geschlecht«. Hinsichtlich dieser Klassifikationskategorie kann dann ein bestimmter Körper bzw. eine bestimmte Person der Klasse »weiblich« oder »männlich« zugeordnet werden.

Das *relationale Orientierungskriterium* dient dazu, physische Situationselemente für bestimmte Handlungen und in Bezug auf bestimmte Normen und kulturelle Werte mit spezifischen Bedeutungen zu belegen. Derart stellt das Subjekt eine Bedeutungsrelation zwischen Handlungsziel und physischen Objekten der Situation her. Stellt »Geschlecht« ein Klassifikationskriterium dar, entspricht »Freund/Freundin« der Herstellung einer Bedeutungsrelation. Diese kann aber auch normativ-präskriptiv belegt werden, sodass mit »weiblich/männlich« beispielsweise sexistisch wertende Urteile verknüpft werden können. Diese Art der Beziehungsherstellung ist grundsätzlich nicht nur zwischen Personen möglich, sondern allgemein zwischen dem handelnden Subjekt und allen Situationselementen.

Beim *klassifikatorischen Orientierungskriterium* wird die räumliche Dimension in besonderem Maße relevant, und zwar immer vom territorialen Standort des Handelnden aus. Richtet man die Aufmerksamkeit auf die normative Komponente, dann konzentriert man sich auf den Kern sozialpolitischer Territorialisierungen. Prozesse der Territorialisierung beruhen darauf, dass intersubjektiv gültige Standards des Handelns konventionell mit Orten und Objekten verbunden werden. Alle, die einen bestimmten Ort aufsuchen und entsprechende Objekte in ihre Handlungen integrieren wollen, können für diesen räumlich-zeitlichen Ausschnitt auf die entsprechenden normativen Standards relational verpflichtet werden. In dieser Relation sind die vielfältigen Konnotationen von Körper, Herrschaft und Macht enthalten. Das betrifft insbesondere herrschaftspolitische und normativ-präskriptive Typen des Handelns.

Verständigung und Raum

Das Verhältnis von Verständigung und Raum bzw. *Verständigungsorientierung* und räumlichen Bedingungen der Kommunikation ist ebenfalls eng an die Körperlichkeit der Subjekte gebunden. Geht man mit ALFRED SCHÜTZ' »Theorie der Lebensformen« (1981) davon aus, dass die kommunikative Funktion des Körpers zunächst in der Vermittlung zwischen erlebendem Bewusstseinsstrom und physisch-materieller Welt zu sehen ist, dann wird erkennbar, dass der eigene Körperstandort per definitionem über die Mittelbarkeit und Unmittelbarkeit des Erlebens und Erfahrens mitentscheidet. Als »Vermittlungsglied« (SCHÜTZ, 1981, 92) und als »Durchgangsort« von Erkenntnis und Handlung ist die Erreichbarkeit von Informationen an die Körperlichkeit (und deren Kontrolle) gebunden, *ohne aber Informationsgehalte selbst zu bestimmen.*

Wird der Körper als »Funktionalzusammenhang« zwischen Bewusstsein bzw. biographischem Wissensvorrat, Erfahrungspotenzial der Außenwelt und deren sinnhafter Deutung begriffen, dann sind damit bereits die zwei Kernaspekte der Kombination von Verständigung und räumlicher Dimension erkennbar: die Konstitution des Wissensvorrates und die Konstitution der Sinnhaftigkeit räumlicher Handlungskontexte. Beiden Aspekten ist bei der kategoriellen Differenzierung verschiedener Typen alltäglicher Geographien Rechnung zu tragen.

Der *erste Aspekt*, die Konstitution des Wissensvorrates, impliziert in räumlicher Hinsicht die genaue Analyse der Bedeutung von Kopräsenz für die Wissensaneignung sowie die Bedeutung körperlicher Abwesenheit für soziale Interaktionen, für die mittelbaren Interaktionen und die mittelbaren Formen der *Informationsaneignung*. Die räumliche Komponente wird derart als körperzentrierte Kommunikationsbedingung übersetzt. Dazu gehört die Betrachtung alltäglicher Routinen unter diesem Aspekt. Zudem werden Fragen nach den Konsequenzen bestimmter räumlicher Anordnungsmuster für die kommunikative Verständigung und Wissensaneignung und deren sozial-kulturelle Voraussetzungen relevant. Dies schließt auch Fragen nach Formen der Sozialisation unter entankerten Lebensbedingungen und nach dem Zugang zu mediatisierter und globalisierter Information ein. Kommunikation unter *Abwesenheit* setzt immer Medien mit unterschiedlichen Formalisierungs- und Abstraktionsgraden voraus. Schrift, Telefon und alle neuen telematischen Möglichkeiten unterscheiden sich in dieser Hinsicht.

Der *zweite Aspekt* bezieht sich auf die Konstitution der Bedeutungen (im Rahmen des verfügbaren Wissensvorrates) von räumlichen Handlungskontexten. Zur Konstitution der Sinnhaftigkeit gehört auch die Bedeutungskonstitution räumlicher Lebensweltausschnitte, die subjektspezifischen, häufig jedoch auch intersubjektiv geteilten, räumlich kodierten »Sinnregionen« als symbolisierender »Raum«. Darunter fallen insbesondere emotionale Bezüge zu bestimmten Orten und Gegenden. »Heimatgefühl« und emotional aufgeladene Formen von Regionalbewusstsein sind wohl die offensichtlichsten Formen derartiger signifikativer Aufladungen.

Denn die Anordnung der Dinge und die einzelnen Objekte können prinzipiell immer nur Bedeutungsträger und nicht die Bedeutung sein. Sie sind als Mittel der Symbolisierung immer nur das Vehikel von Bedeutung/Bedeutungen. So gibt es wohl eine räumliche Ordnung der Vehikel, aber keine der Bedeutungen. Entsprechend ist klar zwischen symbolischem Raum und dem Raum der symbolisierenden Vehikel zu unterscheiden. Einen subjektunabhängigen symbolischen Raum oder eine subjektunabhängige symbolische Landschaft kann es handlungstheoretisch gesehen nicht geben. Was »Raum« oder »Landschaft« als Ensemble von Erfahrungsgegenständen ausmacht, hat ohne erfahrendes, erkennendes oder handelndes Subjekt keine eigenen symbolischen Bedeutungen. Die Bedeutungen sind immer – wie im einführenden Beispiel zu diesem Kapitel illustriert wurde – auf der Subjektseite »angesiedelt« und nie auf der Objektseite.

Sowohl relationale wie klassifikatorische Orientierungskriterien werden hier, in umfassendem Sinne als auf Symbolisierungen bezogen interpretiert. Sie geben emotionalen Aspekten und – hypothetisch formuliert – Bestandteilen des praktischen Bewusstseins breite Bedeutung. Das so genannte »Heimweh« könnte dann als Verlust der auf dieser Bewusstseinsebene angelegten Relationierung interpretiert werden. Jedenfalls ist zu erwarten, dass in diesem Bereich zahlreiche klassifikatorisch-relationale Orientierungskriterien nicht jene Offensichtlichkeitsstufe erlangen, die sie im zweckrationalen und normativ-präskriptiven Bereich aufweisen dürften. Doch es sind natürlich auch Formen möglich, bei denen derartige Sinnkonstitutionen durchaus kontrolliert und gesteuert sein können. Dafür dürfte beispielsweise die Werbung eine wichtige Instanz sein.

Die Unterscheidung von zweckrationalem, norm- und verständigungsorientiertem Handeln sowie die Berücksichtigung der je aktualisierten Bedeutung, welche die räumlichen Dimensionen in diesen Praxisbereichen erlangen, ist schließlich auf die Untersuchung der verschiedenen Formen des Geographie-Machens und

Sozialgeographien des Alltags

der entsprechenden Ordnung des empirischen Forschungsfeldes zu übertragen.

Sozialgeographien des Alltags

DIE aktuellen alltäglichen geographischen Verhältnisse nähern sich in vielfacher Hinsicht dem Idealtypus räumlich und zeitlich entankerter spätmoderner Lebensformen an. In der handlungszentrierten Sozialgeographie sind unter diesen Bedingungen neben den lokalen auch die globalen Zusammenhänge des Handelns zu rekonstruieren und die globalisierten Weltbezüge der Subjekte offen zu legen. Dadurch soll auf die globalisierten Bedingungen des Handelns und auf Folgen von Tätigkeiten, die möglicherweise weit außerhalb des unmittelbaren Erfahrungsbereichs liegen, aufmerksam gemacht werden.

Das empirische Forschungsfeld der handlungstheoretischen Sozialgeographie umfasst – gemäß den bisher entwickelten Analysekategorien – drei Hauptbereiche und jeweils zwei daraus abgeleitete Subbereiche der zu erforschenden Dimensionen des Geographie-Machens.

Geographien der Produktion und Konsumtion

Der erste Bereich bezieht sich auf alltägliche Geographien in den Kontexten Produktion und Konsumtion. Die *alltäglichen Geographien der Produktion* äußern sich am offensichtlichsten bei Standortentscheidungen in Bezug auf die Produktionseinrichtungen und der damit verbundenen Festlegung der Aktionsräume und Warenströme. Doch hier geht es im Gegensatz zum raumwissenschaftlichen Ansatz nicht um die Erklärung der Raummuster. Vielmehr sollen der Prozess der Herstellung und vor allem die Rekonstruktion der regionalisierenden Konsequenzen für andere Handelnde im Zentrum des Interesses stehen. Jede Form des Geographie-Machens ist immer mitbestimmt von vorgängigen Standortentscheidungen anderer und deren Handlungspotentialen.

Haupttypen	Forschungsbereiche
produktiv-konsumtiv	Geographien der Produktion
	Geographien der Konsumtion
normativ-politisch	Geographien normativer Aneignung
	Geographien politischer Kontrolle
informativ-signifikativ	Geographien der Information
	Geographien symbolischer Aneignung

Abbildung 31 *Typen alltäglichen Geographie-Machens*
(nach Werlen, 1997, 272)

Zwar sind auch unter globalisierten Bedingungen die Produktionsstätten an einen spezifischen räumlichen Standort gebunden. Doch die Art der Arbeitsteilung, die daraus resultierenden sozialen Positionsdifferenzierungen und territorialen Entwicklungen sind über die Entankerungsmechanismen im Produktionsbereich in hohem Maße revolutioniert worden. Das Verschwinden der territorialen Einheit von sozialen, ökonomischen und politischen Aspekten städtischer und regionaler Wirklichkeiten ist Ausdruck davon. Die sozialgeographische Forschungsmethodologie ist auf Basisprinzipien der globalisierten Produktion abzustimmen. Das heißt, dass ein Forschungsszenario für empirische Untersuchungen so zu gestalten ist, dass es je produktspezifisch sowohl die Veränderungen des Arbeitsprozesses als auch jene der Kapital- und Güterströme mit ihrer globalen Organisation und Koordination einbeziehen kann. Auf der deskriptiv-analytischen Ebene ist die entsprechende empirische Forschung darauf zu konzentrieren, wie Produktionsprozesse räumlich-zeitlich organisiert sind. Das umfasst sowohl die Analyse der Entscheidungsprozesse für die Standorte der einzelnen Fertigungsschritte, als auch die Rekonstruktion der Beschaffung der Rohmaterialien und der Warenflüsse für die Herstellung verschiedenster Produkte.

Die Konzentration auf produkt- und fertigungsspezifische Vorgänge ist wiederum die Konsequenz einer grundsätzlich handlungszentriert-lebensweltlichen Ausrichtung des Erkenntnisinteresses. Nicht die transportierte Gesamtmenge eines bestimmten Rohstoffes interessiert vorrangig, vielmehr sind es die jeweiligen Güterströme, die ein Produzent für die Herstellung eines einzelnen, erwerbbaren Produkts auf seine Produktionsstätte bezieht.

Aber nicht nur die Produzenten machen Geographie, sondern auch die Konsumenten. Die alltäglichen *Geographien der Konsumtion* sind weniger offensichtlich, weil viele Prozesse in der Einheit des Produktes bereits zusammengefunden haben. Konsument zu sein heißt, auf eine besondere Art und von einer spezifischen Position aus mit Gütern in Kontakt zu gelangen. Weisen Produzenten über den Prozess der Herstellung – trotz der vielfältigen Ausdifferenzierungen und Aufsplittungen – eine primäre Beziehung zum Produkt auf, hat der Konsument in jedem Fall lediglich eine sekundäre Beziehung. Er »hat« das Produkt aus zweiter Hand.

Doch dies heißt nicht, dass die Konsumtion ein geringeres Gestaltungspotential aufweist als die Produktion. Ist man bisher davon ausgegangen, dass die Produktion die Art der Konsumtion bestimmt, ist dies unter globalisierten Bedingungen immer weniger der Fall. Mit zunehmender Bedeutung der Entankerungsmechanismen steigt auch das Gestaltungspotential des Wirtschaftsgeschehens durch die Konsumtion. »Lifestyle Shopping« (SHIELDS, 1992) und »Shopping for a better world« (TEPPER MARLIN et al., 1992) sind in diesem Zusammenhang zwei wichtige Stichworte. Sie weisen darauf hin, dass unter globalisierten Bedingungen die Konsumtion in entscheidendem Maße die weltwirtschaftlichen Tauschbeziehungen strukturiert. Lokaler Konsum hat in diesem Sinne auch Einfluss auf die Geographien der in die Produktion involvierten Subjekte an weit entfernten Orten.

Die empirische Erforschung der entsprechenden konsumtiven Geographien kann nicht bloß auf die rekonstruktive Erfassung der entsprechenden Warenströme ausgerichtet sein. Diese kann lediglich den Ausgangspunkt bilden. In sozialgeographischer Hinsicht sind jedoch die differenzierenden Einflüsse der verschiedenen Lebensstile – und der damit verbundenen Bedeutungszuweisungen und Entscheidungen – auf diese Ströme von Interesse.

Die mit einem bestimmten Lebens- und Konsumstil verbundenen Entscheidungen mögen einzeln alle trivial sein. Die Wahl zwischen verschiedenen Marken desselben Artikels oder zwischen einem Fahrrad und einem Mini-Disc-Gerät ist banal. Doch mit dem immer tieferen Eindringen der fortschreitend verfeinerten »Vermarktlichung« des normalen Alltagslebens nimmt *erstens* die Zahl solcher Entscheidungen zu. *Zweitens* breitet sich der Bereich ihrer Konsequenzen inhaltlich ständig aus und *drittens* dehnt er sich in räumlicher Hinsicht aus. Trotz aller Trivialität sind diese Entscheidungen eine mächtige Instanz der Gestaltung des Wirtschaftens und der damit verbundenen sozialen Konsequenzen.

Konsumtion ist nicht mehr eine determinierte Folgeerscheinung der Produktion. Sie ist vielmehr selbst ein aktiver Prozess, der von den Subjekten kaum merkbar »eine *andere* Produktion [hervorbringt], [...] listenreich und verstreut, aber die sich überall aus[breitet], lautlos und fast unsichtbar« (DE CERTEAU, 1988, 13). Unsichtbar bleibt dieser Prozess, weil er keine klar identifizierbaren eigenen »Produkte« im hergebrachten Sinne zeitigt. Die in der Konsumtion aufgehobene »Produktion« äußert sich vielmehr in der Kunst des Brauchens von Produkten, der »Umgangsweise« mit ihnen. Das Ergebnis aktiver Konsumtion kann somit in der Verwirklichung eines Stils erkannt werden, der seinerseits eine Art »symbolisches Kapital der Repräsentation« im Sinne von BOURDIEU (1994, 209f.) darstellt.

»Einkaufen« ist gleichzeitig als Repräsentation und Erlebnis konzipiert. Hypothetisch kann man davon ausgehen, dass lebensstilspezifische Formen der Konsumtion nach den »Drehbüchern im Kopf« der konsumierenden Subjekte abläuft. Diese Drehbücher bestimmen dann sowohl die Art der Produktion, die Verteilung als auch die Standortwahl der Angebotsinszenierungen offensichtlich in einem bisher nie da gewesenen Maße mit. So ist Konsumtion nicht nur als eine rein ökonomische Aktivität zu sehen, sondern als eine multidimensionale. »Shopping for subjectivity« (LANGMAN, 1992, 40) ist ein zentraler Aspekt der Konsequenzen der räumlich-zeitlichen Entankerung sowie Ausdruck der Subjektzentriertheit der Globalisierungsprozesse im Konsumtionsbereich.

Die sozialgeographische Untersuchung der alltäglichen Geographien der Konsumtion ist in diesem Sinne gleichzeitig als Erforschung einer wichtigen Dimension der alltäglichen Kulturgeographien zu konzipieren. Dabei sind die je spezifischen Kombinationen von Praktiken der Konsumtion und der dabei in die Handlungsabläufe des Verzehrs integrierten Güter und Dienstleistungen zu untersuchen. Es ist davon auszugehen, dass jeder Lebensstil, jede Lebensform sich durch eine je spezifische Ausprägung dieser Kombinationen auszeichnet.

Wie dabei forschungspraktisch vorgegangen werden kann, illustrieren die Arbeiten von PHIL CRANG (1990; 1994). Er hat für seine Konsumtionsforschungen als Kellner in einem Lokal einer internationalen Restaurantkette durch teilnehmende Beobachtung die entsprechenden Alltagsgeographien erforscht. Auf der Anbieterseite interessierten ihn *erstens* die Formen der Überwachung des Personals und der Prozesse der Essenszubereitung. *Zweitens* untersuchte er die Interaktionsformen zwischen Anbieter und Gästen und *drittens* – was hier besonders wichtig ist – die damit verbundene Konsumtion der (Ess-)Waren und deren lokale Inszenierung.

Politisch-normative Geographien des Alltags

Politische Formen des Geographie-Machens und deren Ergebnisse – wie beispielsweise Nationalstaaten – haben bisher wohl die größte Aufmerksamkeit erlangt. In der Geographie wurden sie vorrangig als »Länder« thematisiert. Handlungstheoretisch betrachtet sind »Nationalstaaten«, nationale Grenzen und Regionen jedoch als Ergebnisse sozialer Konstitutionsprozesse zu begreifen.

So wie die Existenz des Nationalstaates auf der Basis der alltäglichen Reproduktion gegeben ist, basieren auch andere soziale und politische Regionen auf alltäglichen Praktiken. Zuständig dafür sind normative Aneignungen und die Geographien politischer Kontrolle.

Geht man davon aus, dass es nicht nur eine Geographie der natürlichen Dinge gibt, sondern auch eine alltägliche geographische Praxis, dann wird der Weg geebnet für eine differenziertere Erschließung der Machtkomponente in sozialgeographischer Handlungsforschung. »Macht« wird zur Fähigkeit und zum Attribut der Handelnden, die sich sowohl auf materielle Aspekte als auch auf andere Subjekte beziehen kann. Macht über »Raum« zu haben bedeutet – insbesondere unter der Bedingung normativer Aneignung – Macht über die Subjekte zu haben, *und zwar mittels Zugriff auf ihre Körper*. Das Verhältnis von Macht und Raum wird zum Verhältnis von Macht und Körper. Sowohl die alltäglichen Geographien der normativen Aneignung als auch jene der politischen Kontrolle beruhen auf diesen Zusammenhängen.

Bei der Erforschung der alltäglichen *Geographien normativer Aneignungen* steht das Verhältnis von Normorientierung und präskriptiver Raumaneignung im Zentrum. Diese Aneignungen können als spezifische Formen der räumlich-zeitlichen Wiederverankerung menschlichen Handelns betrachtet werden. Über die entsprechenden Prozesse der Territorialisierung werden einerseits Zugang zu und Ausschluss von räumlichen Kontexten des Handelns geregelt. Andererseits wird über sie auch die soziale Art des Handelns innerhalb dieser Kontexte festgelegt. Hypothetisch kann postuliert werden, dass sie sowohl in *öffentlichen* als auch in *privaten* Bereichen *informell* wie *formell* abgestützt und *subjektzentriert* wie *allgemein* als territorial verbindliche Formen existieren. Normative Aneignungen sind folglich auf persönlicher, organisatorischer, kommunaler, nationalstaatlicher wie supranationaler Ebene beobachtbar.

Ein *erster* Forschungsbereich bezieht sich auf die Untersuchung des Verhältnisses vom so genannten öffentlichen Raum und den privaten Verfügungsbereichen. Für die Alltagspraxis ist die Trennung zwischen privaten Orten und öffentlichen Plätzen von zentraler Bedeutung. Denn wer sich wo treffen kann, hängt zunächst einmal von den Zugangsmöglichkeiten zu Orten ab. Die entsprechenden Regelungen werden über die Definitionen von öffentlichen, halb-öffentlichen und privaten räumlichen Handlungskontexten vollzogen. Der öffentliche Raum ist als Ort der Möglichkeit der Face-to-Face-Begegnung die Grundvoraussetzung einer urbanen Kultur. Konsequenterweise sollte die Stadtentwicklungspolitik der Erhaltung des öffentlichen Raumes die gebührende Aufmerksamkeit schenken.

Ein *zweiter* Schwerpunkt der Forschung richtet sich auf die territorial differenzierten normativen Definitionen von Handlungskontexten. Diese legen fest, welche Handlungen wo und zu welchen Zeitpunkten durchgeführt werden dürfen. Das trifft insbesondere auf die ethnien-, geschlechts-, alters-, status- und rollenspezifischen Kombinationen von Präskription und räumlichem Kontext zu. *Ethnische Regionalisierungen* können als verbleibende Konsequenz traditioneller, räumlich und zeitlich verankerter Lebensformen bestehen, aber auch Ausdruck der »gewollten«, auf Affinität beruhenden Migration (ethnische Segregation) oder das Ergebnis gewaltmäßiger Anordnung im Stile der Apartheid sein.

Geschlechtsspezifische Regionalisierungen weisen in allen Kulturen – allerdings mit den unterschiedlichsten Ausprägungen – vielfältige Variationen auf. Sie können letztlich »als Ausdruck von Machtverhältnissen betrachtet werden« (SCHELLER, 1995, 109). Insgesamt kann man davon ausgehen, dass immer dann, wenn »in einer Gesellschaft das Geschlecht für die Schaffung von Subjektpositionen eine Rolle spielt, [...] es auch ein entscheidender Faktor bei der Konstitution von Regionalisierungen« (SCHELLER, 1995, 94) ist.

In Bezug auf *altersspezifische Formen der Regionalisierung* scheinen extreme Unterschiede zu bestehen, je nachdem wie das Alter sozial bewertet wird. Sie reichen von asylähnlichen Ausschlussmustern bis hin zu weitgehender Integration älterer Menschen in das alltägliche Gesellschaftsleben. Aber auch für andere Altersgruppen sind je spezifische Regionalisierungen beschreibbar. Die alltägliche *Sozialgeographie der Kinder und Jugendlichen* (MONZEL, 2007; 1997; ERISMANN, 1998; REUTLINGER, 2007) beispielsweise ist – je nach Wirtschafts- und Gesellschaftsform – auf unterschiedlichste Weise in die Tätigkeitsabläufe erwachsener Betreuungspersonen eingebettet. Die Sozialgeographie der Sozialisation (Wohnumfeld, Spielparks etc.) stellt insbesondere in urbanen Kontexten ebenfalls ein dringlich zu bearbeitendes Problemfeld dar.

Die Prozesse der normativen Regionalisierung auf *kommunaler und staatlicher Ebene* beziehen sich primär auf das Verhältnis von *Recht* und *Territorium*. Nationalstaaten sind in diesem Sinne zunächst als Gültigkeitsbereich des nationalen Rechts – mit den entsprechenden Regelungen von Ausschluss und Einschluss – zu interpretieren. Um dessen Aufrechterhaltung sind entsprechende staatliche Institutionen um den Vollzug der alltäglichen Geographien politischer Kontrolle besorgt. Diese Institutionen definieren zunächst die territoriale Reichweite der *formellen* normativen Aneignungen durch die rechtlichen und politischen Institutionen, denen sich die Personen, welche sich auf den entsprechenden räumlichen Ausschnitten aufhalten, zu unterwerfen haben. Nach außen legen Immigrationsbehörden die Standards des Zugangs zu diesen Territorien fest, die von entsprechenden Kontroll- und Überwachungsorganen unterstützt werden. Nach innen bestehen Abstufungen der Aufgabenteilung durch die verschiedenen staatlichen Institutionen, die thematisch differenziert für die Beachtung der territorial-relationierten normativen Standards in Wirtschafts-, Bildungs-, Gesundheits-, Ökologie-, Planungsbereichen usw. über die entsprechenden Organisationen und Verwaltungseinrichtungen zuständig sind.

Bei den alltäglichen *Geographien der politischen Kontrolle* ist davon auszugehen, dass alle demokratischen Rechte mit je spezifischen Formen der staatlichen Überwachung und Kontrolle verknüpft sind. Nach THOMAS HUMPHREY MARSHALL (1973, 46) stehen allen Bürgern und Bürgerinnen in modernen nationalstaatlichen Gesellschaftsformen drei zentrale Rechte zu. Erstens *zivile Rechte* wie Meinungs- und Niederlassungsfreiheit usw. Zweitens *politische Rechte* wie Stimm- und Wahlrecht, die den Subjekten Teilhabe an der Ausübung politischer Macht garantieren. Drittens *ökonomische Rechte*, welche die minimale Existenzsicherung und das Eigentumsrecht sichern und auf die Ermöglichung eines minimalen Lebensstandards und ökonomischer Sicherheit angelegt sind.

Die Durchsetzbarkeit der Gesetze benötigt die eindeutige Lokalisierbarkeit der Subjekte, auf der gleichzeitig die alltäglichen Geographien der politischen Kontrolle aufbauen. Dies impliziert, dass Wohnorte und Adressen der Subjekte bekannt sein müssen, dass Grundbücher nachgeführt werden usw. Jede Rechtsform ist konsequenterweise an einen spezifischen Überwachungsmechanismus gebunden und dessen Durchsetzbarkeit an einen Ort der Koordination sowie an Regionalisierungen zum Zwecke der Kontrolle. Auf die Durchsetzbarkeit der zivilen Rechte sind die *Überwachung durch den Polizeiapparat* und die Gerichtshöfe als Orte der Koordination der entsprechenden Aktivitäten bei Konflikten gerichtet (Geographien der zivilen Ordnung). Auf die Gewährung der Aufrechterhaltung politischer Rechte sind die Administrationsapparate der Einwohner- sowie Wahlkontrolle u. ä. und die Parlamente als Orte der Koordination politischer Aktivitäten bezogen (Geographien der Überwachung). Die ökonomischen Rechte sind auf die Überwachung durch Produktionsleitung/Gewerkschaften abgestützt und die Arbeitsplätze sind die Orte der Koordination der entsprechenden Aktivitäten (Geographien der Wohlfahrt).

Aktuelle politische Geographien des Alltags werden insbesondere durch regionalistische und nationalistische Bewegungen herausgefordert. *Regionalismus* kann zunächst als eine oppositionelle Form des politischen Geographie-Machens, als eine regionalisierende Kraft verstanden werden. Die empirische Regionalismusforschung im Rahmen der handlungsorientierten Sozialgeographie (WERLEN, 1993b; SCHWYN, 1996; BORNER, 1997) wird so zur Prozessanalyse politischer Regionalisierung, zur Analyse raumorientierten politischen Handelns. Vereinfacht ausgedrückt kann man unter »Regionalismus« eine territorial-politisch motivierte Argumentation oder eine soziale Bewegung auf sub-nationaler Ebene begreifen, welche nationalstaatliche Institutionen »herausfordert«.

Ein anderes Beispiel, bei dem die territorial-relationierten Kontrollmechanismen in aller Radikalität zutage treten, ist die Gründungsgeschichte der USA, insbesondere der damit verbundene Umgang mit der so genannten Indianerbevölkerung und die entsprechende Reservatspolitik. Diese kann im Sinne der alltäglichen Geographie politischer Kontrolle als historisches Ereignis betrachtet werden, bei dem ein differenzierter Einblick in das Verhältnis von Staat, Territorium und Raum exemplarisch ermöglicht wird. Katja Schwyns (2008) empirische Untersuchung der »Territorialität und Regionalisierung« am Beispiel der Amerikanischen Reservatspolitik ist deshalb auf zwei Kernfragen zentriert: Wie werden Regionen als Mittel politischer Herrschaft konstituiert und reproduziert? Welche Formen sozialer Aneignung des physischen Raumes sind dafür notwendig? Zur Beantwortung dieser Fragestellungen wurden offizielle Dokumente, Forscherberichte, Autobiographien von Offizieren des Militärs und der Apachen inhaltsanalytisch ausgewertet.

Informativ-signifikative Geographien des Alltags

Wie das Beispiel »Regionalismus« zeigt, spielen neben produktiv-konsumtiven und normativen Aspekten auch emotional sinnhafte »Aufladungen« von räumlichen Gegebenheiten eine bedeutende Rolle. Zudem sind räumliche Verhältnisse auch als Kommunikations- bzw. Verständigungsbedingung von entscheidender Bedeutung. Verständigungsorientierte Erforschung von Regionalisierungen sollte sich denn auch auf den Kommunikationsbereich konzentrieren. Sie zielt auf die Konsequenzen bestimmter räumlicher Anordnungsmuster und normativer Festlegungen für die Kommunikation ab.

Wie bereits ausgeführt, beruht die konzeptionelle Erschließung dieses Forschungsbereichs auf der These, dass die Arten der Bedeutungskonstitution vom jeweils verfügbaren Wissen, dem Wissensvorrat, abhängig sind. Wenn sich nun die Arten der Wissensverbreitung verändern, dann verändern sich auch die Formen der Wissensaneignung und schließlich die Grundlagen der Bedeutungszuweisungen.

Wohl in keinem anderen Lebensbereich sind die Unterschiede zwischen traditionellen und spätmodernen Lebensformen drastischer als bei den alltäglichen *Geographien der Information*. Dies ist die unmittelbare Folge davon, dass die kommunikativen Massenmedien sowohl Ausdruck von Entankerung und Globalisierung sind als auch gleichzeitig deren Ermöglichung. Sorgen in traditionellen Lebensformen die mündlich überlieferten Traditionen bei den Subjekten für weitgehend gleichförmige Interpretationen der Mitwelt, ist dies unter spätmodernen Bedingungen nicht mehr der Fall. Das spätmoderne Informationswesen ist – wie MARSHALL MCLUHAN (1995) überzeugend zeigt – zunächst eine Verlängerung des Körpers, dann aber im Kern vor allem eine außerkörperliche Erinnerungs- und Steuerungskapazität, die nicht eigentlich räumlich lokalisiert werden kann. Die sozialgeographische Informationsanalyse ist in Methodologie und Forschungskonzeption auf die alltagsweltliche Logik der Produktion und Reproduktion der Informationsverhältnisse abzustimmen. Sie soll die Prozesse des sich *Informierens, aus dem die verschiedenen Geographien der Information subjektiv generiert werden*, wissenschaftlich analysieren.

Die wissenschaftliche Erforschung der Geographien der Information bezieht sich auf die Rekonstruktion der faktischen subjektiven Bezugnahme auf die Informationsströme und deren machtmäßige Steuerung, sowohl auf der Seite der Empfänger als auch auf jener der Sender. Damit ist zuerst zu klären, welche Verfügungs- und Besitzverhältnisse auf der Seite der Empfänger gegeben sind bzw. welche Konstellationen von Empfangsgeräten, Abonnements usw. bestehen. Von besonderem Interesse sind die mit den Verfügungsverhältnissen vorgegebenen Möglichkeiten der Information.

Auf Senderseite ist insbesondere die Erhebung der Besitzverhältnisse – differenziert nach verschiedenen Medien (Verlagswesen, TV, Radio, Film, Video, Tonträger usw.) – wichtig. Sodann interessieren die Formen politischer Kontrollmöglichkeiten und Ausrichtungen. Konstruktion und Durchsetzung von Weltbildern beruhen auf der Kontrolle der Mittel der Information bzw. der Informationsflüsse. Auch die Zugänge zu Bildungsinstitutionen gehören dazu. Die »Geographie des Bildungs- und Qualifikationswesens« (MEUSBURGER, 1998) ist in der hier vertretenen Perspektive auf die nationalstaatlichen Institutionen und die damit verbundene Überwachung der Reproduktion der Zugänge zu sozialen Wissensbeständen und auf die sozialen Eliten hin zu konzipieren.

Für die *Geographien symbolischer Aneignung* sind die verschiedenen Formen differenzierter Aufladungen zu rekonstruieren. Sie betreffen zunächst die subjektiven Bedeutungszuweisungen zu und die sinnhaften Aneignungen von bestimmten Ausschnitten der Alltagswelt. Das entsprechende Forschungsinteresse ist hier nicht auf der Objektseite situiert, wie das bei zahlreichen verwandten Themen in den Sozialwissenschaften und der Geographie häufig der Fall ist, sondern auf der Subjektseite. Welche symbolische, emotionale und subjektive Bedeutung erlangen bestimmte erdräumliche Ausschnitte? Inwiefern sind symbolisch-emotionale Aneignungen von »Natur« politisch und im Sinne der Subjektkonstitution relevant? Welches sind die praktischen Konsequenzen der symbolischen Formen des Geographie-Machens? Dies sind einige der zentralen Fragen, um die herum die entsprechenden Forschungsarbeiten aufgebaut werden können.

Hier können zunächst hypothetisch Symbolisierungen für die intersubjektiven Sinnfelder wie Religion, Politik, Ökonomie, Mythos, Ideologie usw. zur Ausgangsbasis gemacht werden. Dabei ist zwischen traditionellen und spätmodernen Aneignungen und Aneignungsformen zu unterscheiden. Insbesondere innerhalb der spätmodernen Lebensformen sind die subjektzentrierten Aneignungen zu betonen, aber auch die Produktion spätmoderner Mythen (Vaterland, gute Natur, Ökoidylle usw.) ist zu thematisieren. LUCIENNE REY (1995, 19) zeigt in ihrer empirischen Studie, wie »Massenmedien als Schaltstellen im gesellschaftlichen Definitionsprozess der Umweltthematik« in geographischer Perspektive betrachtet und analysiert werden können.

Die symbolische Aneignung von Orten und Gebieten ist für die Konstitution sinnhafter sozial-kultureller Wirklichkeiten zentral. Doch auch hier ist zu betonen, dass dadurch die sozial-kulturelle Welt nicht eine räumliche wird. Denn die räumliche Relationierung symbolischer Gehalte bedeutet nicht, dass die Symbole räumlich sind. Sie sind »Bestandteil« der Kommunikation und nicht des Raumes. Elemente der Kommunikation können räumlich relationiert sein und gerade in dieser Form – wie die Diskurse regionalistischer und nationalistischer Bewegungen zeigen – äußerst machtvolle Mittel der Konstruktion sozialer Wirklichkeiten werden. Genau auf diese Zusammenhänge sind die entsprechenden Untersuchungen der symbolischen Aneignung auszurichten: auf die Abklärung der sozial-kulturellen Bedeutung räumlich relationierter symbolischer Konstruktionen wie »Heimat« (HUBER, 1999), »heilige Stätte«, »Ökotop«, »Vaterland« usw.

Von besonderem Interesse ist die Abklärung der Bedeutung räumlich relationierter Symbolik – wie das Eingangsbeispiel »Brandenburger Tor« veranschaulicht – für die Reproduktion der Bedeutungs- und Sinnstrukturen sowie der entsprechenden interpretativen Schemata des alltäglichen Lebens. Dabei kommt der Rekonstruktion von »Mythen des Alltags« (BARTHES, 1967) und der ihnen zugrunde liegenden Reifikationstechniken, der »Verdinglichung«, gerade für die rationale Erschließung jener sozial-kulturellen Wirklichkeiten eine Bedeutung zu, auf der auch die Forschungsgegenstände der traditionellen Geographie beruhen. SIEGRIST zeigt in »Alltagsgeographie und Naturdiskurs« (1996), wie die Reifikationspraxis in Bergsteigerreiseberichten dazu beiträgt, aus dem »Berg« einen veritablen »Gegner« zu machen.

Insbesondere in diesem Zusammenhang werden – wie Markus Richner (2007) im Zusammenhang mit dem regionalen Wahrzeichen »Kapellbrücke« zeigt – Diskursanalysen von zentraler Bedeutung und sollten – hypothetisch formuliert – auf zwei Hauptdimensionen konzentriert werden. Der erste Bereich betrifft die Darstellung partikularistischer Interessen als universale Interessen. Diese ist offensichtlich insbesondere in regionalistischen und nationalistischen Diskursen von zentraler Bedeutung. Diese Form ideologischer Diskurse ist an symbolische Aneignungen gebunden, die im Sinne der Vorbereitung politischer Aktionen relevant sein dürften.

Der zweite Bereich betrifft die Naturalisierung bzw. Reifikation räumlicher Ausschnitte als effiziente Form ideologischer Selbst- oder Fremddeutung sowie der politischen Durchsetzung des Diskurses. Hier ist – wie Günther Arber (2007) in Zusammenhang mit der Darstellung der Zürcher Drogenszenen »Platzspitz« und »Letten« (der »needle park« der internationalen Presse) in den Printmedien zeigt – insbesondere die Rolle der »Boulevardpresse« mit ihrer ideologischen »Mythenbildung« von (mit-) entscheidender Bedeutung. Jedenfalls besteht ein besonderes Merkmal entsprechender ideologischer Diskurse darin, symbolisch konstituierte Aneignungen als naturhafte Eigenschaften der Objekte, territorialer Ausschnitte usw. erscheinen zu lassen.

Die Naturalisierung bzw. Reifikation als Techniken symbolischer Aneignung sind wesentlich vielfältiger als hier angedeutet werden kann. Zahlreiche subjektspezifische Aneignungsformen dürften für die verschiedenen Alltagspraktiken von wesentlich größerer Bedeutung sein, als dies in der sozialwissenschaftlichen Forschungsliteratur bisher zum Ausdruck kommt.

Diskussion

DIE handlungstheoretische Sozialgeographie ist als eine Forschungsperspektive konzipiert, welche eine inter- und transdisziplinäre sozialwissenschaftliche Erforschung der Alltagswelt ermöglichen soll. Aus der Konzentration auf das Handeln der Subjekte ergeben sich zwei wichtige Konsequenzen. *Erstens* ist »Raum« immer als vom erkennenden und handelnden Subjekt konstituiert zu begreifen. Es gibt keinen an sich bestehenden Raum. Raum per se hat somit auch keine eigene Wirkkraft, auf welche zur Erklärung von Alltagswirklichkeiten zurückgegriffen werden könnte.

Zweitens wird davon ausgegangen, dass »Raum« immer handlungsspezifisch konstituiert wird. »Raum« nimmt je nach thematischer Ausrichtung des Handelns eine andere Bedeutung an und wird in je spezifischem Sinne Teil des Handelns. So kann man mit GIDDENS (1993, xv) den zentralen Punkt der handlungszentrierten sozialgeographischen Argumentation wie folgt zusammenfassen: »Spatial problems‹ [...] always refer to issues relating to action«. Probleme des »Raumes« erweisen sich als Probleme des Handelns. Von dieser Position aus kann eine sozialwissenschaftliche Ausrichtung sozialgeographischer Forschung erfolgen, der es möglich wird, das alltägliche Geographie-Machen zum Gegenstand wissenschaftlicher Untersuchung zu machen.

Mit diesem Ausgangspunkt werden Geographie und Sozialwissenschaften näher zusammengebracht, ohne dass diese beiden Forschungstraditionen etwas von ihrer Zuständigkeit aufzugeben haben. Beide können ihre Besonderheiten beibehalten. Gleichzeitig können beide einander gegenseitig in dem Sinne befruchten, als dass die Ergebnisse sozialgeographischer Forschung zur Erweiterung der gesellschaftstheoretischen Forschung beitragen können und die sozialgeographische Position sich gleichzeitig aus der naturalistischen Betrachtung des Gesellschaftlichen befreien kann.

Die kritische Diskussion dieses Ansatzes ist mit »Handlungszentrierte Sozialgeographie« (MEUSBURGER, 1999) erst in den Anfängen. Trotzdem können in der Auseinandersetzung der letzten

Jahre einige erste Schwerpunkte der Kritik identifiziert werden. Ein Kernpunkt besteht im Vorwurf, mit der Handlungstheorie eine zu individualistische Darstellung der gesellschaftlichen Wirklichkeit in Kauf nehmen zu müssen. Mit der Handlungstheorie werde den Akteuren eine Entscheidungsfreiheit unterschoben, die sie im wirklichen Leben gar nicht besäßen. Sie entwerfe eine »Perspektive von Welt, die sich mit einem differenzierten Angebot transnationaler Supermärkte vergleichen [lasse], in denen sich die frei wählenden Subjekte je nach Lebensstil und Ressourcen bedienen« (OßENBRÜGGE, 1997, 251).

Ein zweiter Kritikpunkt betrifft den Vorwurf der Vernachlässigung der ökologischen Thematik und damit zugleich des Verhältnisses zwischen Humangeographie und Physischer Geographie (BLOTEVOGEL, 1999). Die Sozialgeographie müsste vielmehr auch in Richtung einer modernen »Humanökologie« – wie sie etwa von PETER WEICHHART (1986) und DAGMAR REICHERT & WOLFGANG ZIERHOFER (1993) skizziert wird – ausgebaut werden und nicht allein auf Gesellschaftsforschung angelegt sein. In ähnliche Richtung zielt WEICHHARTS (1998) Einwand, handlungszentrierte Sozialgeographie nehme eine zu scharfe Trennung von physisch-materieller und sozialer Welt vor. Vielmehr müsste berücksichtigt werden, dass für die Handelnden »Materielles« und »soziale Bedeutung« eine Einheit bildeten.

Ein dritter Einwand betrifft die Art des verwendeten Subjektbegriffs. So wird von HARD (1998, 252) die Vermutung geäußert, dass aufgrund der mangelhaften Klärung dieses Begriffs möglicherweise jene Probleme – quasi durch die Hintertür – wieder in die Argumentation einfließen würden, die zuvor mittels der Entmystifizierung des geographischen Raumes hätten bereinigt werden können: »Sowenig es Wissenschaft vom ganzen Raum oder von der ganzen Landschaft gibt, sowenig gibt es eine Wissenschaft vom ganzen Subjekt« (HARD, 1998, 253). Wenn die ›physisch-materiellen Handlungsbedingungen in ihrer Räumlichkeit‹ nur dann zum Handlungskontext gerechnet werden können, wenn und insofern sie Teil der Situationsdeutung handelnder Subjekte sind«

(HARD, 1998, 252), könnten auch »Körper« und »Subjekt« nur in ihrer sozialen Konstitution thematisiert werden und nicht per se. Ein vierter Schwerpunkt der Kritik betrifft schließlich das Verhältnis zur Regionalgeographie. Die Handlungstheorie ziehe »der traditionellen Länderkunde den Boden unter den Füßen weg« (WIRTH, 1998, 60), wird argumentiert. Die These, dass sich mit der Globalisierung die regionalen Lebensbedingungen zu sehr verändert hätten, als dass sie weiterhin in Länderkunden als Länder dargestellt werden können, wird mit der Begründung abgelehnt, die Regionalforschung wäre inhärenter Bestandteil der Moderne bzw. der Spätmoderne. Aufgabe der Geographie sei es, auf die wachsende Komplexität mit Komplexitätsreduktionen – mittels verräumlichter Wirklichkeitsdarstellungen – zu reagieren.

Merkpunkte

1

Die Bedeutungen materieller Gegebenheiten sind nicht Eigenschaften der Objekte per se, sondern werden von den Subjekten zugeschrieben. Konsequenterweise können Bedeutungen räumlicher »Tatsachen« nur über die Analyse der Bedeutungszuweisungen erschlossen werden, nicht aber durch selbstgenügsame Raumanalyse.

2

Die handlungstheoretische Sozialgeographie ist nicht als eine handlungsorientierte Raumwissenschaft konzipiert, sondern als eine raumorientierte Handlungswissenschaft.

3

»Handeln«/»Handlung« stellen spezifische Beschreibungen menschlicher Tätigkeiten dar, welche von reflexions- und intentionalitätsfähigen Subjekten hervorgebracht werden.

4

Nur Individuen können Akteure sein. Es gibt aber keine Handlungen, die ausschließlich individuell sind.

5

Bei der Systematisierung der unterschiedlichen handlungstheoretischen Ansätze kann davon ausgegangen werden, dass jeder eine Thematisierung spezifischer Dimensionen menschlicher Alltagspraxis darstellt. So kann man zwischen zweckrationalen, normorientierten und verständigungsorientierten Handlungstheorien unterscheiden.

6

Vom handlungszentrierten Standpunkt aus ist »Raum« als eine begriffliche Konzeptualisierung der physisch-materiellen Wirklichkeit zu begreifen. Es handelt sich bei »ihm« nicht um einen Gegenstand oder um einen eigenständigen Wirklichkeitsbereich, sondern um einen Begriff.

7

In den unterschiedlichen zweckrationalen, normorientierten und verständigungsorientierten Bezügen des Handelns ändert sich – weil die Relationierungen mit dem Körper jeweils anders ausfallen – auch die Konstitution des Raumes.

8

Gegenstand handlungstheoretischer Forschung ist im Rahmen der Sozialgeographie die wissenschaftliche Erforschung des alltäglichen Geographie-Machens. Dabei sind drei Haupttypen und entsprechende Forschungsbereiche zu unterscheiden:

a. produktiv-konsumtive Formen und die Geographien der Produktion und Konsumtion
b. normativ-politische Formen und die alltäglichen Geographien der normativen Aneignung und der politischen Kontrolle
c. informativ-signifikative Formen und die Geographien der Information und der symbolischen Aneignung.

Weiterführende Literatur

FELGENHAUER, T. (2007): Geographie als Argument. Stuttgart

GÄBLER, K. (2008): Die angeeignete Natur. Naturkonzepte in Geographie und Ökonomie am Beispiel der Debatte um Gemeingüter. Sozialgeographische Manuskripte, Bd. 1. Jena

MEUSBURGER, P. (Hrsg.) (1999): Handlungszentrierte Sozialgeographie. Benno Werlens Entwurf in kritischer Diskussion. Erdkundliches Wissen, Heft 130, Stuttgart

SCHLOTTMANN, A. (2005): RaumSprache. Ost-West-Differenzierung in der Berichterstattung zur deutschen Einheit. Stuttgart

WERLEN, B. (2008): Orte der Geographie. Gesammelte Aufsätze. Bd. 1. Stuttgart (im Druck)

WERLEN, B. & K. GÄBLER (Hrsg.) (2008a): Geographische Praxis I – Territorialisierungen und territoriale Konflikte. Sozialgeographische Manuskripte, Bd. 3, Jena.

WERLEN, B. & K. GÄBLER (Hrsg.) (2008b): Geographische Praxis II – Symbolische Aneignungen. Sozialgeographische Manuskripte, Bd. 4, Jena.

WERLEN, B. (Hrsg.) (2007): Sozialgeographie alltäglicher Regionalisierungen. Bd. 3: Ausgangspunkte und Befunde empirischer Forschung. Stuttgart

WERLEN, B. (1997/^{2}2007): Sozialgeographie alltäglicher Regionalisierungen. Bd. 2: Globalisierung, Region und Regionalisierung. Erdkundliches Wissen, Heft 119, Stuttgart

WERLEN, B. (1987/^{3}1997): Gesellschaft, Handlung und Raum. Grundlagen handlungstheoretischer Sozialgeographie. Erdkundliches Wissen, Heft 89, Stuttgart

Literatur

AASE, T. (1994): Symbolic space. Representations of space in geography and anthropology. In: Geografiska Annaler, 76B, Nr.1, 51-58.
APPLEYARD, D., K. LYNCH & J. MEYER (1964): The View from the Road. Cambridge Mass.
ARBER, G. (2007): Medien, Regionalisierungen und das Drogenproblem. In: WERLEN, B. (Hrsg.): Sozialgeographie alltäglicher Regionalisierungen. Bd. 3: Geographien des Alltags – Empirische Befunde. Erdkundliches Wissen, Heft 121, Stuttgart.
ARNREITER, G. & P. WEICHHART (1998): Rivalisierende Paradigmen im Fach Geographie. In: SCHURZ, G. & P. WEINGARTNER (Hrsg.): Koexistenz rivalisierender Paradigmen. Opladen/Wiesbaden, 53-86.
ATTESLANDER, P. & B. HAMM (Hrsg.) (1974): Materialien zur Siedlungssoziologie. Köln/Berlin.
BADER, V. M., J. BERGER, H. GANSSMANN & J. V. D. KNESEBECK (1980): Einführung in die Gesellschaftstheorie. Gesellschaft, Wirtschaft und Staat bei Marx und Weber. Frankfurt a. M./New York.
BAHRENBERG, G. (1987): Über die Unmöglichkeit von Geographie als »Raumwissenschaft« – Gemeinsamkeiten in der Konstituierung von Geographie bei A. Hettner und D. Bartels. In: BAHRENBERG, G., J. DEITERS, M. M. FISCHER, W. GAEBE, G. HARD & G. LÖFFLER (Hrsg.): Geographie des Menschen. Dietrich Bartels zum Gedenken. Bremer Beiträge zur Geographie und Raumplanung, Heft 11, 225-239.
BARROWS, H. (1923): Geography as human ecology. In: Annals of the Association of American Geographers, vol.13, 1-14.
BARTELS, D. (1979): Theorien nationaler Siedlungssysteme und Raumordnungspolitik. In: Geographische Zeitschrift, 67. Jg., Heft 2, 110-146.
BARTELS, D. (1978): Raumwissenschaftliche Aspekte sozialer Disparitäten. In: Mitteilungen der Österreichischen Geographischen Gesellschaft, Bd. 120, 227-242.
BARTELS, D. (1977): Leitfaden zum Unterseminar in Kultur- und Sozialgeographie. Kiel.

BARTELS, D. & G. HARD (1975): Lotsenbuch für das Studium der Geographie. Bonn/Kiel.
BARTELS, D. (1973): Between theory and metatheory. In: CHORLEY, R. J. (ed.): Directions in Geography. London, 23-42.
BARTELS, D. (1970): Einleitung. In: BARTELS, D. (Hrsg.): Wirtschafts- und Sozialgeographie. Köln/Berlin, 13-48.
BARTELS, D. (1968a): Zur wissenschaftstheoretischen Grundlegung einer Geographie des Menschen. Erdkundliches Wissen, Heft 19, Wiesbaden.
BARTELS, D. (1968b): Türkische Gastarbeiter aus der Region Izmir. Zur raumzeitlichen Differenzierung ihrer Aufbruchsentschlüsse. In: Erdkunde, 22. Jg., Heft 4, 313-324.
BARTHES, R. (1967): Mythen des Alltags. Frankfurt a. M.
BASSET, K. & J. SHORT (eds.) (1980): Housing and Residential Structure. Alternative Approaches. London/Boston.
BECK, H. (1983): Große Geographen. Pioniere – Außenseiter – Gelehrte. Berlin.
BECK, U. (1986): Die Risikogesellschaft. Auf dem Weg in eine andere Moderne. Frankfurt a. M.
BENJAMIN, W. (1983): Das Passagen-Werk. Frankfurt a. M.
BENKO, G. & U. STROHMAYER (Hrsg.) (2004): Human Geography. A History for the 21st Century. London.
BLASIUS, J. & J. S. DANGSCHAT (Hrsg.) (1990): Gentrification. Die Aufwertung innenstadtnaher Wohnviertel. Frankfurt a. M.
BLOCH, M. (1931): Les caractères originaux de l'histoire rurale française. Paris.
BLOTEVOGEL, H. H. (1999): Sozialgeographischer Paradigmawechsel? Eine Kritik des Projekts der handlungszentrierten Sozialgeographie von Benno Werlen. In: MEUSBURGER, P. (Hrsg.): Handlungszentrierte Sozialgeographie. Benno Werlens Entwurf in kritischer Diskussion. Erdkundliches Wissen, Heft 130, Stuttgart.
BLOTEVOGEL, H. H., G. HEINRITZ & H. POPP (1987): Regionalbewußtsein – Überlegungen zu einer geographisch-landeskundlichen Forschungsinitiative. In: Informationen zur Raumentwicklung, Heft 7/8, 409-418.
BLOTEVOGEL, H. H., G. HEINRITZ & H. POPP (1986): Regionalbewußtsein. Bemerkungen zum Leitbegriff einer Tagung. In: Berichte zur deutschen Landeskunde, 60. Jg., Heft 1, 103-114.

BOBEK, H. (1976): Entstehung und Verbreitung der Hauptflursysteme Irans – Grundzüge einer sozialgeographischen Theorie. In: Mitteilungen der Geographischen Gesellschaft Wien, Bd. 118, Heft 1, 274-309.

BOBEK, H. (1962): Über den Einbau der sozialgeographischen Betrachtungsweise in die Kulturgeographie. In: HARTKE, W. & F. WILHELM (Hrsg.): Deutscher Geographentag Köln 1961. Tagungsberichte und wissenschaftliche Abhandlungen. Wiesbaden, 148-165.

BOBEK, H. (1959): Die Hauptstufen der Gesellschafts- und Wirtschaftsentfaltung in geographischer Sicht. In: Erde, 90. Jg., Heft 3, 257-297.

BOBEK, H. (1957): Gedanken über das logische System der Geographie. In: Mitteilungen der Geographischen Gesellschaft Wien, Bd. 99, 122-145.

BOBEK, H. (1950a): Aufriß einer vergleichenden Sozialgeographie. In: Mitteilungen der Österreichischen Geographischen Gesellschaft, Bd. 92, 34-45.

BOBEK, H. (1950b): Soziale Raumbildungen am Beispiel des Vorderen Orient. In: AMT FÜR LANDESKUNDE (Hrsg.): Deutscher Geographentag München 1948, Bd. 27, Heft 10, 193-206.

BOBEK, H. & J. SCHMITHÜSEN (1949): Die Landschaft im logischen System der Geographie. In: Erdkunde, 3. Jg., 112-120.

BOBEK, H. (1948): Die Stellung und Bedeutung der Sozialgeographie. In: Erdkunde, 2. Jg., 118-125.

BOBEK, H. (1927): Grundfragen der Stadtgeographie. In: Geographischer Anzeiger, 28. Jg., 213-224.

BÖGE, S. (1992): Die Auswirkungen des Straßengüterverkehrs auf den Raum. Dortmund.

BOLLNOW, O. F. (^{4}1980): Mensch und Raum. Stuttgart/Berlin/Köln/Mainz.

BORNER, R. (1997): Regionalismus in der Schweiz? Das Fallbeispiel Laufental. Zürich. (unveröff. Diplomarbeit)

BOURDIEU, P. (1991): Physischer, sozialer und angeeigneter Raum. In: WENTZ, M. (Hrsg.): Stadt-Räume. Frankfurt a. M.

BOURDIEU, P. (1987): Die feinen Unterschiede. Kritik der gesellschaftlichen Urteilskraft. Frankfurt a. M.

BOURDIEU, P. (1985): Sozialer Raum und »Klassen«. In: BOURDIEU, P.: Sozialer Raum und »Klassen«. Leçon sur la leçon. Zwei Vorlesungen. Frankfurt a. M., 7-46.

BOURDIEU, P. (1979): Entwurf einer Theorie der Praxis. Frankfurt a. M.

Brassel, K, D. Büttler & A. Flury (1986): Experimente zur Raumkognition der Schweiz. In: Geographica Helvetica, 41. Jg., Heft 1, 3 - 10.

Braudel, F. (1949): La Méditerranée et le monde méditerranéen à l'époque de Philippe. Paris.

Brogiato, H. P. (2005): Geschichte der deutschen Geographie im 19. und 20. Jahrhundert. Ein Abriss. In: Schenk, W. & K. Schliephake (Hrsg.): Allgemeine Anthropogeographie. Gotha, 41 - 82.

Brunet, R. (1990): Géographie universelle. 10 vols., Paris.

Brunet, R. (1981): Géographie du goulag. In: L'Espace géographique, No. 3, 215 - 232.

Bunge, W. (1973): Theoretical Geography. Lund Studies in Geography, Nr. 1, Lund.

Busch-Zantner, R. (1937): Ordnung der anthropogenen Faktoren. In: Petermanns Geographische Mitteilungen, 83. Jg., 138 - 141.

Buttimer, A. (1976): Grasping the dynamism of lifeworld. In: Annals of the Association of American Geographers, vol. 66, Nr. 2, 277 - 297.

Buttimer, A. (1974): Values in geography. In: Association of American Geographers, Resource Paper, Nr. 24, Washington D.C.

Buttimer, A. (1969): Social space in interdisciplinary perspective. In: Geographical Review, 59. Jg., Nr. 4, 417 - 426.

Buttimer, A. (1968): Social geography. In: International Encyclopaedia of the Social Sciences, vol. 6, New York, 134 - 143.

Buursink, J. (1998): Nederland in Geografische Handen. Hondred Jaar Regionale Geografie van Nederland. Nijmegen.

Cairncross, F. (1996): Das Ende der Distanz. Die Zukunft der Telekommunikation: Rund um die Welt zum Nulltarif. In: NZZ Folio, Nr. 2, 42 - 47.

Certeau, M. de (1988): Die Kunst des Handelns. Berlin.

Christaller, W. (1968): Wie ich zur Theorie der zentralen Orte gekommen bin. In: Geographische Zeitschrift, 56. Jg., Heft 2, 88 - 101.

Christaller, W. (1933): Die zentralen Orte in Süddeutschland. Jena.

Claval, P. (1984): Géographie humaine et economique contemporaine. Paris.

Claval, P. (1973): Principes de géographie sociale. Paris.

Cosgrove, D. (2003): Apollo's Eye: A Cartographic Genealogy of the Western Imagination. Baltimore.

Cosgrove, D. (1984): Social Formation and Symbolic Landscape. London.

Cox, K. & R. G. Golledge (eds.) (1969): Behavioral Problems in Geography: A Symposium. Nordwestern University in Geography, No. 17, Evaston Ill.

Crang, P. (1994): It's show time: on the workplace geographies of display in a restaurant in South-East England. In: Environment and Planning D. Society and Space, vol. 12, Nr. 6, 675-704.

Crang, P. (1990): Contrasting images of the new services society. In: Area, vol. 22, Nr. 1, 29-36.

de Certeau, M. (1988): Die Kunst des Handelns. Berlin.

de Vries Reilingh, H. Dirk (1974): Soziographie. In: König, R. (Hrsg.): Handbuch der empirischen Sozialforschung. Bd. 1, 142-161.

Deiters, J. (1978): Zur empirischen Überprüfbarkeit der Theorie der zentralen Orte. Fallstudie Westerwald. Arbeiten zur Rheinischen Landeskunde, Bd. 44, Bonn.

Demangeon, A. (1947): Problèmes de géographie humaine. Paris.

Demolins, E. (1901/1903): Les grandes routes des peuples. Essai de géographie sociale. Paris. (2 Bde.)

Downs, R. M. & D. Stea (1982): Kognitive Karten. Die Welt in unseren Köpfen. New York.

Downs, R. M. (1970): Geographic space perception. Past approaches and future prospects. In: Progress in Human Geography, vol. 2, 65-108.

Durkheim, E. (^{6}1980): Regeln zur soziologischen Methode. Darmstadt/Neuwied.

Durkheim, E. (1899): Morphologie sociale. In: L'Année Sociologique, vol. 2, 520-552.

Egli, E. (1975): Mensch und Landschaft. Kulturgeographische Aufsätze und Reden. Zürich/München.

Ehlers, E. (1983): Sfax/Tunesien: Dualistische Strukturen in der orientalisch-islamischen Stadt. In: Erdkunde, 37. Jg., Heft 2, 81-96.

Ehlers, E. (1978): Rentenkapitalismus und Stadtentwicklung im islamischen Orient. In: Erdkunde, 32. Jg., 124-142.

Eisel, U. (1980): Die Entwicklung der Anthropogeographie von einer »Raumwissenschaft« zur Gesellschaftswissenschaft. Urbs et Regio, Bd. 17, Kassel.

Engels, F. (1845): Die Lage der arbeitenden Klasse in England. Leipzig.

Erismann, L. (1998): Industrialisierung und Kinderkrippen. Zürich. (unveröffentlichte Diplomarbeit)

EYLES, J. (ed.) (1986): Social Geography: An International Perspective. London.
FAHLBUSCH, M. (1994): Wo der deutsche ... ist, ist Deutschland. Die Stiftung für deutsche Volks- und Kulturbodenforschung in Leipzig 1920-33. Bochum.
FARINELLI, F. (1992): L'esprit du paysage. In: MONDADA, L., F. PANESE & O. SØDERSTRØM (eds.): Paysage et crise de la lisibilité. Lausanne, 73-80.
FEBVRE, L. (1922): La terre et l'évolution humaine. Paris.
FELGENHAUER, T. (2007): Geographie als Argument. Stuttgart.
FLUSSER, V. (1992): Das Verschwinden der Ferne. In: Arch +, Heft 111, 31-32.
FOUCAULT, M. (1976a): Questions à Michel Foucault sur la géographie. In: Herodote, vol. 1, 71-85.
FOUCAULT, M. (1976b): Mikrophysik der Macht. Über Strafjustiz, Psychiatrie und Medizin. Berlin.
FOUCAULT, M. (1976c): Die Geburt der Klinik. Frankfurt a. M.
FOUCAULT, M. (1974): Die Ordnung der Dinge. Frankfurt a. M.
FOUCAULT, M. (1973): Archäologie des Wissens. Frankfurt a. M.
FOURASTIÉ, J. (1969): Die große Hoffnung des zwanzigsten Jahrhunderts. Köln.
FRÉMONT, A., J. CHEVALIER, R. HÉRIN & J. RENARD (eds.) (1984): Géographie sociale. Paris.
FREUND, B. (1993): Sozialbrache – Zur Wirkungsgeschichte eines Begriffs. In: Erdkunde, 47. Jg., Heft 1, 12-24.
FRIEDRICH, K. (1995): Alter in räumlicher Umwelt. Sozialräumliche Interaktionsmuster älterer Menschen in Deutschland und in den USA. Darmstadt.
FRIEDRICHS, J. (1977): Stadtanalyse. Soziale und räumliche Organisation der Gesellschaft. Reinbek b. Hamburg.
FRIELING, H. D. v. (1980): Räumliche und soziale Segregation in Göttingen. Zur Kritik der Sozialökologie. Urbs et Regio, Bd. 19, Kassel.
FÜRSTENBERG, M. (1970): Versuch einer erkenntnistheoretischen Analyse sozialgeographischer Methoden. In: Geografiker, Heft 4, 34-46.
GÄBLER, K. (2008): Die angeeignete Natur. Naturkonzepte in Geographie und Ökonomie am Beispiel der Debatte um Gemeingüter. Sozialgeographische Manuskripte, Bd. 1. Jena.

GAEBE, W. (1987): Verdichtungsräume. Strukturen und Prozesse in weltweiten Vergleichen. Stuttgart/Tübingen.

GASTBERGER, T. (1989): Städtische Wohnumgebung als Spielraum für Kinder. Untersucht am Beispiel Zürich-Örlikon. Zürich. (unveröff. Diplomarbeit)

GEDDES, P. (1905): Sociological Papers. Part II: Civics as Applied Sociology. London.

GEIPEL, R. (1992): Naturrisiken. Katastrophenbewältigung im sozialen Umfeld. Darmstadt.

GEIPEL, R. (1977): Friaul. Sozialgeographische Aspekte einer Erdbebenkatastrophe. Münchner Geographische Hefte, Nr. 40, Kallmünz/Regensburg.

GEIPEL, R. (1968): Der Standort der Geographie des Bildungswesens innerhalb der Sozialgeographie. In: Münchner Studien zur Sozial- und Wirtschaftsgeographie, Bd. 4, 155-161.

GEORGE, P. (1945): Géographie sociale du monde. Paris.

GIDDENS, A. (1995): Konsequenzen der Moderne. Frankfurt a. M.

GIDDENS, A. (1993): Preface. In: Werlen, B.: Society, Action and Space. An Alternative Human Geography. London, XII-XV.

GIDDENS, A. (1988): Die Konstitution der Gesellschaft. Grundzüge einer Theorie der Strukturierung. Frankfurt a. M.

GIDDENS, A. (1984a): Constitution of Society. Outline of the Theory of Structuration. Cambridge.

GIDDENS, A. (1984b): Interpretative Soziologie. Eine kritische Einführung. Frankfurt a. M.

GIDDENS, A. (1979): Central Problems in Social Theory. Action, Structure and Contradiction in Social Analysis. London.

GIDDENS, A. (1971): Capitalism and Modern Social Theory: An Analysis of the Writings of Marx, Durkheim and Max Weber. Cambridge.

GIRNDT, H. (1967): Das soziale Handeln als Grundkategorie erfahrungswissenschaftlicher Soziologie. Tübingen.

GOFFMAN, E. (1991): Wir alle spielen Theater. Die Selbstdarstellung im Alltag. München.

GOFFMAN, E. (1982): Das Individuum im öffentlichen Austausch. Mikrostudien zur öffentlichen Ordnung. Frankfurt a. M.

GOFFMAN, E. (1980): Rahmen-Analyse. Ein Versuch über die Organisation von Alltagserfahrungen. Frankfurt a. M.

GOFFMAN, E. (1969): The Presentation of Self in Everyday Life. Harmondsworth.
GOLD, J. R. (1980): An Introduction to Behavioural Geography. Oxford.
GOLLEDGE, R. G. & R. J. STIMPSON (1996): Spatial Behavior. A Geographic Perspective. New York.
GOPPEL, K. & F. SCHAFFER (Hrsg.) (1991): Raumplanung in den 90er Jahren. Grundlagen, Konzepte, politische Herausforderungen in Deutschland und Europa – Bayern im Blickpunkt. Festschrift für Karl Ruppert. ASG Beiträge Nr. 24 (Sonderbd.), Augsburg.
GREGORY, D. (1994): Geographical Imaginations. Oxford.
GREGORY, D. (1989): Presences and absences: time-space relations and structuration theory. In: HELD, D. & J. THOMPSON (eds.): Social Theory of Modern Societies. Anthony Giddens and his Critics. Cambridge, 185-214.
GREGORY, D. & J. URRY (eds.) (1985): Social Relations and Spatial Structures. London.
GREGORY, D. (1982): Regional Transformation and Industrial Revolution: A Geography of Yorkshire Woollen Industry. London.
GREGORY, D. (1981): Human agency and human geography. In: Transactions of the Institute of British Geographers, N. S., vol. 6, 1-18.
GREGORY, D. (1978): Ideology, Science and Human Geography. London.
GÜNZEL, S. (Hrsg.) (2008): Raumwissenschaften. Frankfurt a. M.
HABERMAS, J. (1981): Theorie des kommunikativen Handelns. Bd. 1: Handlungsrationalität und gesellschaftliche Rationalisierung. Frankfurt a. M.
HÄGERSTRAND, T. (1970): What about people in regional science? In: Papers of the Regional Science Association, vol. 27, 7-21.
HAGGETT, P. (1983): Geographie. Eine moderne Synthese. New York.
HALBWACHS, M. (1967): Das kollektive Gedächtnis. Stuttgart.
HALBWACHS, M. (1938): Morphologie sociale. Paris.
HAMM, B. (1982): Die Organisation der städtischen Umwelt. Ein Beitrag zur sozialökologischen Theorie der Stadt. Frauenfeld.
HARD, G. (2008): Der Spatial Turn, von der Geographie her beobachtet. In: DÖRING, J. & T. THIELMANN (Hrsg.): Spatial Turn. Das Raumparadigma in den Kultur- und Sozialwissenschaften. Bielefeld, 263-316.
HARD, G. (1998): Eine Sozialgeographie alltäglicher Regionalisierungen. In: Erdkunde, 52. Jg., Heft 3, 250-253.
HARD, G. (1995): Spuren und Spurenleser. Osnabrück.

HARD, G. (1987a): »Bewußtseinsräume«. Interpretationen zu geographischen Versuchen, regionales Bewußtsein zu erforschen. In: Geographische Zeitschrift, 75. Jg., Heft 3, 127-148.

HARD, G. (1987b): Das Regionalbewußtsein im Spiegel der regionalistischen Utopie. In: Informationen zur Raumentwicklung, Heft 7/8, 419-440.

HARD, G. (1985): Problemwahrnehmung in der Stadt. Studien zum Thema Umweltwahrnehmung. Osnabrücker Studien zur Geographie, Bd. 4, Osnabrück.

HARD, G. & R. SCHERR (1976): Mental maps, Ortsteilimage und Wohnstandortwahl in einem Dorf der Pellenz. In: Berichte zur deutschen Landeskunde, Bd. 50, 175-220.

HARD, G. (1973a): Die Geographie. Eine wissenschaftstheoretische Einführung. Berlin.

HARD, G. (1973b): Methodologie und die »eigentliche« Arbeit. In: Die Erde, 104. Jg., Heft 2, 104-131.

HARD, G. (1970): Die »Landschaft« der Sprache und die »Landschaft« der Geographen. Colloquium Geographicum, Bd. 11, Bonn.

HARTKE, W. (1963a): Die Passage. Ein neues Element der Stadtlandschaft. Vorläufige Ergebnisse stadt- und sozialgeographischer Studien in München. In: SCHRÖDER, K. (Hrsg.): Studien zur südwestdeutschen Landeskunde. Festschrift für Friedrich Huttenlocher. Bad Godesberg, 297-310.

HARTKE, W. (1963b): Der Weg der Sozialgeographie. Der wissenschaftliche Lebensweg von Prof. Dr. H. Bobek. Mitteilungen der Österreichischen Geographischen Gesellschaft, Bd. 105, Heft 1/11, 5-22.

HARTKE, W. (1962): Die Bedeutung der geographischen Wissenschaft in der Gegenwart. In: Tagungsberichte und Abhandlungen des 33. Deutschen Geographentages in Köln 1961. Wiesbaden, 113-131.

HARTKE, W. & A. BLANC (1962): Un petit colloque de géographie sociale à Lubljana. In: Revue géographique de l'Est, 387-392.

HARTKE, W. (1961): Die sozialgeographische Differenzierung der Gemarkungen ländlicher Kleinstädte. In: Geografiska Annaler, vol. 43, Heft 1-2, 105-113.

HARTKE, W. (1959): Gedanken über die Bestimmung von Räumen gleichen sozialgeographischen Verhaltens. In: Erdkunde, 13. Jg., Heft 4, 426-436.

HARTKE, W. (1956): Die »Sozialbrache« als Phänomen der geographischen Differenzierung der Landschaft. In: Erdkunde, 10. Jg., Heft 4, 257-269.

HARTKE, W. (1948): Gliederungen und Grenzen im Kleinen. In: Erdkunde 2, 174-179.

HARTMANN, R., H. HITZ, C. SCHMID & R. WOLFF (1986): Theorien zur Stadtentwicklung. Geographische Hochschulmanuskripte, Heft 12, Oldenburg.

HARVEY, D. (1989): The Condition of Postmodernity. An Enquiry into the Origins of Cultural Change. Oxford.

HARVEY, D. (1982): The Limits to Capital. Chicago.

HARVEY, D. (1973): Social Justice and the City. London.

HÄUßERMANN, H. & W. SIEBEL (2004): Stadtsoziologie. Eine Einführung. Frankfurt a. M.

HÄUßERMANN, H. (Hrsg.) (1998): Großstadt. Soziologische Stichworte. Opladen.

HAWLEY, A. (^{3}1974): Theorie und Forschung in der Sozialökologie. In: KÖNIG, R. (Hrsg.): Handbuch der empirischen Sozialforschung. Bd. 4: Komplexe Forschungsansätze. Stuttgart, 51-81.

HECKHAUSEN, H. (1974): Motive und ihre Entstehung. In: WEINERT, F. E., C. F. GRAUMANN, H. HECKHAUSEN & M. HOFER (Hrsg.): Pädagogische Psychologie. Frankfurt a. M., 131-171.

HEGEL, G. W. F. (1961): Philosophie der Geschichte. Stuttgart.

HEIDEGGER, M. (1927): Sein und Zeit. Tübingen.

HEINRITZ, G. (1999): Ein Siegeszug ins Abseits. In: Geographische Rundschau, 51. Jg., Heft 1, 52-56.

HEINRITZ, G. & I. HELBRECHT (Hrsg.) (1998): Sozialgeographie und Soziologie. Dialog der Disziplinen. Münchner Geographische Hefte, Nr. 78.

HETTNER, A. (1907): Geographie des Menschen. In: Geographische Zeitschrift, 13. Jg., 401-425.

HOKE, G. W. (1907): The study of social geography. In: Geographical Journal, vol. 14, no. 1, 64-67.

HÖLLHUBER, D. (1976): Wahrnehmungswissenschaftliche Konzepte in der Erforschung innerstädtischen Umzugsverhaltens. Karlsruher Manuskripte zur mathematischen und theoretischen Wirtschafts- und Sozialgeographie. Karlsruhe.

HONEGGER, C. (Hrsg.) (1977): M. BLOCH, F. BRAUDEL, L. FEBVRE et al. Schrift und Materie der Geschichte. Vorschläge zur systematischen Aneignung historischer Prozesse. Frankfurt a. M.

HUBER, A. (1999): Heimat in der Postmoderne. Zürich.

HUG, H. (1989): Kropotkin. Zur Einführung. Hamburg.

JELEN, I. (1996): Traditionelle Lebensweise in einer Grenzregion: der ökologische Kalender einer slowenischen Gemeinschaft in den Julischen Voralpen. In: RENNER, E. (Hrsg.): Regionalismus. FWR-Publikationen, Nr. 30, St. Gallen, 119-136.

JUD, P. (1987): Elisée Reclus und Charles Perron. Schöpfer der »Nouvelle Géographie Universelle«. Ein Beitrag zur geographischen Wissenschaftshistorie. Konstanz.

KANT, E. (1935): Bevölkerung und Lebensraum Estlands. Ein anthropoökologischer Beitrag zur Kunde Baltoskandias. Tartu.

KANT, I. (1802): Physische Geographie, hrsg. von D. F. TH. RINK. Königsberg.

KLINGBEIL, D. (1978): Aktionsräume im Verdichtungsraum. Zeitpotentiale und ihre räumliche Nutzung. Münchner Geographische Hefte, Nr. 41, München.

KLINGBEIL, D. (1969): Zur sozialgeographischen Theorie und Erfassung des täglichen Berufspendlers. In: Geographische Zeitschrift, 57. Jg., Heft 2, 108-131.

KNEISLE, A. (1983): Es muß nicht immer Wissenschaft sein ... Methodologische Versuche zur Theoretischen Sozialgeographie in wissenschaftsanalytischer Sicht. Urbs et Regio, Bd. 28, Kassel.

KÖNIG, R. (1969): Soziale Gruppen. In: Geographische Rundschau, 21. Jg., Heft 1, 2-10.

KOST, K. (1988): Die Einflüsse der Geopolitik auf Forschung und Theorie der politischen Geographie von ihren Anfängen bis 1945. Bonner Geographische Abhandlungen, Heft 76, Bonn.

KRAMER, C. (2003): Soziologie und Sozialgeographie: Auf dem Weg zur Transdisziplinarität? Eine Analyse der Selbst- und Fremdbilder der beiden Nachbardisziplinen. In: Soziologie, 3, 31-59.

KRAUS, T. (1960): Der Wirtschaftsraum. Gedanken zu seiner geographischen Erforschung. In: KRAUS, T.: Individuelle Länderkunde und räumliche Ordnung. Erdkundliches Wissen, Heft 7, Wiesbaden, 28-40. (erstmals erschienen: Köln, 1933)

KROPOTKIN, P. (1896): L'anarchie, sa philosophie, son idéal. Paris.
LACOSTE, Y. (1990): Geographie und politisches Handeln. Perspektiven einer neuen Geopolitik. Berlin.
LACOSTE, Y. (1976): La géographie, ca sert, tout d'abord, à faire la guerre. Paris.
LANGMAN, L. (1992): Neon cages. Shopping for subjectivity. In: SHIELDS, R. (ed.): Lifestyle Shopping. London, 40-82.
LASCHINGER, W. & L. LÖTSCHER (1978): Basel als urbaner Lebensraum. Basler Beiträge zur Geographie, Heft 22/23, Basel.
LE CORBUSIER (1988): Die Charta von Athen (1942). Kritische Neuausgabe hrsg. von THILO HILPERT. Braunschweig/Wiesbaden.
LEE, T. R. (1971): Psychology and architectural determinism. In: Architects' Journal, vol. 154, 253-261; 475-483; 651-659.
LEFEBVRE, H. (1974): La production de l'espace. Paris.
LEFEBVRE, H. (1970): La révolution urbaine. Paris.
LENG, G. (1973): Zur »Münchner« Konzeption der Sozialgeographie. In: Geographische Zeitschrift, 61. Jg., Heft 3, 121-134.
LE PLAY, F. (1855): Les ouvriers européens. Paris.
LEUTHOLD, H. (1998): Die gute Adresse. Innerstädtische Wohnstandortverteilung in Zürich als Produkt sozial differenzierter Klassifikation. Zürich. (unveröff. Diplomarbeit)
LIPPUNER, R. (2005): Raum – Systeme – Praktiken. Stuttgart.
LOWENTHAL, D. (1967): Environmental Perception and Behaviour. Research Paper 109, Department of Geography, Chicago.
LYNCH, K. (1960): The Image of the City. Cambridge Mass.
MAI, E. (1933): Die Kakaokultur an der Goldküste und ihre sozialgeographischen Wirkungen. Institut für Meereskunde, Reihe B, Heft 9, Berlin.
MAIER, J., R. PAESLER, K. RUPPERT & F. SCHAFFER (1977): Sozialgeographie. Braunschweig.
MALINOWSKI, B. (1977/1941): Eine wissenschaftliche Theorie der Kultur. Frankfurt a. M.
MARSH, G. P. (1864): Man and Nature. Physical Geography as Modified by Human Action. New York.
MARSHALL, T. M. (1973): Class, Citizenship and Social Development. Westport.

Massey, D. (1991): Flexible sexism. In: Environment and Planning D: Society and Space, vol. 9, 31-57.

Mauss, M. (1927): Divisions et proportions des divisions de la sociologie. In: L'Année Sociologique, Nouvelle Serie, vol. 2, 98-173.

McKenzie, R. D. (1974): Konzepte der Sozialökologie. In: Atteslander, P. & B. Hamm (Hrsg.): Materialien zur Siedlungssoziologie. Köln/Berlin, 101-112.

McLuhan, M. (1995): Die magischen Kanäle. Understanding Media. Dresden/Basel.

Meller, H. (1990): Patrick Geddes. Social Evolutionist and City Planner. London.

Merleau-Ponty, M. (1966): Phänomenologie der Wahrnehmung. Berlin/New York.

Merton, R. K. (1963): Social Theory and Social Structure. Glencoe.

Meusburger, P. (Hrsg.) (1999): Handlungszentrierte Sozialgeographie. Benno Werlens Entwurf in kritischer Diskussion. Erdkundliches Wissen, Heft 130, Stuttgart.

Meusburger, P. (1998): Bildungsgeographie. Wissen und Ausbildung in der räumlichen Dimension. Heidelberg/Berlin.

Meusburger, P. (1975): Zum Ausbildungsniveau der Tiroler Bevölkerung. In: Geographische Rundschau, 27. Jg., Heft 6, 233-238.

Monzel, S. (2007): Kinderfreundliche Wohnumfeldgestaltung!? Sozialgeographische Hinweise für die Praxis. In: Werlen, B. (Hrsg.): Sozialgeographie alltäglicher Regionalisierungen Bd. 3: Geographien des Alltags – Empirische Befunde. Erdkundliches Wissen, Heft 121, Stuttgart.

Müller, K.-P. (1983): Unterentwicklung durch »Rentenkapitalismus«? Geschichte, Analyse und Kritik eines sozialgeographischen Begriffs und seiner Rezeption. Urbs et Regio, Bd. 29, Kassel.

Murdie, R. A. (1969): Factorial Ecology of Metropolitan Toronto 1951-1961. Chicago.

Muschg, A. (1996): Der Raum als Spiegel. In: Reichert, D. (Hrsg.): Räumliches Denken. Zürich, 47-56.

Nolden, H. (1937): Die Sozialgeographie des Aachener Regierungsbezirkes, ihre Entwicklung und ihre Tendenz. Dissertation. Köln.

Olsson, G. (1991): Lines of Power-Limits of Language. Minneapolis.

Olsson, G. (1980): Birds in Egg/Eggs in Bird. London.

OßENBRÜGGE, J. (1997): Rezensionsartikel. Werlen, Benno: Sozialgeographie alltäglicher Regionalisierungen. In: Zeitschrift für Wirtschaftsgeographie, 41. Jg., Heft 4, 249 - 253.

OTREMBA, E. (1959): Struktur und Funktion im Wirtschaftsraum. In: Berichte zur deutschen Landeskunde, Bd. 23, zugleich Festschrift Theodor Kraus, 15 - 28.

PAASI, A. (2002): Bounded spaces in the mobile world. Deconstructing regional identity. In: Tijdschrift voor economische en sociale geografie 93, 2, 137 - 148.

PAASI, A. (1986): The institutionalisation of regions: framework for understanding the emergence of regions and the constitution of regional identity. In: Fennia, vol. 164, Nr. 2, 105 - 146.

PAASSEN, C. v. (1982): Het Begin van 75 jaar sociale geografie in Nederland. Paper 2. Sociaal-Geografisch Instituut. Amsterdam.

PAASSEN, C. v. (1970): Over Vormverandering in de Sociale Geografie. In: BOURS, A. & J. G. LAMBOOY (red.): Stad en Stadsgewest in de ruimtelijke orde. Assen, 30 - 65.

PAHL, R. E. (1965): Trends in social geography. In: CHORLEY, R. J. & P. HAGGETT (eds.): Frontiers in Geographical Teaching. London, 81 - 100.

PARK, R. E. (1974): Die Stadt als räumliche Struktur und als sittliche Ordnung. In: ATTESLANDER, P. & B. HAMM (Hrsg.): Materialien zur Siedlungssoziologie. Köln/Berlin, 90 - 100.

PARK, R. E. (1952): Human Communities. New York.

PARK, R. E., E. W. BURGESS & R. D. MCKENZIE (1925): The City. Chicago/London.

PARK, R. E. & E. W. BURGESS (1921): Introduction to the Science of Sociology. Chicago.

PARSONS, T. (1961): Theories of Societies. Vol. 2 Glencoe Ill.

PARSONS, T. (1952): The Social System. London.

PARTZSCH, D. (1970): Daseinsgrundfunktionen. In: Handwörterbuch für Raumforschung und Raumordnung, Hannover, 865 - 868.

PARTZSCH, D. (1964): Zum Begriff der Funktionsgesellschaft. In: Mitteilungen des deutschen Verbandes für Wohnungswesen, Städtebau und Raumplanung, 3 - 10.

PEET, P. (ed.) (1977): Radical Geography. Alternative View-Points on Contemporary Issues. London.

Pfeiffer, G. (Hrsg.) (1960): Alfred Hettner, Gedenkschrift zum 100. Geburtstag. Heidelberger Geographische Arbeiten Heft 6, Keysersche Verlagsbuchhandlung, Heidelberg, München.

Philo, C. (ed.) (1991): New Words, New Worlds: Reconceptualising Social and Cultural Geography. Lampeter.

Philo, C. (1989): »Enough to drive on mad«: The organization of space in 19th-century lunatic asylum. In: Wolch, J. & M. Dear (eds.): The Power of Geography, London, 258-290.

Pickles, J.: Phenomenology, Science and Geography. Spatiality and the Human Science. Cambridge 1985

Pile, S. & N. Thrift (1995): Mapping the subject. London.

Pohl, J. (1998): Wahrnehmung von Naturrisiken in der Risikogesellschaft. In: Heinritz, G., R. Wiessner & M. Winiger (Hrsg.): Deutscher Geographentag, Bonn 1997. Bd. 2: Nachhaltigkeit als Leitbild der Umwelt- und Raumentwicklung. Stuttgart, 153-166.

Pohl, J. (1986): Die Geographie als hermeneutische Wissenschaft. Münchner Geographische Hefte, Nr. 52, Kallmünz/Regensburg.

Polanyi, K. (1979): Ökonomie und Gesellschaft. Frankfurt a. M.

Pred, A. (1986): Place, Practice and Structure. Cambridge.

Pred, A. (1985): The social becomes the spatial, the spatial becomes the social: enclosures, social change and the becoming of places in the swedish province of Skåne. In: Gregory, D. & J. Urry (eds.): Social Relations and Spatial Structures. London, 337-365.

Racine, J. B. & C. Raffestin (1983): L'espace et la societé dans la géographie sociale francophone. Pour une approche critique du quotidien. In: Paelink, J. H. P. & A. Salez (eds.): Espace et localisation. La redécouverte de l'espace dans la pensée scientifique de langue française. Paris, 304-330.

Ratzel, F. (^{3}1909): Anthropo-Geographie. Bd. 1, Stuttgart.

Ratzel, F. (1897): Politische Geographie. Oldenburg/München/Leipzig.

Ratzel, F. (1882): Anthropo-Geographie. Erster Teil: Grundzüge der Anwendung der Erdkunde auf die Geschichte. Stuttgart.

Reclus, E. (1875-1894): Nouvelle géographie universelle: La terre et les hommes. 19 vols., Paris.

Redepenning M. (2006): Wozu Raum? Systemtheorie und raumbezogene Semantiken. Leipzig.

REICHERT, D. & W. ZIERHOFER (1993): Umwelt zur Sprache bringen. Über umweltverantwortliches Handeln und den Umgang mit Unsicherheit. Opladen.

REUBER, P. (1999): Raumbezogene politische Konflikte. Konfliktforschung am Beispiel von Gemeindegebietsreformen. Stuttgart.

REUTLINGER, C. (2007): Territorialisierungen und Sozialraum. Empirische Grundlagen einer Sozialgeographie des Jugendalters. In: WERLEN, B. (Hrsg.): Sozialgeographie alltäglicher Regionalisierungen. Bd. 3, Stuttgart

REY, L. (1995): Umwelt im Spiegel der öffentlichen Meinung. Grenzlinien innerschweizerischer Uneinigkeit. Zürich.

RHODE-JÜCHTERN, T. (1976): Kritik in der Geographie zwischen Fortschritt und Vergeblichkeit. In: Geographische Zeitschrift, 64. Jg., Heft 3, 161 - 170.

RICHNER, M. (2007): Das brennende Wahrzeichen. Zur geographischen Metaphorik von Heimat. In: WERLEN, B. (Hrsg.): Sozialgeographie alltäglicher Regionalisierungen. Bd. 3, Stuttgart.

ROSA, H. (2005): Beschleunigung. Die Veränderung der Zeitstrukturen in der Moderne. Frankfurt a. M.

RÖSSLER, M. (1990): »Wissenschaft und Lebensraum«. Geographische Ostforschung im Nationalsozialismus. Ein Beitrag zur Disziplingeschichte der Geographie. Berlin/Hamburg.

RÜHL, A. (1938): Einführung in die allgemeine Wirtschaftsgeographie. Leiden.

RUPPERT, K. & F. SCHAFFER (1969): Zur Konzeption der Sozialgeographie. In: Geographische Rundschau, 21. Jg., Heft 6, 205 - 214.

SAARINEN, T. F. (1969): Perception of the Environment. Geography Resource Paper 5, Association of American Geographers. Washington D. C.

SACK, R. D. (1972): Geography, geometry, and explanation. In: Annals of the Association of American Geographers, vol. 62, 61 - 78.

SAUNDERS, P. (1987): Soziologie der Stadt. Frankfurt a. M.

SCHAEFER F. K. (1970): Exeptionalismus in der Geographie. In: BARTELS, D. (Hrsg.): Wirtschafts- und Sozialgeographie. Köln/Berlin, 50 - 65.

SCHAFFER, F. K. (1968): Untersuchungen zur sozialgeographischen Situation und regionalen Mobilität in neuen Großwohngebieten am Beispiel Ulm-Eselsberg. In: Münchner Geographische Hefte, Nr. 32, Kallmünz/Regensburg.

SCHATZKI, T. (1991): Spatial Ontology and Explanation. In: Annals of the Association of American Geographers, vol. 81, no. 4, 650-670.

SCHELLER, A. (1995): Frau – Macht – Raum. Geschlechtsspezifische Regionalisierung der Alltagswelt als Ausdruck von Machtstrukturen. Zürich.

SCHLOTTMANN, A. (2005): RaumSprache. Ost-West-Differenzierung in der Berichterstattung zur deutschen Einheit. Stuttgart.

SCHLÜTER, O. (1906): Die Ziele der Geographie des Menschen. München/Berlin.

SCHMID, C. (2005): Stadt, Raum und Gesellschaft. Stuttgart.

SCHMIDT, P. (1937): Nordkalabrien. Eine sozialgeographische Studie. Veröffentlichungen des Inst. für Meereskunde, Reihe B, Heft 12, Berlin.

SCHMITT, C. (1950): Der Nomos der Erde. Berlin.

SCHMITT, C. (1942): Land und Meer. Eine weltgeschichtliche Betrachtung. Köln.

SCHREPFER, H. (1935): Über Wirtschaftsgebiete und ihre Bedeutung für die Wirtschaftsgeographie. In: Geographische Wochenschrift, 3. Jg., 497-505.

SCHULTZ, H. D. (1999): Europa als geographisches Konstrukt. Jenaer Geographische Manuskripte, Bd. 20.

SCHULTZ, H. D. (1998): Herder und Ratzel: Zwei Extreme, ein Paradigma? In: Erdkunde, 52. Jg., Heft 3, 127-143.

SCHULTZ, H. D. (1980): Die deutschsprachige Geographie von 1800 bis 1970. Abhandlungen des Geographischen Instituts der FU Berlin, Bd. 29, Berlin.

SCHÜTZ, A. (1982): Das Problem der Relevanz. Frankfurt a. M.

SCHÜTZ, A. (1981): Theorie der Lebensformen. Frankfurt a. M.

SCHÜTZ, A. & T. LUCKMANN (1979): Strukturen der Lebenswelt. Frankfurt a. M.

SCHÜTZ, A. & T. PARSONS (1977): Zur Theorie sozialen Handelns. Ein Briefwechsel. Frankfurt a. M.

SCHÜTZ, A. (1974): Der sinnhafte Aufbau der sozialen Welt. Eine Einführung in die verstehende Soziologie. Frankfurt a. M.

SCHÜTZ, A. (1971): Gesammelte Aufsätze. Bd. 1: Das Problem der sozialen Wirklichkeit. Den Haag.

SCHWYN, K. (2008): Nationalstaat, Territorialität und Regionalisierung. Die amerikanischen Reservatspolitik im 19. Jahrhundert am Beispiel der San Carlos Apache Indian Reservation‹, Arizona 1863 - 1886. In: WERLEN, B.: Geographische Praxis I, Bd. 3, Jena.

SCHWYN, M. (1996): Regionalismus als soziale Bewegung. Entwurf einer theoretischen Beschreibung des Regionalismus mit einer empirischen Analyse zum Jurakonflikt. Zürich.

SEDLACEK, P. (Hrsg.) (1983): Zur Situation der deutschen Geographie zehn Jahre nach Kiel. Osnabrücker Studien zur Geographie, Bd. 2, Osnabrück.

SEDLACEK, P. (1982): Kultur-/Sozialgeographie als normative Handlungswissenschaft. In: SEDLACEK, P. (Hrsg.): Kultur-/Sozialgeographie. Paderborn.

SEDLACEK, P. (Hrsg.) (1978): Regionalisierungsverfahren. Darmstadt.

SHEVKY, E. & M. BELL (1974): Sozialraumanalyse. In: ATTESLANDER, P. & B. HAMM (Hrsg.): Materialien zur Siedlungssoziologie. Köln/Berlin, 125 - 139.

SHEVKY, E. & M. BELL (1955): Social Area Analysis. Theory, Illustrative Application and Computational Procedures. Stanford.

SHIELDS, R. (ed.) (1992): Lifestyle Shopping. London.

SIEGRIST, D. (1996): Sehnsucht Himalaya. Alltagsgeographie und Naturdiskurs in Bergsteigerreiseberichten. Zürich.

SIEGRIST, D. (1989): Landschaft – Heimat – Nation. Ein ideologiekritischer Beitrag zur Geschichte der Schweizer Geographie während der Zeit des deutschen Faschismus. In: FAHLBUSCH, M., M. RÖSSLER & D. SIEGRIST (Hrsg.): Geographie und Nationalsozialismus. Kassel, 275 - 394.

SIMMEL, G. (1903): Soziologie des Raumes. In: Jahrbuch für Gesetzgebung, Verwaltung und Volkswirtschaft im Deutschen Reich, 1. Jg., Heft 1, 27 - 71.

SITTE, W. (1995): Interview mit Elisabeth Lichtenberger – Gelebte Interdisziplinarität: Entwicklung und Perspektiven der Geographie aus meiner Sicht. In: GW-Unterricht 60, 1 - 6.

SOJA, E. (1996): Thirdspace: Journeys to Los Angeles and Other Real-and-Imagined Places. Cambridge Mass.

SOJA, E. (1989): Postmodern Geographies. The Reassertion of Space in Critical Social Theory. London/New York.

SOMBART, W. (1938): Vom Menschen. Versuch einer geisteswissenschaftlichen Anthropologie. Berlin.

SOMBART, W. (1931): Grundformen menschlichen Zusammenlebens. In: Handwörterbuch der Soziologie. Stuttgart, 221-239.

SONNENFELD, J. (1978): Geography, perception, and the behavioural environment. In: BLUNDEN, J. & P. HAGGET (eds.): Fundamentals of Human Geography. A Reader. London, 27-32.

SORRE, M. (1957): Rencontres de la géographie et de la sociologie. Paris.

SORRE, M. (1948): La notion de genres de vie et sa valeur actuelle. In: Annales de géographie, vol. 57, 193-204.

SORRE, M. (1943-1953): Les fondements de la géographie humaine. 3 vols., Paris.

STEINER, D. (Hrsg.): Mensch und Lebensraum. Fragen zu Identität und Wissen. Opladen 1997

STEINMETZ, S. R. (1927): Vortrag mit Diskussion. In: Verhandlungen des 5. Deutschen Soziologentages vom 26.-29.9.1926 in Wien. Tübingen, 217-227.

STEINMETZ, S. R. (1913): Die Stellung der Soziographie in der Reihe der Geisteswissenschaften. In: Archiv für Rechts- und Wirtschaftsphilosophie, 492-501.

THOMALE, E. (1974): Geographische Verhaltensforschung. In: DICKEL, H. et al. (Hrsg.): Studenten in Marburg. Sozialgeographische Beiträge zum Wohn- und Migrationsverhalten in einer mittelgroßen Universitätsstadt. Marburger Geographische Schriften, Heft 61, Marburg/Lahn, 9-30.

THOMALE, E. (1972): Sozialgeographie. Eine disziplingeschichtliche Untersuchung zur Entwicklung der Anthropogeographie. Marburger Geographische Schriften, Heft 53, Marburg/Lahn.

THRIFT, N. (1996): Spatial Formations. London.

THRIFT, N. (1985): Bear and mouse or bear and tree? Anthony Giddens' reconstruction of social theory. In: Sociology, vol. 19, Nr. 4, 609-623.

THRIFT, N. (1983): On the determination of social action in space and time. In: Environment and Planning D: Society and Space, vol. 1, 23-56.

TEPPER MARLIN, A., J. SCHORSCH, E. SWAAB & R. WILL (1992): Shopping for a Better World. New York.

TZSCHASCHEL, S. (1986): Geographische Forschung auf der Individualebene. Darstellung und Kritik der Mikrogeographie. Münchner Geographische Hefte, Nr. 53, Kallmünz/Regensburg.

VIDAL DE LA BLACHE, P. (1922): Principes de la géographie humaine. Paris.

VIDAL DE LA BLACHE, P. (1913): Des charactères distinctifs de la géographie. In: Annales de Géographie, vol. 22, 289-299.

VIDAL DE LA BLACHE, P. (1911): Les genres de vie dans la géographie humaine. In: Annales de géographie, vol. 20, Paris, 193-212; 289-304.

VIDAL DE LA BLACHE, P. (1903): Tableau de la géographie de la France. Paris.

WALTHER, P. (1992): Akkumulation von Wissen über eine naturnahe Landschaft (San Ynez Valley, Kalifornien). In: Geographica Helvetica, 47. Jg., Heft 4, 128-135.

WARDENGA, U. (1995): Geographie als Chorologie. Zur Genese und Struktur von Alfred Hettners Konstrukt der Geographie. Stuttgart.

WARDENGA, U. & I. HÖNSCH (Hrsg.) (1995): Kontinuität und Diskontinuität der deutschen Geographie in Umbruchphasen. Studien zur Geschichte der Geographie. Münstersche Geographische Arbeiten, Nr. 39, Münster.

WATSON, J. B. (1968): Behaviourismus. Köln/Berlin.

WATSON, J. B. (1913): Psychology as the behaviorist views it. In: Psychological Review, vol. 20, 158-177.

WEBER, M. (^{5}1980): Wirtschaft und Gesellschaft. Tübingen.

WEICHSELGARTNER, J. (2002): Naturgefahren als soziale Konstruktion – Eine geographische Beobachtung der gesellschaftlichen Auseinandersetzung mit Naturrisiken. Aachen.

WEICHHART, P. (2008): Entwicklungslinien der Sozialgeographie. Von Hans Bobek bis Benno Werlen. Stuttgart.

WEICHHART, P. (1987): Wohnsitzpräferenzen im Raum Salzburg. Subjektive Dimensionen der Wohnqualität und die Topographie der Standortbewertung. Salzburger Geographische Arbeiten, Bd. 15, Salzburg.

WEICHHART, P. (1986): Das Erkenntnisobjekt der Sozialgeographie aus handlungstheoretischer Sicht. In: Geographica Helvetica, 41. Jg., Heft 2, 84-90.

WEICHHART, P. (1980): Individuum und Raum. Ein vernachlässigter Erkenntnisbereich der Sozialgeographie. In: Mitteilungen der Geographischen Gesellschaft München, Bd. 65, München, 63-92.

WERLEN, B. & K. GÄBLER (Hrsg.) (2008a): Geographische Praxis I – Territorialisierungen und territoriale Konflikte. Sozialgeographische Manuskripte, Bd. 3, Jena.

WERLEN, B. & K. GÄBLER (Hrsg.) (2008b): Geographische Praxis II – Symbolische Aneignungen. Sozialgeographische Manuskripte, Bd. 4, Jena.

WERLEN, B. (2008c): Geographie/Sozialgeographie. In: GÜNZEL, S. (Hrsg.): Raumwissenschaften. Frankfurt a. M. (im Druck)

WERLEN, B. (2008d): Orte der Geographie. Gesammelte Aufsätze. Bd. 1. Stuttgart (im Druck)

WERLEN, B. (Hrsg.) (2007): Sozialgeographie alltäglicher Regionalisierungen. Bd. 3: Ausgangspunkte und Befunde empirischer Forschung. Stuttgart.

WERLEN, B. (1998): Wolfgang Hartke – Begründer der sozialwissenschaftlichen Geographie. In: HEINRITZ, G. & I. HELBRECHT (Hrsg.): Sozialgeographie und Soziologie. Dialog der Disziplinen. Münchner Geographische Hefte, Heft 78, München, 15-41.

WERLEN, B. (1997/²2007): Sozialgeographie alltäglicher Regionalisierungen. Bd. 2: Globalisierung, Region und Regionalisierung. Erdkundliches Wissen, Heft 119, Stuttgart.

WERLEN, B. (1995/²1999): Sozialgeographie alltäglicher Regionalisierungen. Bd. 1: Zur Ontologie von Gesellschaft und Raum. Erdkundliches Wissen, Heft 116, Stuttgart.

WERLEN, B. (1993a): Gibt es eine Geographie ohne Raum? Zum Verhältnis von traditioneller Geographie und zeitgenössischen Gesellschaften. In: Erdkunde, Bd. 47, Heft 4, 241-255.

WERLEN, B. (1993b): Identität und Raum – Regionalismus und Nationalismus. In: Soziographie, Heft 7, 39-73.

WERLEN, B. (1987/³1997): Gesellschaft, Handlung und Raum. Grundlagen handlungstheoretischer Sozialgeographie. Erdkundliches Wissen, Heft 89, Stuttgart.

WHITE, G. H. (1974): Natural hazards – Local, National, Global. New York/London/Toronto.

WIESSNER, R. (1978): Verhaltensorientierte Geographie. Die angelsächsische behavioural geography und ihre sozialgeographischen Ansätze. In: Geographische Rundschau, 30. Jg., Heft 11, 420-426.

WINKLER, E. (1956): Sozialgeographie. In: Handwörterbuch der Sozialwissenschaften, Bd. 9, Stuttgart, 435-442.

WIRTH, E. (2000): Die orientalische Stadt im islamischen Vorderasien und Afrika. Mainz.
WIRTH, E. (1998): Handlungstheorie als Königsweg einer modernen Regionalen Geographie? In: Geographische Rundschau, 51. Jg., Heft 1, 57-64.
WIRTH, E. (1979): Theoretische Geographie. Stuttgart.
WIRTH, E. (1977): Die deutsche Sozialgeographie in ihrer theoretischen Konzeption und in ihrem Verhältnis zu Soziologie und Geographie des Menschen. In: Geographische Zeitschrift, 65. Jg., Heft 3, 161-187.
WIRTH, E. (1973): Die Beziehungen der orientalisch-islamischen Stadt zum umgebenden Lande. Ein Beitrag zur Theorie des Rentenkapitalismus. In: MEYNEN, E. (Hrsg.): Geographie heute – Einheit und Vielfalt. Erdkundliches Wissen, Heft 33, Wiesbaden, 323-333.
WIRTH, E. (1956): Der heutige Irak als Beispiel orientalischen Wirtschaftsgeistes. In: Die Erde, Heft 1, 30-50.
WOLF, K. & P. JURCZEK (1986): Geographie der Freizeit und des Tourismus. Stuttgart.
WRIGHT, G. H. v. (1974): Erklären und Verstehen. Frankfurt a. M.
ZIERHOFER, W. (1989): Alltagsroutinen von Erwachsenen und Erfahrungsmöglichkeiten von Vorschulkindern. In: Geographica Helvetica, 44. Jg., Heft 2, 87-92.

Glossar

Aktionsraum
bezeichnet im Verständnis der Münchner Sozialgeographie den erdräumlichen Ausschnitt, in dem die Mehrzahl der Aktivitäten, insbesondere des Arbeits-, Versorgungs- und Wohnbereichs – den Bedürfnissen und dem Lebensstil entsprechend – verrichtet werden. Die äußere Reichweite der räumlichen Zielorte des Handelns bildet die Grenze des Aktionsraums. Als *aktionsräumliche Gruppe wird* eine größere Zahl von Personen bezeichnet, welche eine bestimmte Grunddaseinsfunktion im gemeinsam geteilten Aktionsraum verwirklicht.

Alltag
stellt einen Grundbegriff der phänomenologischen Philosophie dar und bezeichnet jenen Wirklichkeitsbereich, der in »natürlicher Einstellung« erfahren wird. Die natürliche Einstellung unterscheidet sich von der theoretischen dadurch, dass in ihr die Bedeutungen der »Dinge« nicht in Frage gestellt werden, dass die Tätigkeiten von pragmatischen Absichten geleitet sind, und dass der eigene Körper den Koordinatennullpunkt des Hier und Jetzt bildet.

Aneignung
bezeichnet im Allgemeinen den Prozess der Inbesitznahme, über den man sich etwas (besitzergreifend) zu Eigen macht. Sozialwissenschaftlich wird der Begriff zur Bezeichnung der sinnhaften Belegung einer Gegebenheit verwendet; im Rahmen der handlungstheoretischen Sozialgeographie indes zur Bezeichnung der sinnhaften Belegung eines räumlichen Handlungskontextes als Prozess der alltäglichen Regionalisierung. Die sinnhafte »Beschlagnahme« kann zweckrational als Metrisierung, normativ als Territorialisierung und verständigungsorientiert als Symbolisierung emotiver Gehalte, bspw. als Heimatgefühl oder als Image eines Ortes, ausfallen.

Angewandte Forschung

bezeichnet den gesamten Bereich der praktischen Verwertung theorieorientierter Grundlagenforschung. Als die zwei wichtigsten Teilbereiche gelten die Technologie, der die rationale Gestaltung der Mittelwahl für gegebene Zwecke zukommt, und die Prognose, welche auf die Vorhersage der Entwicklung aktueller Prozesse in der Zukunft und ihrer Konsequenzen angelegt ist. In der Geographie spricht man seit den späten 1950er-Jahren von der Angewandten Geographie, die mit einem stärkeren Forschungsbezug vor allem auf räumliche und ökologische Planung ausgerichtet ist. Die Aufgabe der Technologie wird hierbei in die (ökologisch) rationale Gestaltung räumlicher Anordnungen gesehen, die Aufgaben der Prognose in der Formulierung von regionalen Entwicklungsszenarien.

Arbeitsteilung

bezeichnet die Ausdifferenzierung des Produktionsprozesses in eine Vielzahl von Arbeitsschritten mit gleichzeitiger Spezialisierung, sodass die Mitglieder einer Gesellschaft unterschiedliche Arbeiten in einer Vielzahl verschiedener Positionen ausführen. Dieser Prozess stellt einen zentralen Aspekt der Modernisierung dar, welcher sowohl jeder technischen Rationalisierung der Produktion, so auch der Industrialisierung, jeder Form der Städtebildung, insbesondere dem Urbanisierungsprozess des 19. Jh. zugrunde liegt. KARL MARX beschreibt diese Entwicklung als Prozess der Entfremdung, EMILE DURKHEIM als eine funktionale Ausdifferenzierung, welche die Gefahr der sozialen Isolation und der sozialen Orientierungslosigkeit (Anomie) beinhalten kann; ökonomisch betrachtet, bildet er die entscheidende Grundlage der Produktivitätssteigerung.

Artefakte

nennt man Ergebnisse menschlichen Handelns, insbesondere die so genannte »materielle Kultur« (Gebäude, Werkzeuge, Computer, Verkehrsinfrastruktur usw.). Sie sind immer in Zusammenhang mit den handlungsleitenden Gegebenheiten der »immateriellen Kultur« (Werte, Handlungsmuster usw.) zu sehen.

Behaviorismus

(engl. behavior =Verhalten) ist einer der einflussreichsten Forschungsansätze der Psychologie und bildet die theoretische Grundlage der Verhaltenstheoretischen Sozialgeographie und Soziologie. JOHN B. WATSON (1878-1858) entwickelte die Verhaltenslehre als Gegenposition zur so genannten Bewusstseinspsychologie. Er verband sie mit dem Anspruch, der Psychologie als naturwissenschaftlicher Disziplin zu Anerkennung und Einfluss zu verhelfen. Sie sollte sich derselben Methoden bedienen wie die Naturwissenschaften: direkte Beobachtung unter experimentellen Bedingungen. Verhalten wird als Reaktion auf Umweltreize begriffen.

Chorographie

Beschreibung des Erdraumes, von FREIHERR VON RICHTHOFEN (1833-1905) und ALFRED HETTNER (1859-1941) als Vorstufe der erklärenden Wissenschaft vom Erdraum betrachtet. IMMANUEL KANT sah die gesamte Aufgabe der Geographie in der wissenschaftlichen Propädeutik, deren Aufgabe es sein soll, beschreibendes Wissen von den erdräumlichen Differenzierungen natürlicher und kultureller Gegebenheiten zu liefern.

Chorologie

bedeutet Erforschung des Erdraumes in erklärender Absicht, wobei Chorographie die beschreibende Darstellung meint. Beide Begriffe erlangten in der Fachgeschichte zentrale Bedeutung. An den ersten Begriff knüpft die raumwissenschaftliche Tradition der Geographie an, an den zweiten die beschreibende Landschaftskunde. DIETRICH BARTELS versteht unter der choristisch-chorologischen Methode die raumwissenschaftliche Forschungsweise, bei der zuerst die Beobachtungseinheiten kartographisch verortet werden (chorische Methode), deren Verteilung unter Bezugnahme auf Distanzrelationen dann zu erklären ist (chorologische Methode).

Definition

stellt einen Übertragungsvorgang dar, bei dem ein Wort/mehrere Wörter und ein Bedeutungsgehalt auf kontrollierte und eindeutige Weise miteinander verknüpft werden. Definierte Begriffe sind als explizit getroffene Konventionen über die Bedeutung von sprachlichen Zeichen aufzufassen. Da die Definition eines Begriffs nichts anderes als eine Konvention über die Verwendungsweise bzw. über den Bedeutungsgehalt eines sprachlichen Ausdrucks darstellt, folgt daraus, dass Definitionen weder wahr noch falsch sein können, sondern zweckmäßig oder unzweckmäßig bzw. brauchbar oder unbrauchbar. Die Zweckmäßigkeit/Brauchbarkeit einer Definition lässt sich im Hinblick auf das verfolgte Forschungsziel beurteilen oder im Hinblick auf die Bedeutung eines Wortes bei den untersuchten Handelnden.

Determinismus
Lehre von der Vorbestimmtheit allen Geschehens, die in aller Regel im Zusammenhang mit der Kausalität vertreten wird. Der weltanschauliche Determinismus geht von der These aus, dass alle Ereignisse ursächlich determiniert sind. In der Geographie hat der Determinismus vor allem in Form des Geo- und Naturdeterminismus prägende Bedeutung erlangt. Die entsprechenden Forschungen sind auf den Nachweis ausgerichtet, dass unter gleichen natürlichen Bedingungen die gleichen Kulturformen entstehen (mussten). Beim Sozialdeterminismus steht die These im Vordergrund, dass die menschlichen Tätigkeiten von der sozialen Umwelt bzw. den gesellschaftlichen Verhältnissen bestimmt sind. Den verschiedenen wissenschaftlichen Formen von Determinismus ist gemeinsam, dass alle (physischen oder sozialen) Erscheinungsformen auf Ursachen zurückgeführt werden (können).

Diffusion
bezeichnet einen Prozess der Ausbreitung einer Gegebenheit (materieller wie immaterieller Art) – insbesondere auch technischer Neuerungen (Innovationen) – in räumlicher und zeitlicher Hinsicht. Eine sozialgeographische Diffusionstheorie – welche die Ausbreitung von Kulturbestandteilen als räumlichen Prozess modellgestützt erfasst – wurde von TORSTEN HÄGERSTRAND und seiner Lund-Schule entwickelt. Dabei wird insbesondere der Bedeutung räumlicher Widerstände (Barrieren) sowie der Bedeutung der Siedlungsnetze für die Ausbreitungsrichtung und -geschwindigkeit von Ideen, Werten und technischen Neuerungen Rechnung getragen.

Diskurs

Erörternde, mitteilende und (er-)klärende Rede, die als Sprechereignis immer in einem spezifischen sozial-kulturellen Kontext vollzogen wird. Im umfassenden Sinne werden in den Sozial- und Kulturwissenschaften und in der sozialwissenschaftlichen Geographie Diskurse als kulturspezifische Konstruktions- und Interpretationspraktiken verstanden, in denen sich nicht nur die Bedeutungsstrukturen der sozial-kulturellen Welt äußern, sondern auch die konstitutiven Prozesse der Herstellung der gesellschaftlichen Wirklichkeit. Diskurse können in diesem Sinne als (sprachliche) Praktiken verstanden werden, in welchen die Welt zur sinnhaften und verstehbaren Welt wird. Die *Diskursanalyse* stellt eine wichtige Methode der empirischen Sozial- und Kulturforschung dar, bei der zwischen eher strukturalistischer und eher hermeneutischer Konzeptualisierung zu unterscheiden ist; sowie einer expliziten Kombination der beiden im Sinne der objektiven Hermeneutik. Diskursanalysen strukturalistischer Prägung weisen einen starken Bezug zur Sprachtheorie des Genfer Linguisten FERDINAND DE SAUSSURE (1857-1913) und dem französischen Philosophen MICHEL FOUCAULT (1926-1984) auf. Die hermeneutisch orientierten Formen von Diskursanalyse sind auf die Sprecher zentriert und fokussieren damit die verschiedenen Gebrauchsweisen von Sprache und deren Konsequenzen im Rahmen der Bedeutungskonstitutionen.

Empirische Forschung

ist auf die Überprüfung und Erweiterung der bestehenden Wissensbestände auf der Basis wissenschaftlicher Beobachtungen ausgerichtet. Ziel ist die Überprüfung, Erweiterung und Verbesserung bestehender Theorien. Naturwissenschaftliche empirische Forschung zielt auf Darstellung der Zusammenhänge und Verhältnisse physisch-materieller und biologischer Wirklichkeitsbereiche, sozial- und kulturwissenschaftlicher Erschließung von Regelmäßigkeiten gesellschaftlicher Wirklichkeitsbereiche und Sinnzusammenhänge.

Entankerung

auch Entbettung, von (engl.) »disembedding«, ist ein zentraler Begriff der strukturationstheoretischen und sozialgeographischen Analyse des Globalisierungsprozesses und der spät-modernen räumlichen sowie zeitlichen Lebensbedingungen. Als zentrale Entankerungsmechanismen in räumlicher Hinsicht werden Schrift, (Plastik-)Geld und technische Artefakte betrachtet, insbesondere der gesamte Bereich der Telekommunikation. Durch ihre Wirksamkeit werden die räumlichen Kammerungen gesellschaftlicher Zusammenhänge in vielerlei Hinsicht aufgehoben. Fortbewegungsmittel ermöglichen ein Höchstmaß an Mobilität. Individuelle Fortbewegungs- und weiträumige Niederlassungsfreiheit implizieren eine Durchmischung verschiedenster – ehemals lokaler – Kulturen auf engstem Raum. In zeitlicher Hinsicht äußert sich Entankerung vor allem in der Loslösung der Bezugsrahmen der Handlungsorientierung von lokalen Traditionen, was individuellen Entscheidungen einen wesentlich größerer Rahmen eröffnet. Globalisierung wird in diesem Zusammenhang als ein Ausdruck der räumlichen und zeitlichen Entankerung der Handlungszusammenhänge der Handelnden gesehen.

Erklärung

wird in wissenschaftlichen Arbeiten dadurch geleistet, dass eine einzelne (beobachtbare) Gegebenheit einem allgemeinen (gesetzmäßigen) Zusammenhang subsumiert wird. In der naturwissenschaftlichen Geographie wird die wissenschaftliche Erklärung in aller Regel als »Kausalerklärung« interpretiert. Dabei wird eine unverständliche (individuelle) Gegebenheit dadurch erklärt, dass die für sie zuständige Ursache (hinreichende Bedingung) angeführt wird. Dies geschieht durch die Subsumtion, das heißt die Unterordnung der Einzeltatsache unter einen gesetzmäßigen Ursache-Wirkung-Zusammenhang bzw. unter ein *Naturgesetz*. In der sozialwissenschaftlichen Geographie wird die wissenschaftliche Erklärung als *rationale Erklärung* geleistet. Dabei wird eine unverständliche Gegebenheit nicht durch die Zurückführung auf eine Ursache, sondern auf einen Grund (notwendige Bedingung) und die Subsumtion unter eine regelmäßige Grund-Folge-Beziehung verständlich gemacht.

Evolution

bezeichnet im Gegensatz zur Revolution einen langsamen, in Stufen, gleichmäßig verlaufenden Prozess der Veränderung oder Entfaltung.

Evolutionismus

ist eine naturphilosophische Lehre, die insbesondere im 18. und 19. Jahrhundert, vor allem im Zusammenhang mit CHARLES DARWINS Darstellung der menschlichen Abstammung in der Biologie, später aber auch in der Sozialphilosophie und Kulturanthropologie höchst einflussreich war. Eine der Grundthesen des Evolutionismus besagt, dass komplexere Formen (des Lebens) aus einfacheren Formen hervorgehen. Die sozialwissenschaftliche Rezeption des Evolutionismus ist somit immer mit der Vorstellung verbunden, dass spätere Gesellschaftsformen früheren überlegen wären. In der Humangeographie hat evolutionistisches Gedankengut vor allem im Zusammenhang mit Organismusanalogien – in der funktionalen Phase und den Anfängen der Sozialgeographie – seinen Ausdruck gefunden.

Feudalismus

(von lat. feudum = Lehen abgeleitet) bezeichnet eine Gesellschafts- und Wirtschaftsform, in der ein Untertan (Vasall) von einem Herrn ein Lehen erhält, diesem dafür (meist lebenslang und häufig unter Einschluss von Leibeigenschaft) Treue und bestimmte Dienste schuldet. Die politischen, militärischen und rechtlichen Herrschaftsfunktionen bleiben dabei ritterlich-aristokratischen, klerikalen oder grundherrschaftlichen Eliten vorbehalten. Die wechselseitigen persönlichen Abhängigkeiten zwischen Herr und Vasall bestanden auf der Basis von Schutzgewährung (Herr) und unterwürfiger Gefolgschaft (Untertan).

Funktion

umfasst die Bedeutungsdimensionen »bedürfnisbefriedigende Leistung« und »Zuordnung«. So kann die Funktion der Lunge durch ihre Leistung für die Sauerstoffzufuhr zum Blutkreislauf bzw. zum Organismus charakterisiert werden. Insgesamt kann ein Element sowohl eine Funktion für etwas haben, als auch die Funktion von etwas sein. Idealerweise fallen »Leistung«/»Wirkung« und »Zuordnung« zusammen: Die Zuordnung eines Elementes vollzieht sich über dessen Leistung. In den Sozialwissenschaften bezeichnet Funktion die Leistung bzw. den Beitrag eines Elements für den Aufbau und die Erhaltung eines bestimmten Zustands eines gesellschaftlichen »Systems«.

Funktionalismus

stellt eine transdisziplinäre Denkweise dar, deren Kern darin besteht, die Teile des Ganzen in Bezug auf ihre Funktion für die Ganzheit (Holismus) zu analysieren und zu erklären. Die zwei Kernelemente funktionalen Denkens bestehen in der konzeptionellen Festlegung eines Bezugspunktes, auf den die Funktionen gerichtet sind und dem Funktionsverständnis. Mit der Festlegung des Bezugspunktes wird entschieden, worauf die Funktionen gerichtet sein sollen. Mit der Definition des Funktionsbegriffs wird festgelegt, wofür man die Beziehungen hält. Die verschiedenen Ausdifferenzierungen funktionalistischen Denkens, Argumentierens und Forschens stellen Variationen unterschiedlicher Festlegungen des Bezugspunktes und unterschiedlicher Definitionen des Funktionsbegriffs (Leistung, Zuordnung) dar. Einer der wichtigen Ausgangspunkte des funktionalistischen Denkens ist die Biologie bzw. die Physiologie. Die Funktion eines Organs für den Körper wird hier in seiner »Leistung« für den Körper gesehen. Die Leistungen der verschiedenen Organe des menschlichen Körpers sind auf die Erhaltung des Organismus ausgerichtet und erlangen darin ihre Bedeutung für das Ganze. Anhand von Organismusanalogien wird dieses Denkmuster auf die Gesellschafts-, Kultur- oder Erdraumanalyse übertragen. Einzelteile sind dann nicht mehr Organe, sondern z. B. Handelnde oder Städte, die ihre Leistungen für das Ganze erbringen. Die Einzelteile können wechselseitig miteinander verknüpft sein. Ein Element kann in diesem Sinne sowohl eine Funktion für etwas haben (Grund, Zweck), als auch Funktion von etwas sein (Folge, Wirkung.).

Gemeinschaft

ist ein vom Soziologen Ferdinand Tönnies (1855-1936) in Abgrenzung zu »Gesellschaft« konzipierter Begriff zur Charakterisierung einer früheren Form des menschlichen Zusammenlebens, bei der gefühlsmäßige Neigung, seelische Verbundenheit und ethnisch oder gar blutsmäßig bestimmtes Zusammengehörigkeitsgefühl maßgebend waren. Häufig auch als ein Gegenbegriff zur moderneren, weniger traditionsbestimmten und anonymeren Form des gesellschaftlichen Zusammenlebens postulierter Begriff. Tönnies beschrieb den Wandel von der Gemeinschaft zur Gesellschaft als ein Wechsel von der »Kultur des Volkstums« zur »Zivilisation des Staatstums«.

Gender
stellt einen zentralen Begriff der angelsächsischen Sozialwissenschaften und der Geschlechterpolitik dar, für den keine genaue Übersetzung ins Deutsche besteht. »Sozial definierte Geschlechtlichkeit« kann als Annäherung an seine Bedeutung betrachtet werden. *Geschlecht* bezeichnet eine biologische bzw. anatomische Differenz zwischen Frau und Mann. In sozial-kultureller Hinsicht ist die Geschlechterdifferenz das Ergebnis einer gesellschaftlichen Konstruktion, für die es keine *eindeutige* biologische Basis gibt. Deshalb wird in der englischen Sprache eine klare Unterscheidung zwischen »sex« (biologisches Geschlecht) und »gender« (soziale Konstruktion) gemacht.

generes de vie
(frz. für Lebensform), zentraler Begriff der französischen Regionalgeographie possibilistischer Ausrichtung, wie sie von PAUL HENRI VIDAL DE LA BLACHE begründet wurde. In den zeitgenössischen Sozial- und Kulturwissenschaften wird an Stelle von Lebensform häufiger Lebensstil verwendet.

Geodeterminismus
häufig auch synonym für Umwelt- oder Naturdeterminismus verwendet, ist ein Sammelbegriff für Ansätze geographischer Forschung, welche die kausale (Vor-)Bestimmtheit menschlichen Handelns durch den Raum bzw. die Natur postulieren. Gemäß den Grundthesen des Geodeterminismus sind alle menschlichen Kulturen und Gesellschaften als Ausdrucksformen natürlicher Bedingungen anzusehen und ursächlich auf diese zurückzuführen.

Geopolitik

ist eine Theorie der Politischen Geographie, die auf der These des *Geodeterminismus* beruht. In den 1920er-Jahren und vor allem während der Zeit des Nationalsozialismus wurde sie zu einer nationalen Ideologie, welche die staatliche Expansionspolitik legitimieren sollte. Der Staat wurde dabei in Anlehnung an RATZEL als Organismus verstanden, der über einen Lebensraum von ausreichender Dimension verfügen sollte. Dabei sollte die Einheit von ethnischer Nation und dem in der Natur vorgezeichneten Territorium hergestellt werden. In der aktuellen angelsächsischen und frankophonen Fachliteratur wird »geopolitics« bzw. »géopolitique« – ohne Bezugnahme auf diese Vergangenheit – als Forschungsrichtung der »neuen Geopolitik« (LACOSTE, 1990,1) verstanden, welche die internationalen Beziehungen unter dem Blickwinkel der räumlichen Konstellation analysiert. Im Rahmen der zeitgenössischen »Critical Geopolitics« werden alltägliche geopolitische Praktiken wissenschaftlich analysiert und (kritisch) bewertet.

Gesellschaft

ist ein Grundbegriff der Sozialwissenschaften, der je nach theoretischer Perspektive unterschiedlich interpretiert wird. Allgemein wird darunter eine Mehrzahl von Personen verstanden, die ein gemeinsames Territorium teilen und über ein bestimmtes Maß der Organisation des Zusammenlebens verfügen. Dazu gehören auch die Regelungen, die aus dem Zusammenleben hervorgegangen und für die Mitglieder einer Gesellschaft aktuell verpflichtend sind. In Bezug auf diese Kombination von Territorium und Organisation des Zusammenlebens kann man von Jäger- und Sammlergesellschaften ebenso sprechen wie von nationalstaatlich organisierten Gesellschaften. Im abstrakteren Sinne bezeichnet »Gesellschaft« die Menge institutionalisierter sozialer Beziehungen, die in allen Arten des Handelns einerseits ihren Ausdruck finden und andererseits durch diese konstituiert werden. Andere Gesellschaftsbegriffe beruhen auf der Vorstellung von gemeinsam geteilten und respektierten Normen und Werten, deren Einhaltung überwacht und – bei Nichteinhaltung – negativ sanktioniert wird. Dabei spielt der territoriale Bezug von Verfassung und Rechtsprechung eine wichtige Rolle.

Globalisierung

bezeichnet das zunehmende räumliche Ausgreifen sozialer Beziehungen, dessen Bedingungen und Folgen. In diesem Sinne kann unter »Globalisierung« vor allem die weltweite Verknüpfung lokaler Gegebenheiten verstanden werden. Damit verbunden ist die Entstehung transnationaler Kulturen wie auch weltweiter Netze sozialer Interaktionen.

Grunddaseinsfunktionen

auch - wie von Le Corbusier ursprünglich als »fonctions d'Être« konzipiert - Daseinsgrundfunktionen genannt, stellen für Architektur, Raumplanung, Raumordnungsforschung und die Münchner Sozialgeographie einen Katalog von Tätigkeiten zur Befriedigung der grundlegenden menschlichen Bedürfnisse dar. Stehen in der Architektur die »fonctions d'Être« Wohnen, Erholung, Arbeit und Verkehr im Vordergrund, sind es in Raumordnungsforschung und Sozialgeographie »Wohnen«, »Arbeiten«, »Sich-Versorgen«, »Sich-Bilden«, »Sich-Erholen«, »Verkehrsteilnahme« und »In Gemeinschaft leben«. Man geht von einer kontinuierlichen Verwobenheit und gegenseitigen Abhängigkeit dieser Grundbedürfnisse aus, wobei jedes von ihnen als unersetzbar erkannt wird. Die Raumplanung soll in ausgewogenem Maße Flächen zur Befriedigung aller Grundbedürfnisse festlegen.

Gruppe

besteht im Sinne einer sozialen Gruppe im sozialwissenschaftlichen Verständnis aus mehreren Personen, zwischen denen regelmäßig soziale Interaktionen stattfinden. Diese Interaktionen sind durch eine gruppeninterne Struktur systematisiert, die durch verschiedene Rollen und deren Zuordnung zu den einzelnen Mitgliedern charakterisiert werden kann. Von sozialen Gruppen sind soziale Kategorien, soziale Aggregate sowie sozialgeographische Gruppen zu unterscheiden. Unter einer *sozialen Kategorie* ist eine Einheit zu verstehen, die unter einem bestimmten Betrachtungsgesichtspunkt eines Beobachters/einer Beobachterin zustande kommt. Als »soziale Einheit« besteht sie somit nur in Bezug auf ein bestimmtes Merkmal in Form einer gesellschaftlichen Konstruktion. Als *soziales Aggregat* ist eine

Menge von Individuen aufzufassen, die sich an einem gegebenen Ort aufhält. *Sozialgeographische Gruppen* sind nach BOBEK als Mengen gleichartig handelnder Menschen definiert, die sich zu regional begrenzten größeren Komplexen zusammenfügen und gleichzeitig von der Landschaft als auch von der Gesellschaft bestimmt sind. Als sozialgeographische Gruppen werden beispielsweise »Hirten«, »Fischer«, »Bauern« usw. (BOBEK) betrachtet.

Handeln/Handlung

können als menschliche Äußerungsformen definiert werden, die dazu dienen, in der Welt bewusst und absichtlich eine Veränderung zu bewirken oder zu verhindern. Der Prozess des Tuns wird mit »*Handeln*« bezeichnet, das vollzogene Handeln als »*Handlung*«. Ein bestimmtes Handeln kann von den Handelnden innerlich (geistige Tätigkeit) oder äußerlich (beobachtbare Tätigkeit) aktiv herbeigeführt werden. *Soziales Handeln* wird nach WEBER als solches Handeln verstanden, das seinem (subjektiv gemeinten) Sinn nach auf das Handeln anderer bezogen wird und in seinem Ablauf daran orientiert ist. Diese Orientierung kann sich auf vergangenes, gegenwärtiges oder zu erwartendes sinnhaftes Handeln anderer beziehen. »Andere« können dabei Einzelne oder unbekannt Viele, Bekannte oder ganz Unbekannte sein. Wenn zwei oder mehr Handelnde aufeinander Bezug nehmen, spricht man von einer *sozialen Interaktion*. Treten Subjekte auf der Basis einer gegenseitigen Orientierung miteinander in Kontakt, so »daß in einer angebbaren Art sozial gehandelt wird« (WEBER, 1980, 13) und im Rahmen einer allseits vorhandenen *dauerhaften* Einstellung, spricht man von einer *sozialen Beziehung*.

Holismus

ist ein Begriff griechischen Ursprungs und bedeutet »Ganzheitslehre«. Diese nimmt in den verschiedenen wissenschaftlichen Disziplinen unterschiedliche Ausprägungen an. Allen gemeinsam ist die Basisthese, dass das Ganze mehr sei als die Summe seiner Teile. Dementsprechend solle die wissenschaftliche Analyse nicht analytisch, sondern synthetisch vorgehen. Die einzelnen disziplinären Interpretationen unterscheiden sich durch die jeweilige thematische Akzentuierung des »Ganzen«. In der Geographie hat die Ganzheitslehre insbesondere im Rahmen der Landschaftskunde und der Landschaftsökologie zentrale Bedeutung erlangt. Dort wird postuliert, dass die einzelnen Erscheinungsformen der Landschaft aus dem Gesamtzusammenhang – dem Zusammenwirken der Geofaktoren heraus – zu erschließen sind.

Idealtypus
ist im Kontext der Handlungstheorie als eine gedankliche Konstruktion zu verstehen, der faktische Arten des Handelns tendenziell entsprechen und zugeordnet werden können. Das bekannteste Beispiel ist der *homo oeconomicus*. Idealtypen sind aber nicht als vorbildliche Typen mit moralisch oder ethisch normativem Charakter aufzufassen, die es zu erreichen gilt. Im Sinne eines gedanklichen *Modells*, bzw. als Abbildung einer spezifischen Gegebenheit unter einem bestimmten Gesichtspunkt, stellen sie Deutungsanleitungen und Deutungsschemata dar, um Handlungsweisen, die in bestimmten Situationen als individuell oder typisch gelten, wissenschaftlich interpretierbar zu machen. Idealtypen umfassen also nur jene Tätigkeitsmerkmale, die für das betreffende Problemfeld als relevant anzusehen sind. In Wirklichkeit brauchen sie in dieser Form (nicht oder) nur selten aufzutreten. Sie sollen Beschreibung und verstehende Erklärung des Handelns ermöglichen.

Industriekapitalismus
historische Kombination von Industrialismus, Industrialisierung und Kapitalismus, wie sie für die Gesellschaften der westlichen Welt seit Mitte des 19. Jh. charakteristisch ist.

Institutionen
stellen Handlungsweisen dar, die in standardisierter Form und als vereinheitlichte, über längere Zeit verfestigte Handlungsmuster auftreten. Sie werden im Rahmen von Sozialisationsprozessen mitgeteilt und reproduziert. Durch unterschiedliche Zwecksetzungen solcher Arten des Denkens und Handelns lassen sich einzelne Institutionen, wie »Recht«, »Familie«, »Wissenschaft«, unterscheiden. Unter *Organisationen* sind dagegen im Sinne von GIDDENS die (kollektiven) Einheiten zu verstehen, mit denen es möglich werden soll, die im All-

gemeinen klar umrissenen Ziele institutionalisierter Handlungen zu erreichen (zum Beispiel »Gericht«, »Haushalt«, »Universität«).

Kapitalismus
bezeichnet eine arbeitszentrierte Typisierung der Wirtschafts- und daraus hervorgehenden Gesellschaftsordnung im Kontext der marxistischen Gesellschaftslehre, die sich von anderen Formen durch das Privateigentum an Produktionsmitteln, Regelung und Steuerung des Wirtschaftsgeschehens, durch Angebot und Nachfrage bzw. durch den Markt sowie vertraglich geregelte Arbeitsverhältnisse zwischen Arbeitgebern (Besitzer der Produktionsmittel) und Arbeitnehmern (Proletarier) unterscheidet. Von der kapitalistischen Produktionsweise unterscheidet KARL MARX insbesondere Sklaverei (Prinzip der Leibeigenschaft), Feudalismus (Ständegesellschaft) sowie Sozialismus und Kommunismus. Seit dem Zerfall des Realsozialismus/-kommunismus ist die kapitalistische Wirtschafts- und Gesellschaftsordnung global vorherrschend.

Kausalität
stellt eine spezifische Interpretation der Beziehung zwischen zwei Variablen dar. Sie findet zunächst darin ihren Ausdruck, dass die Beziehung zwischen zwei Gegebenheiten in eine Wenn-Dann-Form gebracht wird. Die Wenn-Komponente wird als Ursache betrachtet, die Dann-Komponente als Wirkung. Die Angemessenheit der kausalistischen Interpretation einer Wenn-Dann-Beziehung bzw. des Satzes »wenn p, dann q« setzt voraus, dass »p« für »q« eine hinreichende Bedingung darstellt. Eine hinreichende Bedingung zu sein bedeutet, dass das Auftreten von »p« garantiert), dass »q« eintritt. Wird »p« hervorgebracht, kann auch all das herbeigeführt werden, wovon es eine hinreichende Bedingung ist. Einer bestimmten Ursache folgt in determinierter, kausalgesetzesmäßiger Weise eine bestimmte Wirkung. Da in der physischen Welt tatsächlich Gegebenheiten auffindbar sind, die diese Art von Beziehung untereinander aufweisen, kann in diesem Bereich die Kausalerklärung auch erfolgreich sein, weil sie sich auf empirisch belegbare Kausalzusammenhänge bezieht. Diese Bedingungen sind im gesellschaftlichen Kontext nicht im gleichen Maße erfüllt. Deshalb spricht man hier von Grund-Folge-Beziehungen. Ein Grund

stellt für eine Folge lediglich eine notwendige, nicht aber eine hinreichende Bedingung dar. Eine notwendige Bedingung zu sein, bedeutet demnach, dass für das Eintreten einer Folge »q« der Grund »p« eine Voraussetzung ist; aber nicht eine Determinante. Kurzum: Notwendige Bedingungen bilden die ermöglichende Voraussetzung, damit etwas eintreten *kann,* nicht aber muss. So ist die Bereitstellung von Verkehrsinfrastruktur die notwendige Bedingung für Mobilität, determiniert aber weder deren Aufkommen noch deren Ausmaß noch Richtung.

Kultur

häufig als begrifflicher Gegenpart zu »Natur« – das vom Menschen unberührt Gebliebene – verwendet, bezeichnet in sozialwissenschaftlichem Verständnis die Gesamtheit der *bewerteten und bewertenden* Handlungsweisen der Mitglieder einer Gesellschaft sowie deren Ergebnisse. »Kultur« ist weder rein materiell als Summe von Artefakten, noch ausschließlich in abstraktem Sinne als Wertsystem aufzufassen, denn der Begriff impliziert beide Aspekte. Handlungsweisen und *Handlungsmuster* können von außen beobachtbar als Sitten, Bräuche, soziale Gewohnheiten auftreten oder als gedankliche Orientierungsmuster bestehen. Diesen Handlungsmustern liegen kulturspezifische Werte, Normen, Ideale und Ideen zugrunde. Der größte Teil der Gesellschaftsmitglieder einer Kultur bezieht sich bewusst, weniger bewusst oder unbewusst auf sie, womit sie die entscheidenden Integrationselemente einer Kultur darstellen. Vor allem der gleichförmige Bezug zu zentralen Werten wie Gerechtigkeit, Menschenrechte, Freundschaft usw. ermöglicht den sozialen Konsens. Die Art der *Wertorientierung* (Verbindung von Werten und Handeln) dient damit als Kriterium zur differenzierenden Beschreibung von Kulturen, wobei »Grenzen« von Kulturen immer fließend bleiben. Werte beziehen sich auf die Vorstellungen der Subjekte, was wünschenswert, richtig, gut oder schlecht ist. Dementsprechend ist die *Wertung* die Zuordnung von bestimmten Qualitäten zu Situationen, Ereignissen und Objekten. Von *einer* Kultur spricht man insbesondere dann, wenn Handlungsmuster und entsprechende Institutionen bzw. ihre Werte, Normen, Ideale und Ideen in sich relativ geschlossen und in gegenseitiger Abstimmung aufeinander auftreten.

Landschaft

bezeichnet, im Sinne der Landschaftsgeographie, den von einem bestimmten Standpunkt aus beobachtbaren, individuellen Gesamteindruck eines Teilstücks der Erdoberfläche. Jede Landschaft wird als eine besondere Auftretensform des Zusammenwirkens der einzelnen Geofaktoren einer Erdgegend begriffen. Der natürliche, nicht vom Menschen geschaffene oder umgestaltete Teil des Erscheinungsbildes wird als *Naturlandschaft* bezeichnet, der anthropogen geschaffene Teil als *Kulturlandschaft*.

Lebensraum

Unter Bezugnahme auf den Jenaer Biologen und Ökologen ERNST HAECKEL ist »Lebensraum« von FRIEDRICH RATZEL als Grundbegriff der Anthropogeographie konzipiert worden. Er versteht ihn als Behältnis von Lebens-, Kultur-, Gesellschafts- und Wirtschaftsformen. In der Biologie wird »Lebensraum« zuerst als eine Art Gegenspieler verstanden, mit dem sich jede Art von Leben auseinandersetzen muss und damit als entscheidende Selektionsinstanz der Evolution gedacht werden kann. In der Anthropogeographie wird diese Denkfigur zur Grundlage jenes Forschungsprogramms gemacht, das den Nachweis der Raum- bzw. Naturdeterminiertheit von Kultur, Gesellschaft und Wirtschaft erbringen soll. Damit wird die traditionelle Geographie über die Etablierung der Anthropogeographie als räumliche Kausalwissenschaft angelegt.

Lebensform

wird von den Klassikern der französischen Regionalgeographie und der deutschen Sozialgeographie als Kernbegriff der Regionalforschung betrachtet. Die (regionalen) Lebensformen werden von ihnen als besondere erdräumlich begrenzte Kombinationen von Überzeugungen, Arten des Wirtschaftens, der Siedlungsform, der politischen Organisation usw. begriffen. In der neueren Sozialgeographie werden die Lebensformen nicht mehr als regionale Uniformität thematisiert, sondern vielmehr als *persönlich definierte* Lebensstile. *Lebensstil* ist dabei in einem die verschiedensten Lebensbereiche umfassenden Sinne zu verstehen, aus dem neue Formen der Politik der Lebensgestaltung und moderner Identitätsfindung abgeleitet werden. Die Politisierung der Lebensform äußert sich in den verschiedenen *sozialen Bewegungen* wie Feminismus, Friedens- und Ökobewegung usw. Jede soziale Bewegung zeichnet sich durch eine kollektive Identität, die Abgrenzung gegen Außen, durch eine klare Zwecksetzung und schließlich durch die spezifischen (politischen) Forderungen aus.

Moderne

bezeichnet eine subjektzentrierte Weltanschauung sowie die Epoche von deren Etablierung seit dem sechzehnten Jahrhundert in Europa. Hier löste sie den Feudalismus ab und ist bis heute in unterschiedlichen Spielformen global relevant. Für den Prozess der *Modernisierung* war die Entzauberung bzw. die Rationalisierung der Welt im Zuge der Philosophie der Aufklärung grundlegend. Gemäß dieser erlangt das erkennende und handelnde Subjekt eine zentrale Position. Das Subjekt wird dabei als zentrale sinnkonstitutive Instanz thematisiert. Damit geht eine Trennung zwischen Bezeichnetem und bezeichnendem Begriff einher bzw. wird diese Unterscheidung überhaupt erst möglich. In moderner Weltanschauung haben Dinge nicht einfach Bedeutungen, sondern sie bedeuten einem Subjekt etwas. Begriffe bezeichnen Gegenstände auf der Grundlage von Konventionen. In politischer Hinsicht impliziert die Moderne den Übergang von der ständischen Gesellschaft zur liberalen Bürgergesellschaft mündiger Individuen, unter dessen Voraussetzung die Demokratie erst praktizierbar wird. Liberalismus und Individualismus sind wichtige Grundzüge einer modernen Gesellschaft.

Dass das moderne Weltbild globale Verbreitung finden konnte, setzte insbesondere den europäischen Imperialismus voraus, der seinerseits auf der Grundlage einer evolutionistischen Sicht legitimiert wurde. Diese wird im post-kolonialen Zeitalter nicht mehr geteilt. Vielmehr geht man davon aus, dass eine einheitliche Entwicklung zu modernen Gesellschaften weder möglich noch wünschenswert wäre. Vertreter einer post-modernen Position betonen, dass das Zeitalter der Moderne zum Abschluss gekommen sei. Vertreter der Position der Spät-Moderne setzen dem gegenüber, dass es mindestens vorläufig zur Moderne keine Alternative gibt, dass aber – im Sinne von ULRICH BECK und ANTHONY GIDDENS – im Rahmen der »Zweiten Moderne« keine einheitliche Entwicklung mehr denkbar ist, sondern verschiedenste Ausformungen der Grundprinzipien der Moderne in Form multipler Rationalitäten vorzufinden sind.

Mobilität

bezeichnet grundsätzlich eine Bewegung zwischen zwei oder mehreren sozialen oder räumlichen Positionen. *Soziale Mobilität* bezeichnet die Bewegung zwischen verschiedenen Positionen gesellschaftlicher Schichten. Sie drückt sich in einer Veränderung derjenigen Merkmale aus, die für die Einordnung einer bestimmten Person in eine bestimmte soziale Schicht herangezogen werden. Das Spektrum der sozialen Mobilität umfasst neben der »vertikalen« Statusmobilität auch eine »horizontale« soziale Mobilität innerhalb derselben Schicht. *Räumliche Mobilität* bezeichnet die Bewegung einer Person oder einer Gruppe zwischen erdräumlichen Positionen. Räumliche Bewegungen, die unter Beibehaltung des Wohnstandortes zwischen Wohn- und Arbeitsort auftreten und dabei eine Gemeindegrenze überschreiten, werden *Pendeln* genannt. Andere Formen der räumlichen Mobilität beziehen sich auf einen Wohnungswechsel bzw. den Wohnstandortwechsel. Diese sollen insgesamt als *Wanderungen* bezeichnet werden. Findet man innerhalb der aktuellen Wohnregion einen neuen Standort, spricht man von einer *intra-regionalen Wanderung*. Überschreitet die Wanderungsdistanz die Regionsgrenze, spricht man von *inter-regionaler Wanderung*. Sie kann als *nationale oder internationale Mobilität* auftreten.

Nation

bezeichnet eine Gemeinschaft, deren Mitglieder sich dadurch auszeichnen, dass sie zumindest in gewissen Bereichen eine gemeinsame Kultur teilen, vergangenheitsorientiert über eine gemeinsame historische Erzählung und zukunftsorientiert über gemeinsame Projekte verfügen. Darüber hinaus wird in diesem Kollektiv der Anspruch erhoben, über sich selbst bestimmen zu können.

Als »ethnische Nationen« sind Gemeinschaften zu bezeichnen, deren »Mitglieder« sich auf eine bestimmte »völkische« Gemeinsamkeit berufen, ohne dabei auch über einen Apparat der politischen Organisation zu verfügen. Diese Gemeinsamkeit kann etwa Folklore, ein spezifisches Ereignis oder eine gemeinsame historische Erzählung (die nicht selten als schicksalhaft dargestellt und empfunden wird) sein und möglicherweise unter der »Schirmherrschaft« einer historischen oder zeitgenössischen Integrationsfigur stehen. Eine »politische Nation« hingegen verfügt nicht nur über einen Apparat der politischen Organisation, sondern auch über einen souveränen Staat bzw. ein Staatsgebilde und wird durch andere souveräne Staaten politisch anerkannt.

Nationalismus

ist ein Beurteilungs- und Handlungsprinzip, aus der Überzeugung, dass die politische und die nationale Einheit kongruent sein sollen. Nationalistische Politik richtet sich auf das Erreichen dieser postulierten Kongruenz. Nationalistische Gefühle werden von diesem Einheitsgedanken gespeist: als Ärgernis bei Verletzung, als Zufriedenheit bei Erreichen dieser Einheit. Bei Erfüllung wirken sie darauf hin, dass man sich mit den existierenden Machtstrukturen identifiziert. Bei dessen Verletzung resultieren die Gefühle eher in einer Ablehnung der existierenden Machtstrukturen. Unter diesen Voraussetzungen bilden nationalistische Gefühle die Basis für die Entstehung *nationalistischer Bewegungen*. Diese zielen auf die (Wieder-)Herstellung der Einheit von »Staat« und »Nation«. Ein Nationalist ist jemand, der soziale Typisierungen und Erklärungen in nationalen Kategorien leistet und einen entsprechenden politischen Diskurs – möglicherweise als Mitglied einer nationalistischen Bewegung – führt.

Nationalstaat

ist seit dem 19. Jahrhundert zur weltweit dominierenden Form der politischen Organisation menschlichen Zusammenlebens geworden. Er stellt ein territoriales Sozialgebilde dar, das man als Ausdruck einer speziellen raum-zeitlichen Matrix der Gesellschaftsorganisation begreifen kann. »Nation«, »Staat« und »Territorium« sind im Nationalstaat miteinander verbunden. Unter »*Staat*« sind die Institutionen und administrativen Organe der Regierung einer bestimmten Gesellschaft zu verstehen. Deren besondere Aufgabe besteht in der Aufrechterhaltung oder Schaffung einer Ordnung. Zur Aufrechterhaltung der Ordnung ist dem Staat, das heißt den ihn konstituierenden politischen Kontrollorganen oder der Regierung, das Monopol der

Gewaltanwendung nach Außen und Innen eigen. Armee, Polizei usw. sind der staatlichen Kontrolle im Sinne einer politischen Institution unterstellt. Der Staat umfasst somit auch die Institutionen der politischen Machtausübung – oder genauer: die institutionalisierte *Organisation* der politischen Machtausübung. Zur Ordnung gehört auch die Aufrechterhaltung des Rechts. Dessen Geltungsanspruch ist auf ein klar definiertes Territorium beschränkt. *Territorium* meint dabei einen sozial und politisch angeeigneten räumlichen Ausschnitt der Erdoberfläche. Die Aneignung erfolgt im Hinblick auf die Begrenzung und die Durchsetzung der Gültigkeit normativer Standards informeller wie formeller Art.

Norm

stellt eine verbindliche Erwartung bzw. bewertende, vorschreibende Regel des Benehmens für spezifische Kontexte des Handelns dar. Es gibt rollenspezifische Normen, an denen sich jeder Rolleninhaber zu orientieren hat, will er nicht negative Sanktionen erleiden. Die negativen *Sanktionen* können von informeller Abneigung bis zu physischer Strafe reichen. Handelt eine Person nicht normgemäß, dann geht die oft zu beobachtende (informelle) Entrüstung der Interaktionspartner auf die Ent-Täuschung zurück, dass sich die eigenen Erwartungen beim anderen nicht als angemessen erwiesen haben, obwohl man es hätte erwarten dürfen.

Possibilismus

ist eine vom französischen Geographen Vidal de la Blache begründete sozialwissenschaftliche Schule. Sie beruht auf einer dem Geodeterminismus entgegengesetzten These und betont demgegenüber die Interpretations- und Entscheidungsmöglichkeiten der Menschen innerhalb bestimmter physischer und sozialer Begrenzungen. Kulturen und Gesellschaften werden in possibilistischer Denkweise nicht als Ausdruck der natürlichen Verhältnisse betrachtet, sondern als Ausdruck der Geschichte der verwirklichten Möglichkeiten (frz. possibilités).

Rasse

wird in der Zoologie als Begriff zur Bestimmung von erblichen Unterschieden innerhalb bestimmter Tierarten verwendet. Die Kategorisierung von Menschen nach biologisch definier- und klar unterscheidbaren Rassen ist aussichtslos, da die Menschheit ein Kontinuum bildet. Dass trotzdem viele Menschen glauben, es gäbe menschliche »Rassen« hat wohl damit zu tun, dass sich Menschen in Bezug auf ihre Erscheinungsform (zum Beispiel dunkle oder helle Haut, Gesichtsform usw.) unterscheiden. Rassismus beruht auf Hervorhebung eines Unterschiedes in der körperlichen Erscheinungsform, meist der Hautfarbe, einer Person oder einer Personengruppe, die für ethnisch signifikant gehalten wird und zur Basis für soziale Differenzierungen, häufig im Sinne von Diskriminierung und negativen Vorurteilen, verwendet wird.

Raum

bezeichnet in der Geographie meist (erdoberflächliche) Anordnungen physisch-materieller Gegebenheiten, die (letztlich) in der Ausdehnung körperhafter Dinge begründet liegen. Da der menschliche Körper dieses Merkmal auch aufweist, stellen räumliche Konstellationen eine Basisdimension des menschlichen Lebens im Allgemeinen sowie des gesellschaftlichen Zusammenlebens im Besonderen dar. Ein beachtlicher Teil der räumlichen Bedingungen ist das Ergebnis menschlicher Tätigkeiten. Räumliche Bedingungen können bestimmte Tätigkeiten verhindern, zahlreiche Handlungen werden durch sie aber erst ermöglicht. Die Geographie ist die einzige wissenschaftliche Disziplin, welche diesen Aspekt des menschlichen Lebens zum Zentrum der Forschungen macht.

Am Anfang bestimmten (geo-)deterministische Denkmuster die geographische Sichtweise. In dieser Sichtweise wird der »Raum« als ein gegenständlicher Behälter (Container) verstanden, der jedem Handeln der Menschen vorausgeht und in der Entwicklung von Kulturen als Selektionsinstanz wirkt. Im raumwissenschaftlichen Ansatz wird dieser Determinismus aufgegeben und »Raum« zum Gegenstand der empirischen (Raum-)Forschung gemacht. Deren Ziel ist die Aufdeckung von Raumgesetzen. Die verhaltenstheoretische Humangeographie befasst sich mit der Erforschung der Wahrnehmung des (gegenständlichen) Raumes und mit der Bedeutung seiner subjektiven Abbildung im Bewusstsein für das Verhalten der Menschen.

Mit der handlungstheoretischen Sozialgeographie wird eine Wende vom gegenständlichen zum begrifflichen Charakter von »Raum« vollzogen. Im Gegensatz zum geodeterministischen Verständnis wird davon ausgegangen, dass »Raum« dem Handeln der Menschen nicht vorausgehen kann. Es wird vielmehr angenommen, dass für verschiedene Arten der Bezugnahme auf körperhafte Dinge je spezifische Raumkonzeptionen konstruiert und zur Anwendung gelangen. Je nach der Art der Bezugnahme werden – so das Postulat – die Relationen zwischen handelndem Subjekt und körperhaften Dingen unterschiedlich interpretiert (z. B. metrisch-kalkulativ, territorial-normativ oder symbolisch-emotiv). In der begrifflichen Form ist »Raum« dann als soziales Konstrukt zu verstehen. Gegenstand der empirischen Forschung ist folglich nicht mehr »Raum«, sondern das alltägliche Geographie-Machen unter Anwendung verschiedener Raumkonzeptionen.

Räumliches System

bezeichnet im Rahmen der raumwissenschaftlichen Geographie ein erdräumliches Anordnungsmuster von Elementen der Raumstruktur, die untereinander in einer (funktionalen) Beziehung stehen. Zuerst wurde die Vorstellung von einem räumlichen System in WALTER CHRISTALLERS »Theorie der zentralen Orte« als System der zentralen Orte mit unterschiedlichen Hierarchiestufen der A-, B-, C-Orte usw. thematisiert. Dabei wird das formale Raster der allgemeinen Systemtheorie derart auf Siedlungen angewandt, dass die Elemente des Raum-Systems durch die Siedlungseinheiten mit ihrer jeweiligen räumlichen Verortung konstituiert werden. Die funktionalen Beziehungen unter den Elementen werden durch die Nachfragehandlungen der Konsumenten gebildet. Sie werden je nach Zentralitätsmaß unterschiedlichen Hierarchiestufen zugewiesen.

Region

wird in raumwissenschaftlichem Sinne als Ausdruck der Kombination eines räumlichen und eines sachlichen Kriteriums begriffen. Das räumliche Kriterium bezieht sich auf die Lage und Umgrenzung eines erdoberflächlichen Ausschnitts. Das sachliche Kriterium sagt aus, wodurch sich dieser Ausschnitt diesbezüglich von dem ihn umgebenden Erdraum unterscheidet. So kann man beispielsweise je nach Berufsstruktur der Bevölkerung eines bestimmten Gebietes von einer Industrie-, Landwirtschafts- oder Tourismusregion sprechen. In der handlungstheoretischen Sozialgeographie wird »Region« als eine durch symbolische Markierungen begrenzte, also sozial konstituierte Einheit konzeptualisiert. Die symbolischen Markierungen, wie beispielsweise Staatsgrenzen, können dabei an physisch-materiellen Gegebenheiten (Wände, Flüsse, Täler usw.) festgemacht werden. Sie bleiben aber Ausdruck der sozialen Aneignung eines Raumes. Somit wird der soziale Bedeutungsgehalt eines räumlichen Ausschnitts betont, nicht dessen materielle Konstellation. Damit wird es möglich, von einer staatlichen Administrativregion als sozialer Institution und nicht als räumlicher Gegebenheit zu sprechen.

Regionalisierung

wurde in der *traditionellen Geographie* als ein wissenschaftliches Begrenzungsverfahren definiert, bei dem die Geofaktoren Litho-, Pedo-, Bio-, Hydro-, Atmo- und Anthroposphäre im Zentrum standen. Damit wurde der Erdraum in die Teilsphären »Gestein«, »Boden«, »Pflanzen und Tiere«, »Wasser«, »Lufthülle« und »Mensch« eingeteilt. Ziel war die durchgängige Begrenzung von Landschaften und Ländern. »Länder« und »Landschaften« wurden als individuelle »Raumgestalten« postuliert, »Gesellschaften« und »Kulturen« als naturgebundene oder gar naturbestimmte Gegebenheiten. »Regionalisierung« kam einer naturbezogenen Begrenzungspraxis gleich. Im Rahmen der *raumwissenschaftlichen Geographie* wird Regionalisierung als ein wissenschaftliches Verfahren der Klassenbildung angewendet. Jede wissenschaftliche Festlegung einer Region soll dabei im Hinblick auf ein bestimmtes Erkenntnisinteresse erfolgen, sodass je spezifische klima-, vegetations-, wirtschaftsspezifische u.a. Klassen gebildet werden können wie beispielsweise »urbaner Verdichtungsraum« im siedlungsgeographischen Interessenhorizont. Im Rahmen der *handlungstheoretischen Sozialgeographie* steht die wissenschaftliche Erforschung *alltäglicher* Regionalisierungen im Zentrum. Der damit verbundene Anspruch wird aus der These abgeleitet, dass wir täglich nicht nur Geschichte machen, sondern auch Geographie, beides allerdings unter nicht selbst gewählten Umständen. Im Sinne des Grundsatzes konstruktivistischer Sozialforschung ist davon auszugehen, dass wir über die alltägliche Handlungen Gesellschaft produzieren und reproduzieren, darüber hinaus aber auch die aktuellen Geographien produzieren und reproduzieren. So wie handlungszentrierte Sozial- und Kulturwissenschaften darauf ausgerichtet sind, die Konstitutionsmodi der Herstellung von »Gesellschaftlichem« und »Kulturellem« aufzudecken, beansprucht die handlungszentrierte Sozialgeographie alltäglicher Regionalisierungen die Rekonstruktion und Darstellung der Konstitutionsmodi verschiedener Geographien des Alltags. Regionalisierung wird dabei nicht mehr primär als Verfahren der Begrenzung von Räumen, sondern als eine alltägliche Praxis der Welt-Bindung verstanden, über welche meist physische Markierungen symbolisch besetzt, reproduziert und überwacht werden. Über sie wird gleichzeitig eine Ordnung des Handelns festgelegt, als auch das so geordnete Handeln (normativ) geregelt. Demgemäß ist Regionalisierung inhärenter Bestandteil sozialer Praktiken, ein sinnhafter, symbolisierender Prozess, der auf soziale Regelungen und die Durchsetzung sozialer Normen zielt. Demzufolge sind »Klassenzimmer«, »Hörsaal«, »Fabrikhalle« als Regionen zu begreifen, die über je spezifische Praktiken der Regionalisierung sozial konstituiert werden.

Regionalismus
beruht auf Einstellungen oder Glaubenssätzen in Bezug auf soziale Eigenschaften, die jemandem aufgrund seiner/ihrer erdräumlich »lokalisierbaren« Herkunft zugeschrieben werden. Aus der Übertragung dieser Eigenschaften auf alle Personen aus demselben erdräumlichen Ausschnitt folgt die (erd-)räumliche Erklärung sozial-kultureller Differenzen. Ein *Regionalist* ist jemand, der soziale Typisierungen und Erklärungen in (erd-)räumlichen Kategorien leistet und einen entsprechenden politischen Diskurs führt.

Auf der persönlichen Ebene äußert sich diese Typisierung darin, dass man vage, für typisch gehaltene Merkmale einer regionalen Gesellschaft auf ein einzelnes Mitglied als dessen individuelle Eigenschaften überträgt und dann von »dem Bayern« oder »dem Korsen«

usw. spricht. Die Problematik besteht darin, dass bei einer derartigen Typisierung, ohne weitere biographische Differenzierung, allein aufgrund der Herkunft über eine Person geurteilt wird.

Reifikation
bedeutet, sich einen Begriff als »Sache« vorzustellen. Das schließt ein, dass man in entsprechenden Aussagen und Urteilen dem konventionalen Charakter der Bedeutungen von Begriffen nicht Rechnung trägt. Vielmehr gehen die entsprechenden Begriffsverwendungen davon aus, dass die Bedeutungen wesensimmanente Eigenschaften der bezeichneten Gegebenheiten sind. Zweitens ist die Reifikation darauf angelegt, abstrakte oder rein gedankliche Gegebenheiten als substantielle erscheinen zu lassen oder zu behandeln. Die konsequenzenreichste Reifikation aus dem Bereich der Geographie stellt die Reifikation von »Raum« dar; dieser wird oft als eindeutige Sache betrachtet und nicht als begriffliche Konstruktion/Definition oder als subjektive Konstitution von Bedeutungen.

Routine
heißen alle gewohnheitsmäßigen, selbstverständlich durchgeführten Aktivitäten des Alltagslebens. Sie zeichnen sich durch vertraute Handlungsmuster aus. Sie sind für die Handelnden in hohem Maße entlastend. Im Vergleich zu Traditionen können Routinen aufgrund *persönlicher* Entscheidungen verändert und neu gestaltet werden.

Segregation
bezeichnet im Rahmen der Sozialökologie einerseits den Prozess der selektiven Konzentration von Bevölkerungsgruppen oder Nutzungen innerhalb eines Gebietes und andererseits das Ergebnis des Prozesses, das heißt die räumliche Trennung von ungleichen Bevölkerungsgruppen in ethnischer, kultureller, sprachlicher, sozialer, religiöser und/oder ökonomischer Hinsicht, die in Gebieten ausgeprägter sozialer Homogenität leben. Jedes Gebiet der Segregation ist somit als das Ergebnis einer Selektion der Bevölkerung in Bezug auf verschiedene Kriterien zu begreifen. Gewöhnlich ist jedoch ein Selektionsfaktor dominanter als andere, sodass verschiedene Typen spezifischer Segregationen beobachtet werden können. Es können kultu-

relle, sprachliche Merkmale sowie ethnische Abstammung die Segregation bestimmen und zu Erscheinungen wie »Chinatown«, »Little Italy« usw. führen. Die *ökonomische Segregation* der wirtschaftlichen Nutzungsaktivitäten (Handel, Verwaltung, Wohnen usw.) ergibt sich aus dem wirtschaftlichen Wettbewerb und bestimmt häufig die Basiseinheiten der ökologischen Verteilung.

Sozialbrache

ist ein zentraler Begriff der klassischen Sozialgeographie von WOLFGANG HARTKE. Er bezeichnet ungenutzte Parzellen (»Brache«). Der Grund für die Brache ist nicht natürlicher Art wie mangelnde Fruchtbarkeit, sondern »sozialer« Art, das heißt, in den Entwicklungsprozessen der Gesellschaft zu finden. Es handelt sich um Parzellen, die aufgrund der Veränderung der sozialen Lage des Bodenbesitzers vorläufig ungenutzt bleiben, später aber wieder einer neuen Nutzung zugänglich gemacht werden.

Soziale Ungleichheit

Zur Beschreibung sozialer Ungleichheit werden in den Sozialwissenschaften die Begriffe »Kaste«, »Stand«, »Klasse« und »soziale Schicht« verwendet. Von einer Kaste spricht man bei einer häufig durch Mythen legitimierten und durch Religion gestützten sozialen Ungleichheit. Die Zuordnung eines Individuums findet durch Vererbung statt. Von einer Gliederung nach *Ständen* spricht man im Zusammenhang mit einer feudalistischen Gesellschaftsordnung, insbesondere des vorindustriellen Europas. Die Legitimation dieser sozialen Ungleichheit ging auf die so genannte gottgewollte Ordnung zurück und beruhte ökonomisch gesehen auf der Grundherrschaft. Insgesamt wird zwischen den Ständen »Hochadel«, »Klerus«, »Militäraristokratie« und »Bauern« unterschieden. In *Klassen* im marxistischen Sinne werden Menschen je nach ihrem Verhältnis (der Art ihres Zugangs) zu den Produktionsmitteln, ihrer Stellung im Kreislauf der gesellschaftlichen Reproduktion und vor allem durch die sich daraus ergebenden Machtverhältnisse unterschieden. Die Klasse, welche die Verfügungsmacht auf sich vereinigt, nennt MARX »Kapitalisten«, solche ohne Verfügungsmacht »Proletarier«.

Soziale Schichtung ist einerseits ein Differenzierungsvorgang, der soziale Ungleichheit bewirkt, andererseits die Gliederung der Bevölkerung einer differenzierten Gesellschaft nach vorwiegend einkommensbezogenen Kriterien. Jede *soziale Schicht* besteht aus einer Vielzahl von Individuen, die mindestens ein statusrelevantes soziales Merkmal gemeinsam haben. Sie bezieht sich auf den distributiven Bereich und umfasst diejenigen Individuen, die einen sozial-ökonomisch gleichbewerteten Berufsstatus aufweisen und damit einer vergleichbaren Einkommenskategorie angehören. Ob nun mit einem bestimmten Beruf ein hoher oder niedriger Status verknüpft ist, hängt von der kulturellen Wertung ab. Form und Bedeutung einer Schicht bzw. der Schichtung einer gegebenen Gesellschaft sind in dieser Betrachtungsweise demzufolge jeweils von den vorherrschenden Wertvorstellungen einer Gesellschaft bestimmt.

Sozialer Wandel

auch soziale Transformation, bezeichnet sowohl Veränderungen der gesellschaftlichen Lebensbedingungen in quantitativer wie in qualitativer Hinsicht als auch die Veränderungen der Sozialstruktur, insbesondere den Wertewandel einer Gesellschaft. Die verschiedenen soziologischen Theorien der sozialen Transformation liefern unterschiedliche Interpretationen davon, welche Gründe und sozialen Kräfte gesellschaftliche Veränderungen bewirken bzw. fördern und sind bestrebt, die entsprechenden Konsequenzen für künftige Entwicklungen zu prognostizieren. Evolutionistische Theorien gehen bspw. davon aus, dass gesellschaftliche Veränderungen finalen Entwicklungsgesetzen folgen, wobei man die jeweils aktuelle, erreichte Stufe als einen Fortschritt gegenüber den früheren darstellt. Eine besonders einflussreiche Theorie dieser Art stellt der Marxismus dar. Die funktionalistischen Theorien der Modernisierung interpretieren den gesellschaftlichen Wandel als einen Prozess der fortschreitenden Ausdifferenzierung, insbesondere von Politik und Ökonomie. MAX WEBERS handlungszentrierte Perspektive sieht den sozialen Wandel als fortschreitenden Prozess der Rationalisierung, deren volle Entfaltung durch die Bürokratisierung der Gesellschaft jedoch behindert werde.

Sozialisation

bezeichnet einen Prozess der Aneignung von vorherrschenden gesellschaftlichen Werten und Normen durch eine Person, sodass schließlich die allgemeinen Erwartungen zu Erwartungen an die eigene Person werden. Bei Kindern ist der Sozialisationsprozess die Grundlage zur Entwicklung des Ich-Gefühls. Obwohl Sozialisationsprozesse im Kindes- und Jugendalter besonders wichtig sind, bleiben sie lebenslang bedeutsam. Der Verinnerlichungsprozess von typischen Handlungsweisen und Handlungsmustern einer gegebenen Kultur, der kulturspezifischen Werte, wird *Enkulturation* genannt.

Sozialwissenschaft

auch Gesellschaftswissenschaften (engl. social sciences). Sammelbezeichnung für alle wissenschaftlichen Disziplinen, die auf die theoretische Erschließung und empirische Erforschung menschlicher Gesellschaften ausgerichtet sind. Neben der wissenschaftlichen Soziologie, sind insbesondere auch Rechtswissenschaft, Sozialpsychologie, Sozialanthropologie, Pädagogik/Didaktik, Politologie, Sozialgeschichte, aber auch die Sozialgeographie und die Politische Geographie dazu zu zählen. Die sozialwissenschaftliche Forschung ist in hohem Maße interdisziplinär angelegt und weist starke Überschneidungen mit den Kultur- und den Wirtschaftswissenschaften auf. Für alle bedeutenden Theoretiker der Soziologie stellen Letztere einen wichtigen sozialwissenschaftlichen Teilbereich dar.

Spät-Moderne

ist ein zentraler Begriff der handlungstheoretischen Sozialgeographie zur Charakterisierung der derzeit aktuellen gesellschaftlichen Lebensbedingungen und Verhältnisse. Im Gegensatz zum Begriff Post-Moderne wird unter Bezugnahme auf die Strukturationstheorie von ANTHONY GIDDENS davon ausgegangen, dass die Gegenwart als eine Konsequenz der Moderne, der Aufklärung zu begreifen ist bzw. als eine radikalisierte Moderne, und nicht als eine Epoche, welche deren Grundprinzipien nicht mehr teilt. Die Spät-Moderne ist zu charakterisieren als ein post-traditionales Zeitalter, das sich gegenüber der Prä-Moderne vor allem durch drei Diskontinuitäten auszeichnet: erstens die Geschwindigkeit der gesellschaftlichen Transformation, bzw. des sozialen Wandels, zweitens die Reichweite des Wandels, der nun alle Erdgegenden in faktischer Gleichzeitigkeit erfassen kann und drittens die institutionalisierte Reflexivität, das ständige kritische Hinterfragen der eigenen Handlungsweisen. Diese drei Dimensionen werden als untereinander eng verwoben betrachtet. Der Rhythmus des Wandels ist direkt mit seiner Reichweite verknüpft und schließlich auch mit dem Maß der Reflexivität, das die institutionalisierte Praxis voraussetzt. Alle drei Dimensionen beruhen gegenüber prä-modernen Verhältnissen auf einer Neubestimmung des Verhältnisses von Gesellschaft, Raum und Zeit.

Struktur
bezeichnet ein bestimmte Gesetz- oder Regelmäßigkeiten aufweisendes Gefüge des Ablaufs oder des Aufbaus der Beziehungen eines größeren Ganzen und wird meistens mit der Vorstellung eines Anordnungsmusters von Positionen in Verbindung gebracht. Diese Positionen bestimmen im Sinne des Strukturdeterminismus die Tätigkeiten der Positionsinhaber. In der funktionalen Phase der Geographie wird diese Betrachtungsweise auf erdräumliche Anordnungsmuster (bspw. von Gruppen, Produktionseinrichtungen, Städten usw.) bezogen. Strukturen können dann bestimmte funktionale Beziehungen auslösen (Struktur-Funktionalismus) oder aber als Ergebnis funktionaler Beziehungen verstanden werden (funktionaler Strukturalismus). In der handlungstheoretischen Sozialgeographie wird Giddens' Verständnis von »Struktur« für die Thematisierung der Machtkomponente des Handelns fruchtbar gemacht. Demgemäß wird Struktur nicht mehr als statisch und einseitig deterministisch betrachtet, sondern als Aspekt des Handelns, der sowohl Medium als auch Ergebnis, ermöglichendes Mittel sowie begrenzender Zwang des Handelns ist und der nur über Handlungen wirklich und nur über diese reproduziert wird. Im Zusammenspiel von Struktur und Handeln vollzieht sich gemäß dieser Vorstellung die Strukturation der gesellschaftlichen Wirklichkeit.

System

stellt eine modellhafte Rekonstruktion der Zusammenhänge zwischen verschiedenen *Elementen* eines *Ganzen* dar. Die Vertreter der Systemtheorie gehen davon aus, dass jede beliebige thematisch/raum-zeitlich abgegrenzte Beobachtungseinheit als »System« begriffen werden kann. Die Anordnung der Elemente wird als *Struktur* thematisiert. Es wird davon ausgegangen, dass eine vorgefundene Struktur aufrechterhalten werden muss, wenn das System*gleichgewicht* bestehen bleiben soll (*strukturelle Erfordernisse*). Die Beziehungen werden als *Funktionen*, als zielgerichtet zugeordnete Leistungen (Energie, Information) bezeichnet, welche die Elemente (oder die *Subsysteme*) für das Gesamtsystem erbringen. Nach der Vielfalt der Elemente und der Anzahl der Hierarchieebenen werden einfache und komplexe Systeme unterschieden. Hinsichtlich des Verhältnisses zur Umwelt wird zwischen offenen und geschlossenen Systemen unterschieden. Offene Systeme stehen über *Input* und *Output* mit ihrer Umwelt in Beziehung. Das Gleichgewicht zwischen den Elementen wird durch bestimmte *Regelwirkungen* aufrechterhalten. Austauschbeziehungen über die Systemgrenzen hinweg, die auf das System regulierend wirken, werden *Rückkopplungen* genannt. Diese können *positiver* (Verstärkung der vorherrschenden Entwicklungstendenz) oder *negativer* (Ausgleich in Richtung Gleichgewicht) Art sein.

Territorium

Dieser zentrale Begriff der Politischen Geographie und der Sozialgeographie bezeichnet einen normativ angeeigneten erdräumlichen Ausschnitt und wird in aller Regel verwendet zur Bezeichnung eines Staatsgebietes oder eines räumlichen Kontextes, der unter der Kontrolle einer sozialen Gruppe bzw. einer Einzelperson steht. Die Territorialisierung charakterisiert im Sinne der handlungstheoretischen Sozialgeographie eine soziale Praxis der Aneignung, mit der die normativen Maximen des Handelns auf einen erdräumlichen Ausschnitt übertragen werden. Territorialität bezeichnet demgegenüber ein Prinzip, gemäß dem die vermittels sozialer Aneignung auf das Territorium übertragenen Geltungsstandards für alle Personen verpflichtend sind, die sich auf diesem aufhalten. Dem entsprechend haben alle sich auf dem Territorium Aufhaltenden den räumlich gebundenen sozialen Normen und rechtlichen Geltungsstandards Folge zu leisten, wenn sie keine negative Sanktionierung durch die entsprechenden Kontrollorgane – wie die Polizei oder die staatliche Verwaltung – erleiden wollen.

Theorie

ist im allgemeinsten Sinne als ein thematisch und logisch systematisierter Komplex allgemeiner Sätze zu begreifen. Jeder dieser Sätze hat sich auf mehr als nur auf einen Einzelfall zu beziehen. »Thematisch« systematisiert soll dabei heißen, dass sich die Aussagen auf das gleiche Forschungsobjekt bzw. auf denselben Themenbereich beziehen. »Logisch« systematisiert soll heißen, dass die Aussagen, die eine Theorie umfasst, den logischen Regeln nicht widersprechen und als deduktive Systeme geordnet sein sollen. Theorien dienen vor allem der Zusammenfassung, Koordination, Reproduktion, Erklärung und *Prognose* (Vorhersage) von Phänomenen.

Naturwissenschaftliche Theorien sind dadurch genauer zu kennzeichnen, dass sie empirisch überprüfbare, genaue Beschreibungen der Zustände der physischen Welt umfassen, und in der Regel Aussagen über Kausalbeziehungen machen. Derart werden Ursache-Wirkung-Zusammenhänge als Gesetze/Gesetzmäßigkeiten wiedergegeben, deren Gültigkeit durch empirische Forschungen exakt überprüft werden kann.

Die Sätze der allgemeinen *sozialwissenschaftlichen Theorien* machen keine »Detailaussagen« über die soziale Wirklichkeit. Sie umfassen vielmehr Beschreibungen der sozialen Welt anhand formaler Kategorien, wie »Handeln«, »System« usw. Das heißt, dass empirisch relevante allgemeine sozialwissenschaftliche Theorien als ein konsistentes Kategoriengebäude für die Beschreibung und Erklärung der sozialen Welt aufzufassen sind. Sie stellen in diesem Sinne eine Betrachtungsperspektive der sozialen Wirklichkeit dar; einen Interpretationsrahmen also, aus dem wir Anleitungen ableiten können, wie die Zusammenhänge der sozialen Wirklichkeit verstanden werden können.

Tradition

kann als eine zum größten Teil schriftlose Überlieferung von erwarteten Arten des Handelns bzw. als Bezugsrahmen der Handlungsorientierung spezifischer Lebensformen verstanden werden. »Traditionen« sind von Menschen geschaffen und demzufolge veränderlich, wenn auch in langsamerem Rhythmus als andere Bestandteile der sozialen Welt. Sie sind nicht nur relativ stabile *(normative)* Bezugsrahmen der Handlungsorientierung, welche das zentrale Bindeglied zwischen Vergangenheit und Zukunft darstellen, sondern auch die Rechtfertigungsinstanz für die an die Mitglieder einer traditionellen Gesellschaft gerichteten Erwartungen. Diese doppelte Bedeutung macht die Tradition zu einer Instanz, welche sicherstellt, dass die Zukunft so sein wird, wie die Vergangenheit war. Demzufolge setzen Traditionen individuellen Handlungsspielräumen enge Grenzen.

Verankerung

auch Einbettung, von (engl.) »embedding«, charakterisiert im Sinne der Sozialgeographie alltäglicher Regionalisierungen die Raum- und Zeitverhältnisse traditioneller Lebens- und Gesellschaftsformen. Im Sinne einer idealtypischen Konstruktion wird davon ausgegangen, dass sich die zeitliche Verankerung in der relativen Stabilität sozialer Prozesse äußert, die in der Dominanz der Traditionen, Verwandtschafts-, Stammes- oder Standesverhältnisse sowie der überragenden Bestimmungskraft von Herkunft, Alter und Geschlecht für die Erlangung soziale Positionen begründet sind. Die räumliche Verankerung äußert sich in der räumlichen Abgegrenztheit traditioneller Lebensformen und Gesellschaften und ist im niedrigen technischen Stand der verfügbaren Fortbewegungs- und Kommunikationsmittel, der Vorherrschaft des Fußmarsches, der geringen Verbreitung der Schrift und der damit überragenden Bedeutung von Face-to-Face Interaktionen begründet. In der Alltagspraxis sind zudem räumliche, zeitliche sowie sozial-kulturelle Komponenten auf engste Weise verknüpft. Gemäß dem traditionellen Muster ist es nicht nur bedeutsam, gewisse Tätigkeiten zu einer bestimmten Zeit, sondern auch an einem bestimmten Ort und gelegentlich mit einer festgelegten räumlichen Ausrichtung zu verrichten. Dies veranschaulicht, in welch starkem Maße soziale Regelungen und Orientierungsmuster über raum-zeitliche Festlegungen reproduziert und durchgesetzt werden.

Verhalten

bildet den zentralen Theoriebegriff der Verhaltenswissenschaften – des *Behaviorismus* –, der insbesondere in der Psychologie eine dominierende Position innehat. Mit »Verhalten« werden menschliche Tätigkeiten im Sinne einer »Reaktion« auf einen »Reiz« thematisiert. Einen *Reiz* kann dabei potentiell jedes Objekt der physischen Umwelt darstellen. Forschungspraktisch wird ein Objekt dann als »Reiz« bezeichnet, sobald es ein Verhalten bewirkt. Als *Reaktion* wird alles, was das Lebewesen tut, betrachtet. In *kognitiven Verhaltenstheorien* wird »Verhalten« nicht mehr im unmittelbaren Reiz-Reaktion-Bezug beschrieben. Vielmehr werden über Reflexivität, Kognition und Bewusstsein *vermittelte* »Reize« für das Verhalten als relevant erklärt. Die kognitive Komponente (*Einstellung, Anspruchsniveau*, u.a.m.) wird als Interpretations- und Wahrnehmungsfilter von »Reizen«, die nun als *Informationen* bezeichnet werden, aufgefasst. Menschliches Verhalten wird in diesem Theoriekonzept als Reaktion auf kognitiv zu Informationen verarbeitete, aus der sozialen und der physischen Umwelt selektiv empfangene Stimuli erklärt.

Verhaltensumwelt

Begriff der verhaltenstheoretischen Sozialgeographie, der denjenigen Ausschnitt der Umwelt bezeichnet, der als Reiz bzw. Stimulus ein bestimmtes Verhalten eines Individuums auslöst. Hinzu kommt noch derjenige Ausschnitt, auf den sich die Verhaltensreaktion des Individuums richtet. Sie setzt sich somit aus dem Stimulusbereich und dem Reaktionsbereich zusammen.

Verstehen

stellt das zentrale Erkenntnisverfahren der Phänomenologie sowie der Hermeneutik dar und bedeutet soviel wie die eigenen Handlungen, diejenigen anderer Personen und Handlungsfolgen (Texte, Artefakte) angemessen auszulegen, zu interpretieren. Dabei beschränkt man sich nicht allein auf die Position des außenstehenden Beobachters, der nur die wahrnehmbaren Bewegungen festhält. Vielmehr muss man zum Verstehen über jene Kategorien verfügen, die von unserem Standpunkt aus das erfassbar machen, was der andere mit seinem Handeln »meint« bzw. mit den Handlungsfolgen zum Ausdruck bringt oder gebracht hat. »Verstehen« ist demnach mit dem Anspruch verbunden, den (subjektiven) Sinn einer Tätigkeit oder eines Handlungsergebnisses zu erfassen. Dies korreliert mit dem Anspruch, Handlungen aufgrund der Absichten der Handelnden zu deuten, ihre Handlungen mittels Bezugnahme auf die Bedeutungszuschreibungen zu erklären und nicht aufgrund der sozialen oder physischen Bedingungen bzw. der Umstände des Handelns. »Verstehen« kann sich ausschließlich auf sinnhafte Gegebenheiten richten, nicht aber auf natürliche. Das Verstehen von hergestellten physisch-materiellen Gegebenheiten (Artefakten) kann sich letztlich immer nur auf die Absichten des Hervorbringers oder Bedeutungen beziehen, die ihnen andere beimessen. Demzufolge kann man bspw. Stadt- oder Kulturlandschaften als solche nicht verstehen. Man kann nur verstehen, was Kulturlandschaften anderen bedeuten und in welchen Sinnzusammenhängen die Handlungen standen, deren Ergebnis sie sind.

Wert
Grundbegriff der Kultur- und Sozialwissenschaften, welcher die zentralen Orientierungsleitlinien des Handelns innerhalb einer bestimmten Kultur bezeichnet. Werte beziehen sich auf die Vorstellungen der Subjekte darüber, was wünschenswert, richtig, gut oder schlecht ist und wirken, als Standards der selektiven Handlungsorientierung, sowohl bei der Zielsetzung als auch bei der Wahl der Mittel des Handelns.

Wissenschaft
ist als eine soziale Institution mit entsprechenden Tätigkeiten zu begreifen. Wissenschaftliche Tätigkeiten haben zum Ziel, intersubjektiv und empirisch überprüfbare Aussagen über die »Realität« zu formulieren und zu diesem Zwecke auch Normen für die Methoden der Realitätserfahrung auszugeben. Die bis zu einem bestimmten Zeitpunkt erzielten Ergebnisse, die nicht zu häufig widerlegt wurden, werden als Gedankengebäude bzw. Theorien systematisiert, die teilweise auch als ein Katalog von Anweisungen zu rationalerem Handeln im Alltag interpretiert werden können. Damit sind *Technologien* im Sinne wissenschaftlicher Aussagen zur rationaleren Gestaltung der Zweck-Mittel-Relationen des Handelns gemeint.

Zivilisation

(lat. civis, der Bürger) wird in den Kulturwissenschaften, vor allem in Zusammenhang mit evolutionistischen (Evolutionismus) Theorien, für die Kennzeichnung einer Entwicklungsstufe verwendet, welche sich von den primitiven oder auch barbarischen Verhältnissen bereits abgesetzt hat. Häufig wird Zivilisation auch wertneutral als Synonym für Kultur verwendet. In der Soziologie von NORBERT ELIAS wird der Prozess der Zivilisation im engeren Sinne des Begriffs als Entwicklung der Zivilgesellschaft, das heißt der bürgerlichen Gesellschaft verstanden.

Namenverzeichnis

AASE, TOR H. 323
ADORNO, THEODOR WIESENGRUND 103
APPLEYARD, DONALD 103, 263, 323
ARBER, GÜNTHER 316, 323
ARNREITER, GERHARD 20, 323
ATTESLANDER, PETER 238, 323, 332, 335f., 340

BADER, VEIT MICHAEL 323
BAHRENBERG, GERHARD 213, 323
BAILLY, ANTOINE 62
BARROWS, HARLAN 65, 323
BARTELS, DIETRICH 130, 184, 188-192, 194-204, 206-214, 217, 223, 278, 323f., 338, 347, 399f.
BARTHES, ROLAND 315, 324
BASSET, KEITH 233, 324, 399
BECK, HANNO 40, 58, 88, 100, 324
BECK, ULRICH 22, 36, 324, 361
BEHRMANN, WALTER 132
BELL, WENDELL 230ff., 236, 340
BENJAMIN, WALTER 80, 324
BERGER, JOHANNES 323
BLANC, ANDRÉ 135, 331
BLASIUS, JÖRG 230, 238, 324
BLOCH, MARC 57, 324, 332
BLOTEVOGEL, HANS HEINRICH 147, 318, 324
BLUNDEN, JOHN 341
BOAS, FRANZ 251
BOBEK, HANS 36, 60, 69, 74, 76, 90, 103-114, 116-128, 130, 140, 154, 157, 166, 168, 177, 211, 325, 331, 356, 399f.
BÖGE, STEPHANIE 27, 325
BOLLNOW, OTTO FRIEDRICH 77, 325
BORNER, ROLF 311, 325
BOURDIEU, PIERRE 63, 306, 325
BRASSEL, KURT 259, 326
BRAUDEL, FERNAND 57, 59, 63, 326, 332
BRUNETS, ROGER 61
BUNGE, WILLIAM 326
BURGESS, ERNEST WILLIAM 219, 222, 227ff., 237f., 336, 399
BUSCH-ZANTNER, RICHARD 75f., 111, 326
BUTTIMER, ANNE 66, 77, 243, 326
BÜTTLER, DANIEL 326
BUURSINK, JAN 70, 326

CAIRNCROSS, FRANCES 12, 326
CHORLEY, RICHARD J. 324, 336
CHRISTALLER, WALTER 183f., 188, 214, 326, 366
CLAVAL, PAUL 61, 82, 326
COMTE, AUGUSTE 44
COSGROVE, DENIS E. 36, 326
COX, KEVIN R. 241, 327
CRANG, PHIL 307, 327

DANGSCHAT, JENS S. 230, 238, 324
DARWIN, CHARLES 44, 47, 221, 351
DEAR, MICHAEL 337

DE CERTEAU, MICHEL 306, 326, 327
DE SAUSSURE, FERDINAND 349
DEITERS, JÜRGEN 213f., 323, 327
DEMANGEON, ALBERT 60f., 113, 327
DE MARTONNE, EMMANUEL 58
DEMOLINS, EDMOND 38, 42, 44, 64, 327
DE ROUSIERS, PAUL 38, 42, 44
DE VRIES REILINGH, HANS DIRK 69, 162, 327
DICKEL, HORST 341
DICKEN, PETER 24, 399
DOWNS, ROGER M. 240, 259f., 327, 400
DURKHEIM, EMILE 47-50, 53, 56, 59, 152, 220f., 327, 329, 346

EGLI, EMIL 91, 327
EHLERS, ECKART 118, 126, 327
EISEL, ULRICH 76, 128, 327
ELIAS, NORBERT 379
ENGELS, FRIEDRICH 216, 327
ERISMANN, LOTTI 310, 327
EYLES, JOHN 82, 328

FAHLBUSCH, MICHAEL 76, 101, 328, 340
FARINELLI, FRANCO 328
FEBVRE, LUCIEN 57, 328, 332
FELGENHAUER, TILO 8, 320, 328
FISCHER, MANFRED M. 213, 323
FLURY, ANDREAS 326
FLUSSER, VILÉM 12, 328
FOUCAULT, MICHEL 37, 62f., 328, 349
FOURASTIÉ, JEAN 114, 328

FRÉMONT, ARMAND 53, 328
FREUD, SIGMUND 285
FREUND, BODO 150, 328
FRIEDRICH, KLAUS 328
FRIEDRICHS, JÜRGEN 231, 238, 328
FRIELING, HANS-DIETER VON 234, 236, 238, 328
FÜRSTENBERG, MICHAEL 178, 328

GÄBLER, KARSTEN 8, 320, 328, 343
GAEBE, WOLF 213f., 323, 329
GANSSMANN, HEINER 323
GASTBERGER, THOMAS 329
GEDDES, (SIR) PATRICK 64, 81f., 329, 335
GEIPEL, ROBERT 173, 243, 269, 274, 329
GEORGE, PIERRE 60f., 329
GIDDENS, ANTHONY 18, 36, 47, 53, 67, 72, 129, 283, 285f., 296, 317, 329f., 341, 357, 361, 372, 400
GIRNDT, HELMUT 329
GOFFMAN, ERVING 298, 329f.
GOLD, JOHN R. 241, 250, 256f., 330, 400
GOLLEDGE, REGINALD G. 241, 274, 327, 330
GOPPEL, KONRAD 160, 330
GRAUMANN, CARL FRIEDRICH 332
GREGORY, DEREK 67, 80, 330, 337
GÜNZEL, STEPHAN 36, 330, 343

HABERMAS, JÜRGEN 288, 330
HAECKEL, ERNST 65, 360
HÄGERSTRAND, TORSTEN 70f., 82, 330, 348
HAGGETT, PETER 192, 330, 336, 399

HALBWACHS, MAURICE 59f., 330
HAMM, BERND 226, 238, 323, 330, 335f., 340, 399
HARD, GERHARD 20, 35, 101, 147, 150, 190, 192f., 195, 197, 199, 213, 242, 263ff., 268, 274, 318f., 323, 324, 330f., 399
HARTKE, WOLFGANG 61, 69, 74, 76, 127, 129-150, 156f., 160, 162, 166, 177f., 201, 211, 239, 241, 269, 278, 325, 331f., 343, 370, 400
HARTMANN, ROGER 236, 238, 332
HARVEY, DAVID 36, 66f., 332
HASSINGER, HUGO 106
HÄUẞERMANN, HARTMUT 238, 332
HAWLEY, AMOS H. 218, 332
HECKHAUSEN, HEINZ 247, 332, 400
HEGEL, GEORG WILHEM FRIEDRICH 73, 332
HEIDEGGER, MARTIN 66, 77, 332
HEINRITZ, GÜNTER 20, 147, 178, 180, 274, 324, 332, 337, 343
HELBRECHT, ILSE 20, 332, 343
HÉRIN, ROBERT 53, 328
HERODOT 84
HETTNER, ALFRED 68, 84, 89, 94, 101, 213, 323, 332, 337, 342, 347, 400
HILPERT, THILO 180, 334
HITZ, HANSRUEDI 238, 332
HOFER, MANFRED 332
HOKE, GEORGE WILSON 64f., 332
HÖLLHUBER, DIETRICH 267, 269, 332, 400
HONEGGER, CLAUDIA 57, 333
HÖNSCH, INGRID 76, 342
HORKHEIMER, MAX 103

HUBER, ANDREAS 315, 333
HUG, HEINZ 45, 333
HUMBOLDT, ALEXANDER VON 58, 84

ISNARD, HILDEBERT 168

JELEN, IGOR 333
JUD, PETER 53, 333
JURCZEK, PETER 175, 344

KANT, EDGAR 70f., 74, 333
KANT, IMMANUEL 17, 84, 333, 347
KIRK, WILLIAM 251
KLINGBEIL, DETLEV 150, 172, 333
KNEISLE, ALOIS 178, 333
KNESEBECK, JOST V. D. 323
KOHL, HELMUT 275f.
KÖNIG, RENÉ 103, 120, 327, 332f.
KOST, KLAUS 76, 333
KRAUS, THEODOR 97, 189, 333, 336
KREBS, NORBERT 106, 132
KROPOTKIN, PETER 44, 45, 334

LACOSTE, YVES 61, 334, 354
LAMBOOY, JAN GERARD 336
LANGMAN, LAUREN 307, 334
LASCHINGER, WERNER 180, 334
LE CORBUSIER 151, 154f., 158, 180, 334, 355
LE PLAY, FRÉDÉRIC 43f., 52, 64, 334
LEE, TERENCE R. 263, 334
LEFEBVRE, HENRI 62f., 67, 334
LENG, GUNTER 178, 334
LEUTHOLD, HEINRICH 228, 334, 399
LICHTENBERGER, ELISABETH 126,

340
LIPPUNER, ROLAND 10, 82, 334
LÖFFLER, GÜNTER 213, 323
LÖTSCHER, LIENHARD 180, 334
LOWENTHAL, DAVID 255, 257, 334
LUCKMANN, THOMAS 77f., 339
LYNCH, KEVIN 266, 323, 334

MAI, ERWIN 75, 334
MAIER, JÖRG 108, 157, 160-174, 176f., 181, 334, 399
MALINOWSKI, BRONISLAW 152, 181, 334
MARLIN, ALICE TEPPER 305, 341
MARSH, GEORGE PERKINS 56, 65
MARSHALL, THOMAS HUMPHREY 310, 334
MARX, KARL 47f., 53, 123, 323, 329, 346, 358, 370
MASSEY, DOREEN 67, 335
MAUSS, MARCEL 59, 60, 335
MCKENZIE, RODERICK 219, 223, 225, 227, 238, 335f.
MCLUHAN, MARSHALL 313, 335
MELLER, HELEN 64, 82, 335
MERLEAU-PONTY, MAURICE 62, 335
MERTON, ROBERT 153, 181, 291, 335
MEUSBURGER, PETER 174, 314, 317, 321, 324, 335
MEYNEN, EMIL 128, 344
MONZEL, SYLVIA 310, 335
MÜLLER, KLAUS-PETER 118, 128, 335
MURDIE, ROBERT A. 233, 335, 399
MUSCHG, ADOLF 35, 335

NEWTON, ISAAC 18, 28

NOLDEN, HUBERT 75, 335

OLSSON, GUNNAR 72, 335
OßENBRÜGGE, JÜRGEN 318, 336
OTREMBA, ERICH 97, 188f., 336

PAASI, ANSSI 72, 150, 336
PAASSEN, CHRISTIAAN VAN 69f., 336
PAESLER, REINHARD 157, 160, 181, 334
PAHL, RAYMOND EDWARD 65, 336
PARETO, VILFREDO 200, 291, 293
PARK, ROBERT EZRA 65, 78, 218-223, 227, 238, 336
PARSONS, TALCOTT 153, 200, 291, 336, 339
PARTZSCH, DIETER 158f., 336, 399
PEET, RICHARD 66, 336
PERRON, CHARLES 53, 333
PFEIFFER, GOTTFRIED 89, 337
PHILO, CHRIS 63, 67, 337
PICKLES, JOHN 77, 337
PILE, STEVE 337
POHL, JÜRGEN 211, 274, 337
POLANYI, KARL 298, 337
POPP, HERBERT 147, 324
PRED, ALLAN 67, 337
PROUDHON, PIERRE JOSEPH 44
PROUST, MARCEL 28

RACINE, JEAN BERNARD 62, 82, 337
RAFFESTIN, CLAUDE 62, 82, 337
RATZEL, FRIEDRICH 38, 68, 73, 84f., 87ff., 91, 219, 337, 339, 354, 360, 400
RECLUS, ELISÉE 37f., 40, 42-45, 52f., 55, 62, 137, 333, 337, 400

REDEPENNING, MARC 82, 337
REICHERT, DAGMAR 318, 335, 338
RENARD, JEAN 53, 328
RENNER, ERICH 333
REUTLINGER, CHRISTIAN 310, 338
REY, LUCIENNE 315, 338
RHODE-JÜCHTERN, TILMAN 9, 178, 338
RICHNER, MARKUS 316, 338
RICHTHOFEN, FERDINAND VON 88f., 347
RITTER, CARL 40, 58, 84
ROSA, HARTMUT 36, 338
RÖSSLER, MECHTHILD 76, 101, 338, 340
RÜHL, ALFRED 68, 70f., 74f., 129, 338
RUPPERT, KARL 157, 159ff., 166, 168, 181, 330, 334, 338, 400

SAARINEN, THOMAS 241, 338
SACK, ROBERT DAVID 211, 338
SAUER, CARL 250f.
SAUNDERS, PETER 220, 338
SCHAFFER, FRANZ 9, 157, 159ff., 165f., 168, 181, 330, 334, 338
SCHATZKI, THEODORE 77, 339
SCHELLER, ANDREA 309, 339
SCHERR, RITA 268, 331
SCHLOTTMANN, ANTJE 9, 321, 339
SCHLÜTER, OTTO 73f., 339
SCHMID, CHRISTIAN 9, 82, 238, 332, 339
SCHMIDT, PAUL 75, 339
SCHMITHÜSEN, JOSEF 90, 325
SCHMITT, CARL 77, 339
SCHORSCH, JONATHON 341

SCHREPFER, HANS 97f., 339
SCHRÖDER, GERHARD 275f., 331
SCHULTZ, HANS D. 9, 76, 87, 94, 101, 339
SCHURZ, GERHARD 20, 323
SCHÜTZ, ALFRED 66, 77f., 288, 291, 294, 300, 339
SCHWYN, KATJA 312, 340
SCHWYN, MARKUS 311, 340
SEDLACEK, PETER 214, 280, 340
SHEVKY, ESHREF 230ff., 236, 340
SHIELDS, ROB 305, 334, 340
SHORT, JOHN 233, 324, 399
SIEGRIST, DOMINIK 76, 101, 315, 340
SIMMEL, GEORG 65, 78ff., 219f., 340
SITTE, WOLFGANG 127, 340
SOJA, EDWARD 67, 77, 340
SÖLCH, JOHANN 106
SOMBART, WERNER 76, 121, 340f.
SONNENFELD, JOSEPH 257, 341
SORRE, MAXIMILIEN 60ff., 341
STEA, DAVID 259f., 327, 400
STEINER, DIETER 341
STEINMETZ, SEBALD RUDOLF 68f., 74, 341
SWAAB, EMILY 341

THOMALE, ECKHARD 69, 71, 82, 101, 242, 341
THRIFT, NIGEL 25, 67, 337, 341, 399
TROLL, CARL 132
TZSCHASCHEL, SABINE 274, 341

URRY, JOHN 67, 330, 337

VIDAL DE LA BLACHE, PAUL HENRI 55–58, 60f., 81, 104, 112f., 251, 342, 353, 364, 400
VUUREN, LOUIS VAN 69, 120

WALTHER, PIERRE 262, 342
WARDENGA, UTE 76, 101, 342
WARMING, JOHANNES EUGENIUS BÜLOW 65, 219, 220
WATSON, JOHN B. 244f., 342, 347
WEBER, MAX 14, 47f., 51, 53, 118, 200, 287, 291, 293, 296, 323, 329, 342, 356, 371
WEICHHART, PETER 9, 20, 82, 269, 274, 318, 323, 342
WEICHSELGARTNER, JUERGEN 274, 342
WEINERT, FRANZ E. 332
WEINGARTNER, PAUL 20, 323
WENTZ, MARTIN 325
WERLEN, BENNO 36, 86, 186, 253, 281, 284, 304, 311, 321, 323f., 329, 335, 338, 343, 399f.
WHITE, GILBERT F. 270, 274, 343
WIESSNER, REINHARD 256, 274, 337, 343
WILL, ROSALYN 15, 279, 341
WINIGER, MATTHIAS 274, 337
WINKLER, ERNST 73, 343
WIRTH, EUGEN 118, 126, 128, 178, 257f., 278, 319, 344
WOLCH, JENNIFER 337
WOLF, KLAUS 175, 344
WOLFF, RICHARD 238, 332
WRIGHT, JOHN K. 251, 255, 288, 344

ZIERHOFER, WOLFGANG 318, 338, 344

Stichwortverzeichnis

Aktionsräume 149, 185, 283
Aktionsräumliche Gruppe 186
Aktionsreichweiten 23, 25, 146, 203
Alltag
- Alltag und Wissenschaft 5, 21-36
- Alltagsleben 22, 27, 44, 77, 216, 251, 306, 369
- Alltagsgeographie 81, 307, 315, 340
- Alltagspraxis 12, 27, 30f., 93, 290, 308f., 316, 320, 377
- Alltagswelt 28, 35, 77f., 314, 317, 339
- alltagsweltliche Konsequenzen der Aufklärung 39-42
- Alltagswirklichkeiten 47, 317
Aneignung 277, 298, 314f., 332, 345, 372, 374
- normative 304, 308, 310, 320
- sinnhafte 314
- soziale 62, 312, 367, 374
- spätmoderne 314
- symbolische 304, 314ff., 320f., 343
Angewandte (Sozial-)Geographie 133, 144, 149, 156, 162, 346
Anspruchsniveau 242, 248, 249, 252, 254f., 268, 269, 271, 377
- optimizer 252, 268
- satisfizer 252, 268
- sub-optimizer 268
Anthropogeographie 13, 65f., 71, 73, 82, 84f., 87f., 95, 100f., 128, 161, 168, 187, 219, 242, 326f., 341, 360
Arbeitsteiligkeit 172
Arbeitsteilung 48ff., 115, 117, 220, 230f., 304, 346
Areal 174, 197f., 202f.
- funktionsspezifisches 196f.
- strukturspezifisches 196f.
Attribuierung
- Image-Attribuierung 268
- Kausalattribuierung 249
Aufklärung 39-42, 48, 84, 104, 361, 372

Behavioral approach 251
behavior in space 255f., 261, 274
behavioral geography *siehe* verhaltenstheoretische Geographie
Behaviorismus 244f., 249, 252, 255, 273, 330, 342, 347, 377
Berkeley-Schule der Landschaftsforschung 250
Bevölkerungsgeographie 85, 108, 168, 170
Bevölkerungsverteilung 85, 231
Bewertung
- der Information 164f.
- der Landschaft 74
- der Natur 139f., 142, 266, 269f.
- der Umwelt 166
- Selbstbewertung 247, 249
Bewertungsverhalten 240,

266-270, 253, 273
Bewertungsvorgänge 165, 180
Bewusstsein 79, 147, 239f., 244, 246, 251, 255, 259, 283, 285, 289, 300ff., 347, 366, 377, 379
- diskursives 285f.
- praktisches 283, 285, 302
- Unbewusste 283, 285

Charta von Athen 151, 180, 334
Chicago-School of Sociology 65, 78, 80f., 219, 237
Chorographie 347
Chorologie 101, 342, 347
- chorologische Modellbildung 203
Critical (Human) Geography 66, 67

Darwinismus 235, 237
Daseinsgrundfunktionen (*siehe* Grunddaseinsfunktionen) 159, 336, 355
Diffusion 348
Diffusionstheorie 71, 348
Disparitäten
- räumliche 204, 263
- regionale 50, 213,
- soziale 204, 323
Distanz 12, 23, 25, 33, 48, 78f., 141, 171, 175, 194, 199, 209f., 213, 223, 258, 326
- physikalische 223, 237
- räumliche 78, 80, 205, 257
- räumliche und zeitliche 48, 51
- soziale 174, 223, 237
- Wahrnehmung von Distanzen 261f.

Distanzabhängigkeit 191, 203
Distanzdeterminismus 187
Distanzfaktor 80
Distanzfunktion 198, 210
Distanzwiderstand 242

Ecole des Annales 57ff., 81, 113
Entankerung 313, 350
- raum-zeitliche 52, 307, 350
Entankerungsmechanismen 304f.
Entankerungsmedien 32, 49, 93
Entankerungsprozess 216
Entmischung
- funktionale 179
- räumliche 155
- soziale 41
Erklärung 350
- kausale 191, 208, 213, 350, 358
- rationale 350
Ethnie 73, 217f., 224f., 309
Ethnizität 234
Evolution 59, 117, 350, 360
Evolutionismus 351, 379
Evolutionstheorie 44, 47, 221

Feld 197f., 202f., 207
- Funktionsfeld 165, 166, 168
- Zentralfeld 197
Feministische Geographie 67f.
Funktion
- funktionale Phase 96, 98, 100, 152, 157, 177, 189, 223, 351, 373
- funktionales Denken 96-100, 152-157
Funktionalismus 152, 352
- Funktionaler Strukturalismus 373

- funktional-strukturell 97f., 109, 127, 161
- Struktur-Funktionalismus 373
- struktur-funktional 96ff., 291, 373

Gebiet 196
Gebietsreform 135
- Gemeindegebietsreform 149, 170, 338
Gefahr 346
- Naturgefahr 270, 274, 342
Gefahrenpotentiale 269f.
genres de vie 56, 81, 341f.
Gentrification 230, 238, 324
Geodeterminismus 95, 100, 146, 152, 243ff., 353f., 364
Geofaktoren 85, 90, 95, 100, 138f., 143, 147, 185, 269, 357, 360, 367
Geofaktorenlehre 85
Geographical Imaginations 80, 330
Geographie-Machen 136, 144, 147f., 302f., 314
- alltägliches 130, 136, 294, 298, 304, 317, 320, 366
- politisches 307, 311
- wissenschaftliches 129
Geopolitik 6f., 76, 82, 87, 333, 354
Gesellschaft
- Agrargesellschaft 43, 117, 123, 131, 171
- Bürgergesellschaft 361
- Dienstleistungsgesellschaft 171
- Funktionsgesellschaft 169, 336
- Industriegesellschaft 46, 115, 117, 119, 131, 141
- Moderne 22, 230
- Risikogesellschaft 22, 36, 274, 324, 337
- spätmoderne 32, 34, 282
- Ständegesellschaft 358
- Zivilgesellschaft 379
Gesellschaft-Raum-Verhältnis 12, 36, 46, 52f., 60ff., 76, 78, 80f., 83, 93, 128, 131, 144, 156, 162, 171, 216, 219, 223, 235, 271, 296
- spätmodernes 29
Gesellschaftliche Wirklichkeit 13, 28f., 35, 48, 66, 78, 122, 144, 168, 180, 272, 279, 289, 291, 318, 349, 373
Gesellschaftsforschung 5, 13, 59, 72, 104, 122, 125, 129, 145, 178, 271, 289, 318
Gesellschaftstheorie 18, 48, 65ff., 72, 118, 212, 235, 323
Globalisierung 7, 12, 21f., 29, 36, 307, 313, 319, 321, 343, 350, 355
Grenze
- Arealgrenze 196, 198
- Gemeindegrenze 362
- Ländergrenze 183
- nationale 307
- natürliche 134
- Ortsgrenze 27
- politische 134
- Regionsgrenze 144, 362
- Staatsgrenze 367
- Systemgrenze 205, 374
- Verwaltungsgrenze 177
Grundbedürfnisse 152, 154, 165, 166, 355
Grunddaseinsfunktionen 159,

165f., 168, 170, 172ff., 177-180, 336, 345, 355
Gruppe
- Aktionsräumliche Gruppe 166f., 171, 173, 345
- Bevölkerungsgruppe 225, 227, 230, 369
- Lebensformgruppe 112f., 122, 126
- soziale Gruppe 61, 120, 138f, 143, 161, 165f., 177, 283, 333, 355, 374
- sozialgeographische Gruppe 119, 120-122, 125, 127f., 145, 149, 154, 161, 166ff., 180, 355f.
- Zugehörigkeitsgruppe 138, 145, 149, 175

Handeln/Handlung 356
- alltägliches 279
- räumliches 278
- soziales 287, 339, 356
- wirtschaftliches 298
Handeln und Raum 295-303
Handelnde 283-286
Handlungstheorie 272, 282, 286, 289ff., 294, 318, 319, 344, 357
- normorientierte 291, 294, 320
- verständigungsorientierte 291, 294, 320
- zweckrationale 291, 294, 320
Handlungswissenschaft
- raumorientierte 279, 319
Hazard 274, 343
Hazardforschung 266, 269f.
Heimat 77, 297, 315, 333, 338, 340
Heimatgefühl 301, 345
humanistic geography 65f., 77, 243

Humangeographie 57, 318, 351, 365
Humanökologie 318

Idealtypus 29, 32, 34, 281, 303, 357
Identität 341, 343, 360
- kollektive 361
- nationale 275
- nationalstaatliche 72
- regionale 60
Image 176, 266, 268f., 273, 327, 331, 334, 345
Imageforschung 266, 268
Imagewandel 230
Indikatorenansatz 157
Individuum 47, 60, 75, 220f., 241, 245f., 249, 252, 254, 256ff., 268f., 272f., 329, 342, 370, 376
Industrialisierung 22, 39, 41, 43, 46, 49, 131, 216, 327, 346, 357
Industrialisierungsprozess 46, 48, 96, 104, 156, 171
Industrialismus 47, 50, 52, 85, 357
Industriekapitalismus 39, 42-46, 52, 298, 357
Information 27, 50, 133, 165f., 200, 204, 208, 210, 246f., 250, 257, 259, 268, 272, 289, 300f., 304, 314, 324, 331, 374, 377
- Bewertung der Information *siehe* Bewertung
- Geographien der Information 304, 313, 320
- räumliche 165, 257
Informationsfeld 257f., 264, 268
Informationsströme 23, 189, 313
Informationswahrnehmung 254

Infrastruktur 98, 133, 162, 165, 178f., 189
- Verkehrsinfrastruktur 131, 346, 359

Infrastrukturelle Ausstattung 156f., 163

Infrastrukturkosten 135

Intention 282, 286, 289

Intentionalität 288

Institution(en) 40, 101, 189, 201, 222, 281, 310, 356, 359, 363f.
- politische Institution 59, 310, 364
- soziale Institution 367, 378
- staatliche Institution 72, 79, 310, 312, 314

Institutionalisierung 84, 163

Interaktion
- soziale 210, 301, 355f.

Kapazitäten-Reichweite-Systeme 167, 172-176, 180

Kapitalismus 39, 47f., 50, 52, 117f., 119, 357
- Industriekapitalismus 39, 42-46, 52, 298, 357
- produktiver 117, 119
- Rentenkapitalismus 117, 118-119, 126, 128, 327, 335, 344

Kategorie
- räumliche 29, 70, 147, 232, 368
- soziale 95, 232, 355

Kausalgesetze 19, 246, 358

Kausalität 348, 358

Kognition 326, 377

Kognitive Raumrepräsentation 165, 254, 256

Kognitive Wende 239, 255

Konstitution 63, 72, 276, 282, 293, 296, 301, 307, 309, 313f., 319, 329, 349, 369
- des Raumes 62, 279, 296, 320
- der Sinnhaftigkeit 294, 301f., 314
- der Wirklichkeit 78, 93, 279, 292, 314

Konstitutionsmodi 368

Konzentration 46, 208, 224f., 227, 369
- Räumliche 39, 41, 43, 45, 52
- Soziale 39, 41, 43, 45, 52

Körperlichkeit 13, 278, 289, 295, 300

Kritische Theorie 104

Kultur 18, 32, 34, 44, 47, 51, 53, 56f., 64, 73, 89, 91ff., 105, 107, 112, 121f., 153, 180f., 187, 216, 220, 225, 250, 281f., 288, 293, 309, 323, 334, 340, 346, 350, 352f., 355, 359f., 362, 364f., 367, 372, 378f.

Kulturforschung 349

Kulturgeographie 85f., 186f., 307, 325

Kulturlandschaft 74, 86, 90f., 96, 105, 107, 110-113, 124f., 130, 136, 140, 145, 149, 154, 157, 159, 166, 178, 180, 250f., 360
- als Registrierplatte 130, 136, 145, 149, 166

Land 64, 77, 86f., 94f., 100, 105, 107, 109f., 114, 116f., 118ff., 126, 216, 307, 319, 339, 367

Länderkunde 86f., 89f., 93, 94-97, 100, 105, 108, 127, 188, 243, 319, 333

Landschaft 70, 73, 75, 81, 86, 90-93, 100f., 107-110, 114, 116ff., 119f., 124f., 127f., 130, 132, 134, 138f., 149f., 160f., 175, 193, 266, 302, 318, 325, 327, 331, 340, 342, 356f., 360
- als Prozessfeld 161
- als Registrierplatte 136

Landschaftsgeographie 86f., 90-94, 97, 99f., 130, 157, 188, 360

Landschaftskunde 108, 188f., 347, 357

Le Play-Schule 42f., 218

Lebensformen 13, 32f., 56f., 62, 81, 83, 92, 104, 109, 112-118, 120, 124, 360, 376
- alltägliche 28, 35, 243
- primäre 114f., 121
- regionale 243, 360
- sekundäre 115, 118, 121
- spät-moderne 29, 32ff., 36, 281, 303, 313, 315
- tertiäre 115, 118f., 121
- Theorie der 300, 339
- traditionelle 29ff., 34, 36, 48f., 52, 93, 282, 309, 313, 376

Lebensformgruppen 112f., 122, 126

Lebensraum 88, 101, 106, 115, 119, 122, 124, 132, 180, 333f., 338, 341, 354, 360

Lebensstil (Lifestyle) 27, 114, 305ff., 318, 334, 340, 345, 353, 360

Lebenszyklus 169, 252

Lokalisierung 65, 78, 194, 207, 276

Macht 63, 72, 118f., 300, 308f., 328, 339
- politische 311, 364
- Repräsentation der Macht 67
- territoriale 308

Machtausübung 364

Machtbeziehungen 206

Machtstrukturen 339, 363

Machtverhältnisse 309, 370

Makroebene 242

Marktwirtschaft 298

Marxismus 371

Medien 49f., 109, 117, 279, 289, 296, 301, 314, 323

Menschenbild 104, 240, 242, 271

Mensch-Natur-Beziehung 241, 137

Mensch-Natur-Verhältnis 56, 87, 94

Mensch-Umwelt-Beziehung 140, 146, 149, 241

Mental Maps 165, 254, 258-260, 267, 331

Methodologie 18, 20, 28, 245, 304, 313, 331

Migration 309
- Emigration 217
- Immigration 216, 222, 310

Migrationslehre 85

Migrationsverhalten 341

Mikroebene 242

Mikrogeographie 274, 341

Milieu 58, 60, 71, 216, 227

Milieuforschung 70

Mobilität 34, 171, 222, 231, 234, 359
- räumliche 32, 78, 79, 116, 172, 177, 338, 350, 362
- soziale 171, 172, 362

Modell 22, 198, 200, 203f., 210, 229, 235, 239, 251, 254f., 291, 357
- Stadtentwicklungsmodell 227-230
- Verhaltensmodell 246, 250-255, 266, 272

Modell des Handelns 284
Modellierung 239, 240
Moderne 5, 36f., 46, 53, 81, 151, 319, 324, 329, 338, 361f.
- Post-Moderne 372
- Prä-Moderne 372
- Spät-Moderne 319, 372

Modernisierung 51, 83, 91, 216, 346
- Hauptdimensionen der Modernisierung 48, 50

Modernisierungsklage 93
Modernisierungspolitik 156
Modernisierungsprozess 51, 361
Modernisierungstheorie 236, 371
morphologie sociale 59f., 81
Motivation 74, 139, 246, 248
Motivationskreise 189, 200f., 203
Multikulturelle Gesellschaft 216
Münchner Schule/Münchner Sozialgeographie 157f., 162f., 167, 170, 176f., 179, 189, 211, 345, 355
Mythos 314

Nation 42, 340, 354, 363
Nationalismus 22, 42, 343, 363
Nationalökonomie 49, 187
Nationalsozialismus 101, 338, 340, 354
Nationalstaat 41ff., 48, 51f., 94, 297, 299, 307f., 310, 363

Natur 13, 18, 22, 47, 55f., 64, 71, 86f., 91, 93ff., 97f., 105, 112, 114f., 117, 120, 124, 133, 137ff., 142, 146, 149, 151, 241, 250, 255, 257, 314f., 320, 328, 353f., 359
- menschliche Natur 220f.

Naturdeterminismus 47, 56, 87, 100, 141, 187, 348, 353
Naturgefahr 270, 274, 342
Naturkatastrophe 22, 266, 269f.
Naturlandschaft 91, 112, 360
Naturrisiken 269, 274, 329, 337, 342

Ökologie 65, 123, 220, 310, 332
- sozialgeographische Theorie der Ökologie 137-140

Organisation 35, 53, 63, 72, 231, 329f., 354
- globale 304
- politische 41, 360, 362ff.
- räumliche 61, 109, 220, 238, 328
- soziale 116, 222
- territoriale 51, 299

Organismus 98, 109, 245, 351f., 354
Organismusanalogie 98, 110, 351f.

Paradigma 20, 323, 339
Paradigmawechsel 324
Pendler 97, 206, 229, 333
Pendlerströme 98, 171, 189
Pendlerzone 228f.
Persistenz 126, 162, 176, 180
Perzeptionsgeographie 251, 253, 258-266, 273
Phänomenologie 62, 335, 377
Politik 12, 50f., 53, 112, 129f., 133, 144, 149, 156, 314, 360, 363, 371

Politische Geographie 68, 88, 108, 112, 168, 170, 311, 333, 337, 354, 372, 374
Position
- räumliche 305, 362, 373
- soziale 280, 289, 376
Possibilismus 56, 81, 95, 353, 364
Postmoderne 62, 68, 333
Praxis 32, 63, 82, 104, 112, 178, 218, 293, 296, 307, 325, 334f., 342, 343, 349, 354, 368, 373
- alltägliche *siehe* Alltagspraxis
- Forschungspraxis 96, 123, 125, 129, 144, 147, 207-208, 212, 230-234, 239, 243, 278
- politische 72
- soziale 72, 368, 374
Primärsektor 114
Problemwahrnehmung 263ff., 274, 331
Produktionsverhältnisse 48, 109, 178

Quantitative Revolution 148, 188, 217, 230, 237

Radical geography 66f., 336
Raum
- Erdraum 11, 15, 22, 192, 203, 234, 347, 367
- geographischer 139, 318
- Kulturraum 105
- öffentlicher 309
- privater 309
- sozialer 63, 120, 128, 234
- sozialgeographischer 143f., 147, 162, 166-168, 180
- urbaner 172, 180, 334, 367
Raumbegriff 49, 190, 296
- absoluter 139
- geographischer 210
- handlungtheoretischer 297
Raumbeobachtung 140
Raumforschung 69, 157, 278, 336
- Aktionsraumforschung 129
Raumgesetze 5, 183-214, 191, 194, 198, 209, 212, 239, 365
Räumliche Bezüge
- Wandelbarkeit 22-28, 35, 176
Räumliche Information 165, 257
Räumliche Planung *siehe* Raumplanung
Raumordnung 131, 156, 336
Raumordnungsforschung 355
Raumordnungspolitik 156, 188, 204, 323
Raumplanung 62, 143, 156f., 160, 176, 178, 188, 191, 213, 323, 330, 336, 355
(Raum-)repräsentation 36, 62f., 209, 259
- Kartographische 297
- kognitive 165, 254, 256, 261, 263
Raumstruktur 97, 161, 163, 165, 172, 176, 178, 180, 204, 240, 241f., 255
Raumsystem 164, 203, 205
Raumtheorie 187f., 191, 212, 239
Raumwahrnehmung 62, 240, 263, 273
Raumwirksamkeit 158
Raumwissenschaft (inkl. spatial approach) 66, 128, 184f., 207, 211, 323, 327

- handlungsorientierte 200, 213, 279, 319
- raumwissenschaftliche Geographie 185-189, 191, 208, 347

Region 36, 56, 70, 72, 74, 98, 126, 198, 202f., 207, 213, 227, 321, 324, 343, 367
- funktionale 177
- soziale 72, 367
- Systemregion 198

Regionalgeographie 94, 126, 319
- vidalsche (auch französische) 243, 353, 360

Regionalisierung (siehe auch Geographie-Machen)
- alltägliche (auch alltagsweltliche) 36, 148, 321, 323, 330, 335, 338, 343, 345, 367, 368, 373, 376
- altersspezifische Formen der 309
- ethnische 309
- geschlechtsspezifische 309, 339
- informativ-signifikative 304, 312, 320
- normativ-politische 304, 320
- produktiv-konsumtive 304, 312, 320
- wissenschaftliche 130, 134-137, 144, 146, 148, 213, 367

Regionalismus 311f., 325, 333, 340, 343, 368
Regionalismusforschung 311
Reichweite 22f., 71, 78, 97f., 135, 140, 142, 146, 166f., 173, 176f., 231, 345, 373
- aktuelle 77f.
- erlangbare 78
- Kommunikationsreichweite 50

- örtliche 143, 147
- potenzielle 77
- räumliche 146, 178
- territoriale 310

Reifikation 31f., 193, 315f., 369
Rentenkapitalismus 117-120, 126, 128, 327, 335, 344
Repräsentation
- der Macht 67
- der Wirklichkeit 30, 36
- symbolische 268, 297, 306
- Wissensrepräsentation 84

Ressourcen 86, 133, 189, 203, 224, 318
Risiko (siehe auch Natur- und Umweltrisiken) 266, 269
Risikogesellschaft 22, 36, 274, 324, 337
Rolle
- soziale 61
Routine 283

Schicht
- soziale 173, 362, 370f.
Segregation 225, 227, 229, 231, 369, 370
- ethnische 309
- ökonomische 225, 370
- soziale 238, 328
Sekundärsektor 114
Siedlungsnetz 153
Siedlungssystem 204, 206
Sozialbrache 129, 132, 140ff., 150, 328, 331, 370
Sozialdarwinismus 152
Sozialdeterminismus 348
Sozialforschung 103

- empirische 103, 235, 327
- konstruktivistische 368
- regionale 44
Sozialisation 13, 138, 222, 301, 310, 372
Sozialisationsprozess 357, 372
Sozialökologie 65, 71, 78, 80, 104, 122, 216, 220, 230, 235, 237f., 328, 332, 335, 369
Sozialraumanalyse 217, 234-239, 340
Sozialtheorie 66f.
Soziographie 68f., 82, 104, 327, 341, 343
spatial approach *siehe* Raumwissenschaft
Spurenlesen 130, 140
Staat 41, 283, 312, 323, 354, 363f.
Stadt 82, 109f., 118f., 126, 151, 153f., 156, 158, 177, 183, 215, 224, 226f., 232f., 238, 262f., 265f., 268, 274, 325, 330f., 336, 338, 339
- funktionelle 151
- globale 33f.
- moderne 216
- orientalische/islamische 126, 128, 327, 330f., 336, 338f., 343f.
Stadt-Land-Beziehung 116, 118f., 126, 169,
Stadt-Land-Gegensatz 64, 216
Stadt-Land-Organismus 109
Stadt-Umland-Problem 176f.
Stadtentwicklung 64, 154, 218f., 223, 230, 235, 238, 327, 332
Stadtlandschaft 331, 378
Stadtplanung 152, 154, 156, 158, 175

Stadtplanungstheorie 154
Stadtstruktur 234
Standort 23, 160, 209, 268, 275f., 300, 304, 329, 342, 362
Standortentscheidung 135, 268, 272, 303
Standortmuster 64, 194, 202
Standortwahl 203, 253, 266-269, 273, 297, 306, 331
Struktur 57, 59, 63, 90, 97, 101, 123, 151, 160, 162, 168, 189, 198, 204f., 207, 211, 231, 289, 336
- räumliche 79, 336, 342, 355, 373, 374,
- soziale 198, 233
- sozialräumliche 232
- territoriale 45
Strukturationstheorie 67, 372
Strukturregion 198
Subjekt 30, 292f., 299, 318f., 361
- handelndes 300, 302, 317, 361, 366
System 61, 82, 86, 106ff., 125, 134, 146, 186, 198f., 204f., 210f., 225, 246, 325
- abstraktes 33
- kognitives 267
- physisches System 211
- räumliches 203f.
- Sinnsystem 211
- soziales 163
- Subsystem 204, 206f., 374
Systemregion 198
Systemtheorie 204f.

Technik 61, 91, 151, 316
Technologie 346, 379

- Produktionstechnologie 39, 47
- Verkehrstechnologie 45

Territorialisierung 50-53, 298ff., 308, 343, 345, 347

Territorialität 51, 62, 312, 339, 374

Territorialitätsprinzip 51

Territorium 32, 41, 67, 72, 216, 220, 265, 299, 310, 312, 354, 363f., 374f.
- Staatsterritorium 41f.

Tertiärsektor 114

timelag 163, 180

Theorie der zentralen Orte 184, 214, 326, 327, 366

Traditionelle Geographie 76, 83-89, 91, 93ff., 100, 104, 107, 125, 126, 131, 134, 137, 141, 146f., 170, 185, 188, 192, 211, 279, 315, 343, 367, 376

Umwelt
- natürliche 47, 60, 243, 250ff., 266, 269
- räumliche 204f., 220, 240, 259, 328
- soziale 66, 69, 163ff., 180, 245, 348

Umweltbewertung 166

Umweltpsychologie 244

Umweltrisiken 266-270, 273

Umweltwahrnehmung 166, 239-274

Unbewusste *siehe* Bewusstsein

Ungleichheit
- (erd-)räumliche 204
- soziale 41, 95, 282, 370f.

Urbanisierung 231

Urbanisierungsprozess 346

Vaterland 315

Verankerung
- raumzeitliche 30, 55, 145, 147, 376
- religiös-mythische 52

Verankerungsmechanismen 93

Verbreitungsmuster 184, 189, 194, 209, 219, 223

Vergegenständlichung (*siehe* auch Reifikation) 31, 193

Verhalten 166, 218, 245ff., 269, 282, 287, 347, 377
- generatives 115, 170
- menschliches Verhalten 241, 245f., 248, 366, 377
- soziales 140, 218, 241, 245
- sozialgeographisches 132, 143, 149, 150
- zweckmäßiges 136, 140, 218, 241, 245

Verhaltensmotivation 139

Verhaltensmodelle
- geographische 250-255, 278ff.

Verhaltensraum 256f., 261

Verhaltenstheoretische Geographie 62, 242ff., 250-258, 265f., 269-273, 330, 341, 343, 347, 365, 376

Verhaltenstheorie
- kognitive 242, 245-250, 265, 377

Verhaltensumwelt 377

Verkehr 88, 94, 109, 112, 151, 154f., 168f., 203, 215, 225, 264, 355

Verkehrsnetz 86, 124, 151, 184

Verknüpfungsmuster 189, 191, 200, 212, 223

Verstädterung 39, 116f., 169, 231f.

Vidal-Schule 56, 66
Volk 38, 41f., 68, 73f., 87, 93f., 123, 133, 353

Zentrale Orte *siehe* Theorie der zentralen Orte
Zentralitätsmaß 366

Wahrnehmung 62, 250, 255, 257, 262-266, 273f., 335, 337
- des Raumes 365
- von Distanzen 258, 261-262
- von Objekten 262-263
- selektive 257, 262
- subjektive 240, 258, 270

Wahrnehmungsperspektive 239
Wahrzeichen 293, 316, 338
Wandel 105, 185, 208, 226f., 253
- räumlicher 176
- sozialer 41, 57, 108, 140ff., 144, 160, 163, 180, 222f., 231, 235, 237, 371, 373

Wandelbarkeit räumlicher Bezüge 22-28
Wanderung 111, 116, 141, 269
Wanderungsverhalten 113, 268, 362
Welt-Bindung 368
Wertesystem 61
Wertung 139f., 142, 247, 359, 371
Wiederverankerung 52, 308
Wirtschaftsgeographie 68, 75, 85f., 108, 112, 157, 160, 170, 184, 187ff., 271, 329, 335, 338f.
Wirtschaftsraum-Forschung 96, 98, 109
Wirtschaftssektoren 114
wissenschaftstheoretisch 188, 190, 192f., 213, 242, 324, 331
Wohnstandortwahl 268, 331

Zeitgeographie 70ff., 82

Abbildungs- und Biographienverzeichnis

Abbildungen

01 *Raumzeitlicher »Schrumpfungsprozess« der Welt*
    (nach DICKEN, Global Shift, London 1992, 104): S. 24
02 *Veränderung der Aktionsreichweiten* (nach THRIFT, 1996, 42): S. 25
03 *Ein Joghurt aus Stuttgart* (aus: Zeitmagazin, Nr. 5, 1993): S. 26
04 *Zeitliche und räumliche Aspekte traditioneller Lebensformen*: S. 31
05 *Zeitliche und räumliche Aspekte spätmoderner Lebensformen*: S. 33
06 *Hauptdimensionen der Modernisierung*: S. 50
07 *Das System der traditionellen Geographie*
    (nach WERLEN, 1993a, 244): S. 86
08 *Die Sozialgeographie im System der Geographie nach Bobek*
    (aus: MAIER et al., 1977, 25): S. 108
09 *Sozialgeographisch belangreiche Funktionen*
    (nach BOBEK, 1948, 121): S. 111
10 *Daseinsgrundfunktionen* (aus: PARTZSCH, 1964, 10): S. 159
11 *Das sozialgeographische Raumsystem*
    (aus: MAIER et al., 1977, 26): S. 164
12 *Das System der modernen Geographie*
    (nach WERLEN, 1993a, 247): S. 186
13 *»Strandleben«* (aus: HAGGETT, 1983, 32): S. 192
14 *Verteilung der Badegäste am Strand*
    (aus: BARTELS & HARD, 1975, 16): S. 195
15a *Badegäste am Strand: strukturbestimmtes Areal*
    (aus: BARTELS & HARD, 1975, 21, 32): S. 197
15b *Badegäste am Strand: feldmäßige Anordnung*
    (aus: BARTELS & HARD, 1975, 21, 32): S. 199
16 *Der Invasions-Sukzessionszyklus* (aus: HAMM, 1982, 76): S. 226
17 *Stadtentwicklungsmodell von BURGESS*
    (aus: LEUTHOLD, 1998, 30): S. 228
18 *Faktoren und Indizes der Verstädterung*: S. 232
19 *Die soziale Struktur der Stadt nach MURDIE (1969)*
    (aus: BASSET & SHORT, 1980, 20): S. 233

20 Forschungsfelder der wahrnehmungs- und
    verhaltenszentrierten Sozialgeographie: S. 240
21 Verhalten als Prozess (nach HECKHAUSEN, 1974, 156): S. 247
22 Verhaltensmodell behavioristischer Sozialgeographie
    (aus: WERLEN, 1987, 11): S. 253
23 Sinnesbezogene Umweltdifferenzierung (nach GOLD, 1980, 51): S. 256
24 Londoner Ansichten über den Norden Großbritanniens
    (aus: Downs & STEA, 1982, 29): S. 260
25 Prozess-Schema der Standortwahl (nach HÖLLHUBER, 1976, 3): S. 267
26 Handlungszentrierte Perspektive (aus: WERLEN, 1997, 65): S. 281
27 Bewusstseinsformen und Handeln nach GIDDENS (1988, 56f.): S. 283
28 Modell des Handelns (aus: WERLEN, 1987, 13): S. 284
29 Vergleich der verschiedenen Handlungsmodelle: S. 292
30 Handeln und Raum: S. 297
31 Typen alltäglichen Geographie-Machens
    (nach WERLEN, 1997, 272): S. 304

Biographien

ELISÉE RECLUS (1830-1904): S. 40
PAUL HENRI VIDAL DE LA BLACHE (1845-1918): S. 58
FRIEDRICH RATZEL (1844-1904): S. 88
ALFRED HETTNER (1858-1941): S. 89
HANS BOBEK (1903-1990): S. 106
WOLFGANG HARTKE (1908-1997): S. 132
KARL RUPPERT (*1926): S. 160
DIETRICH BARTELS (1931-1983): S. 190